上海市中学德育课程建设回眸

吴　铎 主编

上海教育出版社
SHANGHAI EDUCATIONAL
PUBLISHING HOUSE

目　录

1

第五篇　师资培训

前　言

中共中央总书记习近平于 2019 年 3 月 18 日在北京主持召开学校思想政治理论课教师座谈会并发表重要讲话。他强调指出:在大中小学循序渐进、螺旋上升地开设思想政治理论课非常必要,是培养一代又一代社会主义建设者和接班人的重要保障。思想政治理论课是落实立德树人根本任务的关键课程。办好思想政治理论课,最根本的是要全面贯彻党的教育方针,解决好培养什么人、怎样培养人、为谁培养人这个根本问题。推动思想政治理论课改革创新,要不断增强思政课的思想性、理论性和亲和力、针对性。办好思想政治理论课关键在教师,关键在发挥教师的积极性、主动性、创造性。习近平总书记的重要讲话,为思想政治理论课建设进一步指明了方向。为深入贯彻落实习近平新时代中国特色社会主义思想和党的十九大精神,贯彻落实习近平总书记关于教育的重要论述,特别是在学校思想政治理论课教师座谈会上的重要讲话精神,中共中央办公厅、国务院办公厅于 2019 年 8 月印发《关于深化新时代学校思想政治理论课改革创新的若干意见》,教育部等五部门印发《关于加强新时代中小学思想政治理论课教师队伍建设的意见》。中央和教育部等五部门的文件,是深入落实习近平总书记重要讲话精神、进一步加强思想政治理论课建设的重要决定和措施。

中华人民共和国成立后,继承和弘扬党领导的革命根据地和解放区思想政治理论课的优良传统,一直把思想政治理论课作为对广大青少年进行道德品质、思想政治教育和世界观、人生观、价值观教育的重要渠道。作为国家意志在教育方面的体现,思想政治理论课的建设一直受到党和国家的高度重视。1957 年 3 月,毛泽东指出,要加强学校政治思想教育,每省要有一位宣传部长、一位教育厅长亲自抓这项工作;政治课要联系实际,生动有趣,不要教条式的,要使中学生知道一些为人在世的道理;课本要两三年修改一次,使之不脱离实际;要恢复中学方面的政治课,取消宪法课,要编写新的政治课本。①党和国家有关思想政治理论课建设的一系列重要文件、教学大纲及课程标准等陆续制定,教材编写审查和出版、教师培养和培训、教学和科学研究等逐步有序推进。1964年7月17日,毛泽东主席等党和国家领导人接见全国高、中等学校政治理论课工作会议代表,给了全国政治理论课教师极大的鞭策和鼓舞。

改革开放以来,党和政府不断加大推进全民特别是青少年思想政治教育和"四有"新人教育的力度。1980年,邓小平为《中国少年报》和《辅导员》题词,勉励全国青少年"立志做有理想、有道德、有知识、有体力的人,立志为人民作贡献,为祖国作贡献,为人类作贡献"。1983年的五四青年节,他勉励青年做有理想、有道德、有文化、守纪律的共产主义新人。1985年,他再次强调:"教育全国人民做到有理想、有道德、有文化、有纪律。这四条里面,理想和纪律特别重要。我们一定要经常教育我们的人民,尤其是我们的青年,要有理想。"②1985年《中共中央关于教育体制改革的决定》要求,教育所培养的各类人才,都应该有理想、有道德、有文化、有纪律。1986年中共中央《关于社会主义精神文明建设指导方针的决议》强调,社会主义精神文明建设的根本任务,是适应社会主义现代化建设的需要,培育有理想、有道德、有文化、有纪律的社会主义公民。

鉴于学校思想政治理论课是思想政治教育十分重要的阵地,1985年8月,中共中央发出《关于改革学校思想品德和政治理论课程教学的通知》。这是党中央专门就小学思想品德课、中学思想政治课、高等学校马克思主义理论课所发的一个文件,体现了党中央对这门课程的高度重视。该通知对思想政治理论课程的设置、教学内容和教学方法的改革,指出了方向并提出了具体指导意见。1988年12月,中共中央发出《关于改革和加强中小学德育工作的通知》,要求思想品德课和政治课教师在德育工作中积极发挥骨干作用;要制定相应的政策,鼓励优秀的教师担任思想品德课或政治课的专、兼职教师,并为他们创造进修提高的条件。1994年8月,中共中央发出《关于进一步加强和改进学校德育工作的若干意见》,要求各教育阶段的德育课程、教学大纲、教材、读物,教育和管理方法,学生思想品

---

① 转引自课程教材研究所编著:《新中国中小学教材建设史(政治卷)》,人民教育出版社2012年版,第13页。

② 《邓小平文选》第三卷,人民出版社1993年版,第110页。

德表现的评定标准及方式等要据此加强整体衔接,防止简单重复或脱节。该意见强调,学校政治理论课和思想品德课是系统地对学生进行马克思主义理论教育和品德教育的主渠道和基本环节,要重点进行教学内容和方法的改革。此后,党中央、国务院还作出一系列关于加强学校德育工作和德育课程建设的决定,教育部制定了一系列相关文件落实中央的决定。按照党和政府的要求,我国思想政治理论课坚持改革创新,取得了丰硕的成果和宝贵的经验。

上海中小学思想政治课建设作为上海基础教育改革的重要组成部分,是与基础教育改革同步推进的。1988 年 3 月,国家教育委员会同意委托上海市率先进行中小学课程改革。1988 年 4 月,上海市政府工作报告要求"抓好中小学课程、教材改革",将中小学课程改革列为上海市教育改革的一件实事。1988 年 5 月,在市政府的直接领导下,上海市中小学课程教材改革委员会正式成立,中小学课程教材改革工程正式启动。改革以实施素质教育为理念,着重解决全面提升学生素质问题,对课程标准制定、教材教参编写、教材审查和出版、师资培训、教学和科学研究等方面进行了总体布局,采取了诸多具有特点的措施和做法。改革的理念和措施有力地推进了思想政治课的改革和建设。1998 年,上海进一步提出"以学生发展为本"的课程改革理念,着重解决如何深入实施素质教育的问题,更注重学生的发展,尤其注重培养学生的创新精神、实践能力,促进学生健全人格的发展,使素质教育更加符合新时代的要求。为此,必须主要解决三大问题:如何培养学生的创新精神和实践能力,如何更有效地实施和加强德育,如何以信息化带动课程教学的现代化。①

上海基础教育课程教材综合改革的实施,强有力地推进了上海中小学思想政治课建设。2004 年 2 月,中共中央、国务院颁发《关于进一步加强和改进未成年人思想道德建设的若干意见》,要求:"加快中小学思想品德、思想政治课的改进和建设,充分利用和整合各种德育资源,深入研究中小学生思想品德形成的规律和特点,把爱国主义教育、革命传统教育、中华传统美德教育和民主法制教育有机统一于教材之中,并保证占有适当分量,努力构建适应 21 世纪发展需要的中小学德育课程体系。积极改进中小学思想品德、思想政治课教学方法和形式,采用未成年

---

① 参阅孙元清、徐淀芳、张福生等著:《上海课程改革 25 年》,上海教育出版社 2016 年版,第 33 页。

人喜闻乐见、生动活泼的方式进行教学,把传授知识同陶冶情操、养成良好的行为习惯结合起来。要积极探索实践教学和学生参加社会实践、社区服务的有效机制,建立科学的学生思想道德行为综合考评制度。要因地制宜,积极开展各种富有趣味性的课外文化体育活动、怡情益智的课外兴趣小组活动和力所能及的公益性劳动,培养劳动观念和创新意识,丰富课外生活。要加强心理健康教育,培养学生良好的心理品质。要把思想品德教育与法制教育紧密结合起来,使二者有机统一,相辅相成。要在中小学生中广泛开展'珍惜生命、远离毒品'教育和崇尚科学文明、反对迷信邪教教育,坚决防止毒品、邪教进校园。要加强工读学校建设,对有不良行为的未成年人进行矫治和帮助。"为贯彻落实该意见,2004 年 4 月中共上海市委、上海市人民政府发布《关于加强和改进未成年人思想道德建设实施意见》。中央和上海市委、市政府的决策,对上海中小学思想政治课建设进一步提出了明确和具体的要求。

新中国成立以来,尤其是改革开放 40 多年来,上海在推进思想品德和思想政治课程建设方面,采取了一系列重大举措,制定了相关的政策文件。1988 年 4 月,根据上海市政府的要求,在上海市中小学课程教材改革委员会的组织领导下,开始了制定《普通高中思想政治课教学大纲(试行)》《九年制义务教育思想品德课教学大纲(试行)》《九年制义务教育小学思想品德课教学大纲(试行)》的工作。随着课程改革和建设的推进,上述三个教学大纲被进一步修改为"课程标准",使其成为规范课程改革和建设、教材编写、课程考试评价的基本准则和依据。2004 年颁布的《上海市普通中小学课程方案(试行稿)》在前言中指出,中小学课程要坚持以学生发展为本的理念,构建以德育为核心、以培养学生的创新精神和实践能力为重点、以完善学习方式为特征、以应用现代信息技术为标志,关注学生学习经历和促进每一位学生发展的课程体系。《上海市中小学社会科学学习领域课程指导纲要》提出,中小学社会科学课程的整体设计,有利于课程的综合化发展,它以学生终身学习和发展所必需的社会科学知识与技能为基础内容,以实践体验为重要学习途径,以培育学生的人文素养,引导他们逐步学习正确处理人与人、人与社会、人与自然环境之间的关系,陶冶情操,形成健全的人格和良好的思想品德为主要任务。

这些文件的颁布和实施,有助于形成中小学思想政治课建设的重要共识。这些共识主要包括以下几方面：

推进中小学思想政治课建设，首先要落实到教材改革和建设。教材是改进和加强思想品德和思想政治课教学的基础和基本依据。在基础教育综合改革实验的过程中，教材建设被提到十分重要的位置。上海市设置了"中小学课程教材改革委员会"，委员会下设各学科教材编写组。"一期课改"中设置了中小学统一的"思想品德和思想政治课教材编写组"，共同承担小学、初中、高中的本学科教材编写任务。"二期课改"时小学与中学分别设置"小学品德与社会教材编写组"和"中学思想品德和思想政治教材编写组"，分别承担小学、中学本学科教材编写任务。中小学一体组织教材编写，可以统筹小学、初中、高中教学目标、教学内容、教学要求和教学方式方法的安排，较好地解决小学思想品德（"二期课改"时改为"品德与社会"）、初中思想品德、高中思想政治课程之间的相互衔接，从而提高教学效益。

推进中小学思想政治课建设，要构建比较完善的教材审查制度。教材建设与教材审查存在着对立统一关系。所谓"对立"，就是必须实行编、审分开的原则，编、审之间的界限不能模糊；而从推进教材建设的视角看，二者又是"统一"的关系，都是为了更好地完成教材编写的任务。就审查方面而言，要遵循一个"严"字，特别要对政治性、科学性严格把关，保证教材在这两个方面不能出现差错；同时，在细节方面也要尽可能帮助教材不断完善。编、审密切合作，尤其是编写组重视并认真落实审查意见，是提高教材质量的重要保证。

推进中小学思想政治课建设，要建立有效的出版体制。思想品德、思想政治课教材的出版既是课程建设的一个重要环节，也是教材建设的重要组成部分，二者具有"一体"的性质。出版社主要担负教材的出版任务，同时也担负保证教材质量的任务。因此，"出版"不是简单地处于教材建设流程的最后环节，而是应介入教材建设的全过程。在准备教材出版立项时，出版社的责任编辑便应参加教材编写计划的讨论，跟踪了解教材编写工作的全过程，尤其要了解教材编写的重点、难点，了解教材审查所提出的意见、建议，参与教材修改的研究，从编辑出版的视角，积极提供建议和要求，前置性地进行编校跟踪，让教材编写工作与教材出版工作在一定意义上形成"一体"。这样，既可以有效提高教材编写的效率和质量，也有利于造就一批专门从事教材出版工作的责任编辑，使其能比较熟练地掌握教材出版工作的特点,最终提高教材出版工作的质量。

推进中小学思想政治课建设,要使教学实践、教学改革、教学研究相互结合、相互推进。教材归根到底是为教育和培养青少年一代服务的。教材和教学是统一过程中的两个侧面。教材既要依据马克思主义,特别是中国特色社会主义的理论观点,依据党和国家的重大方针政策,同时又要立足于青少年成长的实际,立足于教学工作的实际,将教材编写工作与开展教学实践、教学改革、教学研究有机地结合起来。新编写的教材在正式出版前,应建立听取从事教学的一线教师意见的制度。教材初稿在选定的实验学校(实验班级)初步试验,然后在部分学校进行试教,并在广泛听取师生意见后修改定稿。在全市普遍使用后,进一步与课程、教材改革的课题相结合,开展教学研究工作。研究的成果既为提高教学质量服务,同时也为修改和不断完善教材服务。

推进中小学思想政治课建设,要组织培训思想政治课教师队伍。教材是供教师和学生使用的。教材和教师之间形成互补和相互促进的关系。教师在使用教材的过程中,既帮助审视和提高教材质量,又通过分析、研究教材提高理论和教学水平。因此,上海市新教材的推广试用工作是与教师培训紧密联系的。培训按市、区两级进行:市级培训主要面向本学科区级教研员和部分教师,区级培训则面向本学科全体教师。培训内容包括:学习中央和市委市政府关于德育工作、思想品德和思想政治课建设的重要文献,研究本课程的教学大纲或课程标准,以及研讨本学科的新教材。要求教师通过培训,深入领会中央和市委市政府关于德育工作、思想品德和思想政治课建设的重要文献的精神,把握本课程教学大纲或课程标准所规定的课程目标和要求,融会贯通本课程新教材的内容,从而在使用新教材时更好地发挥主导作用。

第一篇

历史进程

一　本篇综述

新中国成立初期,在学校设置了思想政治理论课程,但没有统一的教学大纲和教材,学校主要配合形势、社会改革等对学生进行思想教育。这一时期,教学内容包括时事政策,党的政策文件,社会科学基本常识,毛泽东著作《中国革命和中国共产党》《实践论》以及《毛泽东著作选读》(乙种本),《中华人民共和国宪法》等。1959年教育部首次颁发政治课教学大纲。1963年至1964年,教育部组织力量统一编写了《道德品质教育》《社会发展简史》《中国革命和建设》《政治常识》《经济常识》《辩证唯物主义常识》等教材,并在北京市第三女中试教,修改、出版后供全国中学统一试用。"文化大革命"期间,日常教学受到严重破坏,这些教材被停用。

1977年8月,邓小平在科学和教育工作座谈会上发表《关于科学和教育工作的几点意见》,强调中小学教材建设的重要性问题。1978年1月,教育部颁发《全日制十年制中小学教学计划试行草案》。此后,思想政治课进入恢复和重建时期。1982年2月,教育部印发《初级中学青少年修养教学大纲(试行草案)》《初级中学社会发展简史教学大纲(试行草案)》《高级中学政治经济学常识教学大纲(试行草案)》《高级中学辩证唯物主义常识教学大纲(试行草案)》。1982年5月,教育部印发《全日制五年制小学思想品德课教学大纲(试行草案)》。中学阶段思想政治课程改革始于1985年8月中共中央颁布的《关于改革学校思想品德和思想政治理论课程教学的通知》。1985年11月,国家教委印发了《关于落实中学思想政治课改革实验的通知》,先后指定具备改革实验条件的北京、上海、天津、吉林、贵州、广东为改革实验地区并组建教材编写单位。同时,由北京师范大学和人民教育出版社组织教材编写的"国家队"。在此基础上,国家教委于1986年5月正式颁布《全日制小学思想品德课教学大纲(试行)》,随后又印发了《中学思想政治课改革实验教学大纲(初稿)》。前述文件规定中学思想政治课改革实验的课程设置是:初中一年级"公民"、初中二年级"社会发展简史"、初中三年级"中国社会主义建设常识"、高中一年级"共产主义人生观"、高中二年级"经济常识"、高中三年级"政治常识"。在总结实践经验并对大纲进行修改后,国家教委于1992年3月印发《全日制中学思想政治课教学大纲(试用稿)》,9月正式颁发《九年义务教育全日制小学思想品德课教学大纲(试用)》。1996年6月,国家教委印发《全日制普通高级中学思想政治课课程标准(试行)》。1997年4月,印发《九年制义务教育小学思想品德和初中思想政治课课程标准(试行)》。这是国家教育行政部门第一次颁布思想政治课课程标准,也是中小学各科中率先颁布的课程标准。①

上海思想政治课的进程,总体上与全国是同步的。1973年至1976年,上海市曾组织中学政治课教材编写组,编写了《社会发展简史》《中国革命史》《政治常识》《辩证唯物主义常识》等教材,供学校试用。改革开放后,根据《中共中央关于改革学校思想品德和政治理论课程教学的通知》的精神,上海作为国家教委确定的七个改革试点地区之一,编写了初中《公民》《社会发展简史》《中国社会主义建设常识》与高中《科学人生观》《经济常识》《政治常识》六套教材。从1986年开始,上海按照国家教委《关于落实中学思想政治课改革实验的通知》,在全市进行思想政治课改革实验教学,编写了思想品德和思想政治课教材。

1988年开始,上海承担国家基础教育综合改革试验任务,对中小学课程和教材、考试制度、教师培训等进行了比较系统的综合改革试验。这些改革试验基本上包括前后衔接的两个阶段。其中,1988年至1998年为第一阶段,称为"上海市中小学课程教材改革第一期工程"(简称"一期课改"),前后约10年;1998年以后为第二阶段,称为"上海市中小学课程教材改革第二期工程"(简称"二期课改")。对"二期课改"的起始和完成时间,有不同的界定。一说为1997年至2007年达成课改基本目标,也约10年。② 一说起始时间为1998年,③完成时间约在2010年。自2011学年开始,启动开展上海市"二期课改"教材日常修改工作,教材的修改、完善工作进入常态。思想品德和思想政治课教材的编写、审查、出版等工作,基本上是分这两个阶段进行的。

---

① 关于教学大纲演变、课程标准颁布的阐述,参考了人民教育出版社于2012年出版的《新中国中小学教材建设史研究丛书(1949—2000)政治卷》。

② 孙元清:《系统认识上海课程改革》,《上海教育》半月刊,2006(58)。

③ 徐淀芳:上海中小学二期课程教材改革《课程方案》《课程标准》与教材建设工作专报。

二 "一期课改"课程建设轨迹

上海"一期课改"期间,思想品德和思想政治课的课程标准、教材名称与内容、教材编写的组织形式、审查流程等,与教育部直接组织的教材编审工作大体上是同步的。在此期间,中学思想品德和思想政治课在六套教材的基础上,经历了两次变化。第一次变化发生于1988年至1992年间,主要是进行改革探索,将初中教材统称《公民》,包含道德品质、心理品质、法律意识、爱国主义和社会责任等教育内容。《公民》教材1988年在全市试用。[①] 高中教材统称《马克思主义常识》,主要包含哲学常识、经济常识和政治常识等教育内容。这套教材于1992年开始在全市试用。[②] 第二次变化主要体现为在1993年和1994年开展了两次调查研究,广泛听取意见,并结合全市10所学校[③]实验教学的经验,对教材进行了一次修订。1997年,初高中教材名称统称为《思想政治》,教育内容做了必要的梳理、调整。

在体现基础教育综合改革试验的要求方面,"一期课改"具有一些显著的特点。

其一,九年制义务教育阶段与高中阶段统筹。义务教育阶段按照《九年义务教育小学思想品德和初中思想政治课课程标准(试行)》分别编写小学《思想品德》与初中《思想品德》教材;高中阶段按照《全日制普通高级中学思想政治课课程标准(试行)》编写《思想政治》教材,在上海思想政治课建设史上第一次实现了本门课程在小学、初中、高中学段的教学目标、教学内容和教学要求的统筹。为保证统筹在组织上落实,三个学段设置统一的教材编写组,主编统一对三个学段负责,三个学段则分别设置一位副主编,重点对本学段负责。主编、副主编、教材办联络

---

① 《公民》上册、下册,上海教育出版社分别于1988年6月、11月出版。
② 《马克思主义常识》,上海教育出版社1992年6月出版。
③ 1994年8月,沪教研(94)23号文,确定大同、向明、建平、南模、曹杨二中5所中学为第一批实验学校;1995年9月,增加市南、李惠利、浦南、市四、桐柏5所学校参与实验。

员组成编写组的核心,既全面负责三个学段的教材编写工作,又分工负责各个学段教材的具体编写任务。这样,小学、初中、高中三个学段既相互衔接、统筹安排,又各有侧重,具体操作。

其二,教材注重循序渐进的教学系统,初步突破传统的学科体系。在小学和初中阶段,强调从学生的实际出发,重视道德基础教育、法治基础教育。1988 年 12 月发布的《中共中央关于改革和加强中小学德育工作的通知》指出:"中小学德育工作的基本任务是,把全体学生培养成为爱国的具有社会公德、文明行为习惯的遵纪守法的好公民。在这个基础上,引导他们逐步确立科学的人生观、世界观,并不断提高社会主义思想觉悟,使他们中的优秀分子将来能够成长为坚定的共产主义者。中小学德育要以爱祖国、爱人民、爱劳动、爱科学、爱社会主义为基本内容……"根据该通知精神,上海市曾编写初中六至九年级《公民》教材,作为思想政治课建设的一种探索。① 高中《思想政治》所包含的经济、政治和哲学内容,强调从高中学生的实际出发,并考虑到与大学同类课程的衔接,主要在坚持政治性、科学性的基础上,把握好基础性、常识性,而不拘泥于学科的系统性、完整性。

其三,坚持理论联系实际,注重知、情、意、行的统一。"理论联系实际"是思想品德和思想政治课的基本原则。在本课程建设过程中,虽然也强调必须贯彻这条基本原则,但实际却存在着阶段性的理论脱离实际的问题。特别是在高中阶段,往往在注重科学性时,过分强调知识的系统性,缺乏对社会实际和学生实际的针对性。"一期课改"提出,本课程的建设要注重构成思想品德的四个基本要素知、情、意、行的统一、融合,将基础知识、基本理论观点的教育与情感的养成、意志力的培养,尤其与实践锻炼统一起来,在实践中逐步形成正确的世界观、人生观和价值观。小学、初中、高中三个学段的课程和教材建设力求按这样的思路进行规划和具体设计,收效较好,在如何有效实现理论联系实际方面有所突破、有所创新。

其四,兼顾教材的可教性和可读性。教材是为教学服务的。长期以来,相关方面对这一点的理解有所偏颇,将"为教学服务"主要理解为"为教师服务",由此主要考虑教材的逻辑性、层次性以及内容的重点和难点等,主要为教师的"教"着

---

① 2001 年 9 月,中共中央发出通知,强调各地区、各部门要认真贯彻执行《公民道德建设实施纲要》。《纲要》分为八个部分:一、公民道德建设的重要性;二、公民道德建设的指导思想和方针原则;三、公民道德建设的主要内容;四、大力加强基层公民道德教育;五、深入开展群众性的公民道德实践活动;六、积极营造有利于公民道德建设的社会氛围;七、努力为公民道德建设提供法律支持和政策保障;八、切实加强对公民道德建设的领导。

想,也就是强调教材的"可教性";对于学生"学"的方面,则考虑较少,甚至有所忽略,这导致教材缺乏"可读性",思想政治课教材被认为是在"说教",学生学起来感到乏味乃至无味。针对这一长期存在的问题,"一期课改"期间,思想政治课教材在"可读性"方面做了一些开创性的探索,如:在教材中增加与理性知识相配的可读性材料;与教材正文配套设置相应的栏目;与内容配合,插入必要的图表;提供一些可供选择的教学活动设计;等等。这样,教材的容量虽然有所增加,但难度却有所下降,可读性有所增强。

其五,初步建立教材编写、审查、实验、出版和教师培训相结合的机制。课程教材建设实际上是一个系统工程,包括编写、审查、实验、出版和教师培训等诸多方面。在教材建设的早期,主要局限于教材编写,或者局限于教材编写和审查,其他的重要方面则忽视了,或者不健全,没有形成系统工程。针对这一问题,"一期课改"启动时,便注重将教材建设的所有相关方面统筹规划和安排。思想政治课教材的编写、审查工作先后启动;随即确定学校和班级,启动实验工作;出版工作亦提前启动,特别是责任编辑适时介入教材编写过程;在教材正式出版试用前,开展教师培训。这样一种教材建设的系统工程机制的初步建立,有效提高了教材建设的效率和质量。

三 "二期课改"课程建设沿革

"二期课改"期间,思想品德和思想政治课的各项建设工作,是在"一期课改"所奠定的基础上进行的,不仅继承了"一期课改"的成果和基本经验,还在这个基础上进一步拓展、深化和创新。在课程内容结构上,六至九年级思想品德课打破了原有的学科知识体系,在学生所熟悉的学校生活、家庭和社区生活以及更宽广的社会公共生活情景中,进行公民道德教育、法制教育、社会责任教育、国情教育和健康心理品质的引导,帮助学生逐步形成良好的思想品德、行为习惯和正确的思想政治观念。10到12年级思想政治课,从社会生活情境中提炼主题,构建学习内容体系,对学生进行以邓小平理论基本观点为中心的马克思主义常识教育和有关的社会科学知识教育,并渗透了对学生的道德教育、法制教育、健康心理品质的引导和爱国情操的熏陶。

深化改革、创新具有一些显著的特点。

其一,进一步明确了课程和教材改革的原则和目标。课程和教材改革必须贯彻"以学生为本"原则,这是本课程"二期课改"强化针对性和"理论联系实际"的基本问题。在设计全部教材和撰写各课教材时,这始终作为一个引领性的要求,贯彻在整个课程改革、教材编写和教学实验的过程之中。"实际"包括学生和社会现实两个方面,课程和教材的"理论"则涉及道德、法律、心理、经济、政治、哲学、文化以及党和国家的路线、方针、政策等诸多方面。强调"针对性",就是要求理论与实际紧密结合,解决学生认识和素质培养方面的各种问题,确立中国特色社会主义的理想和信念,引导学生在情感、态度和价值观方面不断提高。

其二,在教材观方面有新的发展。根据"二期课改"的精神,遵循"以学生为本"的原则,编写教材有一个出发点的问题,也就是"以什么为本"的问题。编写的依据是多方面的。首先有国家对青少年的要求,也就是我们常说的"国家意志";其次有社会环境、社会条件的因素和影响;再次还有学科的要求、教师的要求;等等。所有方面的要求都是很重要的、必不可少的。这些要求又都是对学生提出来的,都要通过学生才能实现。所以,无论从出发点还是从归属来看,"以学生为本"才是最重要的,才是我们编写教材、实施教育工作的根本依据。在设计教材的结构、确定教材的选题、选择教材的内容时,我们在主观上都力求贴近学生,符合学生的实际情况。

教材观的新发展,还体现在以"素质教育"为引领。作为教材,总会有学科要求的体系结构,但是构建这样一个体系结构并不是编写教材的目的。我们的目的不仅是引导学生掌握一定的知识,更要培养学生分析和解决问题的能力,陶冶积极、健康的情感以及培养正确的价值观。这可称为"素质教育教材观",也就是按照"素质教育"的要求编写教材。在教材编写的过程中,要更多地考虑对学生能力的培养、情操的陶冶和正确价值观的形成。这样,才能让教材为"素质教育"服务。

教材观的新发展,还体现在以"行为引导"为导向。贯彻"素质教育"的要求,需要将"行为引导"放在特别突出的位置。思想品德的培养、积极健康情感的陶冶要把重点放在"行为引导"方面。也就是说,不仅要告诉学生必要的道理,激发学生的情感,更重要的是要引导学生去做,至少要让学生知道该怎样去做。要让学生懂得,学习道理、陶冶情操、培养正确的价值观都要落实到行为上,要身体力行。我们在编写教材时,力求将这样的要求贯穿全书。

其三,更加重视课程和教材改革程序和实验。上海市中学思想政治学科这一轮课程教材改革,从 1997 年底开始,1999 年完成了《面向 21 世纪上海市中学思想政治学科教育改革行动纲领》编制工作,确定了中学思想政治学科改革的方向和基本思路。2002 年,制定了《上海市中学思想品德和思想政治课程标准(征求意见稿)》(2004 年由上海教育出版社出版)。同年,启动了上海市初中思想品德和高中思想政治教材编写工作,依据课程标准,逐年推进教材编写工作。从 2003 年完成六年级思想品德教材的编写,进入实验学校试用,到 2008 年秋季上海市所有学校的每个年级都使用了思想品德和思想政治新教材,教材建设前后持续了约 6 年时间。这一轮课改,从编制行为纲领起算,用了约 10 年多时间,经历了厘定改革思路、编制教材、实验教学、修改教材定稿,到全面使用新教材教学等逐步推进的过程,比较符合认识和教改发展的客观规律,避免了以往历次课改中各年级新旧教材"齐上齐下"、仓促上阵、被动应付的局面。

课程改革是一项复杂工程,不仅需要有先进、明确的理念和精心的筹划、组织,还需要认真坚持实验。无论是课程改革的理念,还是课程的内容、方法,立新破旧,都需要经过实验,才能获得比较符合实际的、正确的认识和结论。"二期课改"吸取以往的经验,确立了课改要以实验为基础的原则,从预备班开始,选取 50 余所有代表性的学校,使用实验教材坚持了一年的实验教学。在经过实践检验的基础上修改定稿的新教材,比较符合教学的实际需要;同时,在积累了较多的课改经验的基础上写成的"教学参考",不仅具有创意,而且在面上推进课改、使用新教材时具有重要的参考价值。

其四,课改工作机制的进一步调整和完善。德育课程"二期课改"主要依靠的支持力量是:新课程标准的制定和教材的编写队伍,参与研讨和担任部分组织工作的教研员,参与研讨并实施实验教学的教师队伍,参与编辑和出版工作的编辑人员,参与实验教学并对新编教材发表意见的部分学生。其中,教材编写人员采取"轮替制度",按照新编教材逐步推进的原则,先后参与编写的人员有进有退;参与研讨和实验教学的教师同样实行"轮替制度",以便不断扩大教师的参与人数;学生参与主要是由教师或编写人员组织的。这五支力量相辅相成,构成德育课程

"二期课改"的推进力量系统,促进课改秉持理论与实际结合的原则,脚踏实地地进行。参与课改组织、指导的还有教育行政部门,有的学生家长也直接或间接地参与评价或反馈意见,使德育课程"二期课改"具有比较广泛的社会联系。这是综合提高课改实效的重要保证,也使课改发挥了良好的综合效应。

其五,建立课程和教材的评价和考试的配套工程。思想政治课程长期面对的一个"拦路虎",就是课程的评价和考试问题。对于思想政治课程需不需要评价和考试,怎样进行评价和考试,实际上存在着不尽相同的看法。有一种观点认为,思想政治课程既然以提高学生的认识和思想道德水平为目的,考试就不一定是必要的,因为认识特别是思想道德水平很难用考试去衡量。考试只能导致片面追求知识教学的效果,而忽视思想素质的提高。但是,如果思想政治课程取消评价和考试,这门课程无异于被"挤掉"了,事实上等于被取消了。长期以来的实践经验说明,思想政治课程与其他课程一样,评价和考试是必要的,这有助于学生积极认真地学习思想政治课程,也有助于教师从实际出发,改进这门课程的教学。思想政治课程"二期课改"坚持将评价和考试改革作为课程改革的一个组成部分,在编写教材、进行教学实验的同时,进行德育课程评价和考试改革的探索,在实践中获得了一些新的认识,主要包括:考试的根本目的是提高学生的综合素质和教师的教学水平;评价和考试的方式方法要灵活多样,除开、闭卷测验或考试外,要探索有利于引导学生进行积极的自评与互评的评价方法;对学生的评价不仅要注重结果,更要注重发展和变化过程;要把形成性评价与终结性评价结合起来,使发展变化的过程成为评价的组成部分;测评、考试、命题都要具有启发性,要力求生动活泼,给学生留有思考和选择的空间;既要重视教师在评价和考试过程中的作用,也要重视学生在评价和考试过程中的作用。

上海市教委教研室在《2011学年度教材日常修改工作》中提出:"为了推进上海市中小学(幼儿园)教材的评价、修改、完善工作,使'二期课改'教材建设能够在现有的基础上得到持续深入的发展,根据《上海市中小学(幼儿园)教材日常建设项目实施方案》(以下简称《方案》)要求,自2011学年度开始,启动开展上海市'二期课改'教材日常修改工作。"至此,思想政治课教材编写组的工作基本结束。经重新调整,保留少量必要的编写人员,承担全套教材的日常修改任务,并做好上海市思想政治课改革和建设的总结工作。

✳ **本篇文选**

上海市中学思想政治课改革实验报告①

　　在国家教委的统一领导和部署下,在上海市各级党委、政府、教育行政部门和广大教师的关心、支持和共同努力下,我市的中学思想政治课改革实验经历了五年的探索,基本上实现了预期的目标,为进一步加强中学德育工作,深化思想政治课改革奠定了基础。现将改革实验的基本情况和评价报告如下。

一、改革实验概况

（一）领导重视是开展思想政治课改革实验工作的重要保证

　　1985 年 9 月,在市委的关心和支持下,我们根据《中共中央关于改革学校思想品德和政治理论课程教学的通知》(以下简称《通知》)精神,召开会议,研究思想政治课的改革实验工作。市委的主要领导同志亲自到会动员,阐明改革实验的指导思想和主要任务,从思想上提高大家对中学思想政治课改革实验的认识。在改革实验过程中,市教卫党委主要领导和市教育局领导同志多次听取汇报,研究和解决改革实验的有关问题,并成立市、区县、试点学校三级的中学思想政治课改革实验领导小组,层层有领导抓,保证了改革实验的顺利开展。

（二）实行"三结合",调动各方面积极性,有利于改革实验工作的开展

　　一是教材的编写人员"三结合":每个年级的教材编写组都吸收高校专家教授、区县教研员和中学教师三方面的力量。在教材的编写过程中,既有专家教授

---

　　① 上海市中学思想政治课教材编审委员会、上海市教育局,本文约写于 1988 年。

11

在理论上把关,又有教研员和中学教师提供教学和学生的具体情况,有利于贯彻理论联系实际的方针。二是教研活动"三结合":每个年级都建立市级教研活动中心组,由教材编写组人员、区县教研员和第一线教师组成,以集体备课和听课的形式开展活动。通过这种活动,编写组人员可以深入教学第一线,获得信息反馈,为教材的进一步修改提供依据;教师可以集体探索适应新教材的教学方法,教研员则把中心组取得的经验带回去指导本区县的教研活动。这对改革实验具有较大的推动作用。三是教学活动"三结合":参与教学活动的不仅有政治教师,还有班主任和团队干部,如"公民"课提出的行为要求,通过班主任组织的班级活动加以贯彻;"科学人生观"的理想教育由团组织统一部署开展各种形式的社会实践。这是思想政治课由封闭型转变为开放型的重要条件。

（三）配套措施保证了改革实验的顺利进行

第一,培训师资。在改革实验的第一年,我市主要由市教育局对第一批实验学校的政治教师和部分区县教研员进行培训:一方面组织他们学习《通知》和有关领导同志的讲话,认识改革实验的重要性,明确改革实验的方向,树立承担改革实验任务的光荣感和责任心;另一方面组织他们学习同新教材有关的理论知识,帮助他们熟悉和掌握新教材,提高业务水平。为了适应使用新教材进行教学的需要,参加第一批改革实验的全体教师按年级分为六个组,进行集体备课和听课活动,相互学习,共同提高,做到基本上能够胜任新教材的教学。在改革实验进入第二年以后,为了适应改革实验规模的扩大,我市把培训教师的任务委托给市教育学院承担。具体的做法是先对政治教师骨干和全体教研员集中培训,然后通过他们在区县教育学院(校)对全体政治教师进行培训,充分发挥市、区县教育学院(校)作为培训教师基地的作用。此外,我们还在上海电视台开办新教材辅导讲座241课时,其中"公民"78课时,"科学人生观"66课时,"经济常识"63课时,"政治常识"34课时,由编写人员分析新教材内容并提出教学建议,受到教师的欢迎,对推动改革实验在面上的开展也起到了一定的促进作用。

第二,探索教学方法的新路子。为了提高教学效果,许多教师不仅通过实行教学民主、组织课堂讨论等途径,探索启发式的教学方法,而且通过组织学生参加社会实践,探索教学方法的新路子。例如,有的教师在"科学人生观"的教学中,组织学生开展"人生道路考察活动";有的教师在"经济常识"的教学中,组织学生参加社会经济实践活动;有的教师在"政治常识"的教学中,组织学生同民主党派人士举行座谈会。这些做法灵活多样,生动活泼,激发了学生学习思想政治课的兴趣,并在贯彻理论联系实际的原则方面迈出了重要的一步。

第三,改革考核方法。许多学校采用结构评分的方法,把学习态度、讨论发言、学习小结、社会调查、写小论文等教育活动以及日常的行为表现都纳入考核评分的范围,体现了知识、能力、觉悟三者统一的要求,初步改变了过去"只凭一张考卷评定成绩,学生死记硬背"的做法的弊端。1988年,市教育局在总结实验学校这些经验的基础上,制定了《思想政治课学业成绩评定的意见》,并在全市推广。从实践的情况来看,还存在不少问题需要解决,必须不断探索,使之逐步完善。

第四,更新教学手段。随着改革实验的发展,各校日益普遍地使用幻灯、录音、电影等电化教学手段。为了满足学校开展电化教学的需要,市教育局拨出专款,组织拍摄了公民课教学录像,供教师在课堂教学中使用。由于它的内容紧扣教材,生动活泼,富有教育意义,故收到良好的教育效果。

第五,开展教学科研活动。在改革实验过程中,市、区县相继成立了各年级的教改研究中心组或校际备课组。为了交流新教材的教学经验,教育部门经常组织研究课和公开课(仅市一级组织的研究课和公开课一学年就有60多课时)。在这个基础上,全市评选出思想政治课课堂教学优胜奖获得者27人,纪念奖获得者15人,市级优秀教研组5个。市教育局和市思想政治课教学研究会还开展了改革实验科研论文的评选活动,从几百篇论文中评出35篇获奖论文,编印成《上海市中学思想政治课改革实验论文集》。最近,为总结经验、深化改革,教育部门还组织力量研究并撰写了《略论德育课程建设》《中学思想政治课整体配套改革的探讨》等论文,从课程建设、教材结构模式和配套措施等方面,为进一步深化改革试验做了有益的探索。

(四) 由点到面逐步开展改革

上海的改革实验分三步进行,逐步推开。

第一阶段,自1986年7月至1987年7月,主要在7所试点学校进行以6个年级的教材改革为中心的试点工作(还有部分区县各自选定少数学校在初、高中起始年级进行新教材的教学实验)。编写人员和直接从事教学的教师共同努力,在实践中探索新教材建设和教师对新教材的适应问题。经过一年的努力,基本上建立了新教材的体系,并初步摸索出与新教材相适应的教学方法,初步打开了改革实验的局面。

第二阶段,自 1987 年 7 月至 1988 年 7 月,在第一批 7 所学校改革实验试点的基础上,把试点的范围扩大到 79 所学校。它们遍布全市所有区县,约占全市中学总数的 1/10。其构成类型包括:市重点中学 26 所,区县重点中学 20 所,一般完中 15 所,初级中学 18 所。与此同时,我市还决定在全市的初一、高一年级全部使用新教材。参加扩大试点实验的教师共 1700 多人,学生约 24 万人。这个阶段的改革实验,仍以教材改革为中心,并相应地进行教学方法和考核方法的改革,着手进行全面使用新教材的师资培训工作。

第三阶段,自 1988 年 7 月至今,改革实验工作全面推开。全市近 800 所中学,40 多万名学生和约 4000 多名政治教师都参与思想政治课改革实验工作,实现了新旧课程、教材的交替。这个阶段的改革实验,除进一步完善教材体系外,还着重进行新教材和教学方法的实验总结和科研工作,并从上海中小学课程和教材改革的长远目标出发,研究和提出 90 年代上海中小学思想政治课改革的设想。

在几年的改革实验过程中,华东六省和湖北省及四川省的重庆市①都先后采用上海编的思想政治课教材进行试点或推广。

改革实验的过程表明,我们采取由点到面、逐步推开的步骤,是完全必要的。

第一,在试点实验中,我们从参加实验的教师那里得到反馈,发现了教材存在的主要问题,并有针对性地进行修改,使之不断完善。

第二,在试点实验中,锻炼了一批教师和区县的教研员,为实验向面上铺开准备了必不可少的骨干力量。如果没有这批骨干力量,根本就无法把实验全面铺开。

第三,在试点实验中,我们根据初步取得的教学经验,组织力量搞教学录像等,抓好改革配套工作。

第四,在试点实验中,同采用我们教材的兄弟省市相互协调配合,共同开展改革实验。

二、对课程设置和教学大纲的评价

中学思想政治课改革实验试行的课程设置,是遵照 1985 年 8 月中央《通知》精神,在总结新中国成立以来中学政治课课程建设经验的基础上提出来的。几年

---

① 1997 年,全国人大批准设立重庆直辖市。

来的改革实验表明,这套课程设置具有鲜明的改革精神,是中学思想政治课课程建设的一大进步。

(一) 新的课程设置较好地体现了思想政治课的任务和对青少年学生的培养目标

如初一的"公民",对学生进行公民道德和法制教育,培养学生遵纪守法的行为和习惯。初二的"社会发展简史",帮助学生了解社会发展的一般过程和规律,逐步树立社会主义、共产主义的信念。高一的"科学人生观",帮助学生逐步正确认识人生的目的和意义,树立科学的人生观。所有这些,为把学生培养成为有理想、有道德、有文化、有纪律的公民打下良好的基础。

(二) 新的课程设置力求体现同我国社会主义现代化建设的密切结合

如初三的"中国社会主义建设常识"和高二的"经济常识",都以建设有中国特色社会主义的理论为指导,使学生了解党在社会主义初级阶段的基本路线,了解我国社会主义经济建设和改革的基本知识。高三的"政治常识",使学生初步认识社会主义和资本主义两种政治制度的本质区别,懂得坚持四项基本原则和改革开放对社会主义现代化建设的重要意义。

(三) 新的课程设置较好地同学生的实际相结合

初一的"公民"从学生所熟悉的生活现象出发,提高他们辨别是非、善恶、美丑的能力,并向他们提出具体的行为要求,这是切合他们的年龄特征的。高一的"科学人生观"着重解决"人为什么活着"问题,高二的"经济常识"分析常见的经济现象和改革开放中的经济问题,高三的"政治常识"分析当代国际和国内政治生活中的一些重要问题,这些都是学生迫切需要了解的。这说明新的课程设置比较接近学生,因而受到了学生的欢迎。

1. 课程设置存在一些需要进一步解决的问题

(1) 初中的课程设置需要进一步研究和完善。从初一的"公民"到初二的"中国社会发展简史",坡度太大,初二的学生尚未系统学完中外历史知识,因而对所学观点不易理解。教师如果多介绍历史材料,则与历史课产生重复的问题。

初三开设"中国社会主义建设常识"原是为适应初中毕业生走上社会的需要,但从实践的结果来看,这门课程涉及面很广,内容比较杂,而且不少是正在实践中的方针政策,教材不易稳定,教师难以把握,学生也难以接受。在改革实验的六门课程中,这是争议最多、意见最大的一门课程。

"法律常识"不单独设课,把它的内容分散到各年级教材分别进行教育,原想使法制教育更经常化、更切合学生年龄特点,但实验的结果表明,法制教育仅仅是分散进行,内容比较零碎,不利于学生法制观念的确立。为了加强对青少年学生的法制教育,需要集中设课,实行集中设课与分散教育相结合。

(2)高中阶段辩证唯物主义和历史唯物主义的教育需要加强。在设置"科学人生观"的课程时,原设想把世界观和人生观教育结合起来,以世界观为指导分析人生观。但改革实验的结果表明,由于学生缺少辩证唯物主义和历史唯物主义的基本常识,对许多人生观的基本观点难以深刻理解,也不利于其对社会经济、政治现象的深刻理解,不利于高中学生科学的思想方法和世界观的确立,这是高中课程设置的一个主要问题。

2. 教学大纲的优点

这次改革实验用的教学大纲,从总体上看,是从培养"四有"公民这个根本目标出发,紧密联系我国社会主义现代化建设的实际和当代青少年学生的特点的。教学大纲敢于打破旧的模式,探索新的思路。具体地说,教学大纲具有以下优点:

(1)坚持四项基本原则和改革开放政策。六门课程的大纲都贯穿着马列主义、毛泽东思想的基本观点。在《社会发展简史》大纲中,突出资本主义必然灭亡、社会主义必然胜利这一历史发展的总趋势。在《政治常识》大纲中,突出坚持党的领导和坚持人民民主专政的重要性,并把社会主义和资本主义两种社会政治制度存在本质区别这个基本观点渗透在大纲的各个部分。这说明大纲旗帜鲜明地坚持对学生进行四项基本原则的教育。在《中国社会主义建设常识》大纲中,有关改革开放的内容约占1/4。在《经济常识》大纲中,有关我国"对外经济关系"和"当代世界经济概况"的内容是大纲的重要组成部分,同时"当代国际关系"也是大纲中的一项重要内容,明显增强了对学生进行改革开放政策的教育。

(2)坚持理论联系实际的方针。大纲具有鲜明的常识性,改变了以往片面追求理论的系统性和完整性的倾向,降低了理论难度,着重从我国社会主义现代化建设的实际和学生的主要特点出发,阐明与马克思主义有关的基本常识,这为新教材的建设指明了理论同实际相结合的方向。

(3)探索"一个大纲、多套教材"的新路子。"一个大纲"体现了党和国家对中学思想政治课的统一领导和统一要求;而"多套教材"则体现了国家教委实事求是进行改革的精神,从我国各地社会经济文化发展不平衡的国情出发,为形成各具特色的多套教材创造了条件。实践证明,这是思想政治课改革实验的重要成果之一。

3. 教学大纲的内容存在一些不足之处

(1) 内容重复较多。如初一《公民》同小学的思想品德课和高一《科学人生观》的某些内容有重复。又如初二《社会发展简史》中的"资产阶级民主",初三《中国社会主义建设常识》中的"社会主义民主建设",同高三《政治常识》中的"两种不同性质的民主"有重复。

(2) 有些内容太难、太杂。如《社会发展简史》中有关阶级、生产力和生产关系等的概念和原理,难度较大,初二学生不易理解和消化。又如《中国社会主义建设常识》大纲中,包括经济建设、精神文明建设、民主建设、法制建设等多方面的内容,教材编写和教学都有困难。

(3) 教学大纲改动过于频繁,变动也很大。从改革实验来看,根据情况的变化和教学实验中的经验教训,对教学大纲进行一些修订是必要的。但修订的次数太频繁,修订的内容太多,会给教材的修改和教师教学带来不少的困难。因此,必须根据培养目标和思想政治课的任务,遵循教育规律,在进行充分调查研究和总结实践经验的基础上,制定具有相对稳定性的教学大纲。

三、对教材的自我评估

根据国家教委颁发的《中学思想政治课改革实验教学大纲(初稿)》和《中学思想政治课改革实验教学大纲(试行草案)》,在马列主义、毛泽东思想的指导下,贯彻理论联系实际的方针,经过几年的努力,我们已编写完成从初一到高三的全套实验教材和教参,共22册,约230万字,向建立适应社会主义现代化建设需要并具有一定特色的改革实验教材体系迈出了重要的一步。根据本市和外省市试用该教材的师生反映,以及对试点学校1795名学生和128名教师的抽样问卷调查,教材建设的成果主要包括:

(一) 突破了传统教材的框架

如初一的《公民》,以学生基本生活领域为线索,设置了家庭生活规范、学校生活规范、社会生活规范和思想情操规范等四个单元。前三个单元具体规范了三大生活领域内对学生的基本要求,第四单元是在前三个单元的基础上加以提高,从思想、品质、情操的高度提出要求。这既使教材体现了教学大纲所规定的 12 个要点，又贴近学生的生活实际，受到学生的普遍欢迎。又如初二的《社会发展简史》，在五个社会形态之间穿插了四个历史性转变时期的内容，单独设课，从而形成了五个社会形态通过四个转变时期彼此衔接的教材结构。这就避免了原来的《社会发展简史》中把"旧社会形态的崩溃"和"新社会形态的建立"分开阐述，使教材内容前后交叉的重复现象；而且引导学生了解人类社会历史转变的必然性、长期性和复杂性，有助于他们正确理解社会主义代替资本主义的必然性、长期性和复杂性。

（二）提高教材的思想性

现在的中学生勤于思考，思想活跃，但由于社会上各种思潮的影响，加上学生本身在思想方法上存在片面性，因而存在着这样或那样的模糊认识。这在高中学生中表现得更为突出。面对这种情况，我们编写教材不是绕开矛盾，而是正视矛盾，结合有关知识和基本原理，有的放矢地帮助学生提高思想认识。例如，高一《科学人生观》用有关人生观的道理，帮助学生正确认识"人的本质是不是自私的""理想是不是空的"等问题。高二《经济常识》从分析常见的经济现象和经济问题入手，针对学生中议论较多的"物价为什么上涨""艰苦奋斗的精神是否已经过时"等问题，作出实事求是、理直气壮的回答。高三《政治常识》通过对资本主义国家的选举制度和政党制度进行分析，帮助学生正确分析和认识"资本主义国家人人可以当议员或总统""多党轮流执政可以防止腐败"等观点的实质，经过比较分析，使学生进一步认识到社会主义政治制度在本质上优于资本主义政治制度。所有这些都说明思想政治课不是单纯的知识课，而是学校德育工作的重要组成部分。

（三）增强教材的可读性

第一，降低理论难度，不追求所谓理论体系的完整性和系统性，保持常识性的特点。如高三《政治常识》在讲国体和政体问题时，不讲国体与政体的辩证关系这个难度较大的理论问题。实践证明，这是符合中学生的认识能力，容易被他们接受的做法。第二，从具体事例着手，说明必要的概念和原理。如初三《中国社会主义建设常识》在每一课的开头，都有一个紧扣教材内容的生动事例作为引子。又如高一《科学人生观》运用了一些故事和典型事例，从具体到抽象，说明有关人生观的一些道理。第三，注意语言美。如初一《公民》没有训人的调子，不用"应该"

"必须"这样的词汇,而是打造平等交流的语境,使学生乐于、易于接受教育。教材还运用了一些哲理化和格言化的语言,对学生很有吸引力。此外,从初一到高三的六本教材,都结合教材内容配上必要的插图,增强了教材的生动性。

(四) 教材体现了国家教委制定的教学大纲要求

我们在教材编写过程中对教学大纲进行反复讨论,力求对教材内容的处理能够体现教学大纲提出的教学目的和要求。如《社会发展简史》根据教学大纲的要求,紧紧地抓住"生产力和生产关系的矛盾运动"这条主线,使学生初步认识社会发展的一般规律,为逐步树立共产主义人生观和世界观奠定初步基础。又如,在编写《政治常识》教材的过程中,我们根据教学大纲的要求,以国家问题为中心,以民主为主线,引导学生了解社会主义和资本主义两种政治制度的本质区别,认识社会主义制度的优越性。

但教材也还存在着一些明显的缺陷。第一,对"科学人生观"这门课,主观上认识到了应该在马克思主义世界观的指导下,把世界观教育和人生观教育结合起来,在编写教材的过程中也力求这样做,但至今尚不尽如人意。第二,对一些难点和热点问题,如《科学人生观》中的"人的本质"问题,《政治常识》中的"资本主义国家三权分立制度"问题,教材的分析还缺乏力度,使教学效果受到一定的影响。第三,教材的可读性增强以后,有些教师提出可教性的问题,如何把可读性和可教性统一起来,也是一个必须解决的重要问题。总的来说,我们的教材改革已经有了良好的开端,但存在的问题也不少,还要不断努力探索,使之逐步完善,以适应思想政治课进一步深化改革的需要。

四、若干建议

(一) 对课程设置的建议

1. 几年来的改革实践证明,把法制教育的内容完全分散到几个年级之中,容易造成这些年级的教学内容太多太杂,也很难结合得好,而且使学生获得的法律知识显得很零碎,不利于培养法制观念。因此,我们认为对法制教育的内容采取相对集中与分散相结合的形式更为恰当。

2. 江泽民同志在《在庆祝中华人民共和国成立四十周年大会上的讲话》中指出:要提倡认真学习和研究马克思列宁主义、毛泽东思想基本理论,特别是学习和研究马克思主义哲学,掌握科学的世界观、方法论。这对思想政治课的课程设置有重要指导意义。在中学阶段,需要加强马克思主义哲学常识的教学。政治教师也普遍提出这个要求。

3. 人生观教学和社会发展常识教学都很重要,但从改革实验的情况来看,还是把它们的必要内容渗透在有关年级的课程之中更为适宜。马克思主义哲学应增强历史唯物主义部分,进行唯物史观的教育;同时还应强调坚持运用辩证唯物主义世界观正确分析人生。

(二) 对教学大纲的建议

1. 1986 年的《中学思想政治课改革实验教学大纲(初稿)》曾有一个总揽全局的"说明",对改革有一定的指导作用。但到了 1988 年的《中学思想政治课改革实验教学大纲(试行草案)》,却把这个"说明"抽掉了。从改革实验的过程来看,这个"说明"仍是需要的,建议加以恢复。

2. 对教材中的一些基本概念(如《政治常识》中的"国家""政党""民主"等),教学大纲应提出统一的定义,以免七套教材各有各的提法,这对保证教材的科学性是很有必要的。

(三) 对配套措施的建议

1. 应抓紧思想政治课考试方法的改革。这几年来着重进行教材的改革,考试方法的改革没有跟上,以至于思想政治课教学存在"穿新鞋走老路"的情况。实践证明,如果考试方法没有相应的改革,思想政治课的改革就难以深入开展。因此,现在必须把考试方法的改革特别是毕业和升学考试改革提到重要的议事日程上来。

2. 应尽快加强教师队伍的建设。目前中学政治教师队伍总的来说是好的,但还不适应思想政治课改革的需要。当前不仅要下大力气提高在职教师的素质,还应对师范院校的学生进行专业思想教育,教学内容应与中学课程设置对口,在分配时应坚持面向基层、面向学校,保证更多的毕业生从事思想政治课的教学工作。解决这个问题还需要有一些相应的政策措施。

以邓小平理论为指导　提高思想政治课质量①

——上海市高中思想政治课课程教材改革实验总结

1994 年 1 月至 1997 年 8 月,本市先后在十所中学进行了高中思想政治课课程教材改革实验。经过改革实验,新的高中《思想政治》教材已于 1997 年 9 月起在全市高中试用。

现将三年来高中思想政治课改革实验工作总结报告如下:

一、为何要进行这次改革实验

在这次改革实验之前,本市中学思想政治课课程教材已经历过两次改革。1985 年,根据《中共中央关于改革学校思想品德和政治理论课程教学的通知》精神,上海作为国家教委的七个试点单位之一,按照国家教委制定的中学思想政治课改革实验教学大纲,编写了初中《公民》《社会发展简史》《中国社会主义建设常识》,高中《科学人生观》《经济常识》《政治常识》等六本教材,于 1986 年起在全市中学进行改革实验教学。1988 年,我市遵照国家教委的要求,着手中小学课程教材整体改革,中学思想政治学科以素质教育为方向进行改革。考虑到对初中学生应着重进行公民基本道德、思想和政治素质教育,原初一《公民》尚不能涵盖其全部内容,并为避免各年级教材自成体系、交叉重复,决定将初中思想政治课教材统称《公民》,分别进行公民道德品质教育、公民心理品质教育、公民法律意识教育、公民爱国主义和社会责任教育。新编的课程教材于 1992 年在全市试用。由于内容比较符合我国公民的素质教育要求,教材编写注重知、情、行密切结合,形成一个有机体系,具有改革新意和时代特点,总体上受到师生的欢迎。在初中教材改革的同时,根据高中加强马克思主义基本观点教育的要求,把高中三个年级的教材统称《马克思主义常识》,分别进行哲学常识、经济常识、政治常识的教育,并于

---

① 上海市思想政治课改革实验工作小组,本文完成于 1997 年 12 月。

1992 年在全市的高中试用。

高中教材试用后,意见普遍比较多。为此,市里先后两次进行了调查。第一次调查是从 1993 年 4 月至 5 月,由原市教育局领导带领市、区县部分政治教研员,在 8 个区县的 14 所中学做了近一个月调查。每到一校,上述人员便随堂听课,并分别召开学生、教师、部分学校领导参加的座谈会听取意见。第二次调查是从 1994 年 2 月至 3 月,由市思想政治课改革实验工作小组牵头,广泛听取高中学生,大学一、二年级学生,政治教师,区县政治教研员,社会各界人士和专家的意见。经过两次调查,发现基层的意见基本上是一致的,总的认为高中思政教材的改革步子不大,基本上仍是与大学理论课相仿的哲学、政治经济学和政治学的框架,要求偏高、内容偏深的问题仍未解决,同高中学生年龄、心理特点和素质教育要求不相适应,有必要从内容到结构进行调整和重新设计。在我们进行研究和设计的时候,1994 年,全国教育工作会议召开,会上中央领导同志的重要讲话以及会后发布的《中共中央关于加强和改进学校德育工作的若干意见》,提出了整体规划学校德育体系的任务,并对大学、高中、初中、小学各学段的思想政治、思想品德课程的教育内容、教育重点和改革要求作了明确规定,使我们更加明确了进一步改革的方向。

在上述调查研究和学习的基础上,市思想政治课改革实验工作小组根据存在的问题和深化改革的要求,提出了高中思想政治课课程教材深化改革的方案,经原市教育局领导反复研究,并先后向市教卫办领导和市课程教材改革委员会主任扩大会议汇报,而后多次修改,最后经市教卫党委讨论批准,才决定在五所中学进行小范围改革实验。

二、改革实验的指导思想和主要任务

改革实验的指导思想,一是以邓小平建设有中国特色社会主义理论为指导,贯彻邓小平同志关于"学马列要精,要管用"的精神;二是以培养高中学生的思想品德素质为目标,对其进行马克思主义基本观点的教育,努力培养与改革开放和社会主义现代化建设要求相适应的公民基本素质;三是更好地解决高中与初中思想政治课、高中与大学政治理论课教育的相互衔接问题;四是更好地处理思想政治课与其他德育渠道的关系,并使课程的配套改革进一步完善,在教学指导思想、教学方法、教学手段、考核评价等方面进行配套改革。

试点的主要任务:一是通过试点,检验课程方案的科学性、思想性和可行性,对完善方案提出改进意见;二是通过教学实验,对教材内容的科学性、时代性、适用性、深广度的适宜性、体系结构的合理性、教材编写的生动性、教学的实效性等方面进行检验,并提出完善的意见;三是探索与新教材相适应的教学方法,积累经验,并参与教学参考书的建设;四是进行学生学习成绩考核评价的改革探索;五是进行相应的教学手段建设、选修课与活动课的建设以及与学校各德育渠道相配合的研究。

三、改革实验的过程

1994 年 1 月,市里成立了中学思想政治课改革实验工作小组,在调查研究基础上提出改革实验方案,负责编写教材和组织试验工作。同年 8 月,原市教育局正式发出沪教研〔94〕23 号文,确定 5 个区的 5 所市重点中学(大同、向明、建平、南模、曹杨二中)为第一批高中思想政治课改革试点学校,各校确定一名校长(或支部书记)负责试点工作,5 所学校高中同年级教师建立校际备课组,定期备课和研究,进行教学改革实验。改革考试方法,注重在教学过程中考查学生对所学内容的理解和接受情况。5 所学校(后扩大为 10 所学校)的会考、高考,由市考试中心根据试验教材单独命题,组织考试。

由于市、区领导重视,实验学校分管校长全力支持,5 所学校高中政治教师勇于改革,不怕困难,积极探索,使第一年的改革实验初见成效。市教委于 1995 年 7 月正式发出沪教委基〔95〕21 号文,指出一年来的实践初步表明"改革试验的指导思想是正确的,教材总体上受到师生欢迎,在教学的针对性、生动性、实效性上有所突破,试验学校领导和学科教师在改革试验中得到了锻炼,创造了经验,第一年试验基本达到了预定目标,改革取得了新的进展。因此,我委决定自 1995 年 9 月在本市部分区的高级中学扩大这一试验"。随后,在原来的 5 个区各增加一所非市重点学校(市南、李惠利、浦南、市四、桐柏),一共 10 所学校连续进行了 2 年实验。

高中思想政治课改革实验课程教材的名称原暂定为《公民》,其本意是强调公民素质教育的要求,也体现党和国家有关培养青少年成为"有理想、有道德、有文化、有纪律的社会主义公民"的要求,并同当时初中的《公民》相一致,同大学的政治理论课程相区别。1996 年 4 月,李岚清副总理在接见全国百名优秀中学思想政治课教师时,明确表示不赞成把政治课改为公民课,建议已经改的再改回来。7月,李鹏总理和江泽民总书记也有相应批示。遵照中央领导的意见,我们立即将实验教材的名称改为《思想政治》。

在三年改革实验进程中,我们曾两次向国家教委正式写了报告。1995年9月,我们呈送《上海市高中思想政治课〈公民〉课程教材改革方案与实验工作情况报告》。同年11月,市教委德育处接到国家教委基教司负责同志"同意进行改革实验,但不要扩大"的电话。以后我们就没再扩大实验范围。1996年6月,我们就贯彻落实中央领导同志关于教材名称的意见,给国家教委写了《关于上海市高中思想政治课教材名称的请示》。国家教委〔96〕24号《关于对上海市中学思想政治课教材名称请示的复函》,同意上海1997年秋季将初、高中的思想政治课教材统一改名为《思想政治》,并要求课程标准要重新送审。1996年8月,我们还向市委领导呈送了《上海市中学思想政治学科课程教材改革情况汇报》。

四、改革实验取得的主要成果

首先,高中三个年级的教材都努力体现邓小平理论的内容。高一着重贯彻"解放思想、实事求是"的观点,"全面看问题、两手抓"的思想,坚持"实践是检验真理的唯一标准"等基本观点的教育;高二着重进行社会主义市场经济理论观点、改革开放的基本国策和建设有中国特色社会主义经济的教育;高三着重进行有中国特色社会主义政治、宪法和坚持"四项基本原则"的教育,"和平与发展"的世界主题教育,"独立自主的和平外交政策"教育,等等。

其次,努力贯彻素质教育,编写具有上海特点的高中思想政治教材。高一以"哲理与人生思考"为主题,将世界观、人生观、价值观的教育紧密结合,以世界观为指导进行人生观、价值观的教育,突出精神生活中的思想素质教育;高二以"经济与经济观念"为主题,改变了原来政治经济学的框架结构,以我国发展社会主义市场经济为主要内容,并结合进行有关经济法规教育,突出经济生活中的思想政治素质教育;高三以"政治与政治态度"为主题,进行有中国特色社会主义政治的教育、宪法教育,突出政治生活中的思想政治素质教育。在三年改革实验基础上新编的高中《思想政治》教材,充分吸收了原高中教材和实验教材的各自优点,使理论教育与思想教育、情感教育和实际运用紧密结合,以知识作为载体,为思想政治道德教育服务,努力体现素质教育方向,重在教育学生学会做人。

最后，与教材改革相适应，进行教育思想、教学方法、考试方法以及与学校各德育渠道配合等专题研究，积累了教学经验，为教学参考书的编写提供了丰富资料。三年中，10 所学校的领导和教师共撰写专题文章 46 篇，其中在教学论文评选中获奖的有 13 篇。制作录像 29 盒，其中参加市教学录像评比获奖的有 15 盒。在校际活动中，上研究课 70 节，其中高一 27 节，高二 24 节，高三 19 节；结合教学组织学生开展社会实践活动，规模较大的有 60 次，平均每校有 6 次。搜集并编写教学参考资料 46 份，其中不少已被收进教学参考书。

实验工作之所以能顺利开展和达到预期目的，第一，这是源于市委和市政府有关领导、市教卫党委和市教委（包括原市教育局）领导以及有关区县的领导的直接关心和支持。各级领导的分管同志都亲自了解实验工作的情况，及时提出指导性意见，并给予经费支持，及时研究和解决实验工作中的重大问题。第二，市教育考试院为实验学校政治学科的会考和高考制定了相应的政策，给实验工作以大力支持。第三，由华东师范大学、市教研室、基教办、德育处、教材组和 10 所学校分管领导组成的实验工作小组统一负责、相互配合、密切合作，有计划、有步骤地对实验工作进行具体指导。第四，各区县政治教研员积极参加了实验方案和实验教材的研讨，提供了很好的意见和建议。第五，担负改革实验的学校领导和政治教师锐意改革，勇挑重担，克服了重重困难，付出了艰辛的劳动。10 所学校的分管校长都认真做好校内协调工作，从思想上、业务上、经费上支持教师大胆改革实验。实验学校的政治教师手上只有一本实验教材，全靠自己四处搜集并编写资料，制作教具，在校际备课活动中共同探讨适应素质教育要求的教学方法，并轮流上公开课、研究课；组织学生开展多种形式的社会实践活动，结合改革实验撰写教学论文，拍摄教学录像，为教材的改进提供宝贵意见。从事实验教学的全体政治教师是改革实验的主力军，他们为改革实验目标的实现作出了无私的奉献。

五、有待进一步解决的问题

首先，思想政治是一门政治性很强的学科，必须及时反映党和国家的重大决策。党的十五大在高举邓小平理论的伟大旗帜，坚持和发展建设有中国特色社会主义理论上又有新的突破。因此，高中思想政治课有不少内容应根据党的十五大的精神进行修改或充实。

其次，教材需要在教学实验过程中不断完善。改革实验是在市重点学校和条件较好的高级中学进行的,随着新教材在全市中学试用,部分学校的领导条件、师资和学生水平不可能都像实验学校,新的问题会被不断提出,需要教材编写组继续广泛深入听取意见,使教材在实践中不断完善;还需要市、区县教研力量加强教学研究和指导,积极推广实验学校的教改经验。

最后,这次改革实验主要集中在必修课程的教材上,选修课、活动课来不及深入研究。在教学手段上,各校虽有所创造,但在教材实验阶段,音像教材无法同步建设,而这方面的教师要求又很迫切。由于需要相当大的人力、财力的投入,因此有待今后市里统一规划决策。

小学思政(德育)课建设的历史回顾[①]

上海的小学思政(德育)课,是从 1981 年正式开设的,经历了初创阶段、"一期课改"阶段、"二期课改"阶段,直到今天的使用教育部统编教材阶段。

一、初创阶段——从隐性到显性

新中国成立到改革开放,在小学思政(德育)课程的设置上,基本上呈现隐性化、即时式的特点。隐性化是指没有设置专门的思政(德育)课程,而是把相关的教育要求渗透在语文、历史、地理等课程中;即时式是指利用校会、班会、晨会等阵地,或结合时政热点或针对学生成长中的问题进行即时的教育。这样做的长处:一是具有开放性,与社会生活结合密切;二是具有针对性,与学生生活联系紧密;三是具有即时性,能及时捕捉信息,及时进行教育,及时解决问题;四是具有渗透性,把思政(德育)的要求渗入其他学科,推进各学科重视德育因素的发挥。但即时性的德育容易形成教育内容碎片化,难以让学生对道德规范建立起比较完整的认识,也难以随着学生年龄的增长把握教育的深浅度、层次性;而渗透式的德育又容易因相关学科把教学重点放在学科知识上而使其德育因素不能得到应有的发挥。为弥补这一不足,改革开放后,随着对青少年思想品德教育力度的加大,对小学生进行品德教育的系统课程就呼之欲出了。正是在这样的背景下,1981 年,中宣部和教育部联合发出开设小学思想品德课的通知,显性的、比较系统的小学思政(德育)课程就此诞生。

(一)代用教材的编写和使用

1981 年,小学思想品德课正式开设,但教材还没有编写出来。为使这门新课程及时落实,上海市教委提出暂用《小学生守则》十条,作为基本教学内容,让老师们以小学生守则为依据去寻找相关的故事,对学生进行教学。对十条守则,上、下

[①] 作者:张振芝,徐汇区教育学院。本文写于 2020 年。

学期各学习五条。这一年,《小学生守则》就成为最初的思想品德课的代用教材。与此同时,积极准备第二年的教学内容。考虑到第二年教材仍不能编成和使用,市教委先组织部分区县的学科教研员以《小学生守则》为框架,编写相关的教育故事或资料,汇成《小学思想品德课教学参考资料》,作为教师用书,供各校 1982 学年度使用。这种教师用书共四册,1—2 册的编纂者是徐汇区教育学院的德育及语文教研员张振芝、庄云飞、顾维萍、李煜生等;3—4 册的编纂者扩大到其他各区县的思想品德学科教研员,有张振芝、顾志鸣、罗才香、生月兰、梁美眉、李秀月等。

在使用《小学思想品德课教学参考资料》进行教学的同时,市教委教研室组织全市 10 个区县的教研员进行试用教材的编写。

(二) 试用教材的编写和使用

1982 年,市教委教研室组织了第一套小学思想品德课的教材编写组,由市教育局政教处长郭丰敬担任组长,由市教育局副局长刘元璋负责审稿,市教育局的周承锴和市教研员陈少娟担任联络员,编写组成员有张振芝、卢炽川、赵菊如、黄国云、展望等。

教材依据国家教委发布的《全日制五年制小学思想品德课教学大纲(试行草案)》的要求编写。郭丰敬对教材的编写质量十分重视,一遍遍认真审稿,还帮着编写人员出主意、提思路。刘元璋审阅后,郭丰敬还要在细节上继续磨稿,力求教材尽善尽美。这套教材于 1983 年 9 月至 1987 年 7 月在全市试用。1986 年 5 月,国家教委在总结各地贯彻《全日制五年制小学思想品德课教学大纲(试行草稿)》的经验和广泛征求意见的基础上,颁布了《全日制小学思想品德课教学大纲(试用)》。上海市教育局受国家教委的委托,重新组建编写队伍,对原有教材作较大的修改和补充,经国家教委中小学教材审定委员会审查通过后,形成了第二套教材,并向全国推荐。第二套教材的编写人员有范爱春、强美芬、吴文灿、胡瑜君、陈仕根、张振芝、李民琴、张雪龙、柴国花等。该套教材编写出版后于 1987 年 9 月至 1993 年 7 月在全市普遍使用。

第二套教材具有以下四个特点:

第一,保留传统性,突出时代性。教材以教学大纲为依据,以"五爱"为主要内容,向学生进行爱国主义教育、共产主义理想启蒙教育、集体主义教育、文明礼貌教育、努力学习热爱科学的教育、热爱劳动艰苦奋斗的教育、社会主义民主和法制的启蒙教育、良好的意志品格教育,并根据开放城市的特点,增加了经济观念教育和辩证唯物主义常识的启蒙教育(如《看问题要全面》《从挂红灯到戴红花》等)。教材在保留我国一些传统教育内容(如《小洞不补,大洞吃苦》等)的同时,注重突出时代性,选用了现实生活中为社会主义事业建功立业的优秀共产党员和先进模范人物的事迹,以及具有时代气息的真人真事,增加了教材的可信度。

第二,深入浅出,以小见大。教材妥善处理了深与浅、大与小的关系,力求做到教育开掘深、语言文字表达浅。尽量以小事例反映大题材,做到立意高、选材精、篇幅短、文字浅、要求实。例如,讲新旧社会对比时,教材通过三毛、高玉宝、小珍子在旧社会的遭遇,以及上海人民公园的今昔,让学生从实例中感受旧中国劳动人民的苦难。

第三,从实践中来,针对性强。教材在定篇目时,广泛征求教师意见,尽量把教学大纲要求和学生的思想实际情况结合起来,内容安排由浅入深,形成一定的层次和坡度。例如,"诚实"教育的顺序是:一年级"不随便拿别人的东西",二年级"不说谎话",三年级"拾金不昧",四年级"诚实比满分更重要",五年级"做一个正直的人"。

第四,教材结构严谨,教学配套及时。思想品德课教材每篇包括课题、课文、"想和做"这几部分。课题小而活,起到画龙点睛的作用;课文寓观点于故事或事例之中;"想和做"引导学生思考、辨析和实践。教材出台的同时,还发行了与之配套的教参、投影、学具等。

二、"一期课改"阶段——德目式结构与多学科并列

从1988年开始,上海市实施第一期课程和教材改革方案,在改革方案中一方面强调要"加强德育课程",指出"实践证明,显性的德育课程是必须开设的";另一方面又强调要"充分重视潜移默化、情意效应的隐形教育作用"。按照这一思路,课改方案设计了显性与隐形相结合的"三线一面"的全方位、多渠道的德育课程体系。这"三线"分别是:各年级的思想品德课与晨会,班、队活动,社会实践。与此同时,为了改变"重理轻文"的倾向和引进职业技术教育因素,在小学三至五年级设置了"社会"课,在一、二年级设置了"生活与劳动"课。这两门课也带有隐形德育的性质,如社会课整合原有的历史课、地理课等的内容,通过基本社会常识的教育,引导学生认识人类社会,培养学生初步适应社会的能力,养成遵守社会法规和社会公德的行为习惯,为学生成为合格的社会主义公民打好基础。如果与思想品

德课整合得当,可以提高德育课程的整体效应。但在实际执行中,把"社会"作为人文类学科,把"生活与劳动"作为技艺类学科。在编写教材时,这两门课另外组建编写组,如小学社会课教材由上海市第四师范学校王浩川、陆敏奇、章冠英等人进行编写。加上社会课、生活与劳动课中的不少内容与思想品德课有重叠或交叉,实际上压缩了思想品德课的空间,降低了思想品德课作为学校德育工作主渠道的地位。在《九年义务教育课程改革试行方案(草案)》的课时安排表中,把思想品德课从基础课中移至在每周两次晨会课中进行,后经过市、区县学科教研员和老师们提出不同意见,改为三年级以上列入基础课。

尽管遭此波折,"一期课改"中重建的思想品德课教材编写组仍认真履行自己的责任。"一期课改"时的小学思想品德课教材编写组与中学思想政治课教材编写组组合成一个大组,由华师大教授吴铎担任主编,小学组的杨丽娟为副主编,各年级都安排编写人员,名单如下——

一年级:范爱春、宋珠凤;

二年级:强美芬、杨丽娟;

三年级:曹志豪、赵菊茹;

四年级:哈敬、严辉;

五年级:张振芝、汤国平。

中小学的教材编写组统一组成,为中小学思政课的衔接及一体化建设打下了良好的基础。

"一期课改"的小学思想品德课教材比前两套教材更为成熟,主要体现出以下几个特点:

第一,依据课程标准。

"一期课改"的小学思想品德课教材是依据《上海市全日制九年制义务教育思想品德学科课程标准(修订本)》编写的。1997年,《九年义务教育小学思想品德课和初中思想政治课课程标准(试行)》经国家教委中小学教材审定委员会审议通过正式颁发。上海作为课改试点地区,在国家课程标准基础上结合上海实际,制定了《上海市全日制九年制义务教育思想品德学科课程标准(修订本)》。该课程标准对小学思想品德课的定位作了明确规定:思想品德学科是向小学生比较系统地进行思想品德教育的主要途径,它对引导学生从小逐步形成良好的思想品德和文明行为习惯起着奠基作用。但由于课程标准编制时上海"一期课改"的教材已初步编好，并已在学校试用，因此当时采取了"课标与教材互动"的做法，即一边编课程标准，一边编试用教材，用试编试用的经验和问题丰富与发展课程标准。

第二，采用德目式结构。

无论是国家的课程标准，还是上海的课程标准，对小学思想品德都采用德目式结构，即把教学内容分为若干个德目，每个德目的内容都贯穿于各个学段及年级，形成由低到高、由浅入深、螺旋上升的结构。国家课程标准设十个德目：热爱祖国、孝亲敬长、团结友爱、文明礼貌、遵守纪律、好好学习、勤俭节约、遵守公德、诚实勇敢、热爱生命。上海课程标准设十七个德目：热爱祖国、尊敬师长、热爱集体、团结友爱、遵守法纪、努力学习、礼貌待人、热爱劳动、勤俭节约、爱护公物、诚实正直、同情宽容、认真负责、勇敢坚毅、惜时守信、自尊自爱、热爱科学。每个德目在各年级都有相应的要求，形成了以年级为纵轴、德目为横轴的纵向与横向相结合的课程结构。这种德目式结构的长处是德育的旗帜鲜明、主题集中、内容齐全、结构完整，但也容易形成从概念出发、过于凸显德育的显性意图等问题，从而成为"二期课改"的改革目标之一。

第三，以故事说理。

为了防止因项目式结构而造成的概念化，同时又要避免与社会课、生活与劳动课的内容交叉重叠，思想品德课教材在内容呈现方式上以故事说理为特点，针对小学生的年龄特点，尽量少出现正规的定义、概念、术语。即使出现，也多以外延说明内涵。如《什么是勇敢行为》一课，不对"勇敢"的概念作内涵解释，而是举例说明哪些行为是勇敢行为。举例就通过故事来呈现。又如有关爱国主义教育的内容，就用典型的榜样人物故事来呈现。如《维护祖国的尊严》讲少先队员梁帆在参加国际会议时发现会场未挂中国国旗，就与主办方交涉，最后升起中国国旗的故事；《中国手》讲中国医生发明断手再植技术的故事；《创业之路》讲共青垦殖场的建设者的故事；讲到抗日战争，不是重复社会课上的史料，而是用《抗日儿童团》的故事来呈现。这种以故事说理的方式，把认知、明理、激情、导行有机融合，深受老师和学生欢迎。为了确保故事的真实性，编写组除了认真查阅相关资料外，对当代人物的故事还亲自采访。如为了用少先队员吴弘去南极的故事反映当代少年儿童的精神面貌，编写人员专门去吴弘的母校蓬莱路二小访问教过他的老师，了解吴弘在小学时代的成长经历；为了写好《创业之路》，特别去共青垦殖场考察，访问当年的建设者。

第四,传承中创新。

"一期课改"的思想品德课教材是在第一、第二两套教材的基础上编写的,因此传承了前两套教材的长处。如前面所说的,这套教材既保留传统性,又突出时代性,做到深入浅出,以小见大,以实践为源,针对性强,结构严谨,配套完善等;同时又有自己的创新,主要是内容上增加了有关意志品德教育的比例,形式上图文并茂而更为丰富,课后练习的形式更为多样。

在"一期课改"的思想品德课教材的编写过程中,编写组充分发挥团队合作的智慧和力量,多次开展集中编写活动,有时是中小学分组集中,有时是中小学一起集中。集中编写的地点有上海松江、浙江建德白沙镇、上海华漕农科院及虹桥路上海舞校旧址等处。在集中编写时,大家有问题及时探讨,有资源及时分享,对提高编写质量和编写成员的专业素养都发挥了积极的作用。

"一期课改"的思想品德课教材是从起始年级开始滚动式推进的。因为一、二年级的思想品德课被排在晨会课,失去了基础课的地位,教学时间不足,所以这套教材一开始使用就难以达到应有的效果。三年级以后,虽然通过教研员和老师们的反映,思想品德课被列入基础课的课程表,但由于"先入为主",教师们已习惯于把它当作不重要的课来对待,因而专时专用的问题长期没有很好地落实。同时开设的社会课的不少内容又与思想品德课交叉重叠。此外,许多专题教育,如国情教育、法律常识教育、小学生行为规范教育、交通安全教育、消防安全教育、心理健康教育等,都被要求纳入课表。这样,不但使更多德育内容相互交叉重叠,进一步压缩了思想品德课的教学空间,而且助长了"德育完全可以渗透在其他教育中,不用设立专门学科"的想法,从而影响了思想品德课作为小学德育工作主要渠道之地位的落实。

三、"二期课改"阶段——生活化的综合课以及两个版本教材的并立

1998 年,上海启动第二期课程教材改革。从新世纪对教育的需求角度审视小学德育课程教材,主要存在以下问题:

第一,德目式的课程教材虽有主题集中、旗帜鲜明、内容齐全、结构完整的长处,但容易从概念出发,与学生生活有一定距离,并带有成人化倾向。

第二,德育课程被分成好几门学科,内容交叉重叠,形成重复教育,增加教与学的负担。

第三,由于学科设置多,造成兼职教师多,影响师资队伍的稳定和教育质量的提高。

针对这些问题,小学生德育课程在"二期课改"中的主要突破口,一是将德目式改成生活化,二是将德育课程进行学科的综合与内容的整合。

德目式改成生活化,就是采用生活化的编写逻辑,以学生生活范围的扩大为线索,引导学生懂得在不同的生活领域中应当遵守的规范和应当具有的行为习惯。

学科的综合,就是把思想品德、社会(三、四、五年级)、生活与劳动(一、二年级)三门学科综合起来,使之成为一门新的学科——品德与社会;内容的整合,就是把原来三门学科的内容及其专题教育加以整合,不再保持各自独立的体系,通过学科重组,形成新的学科结构体系。

这一新的课程理念被写入《21世纪思想品德课改革行动纲领》(以下简称《行动纲领》),参与起草的有陈少娟、张振芝等。

在《行动纲领》的基础上,上海开始编制小学品德与社会课程标准。课程标准在序言部分就明确了课程定位:"品德与社会课程是在小学阶段开设的以学生社会生活为基础,以品德教育为核心,促进学生社会性发展的综合性基础课程,是小学德育工作的主要渠道",并指出品德与社会课的主要特点在于基础性、综合性和实践性。课程标准在"内容与要求"部分规定品德与社会课的编写逻辑是,以小学生生活范围的不断扩大为线索,分为六个主题板块:"作为家庭的一员""作为学校的一员""作为社区的一员""作为上海的一员""作为祖国的一员""作为地球村的一员"。

《小学品德与社会课程标准(试行稿)》是2004年颁发的。同时,教材已按《行动纲领》的精神编写。所以,"二期课改"的课程标准与教材之间仍为互动关系。教材编写组的组建是通过招投标进行的。以张民选为主编、吴维屏为副主编、浦东新区社发局主办、上海教育出版社出版的教材组(上教版)和以钟启泉为主编、沈晓敏为副主编、华东师大主办、上海科技出版社出版的教材组(科教版)中标,形成两个版本的教材并立的局面。两个版本并立,从积极方面看,有相互学习、相互补充、相互竞争的作用,可推动教材编写水平的提高。但在课程标准中,为了强调社会常识与品德教育的融合,对知识的要求、表述相对概括简洁,只强调"初步""了解一些"等,很难把握准确的度。结果,两个版本的教材虽然基本框架相近,但具体内容差异较大。上教版教材主题鲜明、内容浅显、德性凸显,科教版教材信息丰富、社会性强、开放度大。教材于 2003 年开始试用,2004 年在全市推行。上教版教材的使用地区为徐汇、长宁、虹口、杨浦、普陀、浦东新区、宝山、崇明、南汇,科教版教材使用的地区为黄浦、南市、卢湾、静安、闸北、嘉定、松江、青浦、金山、奉贤、闵行。后来行政区划虽有调整,但并未涉及版本使用地区的变化。由于两个版本的教材在内容上的差异,加上分区推行,市教研活动多数按不同版本分别进行。经过从 2004 年至 2009 年一轮的试用实践,从 2010 年起,上海开始对两个版本的教材进行成套修订,原来曾希望通过修订将两个版本的教材进行整合,但因差异较大,整合工作量过大而未能如愿。

从 2017 年秋起,全国统编教材《道德与法治》取代了各地使用的《思想品德》《品德与社会》《品德与生活》教材。至 2019 年秋,这一工作推进到小学所有年级,上海两个版本的教材并立的局面正式结束。

"思想政治"简介①

思想政治学科,一至五年级进行思想品德教育,六至九年级进行公民理论和行为规范教育。

一、《思想品德》(一至五年级)

(一) 重视道德基础教育

教材以"五爱"为基本内容,从《小学生守则》的基本要求出发,根据小学生的年龄特点和成长规律,拟订了热爱祖国、努力学习、尊敬师长、热爱科学、热爱集体、热爱劳动等10多个德目,在一至五年级反复学习、实践,打下较好的思想品德基础。

(二) 循序渐进的教学系统

根据学生的特点和接受能力,由浅入深地、比较系统地安排教材的坡度和层次。如"团结友爱"德目层次为:一年级,兄弟姐妹、小伙伴相互友爱;二年级,互助合作、乐于帮助人;三年级,关心爱护弟妹,不欺侮弱小;四年级,和同学建立真正的友谊,当同学遇到困难时要热情帮助,对同学的缺点、错误要诚恳指出;五年级,为同伴的进步高兴,不妒忌,虚心学习别人的长处,乐于接受别人的劝告等。通过教学,教育学生逐步提高认识,并付诸实践。

(三) 突出国情教育

从小教育学生了解我国的过去、现在和将来。在低年级,通过"比童年"让学生初步了解旧中国人民的苦难和新中国人民的幸福;在中年级,介绍历史伟人、爱国志士、革命前辈的光辉业绩,让学生初步知道祖国的今天来之不易,教育学生继承优良传统,爱祖国,爱民族,自信自尊;在高年级,讲授老一辈为祖国实现"四化"

---

① 作者:吴铎、夏国乘,华东师范大学;陈雪良,上海教育报刊总社;杨丽娟,上海市实验小学。

艰苦创业的真人真事,结合改革开放形势,让学生初步知道为了美好的明天,必须发扬艰苦奋斗精神,教育学生懂得他们是未来的社会主义建设者,必须好好学习,准备将来为祖国作贡献。

（四）注意知、行、情、意的统一

教材安排了一定数量的辨析内容,精心设计"想和做"练习的内容。要求学生对道德行为、道德认识评一评、辨一辨、夸一夸、做一做;指导学生明确什么是好,什么是不好,应该这样做,不应该那样做。要反复将知、行融入情、意,以求学生能够自觉养成习惯。

（五）生动形象、有针对性

教材力求生动活泼、形象直观、有针对性。每篇课文有题头画,一、二年级以图为主,三、四、五年级图文并茂。课题内涵单一具体,围绕一个中心进行教育。如一年级第14课"我们一起玩"的"想和做"练习中,针对当前独生子女普遍存在的只想到自己、少想到别人、不合群的现实,设计了一幅图。

图意:

伟伟小朋友手捧大熊猫,孤单单地站在教室的一角。他既羡慕又尴尬地看着许多小朋友兴高采烈地玩电动小火车。其中有一个小朋友向伟伟招手,要他和大家一起玩。

要求学生观察图意,想一想伟伟为什么不和大家一起玩。他一个人玩得愉快吗?伟伟应该怎样做,使大家都玩得愉快,自己也玩得愉快?

通过有针对性的观察、思考、讨论,提高学生的思想品德。

二、《公民》（六至九年级）

（一）构思——科学、新颖

教材内容按学生心理、生理特点和思想政治教育的内在规律进行编排:六年级,公民道德教育;七年级,公民心理品质教育;八年级,公民法制教育;九年级,社会发展和人生观教育。

（二）内容——贴近实际

内容的选择力求贴近学生的生活实际和思想实际。例如,心理品质修养部分,突出了良好性格的形成、坚强意志的锻炼、高尚情操的培养、正当兴趣的指导。

又如,道德教育部分,以学生的生活和活动范围为出发点,分为"学校生活规范""家庭生活规范""社会公共生活规范""思想情操规范"四个单元。各年级各册教材内容都与学生生活相贴近。

(三)叙述——浅显生动

教材的编排、叙述力求生动活泼,文字力求流畅浅显,尽可能地增强文采和可读性,避免概念化、成人化的表述方法。每一课都有一幅题头画,每册都有若干幅与课文相关的插图,使插图成为课文生动、鲜明的组成部分。如"学校民主"一课中的插图《做学校生活的小主人》,展示了班级选举的一幕,全场气氛热烈,人物表情丰富,给学生留下广阔的思索余地,画面突出了"小主人"的主题。

在叙述上,避免使用"应该""必须"之类带有命令口吻的词语。如第六课"建设文明家庭"一课的开头:

家,对我们每一个人来说,是那样的亲切,那样的熟悉,少年们每天大约有三分之二的时间是在家中度过的。讲到自己的家,大家都有说不完的话。少年长大成人之后,又会组织新的家庭,开始新的家庭生活。所以,有人说,家庭是人生的一所永不毕业的学校。

虽然大家对家庭都很熟悉,但并不等于说对有关家庭的一切都已经理解了。同学们想一想:什么叫家庭? 家庭中有哪些关系? 怎样的家庭才算得上是文明的家庭? 这一连串的问题你都能回答吗?

全套教材尽量避免硬性要求,娓娓而谈,同时传递知识,包蕴要求;通过设问,启发学生的积极思维,寓教育于生动活泼的形式之中。

中学思想政治课改革中几个观念问题的思考①

纵观历史上和当前社会进行的每次大变革,都是以思想解放、观念变革为前导的。反映客观实际和发展趋势的新观念一旦形成,就具有对未来的导向性,指导改革的行动。我们中学思想政治课的改革当然也要以观念变革为前导,只有变革旧观念,确立反映改革总目标和符合新教材教育要求的新观念,才能推动改革沿着正确的方向前进。否则,难免会出现"新教材、旧观念""新内容、旧方法"等种种不协调的现象,新教材编得再好,也难以收到良好的效果。事实上,从我们的改革实践来看,暴露出来的很多问题都是观念上的问题。要解决这些问题,首先也必须从转变观念入手。所以,可以说,观念的变革是改革成败的关键。

一、在课的性质、任务上,要由单纯的智育型转变为德育和智育的统一型

改革前的中学政治课,在我们的观念中是一门传授理论知识的课程。据有关部门不久前对全市 400 多名中学政治教师的调查,持这种观念的教师占了大多数。所以,首先要转变的就是这种观念。改革中的思想政治课当然仍是以马克思主义为指导的,仍然应该传授一定的马克思主义理论知识,所以仍然有智育的任务。但它不是一门单纯的智育课,而是一门密切联系我国社会主义现代化建设的实际和学生思想、心理发展的实际,通过马克思主义基本理论知识的教学,来加强对学生的思想政治教育,提高学生的觉悟,培养"四有"人才的课程。所以,从这个意义上说,中学思想政治课应该是一门把思想教育置于比理论知识教育更重要地位的德育课。完整一点讲,它是一门智育和德育高度统一的课程,是其他课程无法代替的。

---

① 作者:丁彬荣,上海市向明中学。本文约写于 1997 年。

基于这门课的上述性质、任务,对于教材中的理论知识的内容一般都作如下处理:不再过分讲究原来的理论体系,降低难度,仅以获得"常识"作为基本要求;马克思主义最基本的理论知识教学也不再直接向学生灌输抽象的概念、原理,而是通过具体生动的社会生活、政治和经济现象的分析,启发学生作出正确的结论。这样的处理明显地改变了以往教学中理论脱离实际的弊病,有利于贯彻课程的目的、任务和要求。当然,在理论方面,还要进一步解决好与当今的实际间存在的矛盾。过去的有些理论已明显不符合当前改革开放的新形势,还需要提出一些符合党的十三大阐述的社会主义初级阶段理论的新思想新观点,这是教材需要进一步努力改进的一个重要方面。

二、在教育指导思想上,以马克思主义理论观点作为教育的依据

也就是说,要由"以阶级斗争为纲"转变到社会主义初级阶段理论和"一个中心,两个基本点"上来。按照这样的指导思想,我们思想政治课的教育应该围绕"两个基本点"、"两个文明建设"、"两个理想"(共产主义和共同理想)、"两个道德"(共产主义和社会主义)、"两个精神"(科学和献身,包括振奋民族精神)等内容进行。对于基本的政治观点和正确的政治方向的教育,当然是必须坚持的。然而,对于加强四项基本原则的教育,也应结合改革开放的内容进行。孤立地讲坚持四项基本原则,容易造成"两个基本点"的割裂,难以收到良好的教育效果。此外,学生目前存在的问题,应该说大多都是思想认识问题,不能随意地说成政治或政治观点问题,动不动就上纲上线,而应该坚持正面教育,耐心地启发诱导,帮助他们树立认识问题的正确观点和方法,提高他们的思想觉悟。为了适应改革开放、大力发展社会主义商品经济的需要,我们还要培养学生的商品、信息、时效、竞争、人才等现代观念,以及积极向上、奋发进取的精神,为培养振兴中华、献身"四化"建设的一代新人服务。

三、在教学要求上，要处理好整体性与层次性、方向性与现实性要求的关系，要由单一的方向性要求转变为方向性与现实性要求相结合

"四有"是一个总目标、总要求，在实施过程中，必须将其分解，使之与各年级学生的年龄、知识和个性特点相适应。不仅如此，对同一年级、同一班级的学生在要求上也应有层次高低不同之分。现在的课程、教材、各年级的教学要求，基本上能体现阶段性和渐进性，但是还缺乏一个明确的围绕总目标的分年级教学目标和要求。目前，实验教学大纲还没有很好地解决这一问题，需要我们进一步探索研究。至于一个班级的学生，就其认识和思想水平来说，客观上也必然存在差别。教师在教学要求方面，除了统一的要求以外，对一些层次较高的学生，需要用更高的方向性要求去实施教育培养。如我们在高二和高三年级中，就有计划地选拔了一些比较优秀的学生，组织他们参加党课学习小组，进行提高培养。但是，对大多数学生来说，必须从实际出发。这个"实际"，主要是指社会主义初级阶段的实际和学生思想现状的实际。我们既要坚持共产主义思想教育的大原则，又不能采取僵化的态度，不能用脱离当今社会现实和学生思想实际的"高大全"的要求去普遍要求学生。从总体上看，方向性与现实性要求的结合不仅是必需的，而且是可能的。在教学要求上，必须有一个"度"。要从实际出发，做到"适度"。一旦超越了这个"度"，不仅学生承受不了，就是教师本身也承担不了，我们多数人都有这个体会。

四、在教学形式上，要由封闭的、单纯的课堂教学形式转变为开放的、多渠道的教学形式

过去的教学之所以不受学生欢迎，一个重要的原因就是从内容到形式都是封闭式的，把学生牢牢地"捆"在课本上，"关"在教室这个狭隘的小天地里，学生需要的知识得不到，不需要的却硬要塞给他们。现在改革了，就要解放思想，确立开放式教学的新观念。所谓"开放"，主要表现在内容和形式两个方面。从内容的角度讲，就是不完全局限于课本知识，要把国内外涌现的新信息不断补充到教学中来，要与沸腾的社会生活紧密结合；从形式的角度讲，多样化、新鲜、活泼，为学生所喜爱、学生易于接受的形式，都可以采用。比如，阅读课外的报刊书籍，有益的影视

剧,专题讨论或辩论、讲演、恳谈,对话,诗歌朗诵,小品演出,音乐欣赏,等等。特别是组织学生走出课堂,带着主题进行的参观访问、社会实践、社会考察、社会调查,不仅深受学生欢迎,而且能解决教师在课堂上难以解决的很多问题,收到良好的教育效果。我们把这种开放式的教学归纳为四种教学观念的转变:(1)封闭型转变为开放型;(2)灌输型转变为指导型;(3)说教型转变为情感型;(4)单向传授型转变为双向探讨型。从我们将近两年的实验来看,打破了传统的以灌输、注入、说教等为主要形式的旧格局,初步开创了以读书、讨论、对话、调查、实践等形式为主体的思想政治课教学独特的新型格局,使中学思想政治课教学充满了生机和活力,初步形成了中学思想政治课的新气象,师生欢迎,效果显著。

五、在师生关系的认识上,要由单纯把学生当作教育对象转变为学生是认识的主体,要实行教学民主的新观念

我们仍然要在教学中发挥教师的主导作用,但这种主导作用必须体现在充分发挥学生的主体作用上。只有树立正确的学生观,才能在师生关系上有正确的态度。现在的学生由于正处在成长的过程中,正在从不成熟走向成熟,缺乏社会经验和实际知识,因而他们的理论和实践根基都比较薄弱,思维方法往往存在片面性、表面性和绝对性的问题,甚至比较偏激。但在他们身上也存在许多优点:总是向往未来,积极向上,敏感好学,开放进取,思路敏捷,崇尚实际,勇于探索。所以,既不能因为他们在思想方法上存在一些弱点,就把他们推向对立面,又不能脱离他们的实际,过高地评价他们。关键是引导,要扬其所长,抑其所短,为他们提供更多的受教育、磨炼的机会。一代新人必将健康成长!在师生关系方面,有两点特别重要:一是确立师生平等、教学民主的观念。要抛弃那种"我教你学,我打你通,我管你服"的陈旧观念,特别要强调师生平等探讨问题。老师固然可以发表自己的看法,但大可不必认为自己样样都比学生高明;学生不必只是"唯师是从",也可以发表自己的见解。师生之间允许存在观点及思维方法上的差异,相互交流甚至争辩都属正常。事实上,平等探讨问题,不仅会给学生带来收益,而且往往也会给老师以新的启示。二是要理解学生。现在,师生之间似乎存在一种心理上的隔阂。老师觉得现在的学生不好教育,学生觉得老师不理解他们,互存疑虑,很不利于教学工作的顺利进行。在这方面,特别需要教师多作努力,对现代学生的思想、心理特点多作分析,同时要尽力减少自己头脑中不正确观念的影响。学生是迫切

需要理解的。他们在看了《理解万岁》的电视录像后说:"战士的幸福就是被人理解,我们也是同样的。""我们对未来生活充满憧憬,热望着追求真善美。我们在寻求理解、寻求温暖、寻求爱。"在理解的基础上,建立起新型的师生关系,对教学改革十分重要。

中学思想政治课的改革,需要研讨的问题有很多,其中观念的变革是既普遍又重要的一个问题,它关系到今后思想政治课建设的方向、方针及方法等一系列问题。本文仅就此作了一些不成熟的思考,愿提出来与同行们探讨。

上海市中学思想品德与思想政治学科课程与教学改革回顾与展望(1998 年至 2008 年)①

上海市中小学课程教材改革已经历时十年有余,今天回顾改革的历程,既有当年的沉重思考,也有着十年多积淀下来的许多思索。认真总结课程教材改革走过的路,有利于我们更加坚实地走好往后的路。

一、上海市中学思想品德与思想政治学科课程与教学改革回顾

(一) 改革的背景和动因

上海市中学思想品德与思想政治学科的这一轮教材和教学改革,有其深刻的国际国内形势背景,也有学科本身发展需要的必然性。

改革的国际形势背景。在 20 世纪末,中小学课程教材和教学改革已经成为世界潮流。其背景是科学技术突飞猛进,知识经济已见端倪,经济竞争日趋激烈,各种矛盾错综复杂。这样的时代背景对人才的培养提出了新的要求。德育作为学校教育的重要组成部分,日益受到世界各国共同的重视。希望自己国家的未成年人具有国际视野、创新意识和公民人格,成为各国中小学教育发展的共识。尽管学校德育不能不受到特定国家政治、经济的制约,受到民族和地域传统的影响,但各国都在对学校德育进行总结和反思,提出改进和加强学校德育课程的措施。

改革的国内形势背景。到 20 世纪末,我国的改革开放进入新的发展阶段。我国处在社会机制的转型过程中,从计划经济向市场经济转型,民主法制进程有序推进,这些都对思想政治课教育提出了新的要求。社会主义市场经济体制的确立,对人们的自主自立意识、竞争意识、追求和保护正当利益的意识、规则意识等的确立,有着强烈的影响和要求。市场经济本身对人们思想行为的负面影响也是

---

① 作者:叶伟良,上海市教委教研室。本文写于 2009 年。

客观存在的。民主法治进程的推进,对人们的民主法治观念、公民权利和义务观念、依法治国和以德治国观念等的确立,也有着强烈的影响和要求。这些必然会反映到中小学课程教材改革中,并更直接地反映到中学思想品德和思想政治学科的课程与教学改革中。同时,在改革开放的背景下,西方意识形态的影响不可避免。如何正确引导青少年正确面对这些影响,也对中学德育课程的改革提出了挑战。

学科本身发展的必然性。上海的中学思想政治学科教材和教学改革,当时也有着自身的必然性。主要有这样一些原因:(1)学科定位不清晰,教育教学的针对性、实效性不够。对于中学思想政治学科究竟是德育课程还是智育课程的问题,当时有较多的争论。对中学思想政治课程中德育与智育的关系,以及德育与智育的内涵与外延缺乏深入的研究,在课程建设上必然表现为定位不清晰。(2)教材从内容组织到排版等,难以引起学生浓厚的学习兴趣。原有的教材在一定程度上注意到应贴近社会实际,应联系学生的思想和生活实际。但由于时代发展的局限,教材更多的是顾及学科体系本身的内容,顾及当时社会发展的现实,而对于学生自身成长的实际、学生自身学习能力的培养等,在关注的力度上是明显不够的。(3)在教学过程中,重视知识的教学,轻视能力的培养,轻视组织学生开展接触社会的实践活动。在教学方法上,教师对传统的讲授式教学驾轻就熟;而启发式教学需组织学生通过多种学习活动探究学习,对教师来说比较陌生,难以推广。(4)在学习评价方式上,重视结果评价,轻视过程评价,评价方式基本上是单一的书面知识考试,一张试卷定终身。受应试教育的影响,教师为应试而教、学生为应试而学的状况严重存在。(5)从思想政治学科教育教学终极目标的角度看,在对青少年的理想、信念、意志力,对国家和人民的忠诚,以及价值观的选择等方面的引导工作上,存在许多亟待解决的问题。

(二) 改革的主要历程

上海市中学思想政治学科的这一轮课程教材改革,从 1997 年底开始至今,经历了以下几个阶段。

行动纲领编制阶段。1997 年底,按照市教委的统一部署,市教委教研室各个学科教研员都开始组建队伍,研究本学科改革的行动纲领。中学思想政治学科行动纲领的编制人员有吴铎、李春生、王曙光、叶伟良、高慧珠、陈秋涛、秦璞、吴永玲、卜文雄。1999 年,完成了《面向 21 世纪上海市中学思想政治学科教育改革行动纲领》编制,确定了学科改革的方向和基本思路。

课程标准编制阶段。在完成了行动纲领的编制之后,紧接着开始了上海市中学思想品德和思想政治课程标准的编制工作。《上海市中学思想品德和思想政治课程标准》初稿于 2002 年完成,经过审查和修改于 2004 年由上海教育出版社出版。其间,《上海市中学思想品德和思想政治课程标准》编制组还参与了国家的中学思想品德和思想政治课程标准编制的投标。叶伟良同志代表上海参加了国家的中学思想品德和思想政治课程标准的编制工作。

课程教材编写和试验阶段。上海市中学思想品德和思想政治新教材的编写始于 2002 年,比大多数学科新教材的编写工作晚了些年头,主要是由于有关部门对上海是否要自己编写中学思想品德和思想政治教材有一个论证过程。上海市中学思想品德和思想政治新教材的主编是吴铎,副主编是李春生。2003 年,完成了六年级思想品德新教材的编写工作,新教材进入试验学校开展实验教学。2004年,完成了七年级思想品德新教材和高中一年级思想政治新教材的编写工作,并进入试验学校开展实验教学。2005 年,完成了八年级思想品德新教材和高中二年级思想政治新教材的编写工作,并进入试验学校开展实验教学;完成了六年级新教材试验本的修改,在面上所有学校试验使用。之后,按此逐年滚动编写,并开展实验教学、面上试验教学。到 2008 年秋季,上海市所有学校的各个年级都使用了思想品德和思想政治新教材。

课程教材成套修改阶段。从 2008 年秋季起,中学思想品德和思想政治新教材编写组开始为教材的成套修改做准备。其中,最重要的一项工作是对教材的使用开展针对学生和教师的广泛调查。从 2009 年秋季起,教材编写组将花两年的时间,完成中学思想品德和思想政治新教材的成套修改工作。在这期间,还将完成课程标准的修订工作,建立起教材经常性修订的机制。

（三）改革的主攻方向

上海市中学思想品德与思想政治课教育改革重点需要解决的问题有以下一些。

关于课程性质和地位的定位。中学思想品德和思想政治课程性质的定位,对于课程的建设和发展具有根本性的影响。经过深入研究,现在将中学思想品德和思想政治课定位于"德育与智育内在统一的德育课程"。中学思想品德与思想政治学科以提高青少年的思想品德与思想政治素质为根本教育目标。坚持中学思想品德与思想政治学科必须有知识架构、知识载体,但不以知识获取为课程的唯一目标。过去,中学思想品德和思想政治课在学校课程体系中被定位于学校德育的主渠道,似乎是突出了该课程的德育功能,但却容易割裂其与学校整个德育工作的内在联系;现在则被定位于学校德育的主导渠道,既凸显了该学科的显性德育功能,明确了该学科的德育在学校德育中的恰当地位,也关照到了该学科德育与学校整个德育工作的内在联系。

关于课程内容的架构。中学思想品德和思想政治课程内容是以学科知识为本、社会需要为本,还是以学生成长为本?对这个问题的回答决定了不同的教材内容的架构和呈现形式。过去的教材在关注学生成长需要方面的力度是明显不够的。现在上海市中学思想品德与思想政治课程内容是以学生的发展为本,同时兼顾知识体系和社会的发展要求。初中教材更多地考虑学生的成长发展实际,以学生的生活领域来架构内容。高中教材则依据学生发展所需,注意社会科学理论的架构,同时注意道德教育、法制教育和心理品质的引导;课程内容适当降低难度,注意贴近学生实际和社会生活实际。

关于学习方式的改变。如何突破单一的接受学习方式,引导学生接触社会,关注社会,关注自身的成长,在生动多样的学科活动中进行探究学习,这是中学思想品德和思想政治学科教学必须攻克的难题。目前,在课程标准中,对学生的学科实践活动有比较详细的导向规定;在教材内容架构方面,有贴近学生思想和生活实际、贴近社会实际的内容设计,还有组织学生探究社会的独立单元内容;在日常的教学研究和指导过程中,对学科研究性学习和社会实践活动进行了专题研究,并在广大教师中予以积极引导。

关于学习评价的改革。学习评价方式改革受到的牵制因素最多。欲克服一张试卷定终身的状况,需要政策和制度层面的支撑。这些年,在方方面面的努力下,等第制、观察记录、评语、百分制等多种评价方式,在学习的不同过程中交替应用,使学习评价方式的变革开始迈出步伐。

此外,教材呈现形式的改变、学习训练的改变、教学资源的建设、教师队伍的建设等,也是中学思想品德和思想政治学科教育改革需要关注和攻克的难点。这些方面的改革思路在本学科的行动纲领和课程标准中都有阐述,并在教学实践中有了一定的进展。

二、上海市中学思想品德与思想政治学科课程与教学改革的主要成果

十年多来,上海市中学思想品德和思想政治学科教育改革,致力于提高学科德育的针对性和实效性,其成果主要体现为上海市中学德育课程在以下一些方面出现重大变化。

(一) 上海市中学思想品德与思想政治学科的主要变化

课程名称的变化。原有的上海市中学德育课程,从6—12年级都称为"思想政治"课。新一轮上海市中学德育课程,6—9年级称为"思想品德"课,10—12年级称为"思想政治"课。中学德育课程名称的变化,意味着中学德育课程的教育目标和教学内容更有针对性,重视符合不同年龄段学生的身心特点和成长规律。

课程理念的变化。中学德育课程改变过于重视知识教育的倾向,在教育目标、学习内容与要求、教学评价和成绩评定等方面,将知识和能力,过程和方法,情感、态度和价值观三个维度融为一体,注重学生创新精神和实践能力的培养,关注学生思想品德和思想政治素质的提高。为适应新世纪改革开放和现代化建设的新形势,上海市中学思想品德和思想政治课程以邓小平理论和江泽民"三个代表"重要思想为指导,深入贯彻科学发展观,以爱国主义教育为主线,坚持适应社会发展需求与以学生发展为本的统一,坚持德育熏陶与智育传授的统一,坚持实践体验与能力培养的统一。课程教材重视理论联系实际,加强思想品德和思想政治教育的科学性与时代性的结合,知识性与教育性的结合,理论性与实践性的结合。

课程内容结构的变化。在中学德育课程内容的安排上,6—9年级思想品德课打破了原有的学科知识体系,在学生所熟悉的学校生活、家庭和社区生活,以及更宽广的社会公共生活情景中,进行公民道德教育、法制教育、社会责任教育、国情教育和健康心理品质的引导,帮助学生逐步形成良好的思想品质、行为习惯和正确的思想政治观念。10—12年级思想政治课,从学生所熟悉的或者所应了解的社会生活情景中提炼主题,构建学习内容体系,对学生进行以邓小平理论基本观点为中心的马克思主义常识教育和有关的社会科学知识教育,并注意渗透对学生的道德教育、法制教育、健康心理品质引导和爱国情操的熏陶。时事政治教育是学生所必需的拓展学习内容。6—12年级有必需的课时保证时事政治教育。

学习方式的变化。在思想品德和思想政治课程的教育中,学生的学习方式发

生重大的变化,不再只是开展接受性的学习,而是根据思想品德和思想政治课不同学习单元教学目标的要求,开展接受性学习、研究(探究)性学习以及与这些学习方式交融的实践体验活动。思想品德和思想政治课程标准不仅规定了基础型课程的学习内容与要求,而且对每个年级研究(探究)性学习的内容和组织提出了指导意见,对每个年级的学科实践活动提出了具体的活动建议。

教材呈现形式的变化。思想品德和思想政治教材的呈现形式充分注意学生认知规律和教学规律的要求,力求生动活泼、规范准确,既有利于教师的"教",又有利于引发学生的阅读兴趣。教材的编选,根据不同年龄阶段学生的特点,选择贴近生活、贴近实际、贴近学生的情景实例,理论观点的阐述与多数学生的认知水平相适应,重视引导学生参与社会实践活动,将部分重要的实践活动方案呈现于教材之中。

教学评价的变化。思想品德和思想政治课程的教学评价以课程教学目标为依据,促进学生能力的培养和思想品德、思想政治素质的提高,促进教师改进教学,进一步提高教学质量。对学生学业状况的评价从学生的认知状况和学科实践活动两个方面进行。认知状况的评价主要采用定量评价方法,通过书面考查或考试,考查学生对思想品德和思想政治课程知识的理解和运用情况,着重考查学生运用知识分析和解决现实生活中实际问题的能力;参与学科实践活动的评价一般采用定性评价方法,主要考查学生参与实践活动的态度和能力,以及与课程知识的运用相关的实际行为表现。

上海市中学德育课程的改革在师资队伍的建设、学科教学的理论研究和实践探索、现代教育技术与教学的整合、学科实践活动渠道的开拓等方面也有了清晰的思路,采取了有针对性的配套措施。

(二) 学科教学研究工作的一些成果及举措

伴随着上海市思想品德和思想政治学科课程教材改革,学科教学研究工作也有许多突出的成果,具体包括:

开展中学思想政治学科教学模式研究。思想政治学科的教学过程有其内在的规律,进行教学模式的研究有助于帮助教师认识思想政治学科课堂教学的规律。我们组织学科专家和基层学校的老师学习了有关教学模式的理论,总结和研究了中学思想政治学科课堂教学常用教学模式。作为该课题的研究成果,我们组织撰写出版了《中学思想政治课教学模式研究》一书。

开展中学思想政治学科研究性学习和实践活动研究。研究性学习和实践活动是学生理论联系实际,提高学习有效性的重要途径。我们组织区县教研员和基层学校老师开展理论研究,总结和提炼了大量的个案。作为该课题的研究成果,我们组织撰写了《思想政治课研究性学习和社会实践活动探究》一书,为教师组织学生开展研究性学习和实践活动发挥了理论引领和实例借鉴作用。

开展中学思想品德和思想政治课教学设计研究。在教材改革推进中,教师在使用新教材时需要得到教学设计方面的指导。我们发动区县教研员和学校教师开展了针对教学设计的研究。作为研究的阶段性成果,我们组织撰写并出版了6—8年级思想品德课堂教学设计丛书。

开展公民社会责任教育课题研究。作为学校德育的拓展教育内容,我们开展了针对公民社会责任教育的研究。作为研究的成果,我们组织编写出版了《公民社会参与——社区问题的探究实践》教材和教学参考书。该教材在上海部分学校实验和浦东新区所有初中试用中取得了非常好的教育效果,成为学生探究性学习和学校德育工作的新亮点。

编写和发布学科建设的有关文件。近几年,我们制定了与学科教学相关的一些文件,包括《改进中学思想品德和思想政治课堂教学的几点意见》《中学思想品德和思想政治学科落实两纲教育的指导意见》《中学思想品德和思想政治学科贯彻党的十七大精神的教学指导意见》《加强学校法制教育的意见》等。这些文件的编制、发布和贯彻,推动了学科建设的发展。

倾力培养青年教师。我们通过举办骨干青年教师研修班、组织公开课教学观摩与研讨、指导参加全国教学评比等活动平台,培养了一批在全市有一定影响的骨干教师。上海先后有十多位青年教师获得全国教学评比一等奖。

组织学科建设经验交流。为推动学科建设深入发展,注意发现和总结第一线的教学经验,及时组织教学经验交流,我们先后在徐汇、虹口、青浦、普陀、浦东等区组织了上海市中学思想品德与思想政治学科教学经验交流活动,传播有效的教学经验。从许多优秀教学案例中,我们提炼出中学思想品德和思想政治课教学经验,力求千方百计贴近学生的生活实际和社会实际,千方百计让学生在课堂内外动起来,千方百计走进学生心灵的教学策略,对激活课堂教学发挥了积极的作用。

推进学科课程资源建设。随着新教材编写和试验工作的推进,我们组织和指导教师拍摄了初中6—9年级的23节录像课,高一到高三年级的17节录像课。这既为教师成长搭建了平台,也为学科积淀了重要的课程资源。我们还发动高中教师,围绕高中一年级和高中二年级思想政治教学内容,收集并精选课程资源,制成光盘供教师使用。

开展各种教学评比。我们先后组织了上海市中学思想品德和思想政治学科教学论文评选、教学设计评选、中青年教师课堂教学评选等各种活动,大力推动教师研究教学方法。

三、上海市中学思想品德与思想政治学科教育改革存在的问题

上海市中学思想品德与思想政治学科十多年的教育教学改革取得了重大的进展,但由于种种原因,仍存在不少问题。

教材建设中的问题。教材有重大突破,但并非十全十美,在知识容量的确定、说理的通俗和透彻性、内容体系的安排、事例的选择等方面,还存在许多需要研究和进一步改进的问题。

教师队伍建设问题。以学生发展为本的教育教学理念在教师中虽已产生广泛的影响,也使得许多教师的教育教学行为发生了根本性的改变,但是先进的教育教学理念并未成为全体老师的自觉行为,现行的教育管理机制也未能保证教师自觉投入教学改革。一些教师的学科专业功底不够扎实,一些教师的敬业精神有待提高。

教学过程中的问题。在学科教学过程中,存在教学目标不会描述、教学目标不清晰、认知目标有所弱化的状况;存在对三个维度教学目标之间的关系研究不够、对单元教学目标的深入研究不够的状况;存在教学中的思辨性不够、教学说理的通俗性和透彻性较差甚至时常有科学性错误的状况;存在课堂教学活动热热闹闹,但活动的目的不明确,对活动和理性认识之间的关系把握不准的状况。

此外,学习训练形式总体上还比较单一,对多媒体教学技术的应用不够合理,学习评价手段总体上还比较单一等,也是需要予以持续关注和解决的问题。

四、上海市中学思想品德与思想政治学科教育改革的展望

展望上海市中学思想品德与思想政治学科的发展前景,既要着眼于当前需要立即改进的工作,也要有更远大的目标。为继续推进上海市中学思想品德与思想政治学科教育改革,这几年有许多工作需要努力完成。

修订上海市中学思想品德与思想政治学科课程标准。课程标准的修订重点在于学科内容的适度调整、学科内容要求的准确描述、学科活动的优化设计以及教学目标的研究等。在学科教学目标中，要不要提技能目标？如继续提技能目标，在各个教学单元中如何设定技能目标？在学科教学目标中，要不要提能力目标？如何深入理解三个维度教学目标的关系？如何设定各个教学单元的教学目标？这些问题在课程标准修订中是必须予以关注并需要下功夫解决好的。

上海市中学思想品德与思想政治学科成套教材的修订。中学思想品德与思想政治学科成套教材的修订，其重点是修订初中三年级教材和高中二年级、高中三年级教材。初中三年级教材修订要加强公民权利与公民义务内容的教育。高中二年级和高中三年级政治常识和哲学常识的教学内容如何与所属年级的学生更匹配，这是需要进一步深入研究的。课程标准中规定的供高中学生定向拓展学习的教材内容，对其编写工作也要予以深入研究并做出安排。

研究教材更好的呈现形式。新编的上海市中学思想品德与思想政治学科教材在呈现形式上比过去有了明显的改进，注意适应学生的阅读心理，在一定程度上受到学生肯定。但是，随着一代代学生的变化，以及我们对学生学习规律认识的深化，教材应当有更适应学生学习的呈现形式，包括内容的组织、教材的版式设计等，都需要不断进行新的探索。

研究学科教学的实用教学模式。近几年，中学思想品德与思想政治学科教师队伍更新加快，年轻的教师占了相当大的比例。我们急需在原有的学科教学模式研究的基础上，继续研究和总结中学思想品德与思想政治课教学模式，筛选出能促进学生发展的若干教学模式，供一线教师教学参考。

研究教师素养进一步提高的标准和途径。学科改革越是向纵深发展，对教师队伍的要求越高。加强思想品德与思想政治学科教师的师德修养和学术素养，提高教师掌控教育教学过程的本领，是有利于学生发展的重要工作。我们必须对思想品德与思想政治学科教师的发展提出具体的要求，必须按照教师发展的应有标准建立起教师自我学习、教研组同伴集体研修、专业渠道系统进修的教师发展途径。

研究学科学习训练的基本途径。思想品德与思想政治学科学习训练应该包括书面习题、观察记录、学科小论文、资料收集和整理、访问和调查、实践体验等多种形式。现在，不少教师虽然有这方面的探索，但缺乏系统的思考和安排。推进该项工作,比较有效的办法是收集和整理足够多的个案,形成思想品德与思想政治学科可供借鉴的多种学习训练经验。

研究学科学习评价的有效手段。思想品德与思想政治学科学习评价虽然已经出现有利于改进教师教学和学生学习的变化,但是以促进学生发展为本的评价新理念还没有为更多的教师接受。一些教师不善于运用多种评价手段对学生进行多角度的评价。一些评价的新方法还不够成熟,致使教师难以在学习评价方面有大的作为。承接学习评价已经有的成果,我们需要做精细化的研究并开展试验,以总结出方便大多数教师操作的评价手段。

为探索出一条上海市中学思想品德与思想政治学科教育改革的成功之路,前人做出过艰辛的努力,我们也为之付出了青春年华。今后,需要有更多的同仁齐心努力,孜孜不倦,砥砺前行。

甲申话德育课程"二期课改"①

我们德育课程教材的编写者与德育课程教师,可以说是彼此的知音。我作为上海市中学德育课程新教材的主编,的确有许多心里话,想借《上海教师》为我们开辟的"聊天室",与担任德育课程的老师们作些交流。根据老师们在研讨或培训过程中经常提到的问题,我提出正确认识和参与德育课程"二期课改"的一些个人粗浅建议。

一、要了解德育课程"二期课改"的新特点

德育课程"二期课改"有哪些新特点呢?主要有以下三个方面:

一是坚持循序渐进。上海德育课程"二期课改"教材编写启动较晚。从2002年起步,到今年初仅完成预备班实验教材的编写,实验教学仅进行了一学期。初中一年级和高中一年级的实验教材编写工作虽然正紧锣密鼓地进行,但是到今年秋季才能进入实验阶段。按照预定的计划,初中和高中二年级的实验教材于2005年进入学校实验;三年级的实验教材于2006年进入学校实验。实验以后,修改、出版定稿的新教材。这样,初中和高中一、二、三年级使用新教材的时间,将依次为2005年、2006年和2007年。自2002年启动至2007年,前后延续5年多时间。一轮课改的教材编写和实验教学推进,用5年多时间进行,逐步推进,比较符合认识和教改发展的客观规律,避免了以往历次课改中各年级新旧教材"齐上齐下"、仓促上阵、被动应付的局面。

二是注重教学实验。课程改革是一项复杂工程,不仅需要有先进、明确的理念和精心的筹划、组织,还需要认真坚持实验。无论是课程改革的理念,还是课程的内容、方法,要立新破旧,都需要经过实验,才能获得比较符合实际的、正确的认识和结论。以往的德育课程、教材改革,虽然也广泛"听取意见",但仍然没有脱离

---

① 作者:吴铎,华东师范大学。本文约写于2004年,曾刊发于《上海教师》。

"主观决定"的藩篱,不重视甚至完全抛弃实验工作。德育课程"二期课改"吸取以往的经验教训,确立了课改要以实验为基础的原则,从预备班开始,选取50余所有代表性的学校,使用实验教材,坚持一年的实验教学。在经过实践检验基础上修改定稿的新教材,比较符合教学的实际需要;同时,还积累了较多的课改经验。在此基础上写成的"教学参考",不仅具有创意,而且对推进课改、使用新教材具有重要的参考价值。

三是依靠四支力量。德育课程"二期课改"主要依靠的四支力量是:新课程标准的制定和教材的编写队伍,参与研讨和担任部分组织工作的教研员,参与研讨并实施实验教学的教师队伍,参与实验教学并对新编教材发表意见的部分学生。教材编写人员采取"轮替制度",按照新编教材逐步推进的原则,编写人员有进有退,以便"流水不腐"。参与研讨和实验教学的教师同样实行"轮替制度",以便不断扩大教师的参与人数。学生参与主要是由教师或编写人员组织的。这四支力量相辅相成,构成德育课程"二期课改"的推进力量系统,使课改秉持的理论与实际结合的原则能够得到脚踏实地的贯彻与施行。参与课改组织、指导的还有教育行政部门、教材出版部门,有的学生家长也直接或间接地参与评价或意见反馈,使德育课程"二期课改"具有比较广泛的社会联系。这是综合提高课改实效的重要保证,也使课改发挥着良好的综合效应。

二、要研究德育课程新教材特别引人注目的方面

德育课程新教材有哪些特别引人注目的方面呢?

根据"二期课改"制定的《中学思想品德和思想政治课课程标准》要求编写的新教材,注重贯彻"以学生为本"的指导思想和创新精神。据参与实验教学的教师反映,新教材中比较有特色的是以下几个方面:

教材内涵的"三维"教学目标。所谓"三维"教学目标,一是知识和能力要求,包括基础知识、理解和运用知识的能力;二是过程和方法要求,包括通过课堂教学和社会实践掌握科学的学习方法,学会学习;三是情感、态度和价值观要求,包括将以知识为基础的认知内化为情感和辨别是非、善恶的价值尺度,引导培养良好的行为习惯。"三维"是借来的一个用语,一方面指"三个方面",另一方面还具有"立体""纵深""发展"的含义,有助于凸显教学目标的指引作用。

教材内涵的基础知识和逻辑结构。德育课程教材是学校德育的一部分,在教

学目标、教育对象和教学内容等方面,与德育有着内在的、不可分割的联系。但是,德育课程教材,又与一般德育载体有着明显的区别。教材要从学生的实际出发,根据学生的实际选取必要的基础知识,并将所选取的基础知识构筑成一定的逻辑框架。无论是"章节""单元"还是"板块",都必须有基础知识,观点正确,有逻辑性,能够以理服人。"基础知识的逻辑结构"是教材的"骨架",没有这个"骨架",教材就难逃患"瘫痪病"的厄运。

教材的针对性和理论联系实际。这是贯彻"以学生为本"原则所必须面对的一个基本问题。德育课程"二期课改"在这个方面一定要有所作为。从预备班实验教材的情况看,针对性和理论联系实际的问题,在设计全部教材和撰写各课教材时,始终作为一个引领性的要求被贯彻在整个编写和教学实验的过程之中。"实际"包括学生实际和社会现实两个方面,德育课程的理论则涉及道德、法律、心理、经济、政治、哲学和文化等诸多方面。强调"针对性",就是要求理论与实际紧密结合,解决学生在认识和素质培养方面的各种问题,引导学生在情感、态度和价值观方面不断提高。

教材设计的课堂活动和社会实践。为了给学生广泛参与教学过程创造最佳的教学环境和条件,教材设计了大量的"课堂活动"和"社会实践"。这是新教材的一个突出特点。"课堂活动"比较均匀地分布在教材每一课的内容之中;而"社会实践"主题则分布在教材的课与课内容之间,成为独立的教学环节。"课堂活动"设计力求引导多数学生乃至全班学生主动参与教学过程,进行探究性学习,尽可能避免形式上的"想一想"或被动式的点名问答。"课堂活动"设计具有范例性质,教师还可以根据设计的思路,结合班级的实际,自行设计"课堂活动",以便更有效地让学生"动"起来,参与教学,自主学习。"社会实践"既是教学的组成部分,更需要按照教学要求,周密组织,精心实施。"社会实践"主题可因时、因班的具体情况而有所选择,但不能用课堂教学取代"社会实践"。

教材呈现的方式和栏目设置。"呈现方式"含文字处理、版式设计、图表安排、色彩选用等,力求符合教学要求,具有时代气息,生动活泼,对学生富有启迪性和吸引力。"栏目设置"与教学内容紧密结合,具有探索性、拓展性和多样性的特色,既是"呈现方式"的一个组成部分,又与"呈现方式"的其他部分相映生辉。

三、要积极构建德育课程评价和考试配套工程

德育课程面对的一个"拦路虎",就是课程的评价和考试问题。这是德育课程的一个特殊问题。对于德育课程需不需要评价、考试,怎样进行评价、考试,实际上存在着不同的看法。有一种观点认为,德育课程既然以提高学生的认识和思想道德水平为目的,考试就不一定是必要的,因为认识,特别是思想道德水平很难用考试去衡量。考试只会导致片面追求知识教学的效果,而忽视思想素质的提高。但是,如果德育课程取消评价和考试,就会导致这门课程被"挤掉"或"名存实亡"。长期以来的实践经验说明,德育课程与其他课程一样,评价和考试是必要的,有助于学生积极认真地学习德育课程,也有助于教师从实际出发,改进这门课程的教学。

德育课程"二期课改"坚持将评价和考试改革作为课程改革的一个组成部分,在编写教材、进行教学实验的同时,进行德育课程评价和考试改革的探索,在实践中获得了一些新的认识。

关于德育课程评价和考试的目的,我们认为,这是为了更好地提高学生的综合素质和教师的教学水平。评价和考试要重视学生的思想品德以及多方面潜能的发展,注重学生的创新能力和实践能力。评价和考试标准既应注意对学生的统一要求,也要关注学生的个体差异以及对发展的不同需求,为学生有个性、有特色地发展提供必要的自由空间。

关于评价和考试的方式方法,我们认为,要灵活多样,除开、闭卷测验或考试外,要探索有利于引导学生进行积极的自评与互评的评价方法。对学生的评价不仅要注重结果,更要注重发展和变化过程,要把形成性评价与终结性评价结合起来。

关于评价和考试的命题,我们认为,这是改革的一个关键。无论评价还是考试,命题都要具有启发性,要力求生动活泼,给学生留有思考和选择的空间。如果能够让学生对评价和考试的题目产生兴趣,萌发参与的积极性,学生自然就会消除对评价和考试的逆反心理或畏惧心理。

关于教师、学生在评价和考试过程中的作用,我们认为,既要重视教师的作用,也要重视学生的作用,而如何发挥学生的作用,更是需要细心研究的。实验的情况说明,只要评价的内容、考试的命题和评价、考试的方式方法贴近学生,学生

的潜能就会发挥出来,甚至还会得到学生家长的配合。

德育课程的评价和考试改革是一场"攻坚战",取胜需要有相应的内部条件,包括端正教育思想、师生共同努力等;还需要有相应的外部环境,包括家长和社会的支持。锲而不舍,金石为开。坚持改革,这个"拦路虎"问题终究会逐步得到解决。

四、要增强德育课程的"学科自信"

这既是德育课程的一个老话题,又是"二期课改"的一个新话题。所谓"学科自信",有三重含义:一是就"德育学科"而言,涉及这门学科的地位、作用以及在学校中受重视的程度等;二是就德育课程"二期课改"而言,涉及这门学科在这一轮改革中能取得多大进展,能不能解决一些实质性问题;三是就德育课程教师而言,涉及教师怎样才能适应德育课程"二期课改"的要求,需要从哪些方面提高自己。虽然是三个方面,但其实又是相互关联的一个整体,就是对德育学科是否具有"学科自信"。能否正确认识这个问题,与德育课程"二期课改"的成败息息相关。

关于德育学科的地位、作用以及在学校受重视的程度,已经存在很多相关论述了。在我国,党和国家对这门学科的重视程度在世界上堪称"绝无仅有"。不少党和国家领导人对这门课程提出了直接的要求。也有不少中央文件的内容涉及对这门课程的规划、建设和发展。各级主管部门对这门课程给予高度的关注和各方面的支持。

关于德育课程"二期课改"的实效问题,本文在前面所做的有关陈述大致描述了一种较为良好的预期。由于德育课程"二期课改"启动不久,实验尚处在初期,要对课改的最终实效作出判断,还缺乏充分的根据。不过,就起步阶段的情况来看,可以说有了一个良好的开端。这一开端所提供的教材编写、教师培训、实验教学、测评考试等方面的初步经验如果能继续发展、完善,这一轮改革的目标要求能全面付诸实施,改革取得较好实效的预期应该是可以实现的。

关于德育课程教师的适应和提高问题,需要从主观和客观两个方面来解决。

先说客观方面。由于德育课程"二期课改"的启动比较晚,德育课程教师基本上尚未进入"二期课改";即使预备班的德育课程新教材正式在面上推广,到各年级全部使用新教材,按计划也需要四五年时间。这将会给德育课程教师充分的时间去创造参与"二期课改"的必要条件,包括正式出版《上海市中学思想品德和思想政治课课程标准》、编写出版各年级新教材、举办教师培训班、进行实验教学和总结改革经验、编写教学参考书等。当德育课程教师正式举步跨入"二期课改"时,将不再只是手持一本新编教科书,而是有一个较为良好的课程改革环境和较为充分的课程改革条件。

再说主观方面。对于推进德育课程的改革,教师的主观条件起着至关重要的作用。德育课程"二期课改"需要得到教师的充分理解和坚定支持。课程改革的目标要求最终需要通过教师的努力方能转化为现实。教师要正确认识德育课程"二期课改"的意义,把握先进的课程理念,总结教学实践的经验,并坚持不懈地提高专业知识和教学、育人的能力,这样才能自信自强,适应改革发展的要求。

第二篇

课程定位

一　本篇综述

推进中学思想政治课建设,首先需要明确这门课程的地位、性质、功能定位。

新中国成立初期,中央人民政府教育部于 1950 年 8 月发布《中学暂行教学计划(草案)》,在中学开设了政治科目,但没有教学大纲、教材,主要以配合政治运动和社会改革为内容。1951 年 6 月,教育部发布了《关于改定中学政治课名称、教学时数及教材的通知》,对中学政治课名称、教学时数及教材统一规范。1954 年 8月,因无"教材"原因,教育部决定高三开设"中华人民共和国宪法"课,其他年级"暂行停授"。1957 年 3 月 7 日,毛泽东强调指出:"要恢复中学方面的政治课,取消宪法课,要编新的思想政治课本。"①同年 6 月,教育部决定初、高中各年级增设政治课,以更好地培养学生成为具有社会主义觉悟和优秀品质的人。同年 8 月 17日,教育部发出《关于中学、师范学校设置政治课的通知》,明确规定:设置政治课是因为它在学校全部思想政治教育工作中有着各学科和课外教育所不能替代的特殊任务,即直接地、比较系统地向学生讲授关于共产主义品德的基本道理,讲授我国的国家制度、社会制度、党和国家当前的任务和国内、外的基本政策,初步讲授社会科学的基本知识,培养学生无产阶级的道德观念,培养学生为人民、为社会主义服务的思想,培养学生正确的世界观、人生观。1959 年,教育部颁布《中等学校政治课教学大纲(试行草案)》,对中学思想政治课的地位、目标任务、教学内容等定位的问题,初步进行规范。

改革开放以来,对思想政治课课程的定位问题,党中央、国务院做出过系列重要规定。1985 年 8 月 1 日,《中共中央关于改革学校思想品德和政治理论课程教学的通知》指出,为了适应我国社会主义现代化建设的需要,适应现代科学技术和现代经济政治的巨大发展变化,适应新时期青少年心理发展的具体状况,以及各

---

① 《中华人民共和国教育大事记》(1949—1982),教育科学出版社 1984 年版,第 192 页。

方面改革的需要,我国现行的以马克思主义为指导的思想品德和政治理论课(从小学的思想品德课、中学的思想政治课、到高等学校的马克思主义理论课)的课程设置、教学内容和教学方法也必须进行认真的改革。1988 年 8 月国家教委发布的《中学德育大纲(试行)》规定,思想政治课是向学生较系统地进行社会主义思想品德和政治教育的一门课程,在诸途径中居于特殊重要地位。它以课堂教学为主要形式,用以马克思主义为指导的理论观点和社会科学基础知识武装学生,逐步提高学生的思想政治觉悟和认识能力,培养他们的社会主义道德品质。1988 年 12 月 25 日《中共中央关于改革和加强中小学德育工作的通知》指出,在中小学教育中,德育即思想品德和政治教育,中小学德育工作的基本任务是,把全体学生培养成为爱国的具有社会公德、文明行为习惯的遵纪守法的好公民;在这个基础上,引导他们逐步确立科学的人生观、世界观,并不断提高社会主义思想觉悟,使他们中的优秀分子将来能够成长为坚定的共产主义者。中小学德育要以爱祖国、爱人民、爱劳动、爱科学、爱社会主义为基本内容。1994 年 8 月 31 日,《中共中央关于进一步加强和改进学校德育工作的若干意见》指出,学校政治理论课和思想品德课是系统地对学生进行马克思主义理论教育和品德教育的主渠道和基本环节,要重点进行教学内容和方法的改革。2000 年 12 月 14 日印发的《中共中央办公厅国务院办公厅关于适应新形势进一步加强和改进中小学德育工作的意见》强调,中小学思想品德、思想政治课和职业学校德育课的教育教学活动是学校德育工作的主导渠道。中共中央国务院《关于进一步加强和改进大学生思想政治教育的意见》强调,高等学校思想政治理论课是大学生思想政治教育的主渠道。2019 年 8 月,中共中央办公厅、国务院办公厅印发《关于深化新时代学校思想政治理论课改革创新的若干意见》指出,教育是国之大计、党之大计,承担着立德树人的根本任务;思政课是落实立德树人根本任务的关键课程。这些重要文献表明,在新中国历史发展的各个时期,党和政府都对思想政治课作了相应的定位。

为实施和落实党中央国务院和教育部的规定和要求,上海制定了相关的文件,并在基础教育全面改革中对德育工作和思想政治课进行定位,积极推进德育工作和思想政治课程建设。

1988 年,开始进行中小学课程教材的全面改革。这次改革,旨在改变以升学为主要目标的课程教材体系,改变"统得过死、学得过死"的教育教学状况;减轻负担、加强基础、培养能力、提高质量。1988 年 5 月成立的"上海中小学课程教材改革委员会"制定了《上海中小学课程改革方案》。该方案的设计思想是:以社会的需要、学科的体系和学生的发展为基点,以提高学生的整体素质为核心。方案明确规定,全日制中小学培养目标总目标是:对学生进行德、智、体、美、劳诸方面的教育,使他们成为有良好的思想素质、文化素质、身心素质和劳动素质,个性得到健康发展的适应社会主义事业需要的公民。小学阶段的培养目标首先强调:爱学校,爱家乡,爱大自然,尊敬国旗,会唱国歌,热爱祖国。初中阶段的培养目标首先强调:热爱集体,热爱家乡,热爱中国共产党,热爱社会主义祖国,讲究文明,遵纪守法,了解公民的权利、义务和基本的国情、国策。高中阶段的培养目标首先强调:具有正确的政治方向,拥护中国共产党的领导,热爱社会主义祖国,有理想,有民族自尊心,有社会责任感。遵纪守法,有文明行为习惯,有团结协作的精神。《上海中小学课程改革方案》对培养目标的确定,强化了德育和思想政治课的地位,有力地推进了德育工作和思想政治课建设。

1999年,上海市研制中小学教育课程方案和各学科教育改革行动纲领(研究报告),开启了上海中小学课程教材改革面向21世纪的二期工程。"二期课改"工程的特点之一,是在按照新的教育思想形成宏观的新课程理念和改革目标后,不直接进入微观的课程计划、课程标准编订和教材的编写工作,而是先进行两者之间的中观层面研究,撰写出研究报告性质的课程方案设想和各科改革行动纲领,以便在较原则的课改理念与具体的实施方案之间搭建一座"转化桥梁",以避免理念与实施产生脱节。新一轮课程方案设想和各科改革行动纲领全面实施以德育为核心,以创新精神和实践能力培养为重点的素质教育,建设一流的基础教育,将"以学生的发展为本"作为根本教育理念。其思路是:坚持方向、加强德育、保证基础、重视实践、促进创新、有利选择、教材多样化。[①] 在课程目标、课程结构、课程评价及学科体系等诸方面取得重大的突破。本轮课改坚持全面实施以德育为核心,为此制定的《面向21世纪上海市中学思想政治学科教育改革行动纲领》《上海市中学思想品德和思想政治课程标准》《上海市学生民族精神教育指导纲要(试行)》《上海市中小学生命教育指导纲要(试行)》等文件,进一步强化和提升了学校德育工作和思想政治课的定位。

---

① 尚宝山:《上海市提出中小学新课程方案和各学科教育改革行动纲领》,《课程·教材·教法》2000年第2期。

二　课程方案与行动纲领

在上海市中小学"二期课改"中,中小学教育课程方案和各学科改革行动纲领,对于制定学科"课程标准"和教材建设具有重要的引领作用。

上海市 1989 年 4 月通过、1990 年 2 月修订的《九年制义务教育课程改革试行方案》(简称"课改方案"),根据变"升学—应试"教育为提高学生素质教育的鲜明目标,九年内容一贯安排,初中、小学分段办学;必修课和课外活动时间分别占总课时的三分之二和三分之一,并在八至九年级开设选修课;新设"生活与劳动""社会""职业导向"等科目。《高中课程改革试行方案(1)》,供大部分普通高中试行,采用"二一分段、高三分科"的格局,高三分为文科班、理科班、职业技术班 3 种;《高中课程改革试点方案(2)》,供少数学校试点,实行"三年一贯、办特色学校"的格局,高中三年不分段,高三不分科,采用学分制。"课改方案"的总体特点是:加强德育课程,保证文化科学基础,减轻负担,活跃身心,引进职业技术教育因素,重视发展个性爱好,体现发达地区特色。从 1991 年起在全市 60 所中小学进行从"课改方案"到教材的整体改革实验。本轮课改从德育工作和德育课程两个方面突出"提升学生素质教育"。在学校德育工作方面,构建了"三线一面"的德育管理体系。整个学校在德育总体目标管理下,分为"三线一面":"三线"即学生会、团、队教育一线,班级晨会一线,校外的家庭、社区教育一线;"一面"即学校所有学科均有德育要求。这样的德育格局,有效推进了学校德育工作的拓展,开创德育工作新局面。在加强德育课程方面,九年义务教育阶段新设"生活与劳动""社会""职业导向"等课程。这是进行思想品德课改革,使其更贴近学生、贴近实际的一种探索。中学阶段根据要求制定了思想政治课教学大纲,编撰了初高中两个学段成套教材,有力地推进了思想政治课的改革和发展。

世纪之交,上海市开启中小学课程教材改革第二期工程。为实现上海市建设以全面实施素质教育为核心的一流基础教育的宏伟目标,必须进一步深化课程教材改革。市教委为此提出实施第二期课程教材改革工程,要在第一期工程的基础上深化改革,进一步吸收、借鉴国内外课程教材改革的经验,建立适应时代要求、体现一流基础教育精神的课程教材体系。课改第二期工程从课程方案和学科教育两个方面展开。学科教育的改革从数学等学科先行起步,取得经验,再推向其他学科。各学科教育改革的第一步是拟订改革的"行动纲领";第二步是有针对性地择定一些专题,写出专题报告;第三步是编订学科的"课程标准";第四步再进入新教材编写。1999 年,上海市制订了中小学新课程方案和各学科教育改革行动纲领(研究报告)(简称"课程方案""行动纲领")。"研究报告"包括中小学语文、数学、外语、社会、信息科技、理科、艺术(音乐、美术)、体育与健身、劳动技术、活动课,小学思想品德、自然,中学思想政治、历史、地理、物理、化学、生命科学。这是上海中小学课程教材改革面向 21 世纪的第二期工程的起步。所有步骤,都发动学校、社会广泛讨论,吸引社会广泛参与,呈现了上海课改第二期工程的一个鲜明特色。"课程方案"前言中指出:中小学课程要坚持以学生发展为本的理念,"构建以德育为核心、以创新精神和实践能力为重点、以完善学习方式为特征、以应用现代信息技术为标志,关注学生学习经历和促进每一位学生发展的课程体系"。"课程方案"突出德育的"核心"地位,是对德育工作和德育课程建设巨大的推动。

根据"课程方案",制定了《面向 21 世纪上海市中学思想政治学科教育改革行动纲领》(简称"行动纲领")。这是上海在改革开放新时期进一步加强中学思想政治课改革和建设的第一份专项纲领性文献,对于思想政治课的定位具有重要意义,在上海中学思想政治课改革和建设历史中属于一项重大创新。这份"行动纲领",全文约一万字,包括五方面的内容:跨世纪思想政治学科教育改革的背景,思想政治学科的性质和地位,思想政治学科的目标、任务与特征,思想政治学科教育改革行动的突破口,推进思想政治学科教育改革的其他配套措施。"行动纲领"的"引言"强调指出:全面实施素质教育,培养能担负起 21 世纪建设有中国特色社会主义历史使命的一代新人,是党和国家实施科教兴国战略的重要部署。思想政治学科教育,在实施素质教育中具有重要的地位和作用。"行动纲领"根据党和国家关于加强学校德育工作的总体要求,提出了进一步改革思想政治学科教育的思路。"思想政治学科的性质和地位"部分强调:"思想政治学科是对中学生比较系统地进行公民品德教育和马克思主义常识教育的全员必修的基础型课程。思想政治课通过对中学生进行公民的品德教育、马克思主义常识的教育,以及有关社会科学常识的教育,引导学生确立正确的政治方向,树立科学的世界观、人生观和价值观,形成良好的道德品质。""思想政治学科的地位"部分强调:"思想政治学科的设置,是我国学校社会主义性质的重要标志之一。思想政治课的教学内容在一定程度上体现着国家意志;思想政治课在贯彻德、智、体、美全面发展的教育方针方面有着不可替代的作用;思想政治课是学校加强社会主义精神文明建设的重要阵地。因此,任何时候都要充分重视思想政治课程的建设。""行动纲领"的这些原则规定和其他各项具体要求,成为制定上海市中学思想政治学科课程标准和编撰教材的依据。

三　思想政治学科课程标准

依据"课程方案"和"行动纲领",上海在《中学思想政治课教学大纲》基础上,于2002年研制了《上海市中学思想品德和思想政治课程标准》(简称《课程标准》)。《课程标准》全文2万余字,包括五个部分的内容:导言、学科目标、课程设置、学习要求与内容、实施意见。

"导言"部分包括学科定位、指导思想、设计思路。

"学科定位"重点强调:思想品德和思想政治课程是对中学生比较系统地进行思想品德教育和马克思主义哲学社会科学常识教育的基础课程,是中学德育工作的主导渠道。"指导思想"重点强调:以邓小平理论为指导,坚持理论联系实际的方针,加强思想品德和思想政治教育的科学性与时代性的结合、知识性与教育性的结合、理论性与实践性的结合,适应新世纪改革开放和现代化建设的新形势,切实提高思想品德和思想政治学科教育的针对性和实效性;坚持适应社会发展需求与以学生发展为本的统一,德育熏陶和智育传授的统一,实践体验和能力培养的统一。"设计思路"重点强调:根据知识和能力,方法、过程和策略,情感、态度和价值观三个维度,设计思想品德和思想政治学科教育目标、学习内容与要求、教学评价和成绩评定,三个维度融为一体,注重学生创新精神和实践能力的培养与思想品德和思想政治素质的提高。"设计思路"还要求:九年制义务教育思想品德课和高中思想政治课在学科教育内容上,既要坚持循序渐进、一以贯之,又要根据两个学段教育目标的不同要求,注意教育内容的相互衔接;基础型课程的学习内容中,强化学科实践活动的要求;研究型课程的学习,根据九年制义务教育和高中教育阶段各年级学科教育目标和学生特点,提出供参考的研究性学习范围。

"学科目标"部分包括总体目标和阶段目标。

"总体目标"包括:了解社会生活所必备的基本道德规范、基本法律规范和健康心理品质,有良好的认知能力和积极实践的态度;了解我国的基本国情和国策;关心国内国际的时事形势;具有社会责任意识和国际意识;热爱祖国,热爱社会主义,热爱中国共产党,热爱人民;了解和掌握马列主义、毛泽东思想、邓小平理论的基础知识,了解和掌握有关的社会科学知识,并能以之正确分析社会问题,指导自己的行动。"阶段目标"包括九年制义务教育阶段各年级的教育目标、高中教育阶段各年级的教育目标。

"课程设置"部分包括:基础型课程、定向拓展课程、时事政治教育。

"学习要求与内容"部分包括学习要求和学习内容。

"学习要求"规定:思想品德和思想政治学科的学习水平要求分为 A 级、B 级、C 级三个层次。思想品德和思想政治学科的学习,在帮助学生掌握知识的基础上,应该积极组织学生开展学科实践活动,使其在实践中加深对理论知识的理解,提高分析和解决问题的能力,在实践活动的体验中确立热爱祖国、热爱人民、热爱社会主义的情感。"学习内容"规定了基础型课程、研究型课程的基本学习内容。

"实施意见"部分包括:教材编写、教学组织和教学方法、训练形式和要求、教学评价和成绩评定、配套措施。

"教材编写"强调:编选理念体现以学生发展为本,注重实践活动体验;编选内容具有科学性和针对性;编选体例强调从生活情景和实例切入;编选形式生动活泼、规范准确。"教学组织和教学方法"强调:思想品德和思想政治学科的教学,应以课堂教学为基本形式,以课内、课外相结合的学科实践活动为辅助形式;运用现代教育技术和灵活多样的教学方法,引导学生思考、探究,指导学生实践,提高教学实效。"训练形式和要求"强调:思想品德和思想政治学科实践活动训练的主题、目标、具体内容、活动方式可由教师确定,也可师生共同商定;学科实践活动方案的拟定不应过于细化,要留有余地,以充分发挥学生的自主性和创造性。"教学评价和成绩评定"要求:教学评价以学科教学目标为依据,要有利于促进学生能力的培养和思想品德、思想政治素质的提高,有利于促进教师改进教学,进一步提高教学质量。

"配套措施"强调:教师的师德修养、教育观念、实施素质教育的能力和教育教学水平的提高,是提高思想品德和思想政治学科教育质量的基本保证;用现代教学理论指导教学研究工作,是提高思想品德和思想政治学科教育质量的有效措施;积极开拓学科实践活动渠道,是推动思想品德和思想政治学科实施素质教育的重要环节;制作与本学科教学相配套的教学课件,是提高教学质量的重要举措。

✳ **本 篇 文 选**[①]

关于课程、大纲、教材的几个认识问题(1992年)[②]

　　中共中央于1985年8月发出《关于改革学校思想品德和政治理论课程教学的通知》,对小学思想品德课、中学思想政治课和高校政治理论课的教学改革和提高质量问题,提出了一系列指导意见。根据《通知》的精神,国家教委直接组织、领导了中学思想政治课的大规模改革实验。在教学实践中积累了经验,取得了改革成果。

　　近几年来,国内、国际形势发生了新的巨大变化,向思想政治课提出了许多新的课题和任务。为了培养一代又一代社会主义事业的接班人,要求思想政治课在继承和发扬已取得的改革实验成果的基础上,对课程、大纲、教材继续深化改革,进一步提高质量,以充分发挥其育人的作用。

一、课程设置的基本原则

　　课程设置是为党和国家的教育方针、培养目标服务的,是实现学科任务的首要条件。合理设置思想政治课课程,既要遵循一定的原则,又需要经过实践的检验。设置思想政治课的基本原则,主要有四条。

　　第一,要坚持进行马列主义、毛泽东思想教育,这是对学生进行思想政治教育

---

　　① 编者按:本篇文选大体分为四个部分。第一部分主要综合反映"一期课改"期间研究的问题,第二部分主要反映"二期课改"初期对课程方案和思想政治学科教育改革行动纲领的研究,第三部分主要反映"二期课改"期间对思想政治学科课程标准的研究,第四部分主要反映对大中小学德育课程一体化课题的研究。

　　② 作者:吴铎,华东师范大学。本文原载《教学与研究》,1992年第3期。

的基础。学习马列主义、毛泽东思想,最根本的是要学习它的立场、观点和方法。对中学生的要求不能过高,只能要求他们掌握马列主义、毛泽东思想的一些最基本概念、原理和观点,要掌握唯物辩证法的基本观点和历史唯物主义的基本观点。如果不从基本观点教育的要求出发,而是单纯从学科的科学体系考虑,这种要求过高,脱离实际。因为中学生的理解能力还不强,很难全盘接受这些内容。在中学思想政治课的开设过程中,曾经出现过这样的偏向:强调理论的全面性、系统性,忽视中学思想政治课理论的基础性。这造成许多学生只会背诵"条条",不理解其内容。

第二,要坚持"面向现代化、面向世界、面向未来"的要求,这是思想政治课必须具备的时代性要求。思想政治课要"面向现代化",需要考虑设置集中反映社会主义现代化建设的课程,要防止主观的、不合乎实际情况的,甚至是脱离社会主义现代化建设需要的"课程设计"。思想政治课要"面向世界",课程设置和内容要引导学生放眼世界,正确了解世界形势,要了解各国的长处,以便取人之长、补己之短;也需要引导学生正确认识阶级斗争的复杂形势,提高鉴别能力,自觉抵制资产阶级腐朽思想和生活方式的影响。思想政治课要"面向未来",课程设置和内容要引导学生正确把握社会发展的方向。在向未来前进的道路上,将会有许多荆棘,将会有各种阻力,也会遭到挫折,应当帮助学生正确认识这种趋势。

第三,要坚持从学生特点和实际水平出发,这是思想政治课必须贯彻的"有的放矢"的要求。现代中学生思想比较活跃,思维敏捷,勇于对现实生活中存在的许多新问题提出看法。他们由于受到来自各方面的影响,且生活范围比较狭窄,往往不能正确地对待学习、劳动、生活、前途等问题。思想政治课要及时地发现学生思想上存在的问题,启发和引导他们树立科学的世界观和人生观。此外,还要了解他们的知识基础。当代中学生的文化知识和社会实际知识,一般来说,比过去增加了,对这一点要有充分的估计。然而,中学生尤其是初中学生对社会实际的了解仍然是比较缺乏的。这就使他们对马列主义、毛泽东思想基本原理的理解有较大的局限性,学习中有困难。同样一个概念,对于具有一定社会知识的成年人来说是很容易理解的,而对于中学生来说则难于理解。思想政治课的设置和内容安排,要根据中学生的这一特点周密考虑。

第四,坚持课程之间的有机衔接。课程之间的相互衔接,主要有三个方面。一是思想政治课与教学计划中其他课程的衔接,二是中学思想政治课与小学思想品德课、社会课以及大学马克思主义理论课的衔接,三是初中思想政治课与高中思想政治课的衔接。思想政治课与教学计划中其他课程有密切的关系。这种关系既表现在思想教育方面,也表现在科学知识方面。自然科学各个学科担负着对学生进行唯物辩证法观点和方法的教育任务,文科各个学科同样也担负着一定的思想教育的任务。文化科学知识的联系更是多方面的。正因为思想政治课与其他各门课程有着密切的联系,在考虑思想政治课的设置与内容安排时,就应当将这种联系作为重要的基础。一方面要充分利用其他各门课程的知识,另一方面又要注意避免课程和内容的简单重复和雷同,尤其要处理好与历史课程的关系。以往的经验显示,由于教学计划中的各门课是分别研究和安排的,缺乏通盘考虑,因而有重复现象,这样会影响学生学习的积极性。思想政治课与小学思想品德课、高校马克思主义理论课有着密切的关系。因此,在课程设置和内容安排方面,必须处理好这两方面的关系。初中思想政治课和高中思想政治课之间也存在着衔接问题。从智力发展的角度来看,中学低年级学生年龄小,经验少,模仿性和记忆力强,抽象思维和理解能力相对较弱;而高年级学生的抽象思维能力、分析问题的能力和理解力都有明显的提高。因此,在考虑思想政治课的设置和内容安排时,初中学段应力求浅显、生动,理论方面的论述要少一些、集中一些,具体材料要多一些,便于学生理解;在高中学段,基本原理就可以适当增加一些。在我国广大地区,初中学生毕业后还只有少部分能够升入高中,大部分都要就业,主要是参加农业生产。从这样的实际情况出发,初中学段的思想政治课不能仅仅考虑与高中学段的思想政治课联系,还要考虑这个阶段的特殊需要。要给予学生最必需的马列主义、毛泽东思想和党的基本路线教育,帮助他们了解社会主义建设和改革开放的基本方针政策,以适应走上工作岗位后的要求。

进入社会主义建设新时期以来,思想政治课的设置总体上说是按照这些原则考虑的。

然而应该看到,思想政治课课程设置是一个很复杂的问题,涉及的相关因素很多。这是思想政治课不同于其他课程的一个最突出的特点。国内、国际形势的发展变化,是制约思想政治课课程设置的一个基本因素。这里所说的形势,是指那些基本的、具有规律性的、反映发展趋势的大事。与这样的形势息息相关,思想政治课才能具有生命力。但既然是"形势",就处在不断发展变化之中。与此相适应,思想政治课每过一段时间就不能不有所调整。理论观点的丰富发展,也是制约思想政治课的一个重要因素。随着实践的发展,特别是我国建设有中国特色的社会主义的实践的发展,极大地丰富着马克思主义的思想宝库。与此相适应,思想政治课也应有相应的调整。此外,受教育者的思想状况、教育改革的深入、教育条件的变化等因素,都会对思想政治课产生一定的影响。

思想政治课既然是按照一定的原则设置的,对学生进行马列主义、毛泽东思想教育的课程,当然具有一定的稳定性。也就是说,思想政治课有特定的学科任务、教学内容、教学时间、教学组织形式和方法,有从事教学工作的专业队伍,要保持教学工作的连续性、继承性。同时,由于受多种因素的制约和影响,思想政治课的稳定性只能是相对的。一定时期内的相对稳定和阶段性的适当调整相结合,是思想政治课发展过程的固有特点,其具有客观性、规律性。我们只有因势利导,才能在思想政治课领域获得自由,取得主动权。任何人为地使思想政治课大起大落、动荡变化,或绝对稳定、一成不变,都违背思想政治课自身发展的规律,无助于思想政治课的建设,不利于发挥思想政治课的作用。

根据改革实验的经验和各种变化的因素,思想政治课在基本稳定现有课程设置的基础上,需要就几个重要方面进行适当调整。

第一,关于课程名称。教育部 1951 年 6 月发出《关于改定中学政治课名称、教学时数及教材的通知》,首次统一规范了政治课的名称。《通知》指出,原教学计划所列政治一科名称,应即取消,改为具体学科名称。初中三年级是"中国革命常识",高中二年级、三年级分别是"社会科学基本知识""共同纲领"。之后,政治课的具体学科名称历经变化。现行课程初一"公民"、初二"社会发展简史"、初三"中国社会主义建设常识"、高一"科学人生观"、高二"经济常识"、高三"政治常识"。确定各年级学科名称的优点是教学内容规范明确,但同时也带来一些矛盾,即过分强调学科知识系统性,不利于教学内容的综合考虑和贯彻"有的放矢"原则。因此,按中共中央《通知》统称中学思想政治课,取消各年级学科名称。这样,较好地体现了它主要是进行思想政治教育的性质,各年级教学内容既可相对集中、突出重点,又可纵贯考虑、综合安排,以利于实现育人的要求。

第二,关于基本理论观点教育。各年级教学内容要有中心,如初一公民道德、国家观念、法制教育,初二社会发展常识教育,初三建设有中国特色的社会主义和宪法常识教育,高一马克思主义经济常识教育,高二科学世界观和人生观教育,高三马克思主义政治常识教育。同时,又要通盘安排,比如,为了强调建设有中国特色的社会主义,初二、初三统一考虑教学内容,将初二社会发展常识的社会主义部分和初三建设有中国特色的社会主义贯通安排在初三。为了既进行世界观教育又进行人生观教育,将这两方面统一并有机结合安排在高二。将马克思主义经济常识调整至高一,是考虑到经济常识相对于哲学来说比较具体一些,高一学生接受起来困难可能小一点。这样的调整效果如何,还有待于实践的进一步检验。

第三,关于法制教育。根据改革实验的经验,法制教育采取相对集中和适当分散相结合的办法安排。初中一年级、三年级,高中一年级、三年级都有法制教育的要求和一定的内容,其他各年级也联系有关内容适当进行了法律知识教育。按照统一考虑、分散安排、要求明确、内容具体的原则进行教学安排,有利于加强法制教育。比如《税法》教育,便在初一、初三、高一有计划地作了安排。在法制教育中,应特别突出《中华人民共和国宪法》教育。初中三年级要从总体上作安排,而其他初、高中各年级则联系有关内容适当考虑,使宪法教育的主要内容得到落实。对中学生而言,法律知识与法制观念教育需要结合,但应以法制观念教育为重点。

第四,关于国情教育。全面贯彻国情教育的要求,应与各年级的教学内容紧密结合,将马列主义、毛泽东思想基本理论观点的教育,党的基本路线教育和国情教育融为一体,帮助学生从实际出发,初步运用马列主义、毛泽东思想的立场、观点和方法分析我们所面临的国内外重大实际问题。从国内形势的角度,应主要分析深化改革、扩大开放和加快建设、改革开放步伐的问题;从国际形势的角度,应主要分析和平和发展的全球性问题,让学生对我国所面临的国际环境和国外敌对势力对我国实行的和平演变战略保持清醒的认识,帮助他们树立民族自尊心、自信心,以及为建设富强、民主、文明的社会主义国家而奋斗的信念。在课程设置中安排国情教育,意义重大,应将已有的经验和新的要求结合起来,深入而具体地加以研究。

二、教学大纲的重要作用

根据课程设置制订的教学大纲,对课程的性质任务、教学要求、教学内容、教学原则和教学方法等均要作出具体规定。教学大纲由国家教委主持制定,是组织全部教学、教育工作,包括编写教材、师资培训、进行教学和考核评估等方面内容的指导性文件,对于提高思想政治课的质量具有重要的意义。思想政治课教学大纲的指导作用是多方面的。

第一，导向性作用。思想政治课教学大纲具体规定了本学科的性质和方向，并将这一规定渗透在教学大纲的各项内容之中。这样的规定，对于思想政治课的教学、教育具有明确的导向性。比如，思想政治课教学大纲序言中首先说明，本学科是对学生进行马列主义、毛泽东思想基本常识和社会主义政治、思想、道德教育的课程，它对帮助学生确立正确的政治方向，培养学生社会主义的思想品德起着奠基作用。有了这样明确的规定，思想政治课的方向就清楚了。学校领导、思想政治课教师以及有关的各个方面，都可以此作为指引，加强思想政治课的建设。同时，在任何情况下，都不允许偏离这个方向。如果出现了偏离方向的现象，就要按照教学大纲规定的要求及时予以纠正。在思想政治课的教学、教育过程中，偏离方向的情况时有发生。这既与社会的大气候有关，也与教育的指导思想和教师的思想认识有关。这说明教学大纲对于思想政治课的方向作出明确规定，是很有必要的。无论是学校领导，还是教师，在研究教学大纲时，要特别重视教学大纲对于课程方向所作的规定，统一认识，以充分发挥教学大纲的导向作用。

第二，规范性作用。思想政治课教学大纲对本学科的教学、教育的各项工作做了具体规定，是一份既有原则，又有操作措施的文献，对思想政治课的全部教学、教育活动均具有规范性。教师可以根据教学大纲组织具体的教学工作和教育工作，学校领导可根据教学大纲的要求加强对思想政治课的领导，为提高思想政治课的质量、发挥思想政治课的作用创造条件，还可根据教学大纲加强对思想政治课的研究工作。教学大纲的精神也需要让学生了解。教学大纲中有许多要求是向学生提出的，而且教学大纲所有的规定，归根结底都要落实到学生的学习中去。因此，让学生了解教学大纲的精神以及与他们的学习直接有关的要求，对于启发学生学习的积极性、主动性是有积极意义的。为了切实地发挥教学大纲的规范作用，学校领导、教师都要加强对教学大纲的研究，特别要熟知教学大纲所作的各项规定，认真按教学大纲的规定组织教学和教育工作。教师不能只重视教科书、教学参考材料，而将教学大纲束之高阁。强调教学大纲的规范性作用，并不是对教学大纲的规定照搬照抄，而应发挥学校领导和教师的创造性。教学大纲的各项规定中有些内容的规范性特别强，具有定量的性质，以减少教学工作的随意性。应该说，教学大纲的所有规定，都对教学、教育工作具有规范作用，这是就广义而言的。而某些具有定量性的规定，弹性相对较小，因而规范作用更强。教学大纲中作出必要的定量性的规定，是为了体现教学大纲指导思想，以减轻学生负担，促进学生主动、生动活泼地发展。必要的定量性质的规定,是克服随意性,落实教育、课程、教学改革的指导思想和要求的一种保证。

第三,协调性作用。思想政治课教学大纲是根据总体教学计划制订的,遵循了总体教学计划的要求。各科教学大纲构成一个相互协调的体系。每个学科的教学大纲都不是孤立地安排本学科的各项教学、教育活动。在这个协调体系中的各科教学大纲,本身都具有协调性的作用。各学科教学大纲协调性作用的发挥,可以保证教育目标、培养目标的实现。为了发挥教学大纲的协调性作用,学校领导、教师都需要确立全局观点,充分认识教学大纲的内在机制,不仅从微观上(即本学科),而且从宏观上(中学教育全局)贯彻落实教学大纲的要求。

教学大纲在保证和提高教学、教育质量方面所具有的作用,应当受到充分重视。无论编写教材、培训师资、考核评估,还是进行日常的教学工作,都要把教学大纲作为基本文献。而在实际的教学、教育工作中,教师通常使用的是教科书,很少直接接触教学大纲,因而有些教师认为有无教学大纲关系不大。这是一种误解,是遵循教学大纲的要求、提高教学和教育质量的严重阻碍。因为对课程的指导性意见,都在教学大纲中有体现,而教科书只是贯彻这些意见。只有重视和深入研究教学大纲,才能理解和掌握各项指导性的规定,有目的地使用教科书,自觉地提高思想政治课的教学、教育质量。如果将教学大纲撇在一边,对于各项指导性意见不了解,使用教科书也只是照本宣科,教学、教育工作便会陷入很大的盲目性,是不可能保证教学、教育质量的。

1986 年 6 月,国家教委颁布了《中学思想政治课改革实验教学大纲》(初稿,以下简称《改革实验教学大纲》)。经过几年来改革实验教学实践,取得了不少宝贵的经验。随着实践的深入发展,该《改革实验教学大纲》已不能完全适应新的要求,有的矛盾还比较突出,因此迫切需要一份新订的思想政治课教学大纲。新订的教学大纲与原《改革实验教学大纲》相比,既有一定的继承性,又要适应新的要求,有较大的发展。新订教学大纲要根据调整后的课程设置,着重解决几个比较重要的问题。

第一,关于课程的性质和地位。《改革实验教学大纲》对思想政治课的课程性质作了规定,指出它"是在马克思主义指导下对学生进行思想品德和社会科学基础知识教育的重要课程"。现在看来,对课程性质的这一规定范围偏于宽泛;从导向性看,容易产生强化知识要求、淡化思想教育的倾向。新订教学大纲则更明确地揭示思想政治课的课程性质,说明它是对学生进行马列主义、毛泽东思想基本常识和社会主义政治、思想、品德教育的课程。思想政治课的教学内容,主要是马列主义、毛泽东思想的基本理论观点,以及党的基本路线和重大方针政策。只不过从中学生的实际出发,只能介绍一些相关的常识性内容。而基本理论观点的教育,又同政治、思想、品德的教育是一致的,均着眼于"育人"。因此,要防止强化知识、淡化育人的偏向。《改革实验教学大纲》对思想政治课的地位未作规定。从实际情况看,思想政治课的地位问题是存在的。大纲就此作出明确规定,对于正确认识和恰当安排思想政治课是有意义的。为此,新订教学大纲明确指出,"思想政治课是中学的一门主课","是中学德育主要途径之一"。思想政治课的这样的性质和地位,使它成为我国学校社会主义性质的一个重要标志。

第二,关于课程的政治教育功能。《改革实验教学大纲》比较原则地提出,要"培养一代有理想、有道德、有文化、有纪律的建设人才"。关于政治教育,在总体上没有再作进一步的具体规定,只是提出在高三年段应帮助学生树立正确的政治观点和政治责任感。改革实验的经验说明,既然是思想政治课,便应把"四有"的要求与学科的要求有机结合,提出更明确的思想教育,特别是政治教育的要求,让思想政治课在这方面的功能得到有效的发挥。新订教学大纲明确规定,思想政治课"对帮助学生确立坚定正确的政治方向,培养社会主义思想品德起着奠基作用"。这一规定体现了思想政治课的特殊性。在现阶段,学校加强德育,要注重提高学生的政治素质。在一段时间内,一些学校对政治教育,包括思想政治课的政治教育功能有所忽视,造成了消极的影响。在我国社会主义建设时期,政治教育主要是坚持党的基本路线、建设有中国特色的社会主义的教育。全国工作的中心是经济建设,其他各项工作都要紧紧围绕这个中心,而绝不能偏离这个中心。而加强政治教育,正是为了保证以经济建设为中心。各个方面都加强政治教育,以党的基本路线教育广大干部和群众,思想认识一致了、提高了,经济建设才能顺利开展。同样,在学校加强政治教育,学生有了坚定正确的政治方向,社会主义事业才能有一代又一代可靠的接班人,这是保证社会主义经济建设的百年大计。如果忽视了坚定正确政治方向的教育,资本主义腐朽思想和残余的封建主义思想就会乘虚而入,造成极大的危害和后果。新订教学大纲关于确立坚定正确政治方向的规定,是发挥思想政治课作用的重大措施之一。

第三,关于课程的能力培养要求。《改革实验教学大纲》总的来说是重视思想政治课在培养学生能力方面的作用的,并分别在各个年级不同程度地提出了能力培养的要求。比较明确提出这一要求的是初三《中国社会主义建设常识》。教学目的要求使学生初步具有运用正确的观点分析实际问题的能力和抵制资本主义腐朽思想侵蚀和封建主义思想残余影响的能力。其他各年级则主要是渗透这一精神,没有明确的具体要求,因而使一线教师在认识上产生差异,导致在教学工作中出现了一些困难。思想政治课具有特定的能力培养要求,重视能力培养对于提高思想政治课质量也具有重要意义。新订教学大纲从总体上明确提出要"培养学生学习运用马克思主义的立场、观点、方法,观察和分析问题的能力、参加社会实践的能力"。有了这样明确的规定,各年级的教学和教育便可切实贯彻落实。思想政治课具有三位一体的任务,即用马列主义、毛泽东思想的基本理论观点教育学生,培养学生观察和分析问题的能力,提高他们的思想政治觉悟。新订教学大纲关于能力培养的规定,使这三个方面更好地互相联系、相辅相成。用马克思主义理论观点教育学生,应包含培养学生运用马克思主义基本观点的能力;而具有了这样的能力,又能促进他们更好地学习马克思主义基本理论观点。学生具有运用马克思主义观点分析问题的能力,特别是具有参加社会实践的能力,对于他们提高觉悟会有很大的帮助。在能力培养方面,要防止要求过高。正是考虑到学生的实际,新订教学大纲的能力要求限于观察、分析能力,社会实践能力,这是可能达到的。即使这样,在具体实施过程中,也还要因地、因校、因人而异。

三、教材建设的主要依据

按照教学大纲编写的教材,是教学要求和教学内容的具体的、集中的体现,是进行教学的基本依据。思想政治课教材对于实现思想政治课的任务,具有直接的、重大的影响。从一定意义上说,教材是提高教学质量的中心环节。因此,它历来受到国家、教师和学生的重视。

教材的功能是多方面的。思想政治课教材的功能,与其他教材有共性,也有特殊性。概括起来,主要有四个方面。第一,它是实现教育任务的有效工具。思想政治课所担负的三项主要任务,需要通过教材、教师和教学活动等多方面的配合才能完成。在这几方面中,教材可以说处于首要位置。实现以马列主义、毛泽东思想武装学生的任务,第一步要通过教科书。中学生跨入马列主义、毛泽东思想的大门,通过的是思想政治课这个途径。教材不仅传授基本观点和基本知识,还引导学生运用基本观点去分析实际问题,培养观察和分析问题的能力。实现提高学生思想政治觉悟的任务,也同教材密不可分。通过学生阅读、教师施教,教材所阐明的观点、思想转化为学生的认识、信念,成为他们言行的准则。这正是教材提高学生思想政治觉悟的体现。第二,它是开展教学工作的重要蓝本。教学工作是一种综合工程。就教师方面而言,有备课、授课、批改作业等环节,而教学"施工"的主要蓝图是教材。教材规定了知识的范围、教学的重点和难点,并基本规划了教学的程序。所以,要以教材作为开展教学工作的蓝本。第三,它是学生学习活动的基本内容。学生的学习活动是教学工作的基本组成部分。从思想政治课来看,学习活动的内容和形式十分广泛,而基本内容应是教材规定的。尤其对于大多数学生来说,学习内容不能过于拓宽,这会增加他们的负担,也难以消化。以教材为学习的基本内容,这是就教学工作来说的。这并不限制教学要求以外的、学生根据自己的能力和兴趣所选择的学习内容。第四,它是教育考核评估的重要依据。现在正在实验的综合考试、结构评分方法,将思想政治课考核评估提高到一个新水平。而所有这些方面,在实施过程中,都不应、也不能脱离教材。否则,对学习的任何考核评价就没有标准。同样,对教师工作和全部教学、教育工作的考核评估,也要将教材作为重要依据。

由于教材具有多方面的功能,在教学过程中有着重要作用,对教材的要求也是多方面的。一般地说,教材需要具有"三性"。第一,科学性。任何教材都要具有科学性,这是没有疑义的。而特别提出思想政治课教材的科学性问题,是因为过去长期受到"左"的思想影响,对思想政治课只强调"突出政治",而不注重科学性。思想政治课讲的是马列主义、毛泽东思想,而马列主义、毛泽东思想是科学。思想政治课教材要严格遵循科学性原则,对概念、原理的论述要准确,论证要充分说理。在文字、语言方面,教材也要力求准确。科学性是教材的生命,违背科学性教材也就失去了价值。第二,思想性。在这方面,思想政治课有着特殊的要求。所谓思想性,最重要的是将党的基本路线的精神贯彻在教材之中,要突出"以经济建设为中心",坚持"四项基本原则",坚持改革开放。要给学生展示正确的立场、观点和方法,帮助学生树立科学的世界观和人生观,增强社会责任感。对于学生思想认识上普遍存在的一些矛盾和问题,特别是对国内外的重大实际问题,对关系我国和世界人民命运的问题,要有的放矢地进行分析。如果忽视思想性,思想政治课教材也将失去其价值和作用。思想性和科学性是统一的。思想性要以科学性为基础,违背了科学性也就不存在思想性。但科学性和思想性毕竟是两个方面的要求,不能把科学性和思想性完全等同起来。否则,既会造成忽视科学性的偏向,又会造成忽视思想性的偏向。第三,可接受性。教材的可接受性应该是就"教"和"学"两方面说的。首先,要便于"教",符合"教"的要求。比如,论点要明确,概念要清楚,逻辑性要强,内容结构要符合课时授课要求,有明显的节奏。其次,要便于"学",符合"学"的要求。教材内容要让学生看得懂,喜欢看。这就要求教材要通俗,对概念、定义、原理的表述和分析能够适合学生的理解能力,观点和材料能够有机结合,文字和语言则尽可能简明、生动。

由于我国幅员辽阔,各地区经济、社会和教育发展不平衡,国家教委在颁布《改革实验教学大纲》时,为了适应不同的情况,要求按照"一纲多套"的原则,组织编写满足不同需要的教材。在改革实验的过程中,各地、各单位先后组织编写了7套教材,并分别进行了认真的实验教学,然后经国家教委中小学教材审定委员会中学政治学科审查委员会审查通过,供全国各地根据自己的实际情况选用。这7套教材的编写、实验、试用,为思想政治课教材编写工作积累了比较丰富的经验。这些经验应作为思想政治课教材建设的宝贵财富而受到各方面的重视。

同时,也要实事求是地看到,教材建设是一项复杂而又十分细致的工作,既需要广泛的实验,又需要潜心的研究。一本好的思想政治课教材,要以扎实的马克思主义理论作为基础,还需要对党的路线、方针、政策有比较深入的理解,有比较广博的社会科学知识,教育、心理科学知识以及对学生特点的深刻认识等。与这样的要求相比较,已有的教材虽各有所长,但还是不够成熟的。加之新的形势提出了新的要求,已有的教材就显得有些滞后了。

按照新订《改革实验教学大纲》组织编写一套新教材,成为一项紧迫的任务。新编教材应具有通用性。所谓通用,是指教材要从全国大多数地区的基本情况出发,具有比较普遍的适用性,力求符合城乡学校两方面的需要。"通用不可能适应各个地区的特殊情况,因此它仍然是有一定局限性的。"为了解决通用教材与各地区特殊性的矛盾,教材编写工作继续实行"一纲多套"的原则。既要集中必要的人力、物力、财力,按照《改革实验教学大纲》,力争编写一套有一定质量的、通用的教材;又提倡在人力、物力、财力具备的情况下,按照《改革实验教学大纲》编写出符合各地特殊情况的教材。基本要求就是:遵照《改革实验教学大纲》,保证教材质量。统一组织编写的通用教材,要遵循由浅入深、循序渐进,从具体到抽象、从现象到本质的原则;要与实施九年制义务教育相适应,注意初中学段的相对完整性,兼顾就业和升学两个方面的需要;要处理好与小学思想品德课、中学各年级思想政治课教学内容的分工和衔接,以及同中学其他课程有关内容的联系,等等。这些原则和要求是思想政治课教材建设所必须遵循的。原则和要求虽已确定了,但要在教材编写过程中真正兑现,还需要作出艰苦努力,并敢于探索、创新。

教材有一个风格问题。有一种教材,逻辑性很强,结构严谨,强调概念、定义的规范,文字简练,基本上不含水分。这一类教材以演绎或归纳推理吸引人,有的是上乘之作。这可称之为严谨型风格。还有一种教材,在保证科学性的前提下,不过分追求结构的严谨,对概念、定义的诠释重在明白易懂,文字则力求通俗生动,不拘泥于简练。这一类教材以顺畅通达、易读好懂吸引人,同样有上乘之作。这可称之为活泼型风格。思想政治课的统编教材,当然首要的要求是坚持科学性、思想性;而从风格来看,以取活泼型为宜。这是考虑到中学生的知识、心理和认识过程的特点,活泼型教材有助于启发学生的学习兴趣,及克服学习上的畏难心态和传统的对思想政治课的枯燥印象。撰写活泼型教材,必须遵循从具体到抽象的原则,从具体的、典型的、基本的事实出发,逐渐引出需要说明的道理。教材的理论观点不能多,但说明理论观点的材料要力求丰富。教材的形象不是干瘪的,而是丰满的。因而教材的文字需要多一些,不妨有点水分,以有助于学生吸收。大多数教师比较习惯于使用严谨型教材,而不大适应活泼型教材。无论编写还是使用活泼型教材,都有一个适应过程。运用活泼型教材,首先要转变关于教材的观念,要多从学生的角度想,多从实际效果的角度想。同时,还要改变教学方法。固守一种模式,不采用与活泼型教材相适应的教学方法,是不可能获得良好效果的。只要观念转变了,又采用了相应的教学方法,教学质量就会得到提高。

与教材相关的还有一个可教性和可读性问题。有一种观点认为,活泼型教材具有可读性,却缺乏可教性。既然要讲的都写进了教材,具体的、典型的、基本的事实学生自己能看懂,教师就没有什么可教的了。这是对可教性、可读性的一种误解。所谓可教性、可读性,指的是符合学生实际的教学内容,经过"教"和"学"这两个相辅相成的教学环节,以达到学生理解和掌握的目的。可教、可读都要以学生的实际为出发点,因而两者是统一的。不应该人为地将二者割裂开来,更不应将二者对立起来。二者的统一关键在"教"和"学"这两个环节,特别是"教"的环节。对于教师来说,既要能够使用严谨型教材,又要能够使用活泼型教材。只不过在使用这两种不同类型的教材时,应有不同的教学方法。对于中学生来说,活泼型的思想政治课教材比较符合他们的实际。这一类教材他们比较愿意读,也读得下去。这就是可读性的实际含义。具有这样的可读性,绝不会使教师失去用武之地。道理很明白:一是教材具有可读性不等于学生都能读懂和理解。任何思想政治课教材都不可能使全体学生无师自通,只有通过一定的教学过程,才能较好地达到教学目标。二是学生如果真正读懂了教材,他们就会进一步提出新问题。学生的自学能力越强,越善于思考,提出的新问题也越多。既然是新问题,就需要通过教学去解决。三是教材具有相对稳定性,说明的道理毕竟有限,同迅速变化发展的实际总有一定差距。这个差距也只有通过教学才可能缩小。所有这些方面,都给教师提供了广阔的用武之地。这就是可教性的实际含义。教材应当面向大多数学生。这固然给教师提出了一定的难题,但只要教师转变观念、改进方法、增强驾驭教材的能力,就不难将教学工作提上一个新水平。

略论德育课程建设①

"德育课程",概指小学思想品德课和中学思想政治课。德育,属德、智、体、美、劳五育之首,范围、内容很广泛;德育课程,是德育的主要组成部分,在实现培养目标和完成德育任务方面,起着特殊、重要的作用。以"德育课程"概指小学、初中、高中各年级思想品德和思想政治课各学科,有利于区别"德育课程"与其他各文化学科,有助于正确确定本学科在德育体系中的位置。②

现行德育课程是根据 1985 年中共中央《关于改革学校思想品德和政治理论课程教学的通知》(以下简称《通知》)设置的。从实验教学到推广使用各学科教材,至今已 5 年多了,在编写课本和教学参考书、改革教学方法、培训教师、积累教学经验等方面,都取得了不少成绩。多数课程和教材受到师生欢迎。德育课程在适应我国社会主义现代化建设需要,适应现代科学技术和现代经济政治的巨大发展变化,适应新时期青少年心理发展的具体状况等方面,有了一定进展。然而,课程建设的任务仍很繁重,有待解决的问题还不少。何况实践是不断发展的,不断提出新问题,需要我们研究,并在课程教材整体改革中逐步解决。本文拟结合上海中小学课程教材改革实际,探讨德育课程建设的几个问题。

一、强化学校德育——德育课程建设的前提条件

1988 年 12 月,中共中央发出了《关于改革和加强中小学德育工作的通知》,要求"中小学校必须把德育工作放在重要位置"。通过对 1989 年春夏之交的政治风波的反思,我们更加深了对德育的认识。江泽民同志《在庆祝中华人民共和国成立四十周年大会上的讲话》中进一步提出,各级各类学校不仅要建立完备的文化

---

① 作者:吴铎,华东师范大学;陈秋涛,上海市教委教研室。本文收录于《思想政治课改革的理论与实践》,人民教育出版社 1992 年版。

② 参见吴铎:《德育课程新论》,《上海教育》1990 年第 5 期。该文提出,以"德育课程"概称小学、初中、高中各年级思品课和思政课的各个学科,有助于突出培养目标,确定本学科在德育体系中的位置,也便于需要统称时使用。

知识传授体系,而且要把德育放在首位,确立正确的政治方向。中小学教育担负着为国家培养未来的社会主义建设人才打基础的战略任务。今天的中小学生将是 21 世纪社会主义建设的主力军,他们的思想品德和文化科学素质如何,不仅关系着他们今后的健康成长,而且关系着中华民族未来的素质、国家的命运和社会主义的前途。1989 年春夏之交的政治风波,更使我们清醒地看到对学生加强德育的重要性。由于我国社会主义尚处在初级阶段,在经济文化发展水平上同发达资本主义国家的差距将长期存在。因此,我们同国内外反社会主义的敌对势力的斗争将是长时期的,而争夺青少年是斗争的一个焦点。在中小学加强德育具有深远的意义。邓小平同志曾明确地提出要"培养有理想、有道德、有文化、有纪律的无产阶级革命事业接班人",足见老一辈无产阶级革命家的深谋远虑。

学校德育是一个系统工程。在中小学教育改革中加强德育,一方面要求各学科把德育渗透到课程目标、教材编写、教学过程和各项活动之中,形成全校教职员工人人都是德育工作者的良好德育环境,改变德育工作只靠少数渠道和骨干队伍孤军奋战的局面;另一方面,要求中小学德育学科总结几年来改革实践的经验,对不足的地方继续加以改进,更好地发挥其在学校德育中"特殊重要地位"的作用。加强学校德育,这两个方面是缺一不可的。只有把这两方面结合起来,才能形成强大的教育合力,使学校德育真正得到加强,德育课程建设才会有牢固的基础。

二、实现培养目标——德育课程建设的指导原则

设置德育课程,是为实现中小学的培养目标服务,还是片面强调升学的需要,这是课程建设的指导原则问题。上海市自 1988 年开始的课程、教材改革,是中小学教育的一次具有全局性的改革。首先,要求端正教育的指导思想,变着重于升学教育为着重于素质教育,切实克服片面追求升学率而造成的严重恶果。指导思想上的这一转变,集中体现在"培养目标"之中。中小学教育的总目标,小学、初中、高中的培养目标,都规定了对中小学生思想、文化、身心、劳动等方面的素质要求。思想品德课和思想政治课在实现培养目标方面起着极其重要的作用。

上海初步确定的改革方案中,中小学的培养目标是:对学生进行德、智、体、美、劳诸方面的教育,使他们成为有良好的思想素质、文化素质、身心素质和劳动素质,个性得到健康发展,适应社会主义建设的公民。过去,各门学科的教学往往以知识教学为主,在指导思想上偏重为升学服务。现在,课程教材整体改革强调

"素质教育"的方向,并制定了相应的以素质教育为核心的培养目标,要求各学科要为实现这一目标服务。

德育课程小学阶段的目标是:通过以"五爱"为中心的社会公德教育和小学生日常行为规范教育,培养学生热爱社会主义祖国,热爱中国共产党,热爱人民的思想感情,初步养成良好的思想品德、行为习惯和健康的心理素质。

德育课程初中阶段的目标是:主要对学生进行公民道德教育、公民心理品质教育、公民法制教育和公民社会责任感教育,使学生了解基本的道德和心理品质修养知识,了解公民的基本权利、义务和重大国策,了解自身应承担的社会责任,培养热爱集体、热爱社会主义祖国、热爱中国共产党的情感和品质,养成讲究文明、遵纪守法的行为习惯,使他们的个性得到健康的发展。

德育课程高中阶段的目标是:初步了解马克思主义哲学、政治科学和经济科学的一些基本知识,培养学生唯物辩证的思维能力,初步掌握主观和客观相统一的观点、事物联系和发展的观点、对立统一的观点、实践的观点、阶级和阶级斗争的观点,初步懂得从实际出发、实事求是、矛盾分析、辩证否定和阶级分析等方法,为逐步形成科学的世界观和方法论打下基础;学习运用马克思主义政治科学和经济科学的知识,去认识国内和国际的一些政治生活现象,以及常见的经济生活现象,认识我国政治生活和经济生活方面的基本国情、基本政策;初步认清资本主义制度剥削和压迫人民的本质,懂得我国社会主义制度的优越性和坚持党的四项基本原则的重要性,认识到社会主义代替资本主义,是人类社会发展的必然趋势,逐步地树立科学的人生观和共产主义的信念,培养为人民服务、勤奋劳动、艰苦奋斗的良好品质。

中小学培养目标的要求渗透在德育课程目标之中,构成有机的目标系列,这是德育课程的指导原则。当然,指导原则的贯彻实施,还需要目标的具体化,包括各年级德育课程目标和各课目标的拟定,这是确定课程设置、编写教材的首要步骤。

三、理顺内外关系——德育学科建设的总体安排

以往,中小学德育课程一般只从本门学科考虑"教学要求",很少、也难以从中小学教育的全局考虑如何实现培养目标。这次课程教材改革,要求我们变"孤军行动"为"联合作战"。中小学的德育是"三线一面"的阵地。"三线":德育课程

（包括思想品德、公民、马克思主义常识课）；班主任、团队工作；社会实践。"一面"：全部学科均承担德育任务。其中，德育学科起着特别重要的作用，不能因为有"三线一面"，就以为自己的担子轻了。同时也要看到，德育课程毕竟只是"三线一面"的组成部分，不能包揽一切，德育的任务需要共同配合才能完成。

这就要求理顺德育学科内部和外部关系。德育学科的内部关系，主要指小学、初中、高中三个学段各年级课程、教学要求和教学内容的衔接，高中课程还要适当考虑和高等学校相关课程的衔接。德育学科的外部关系，主要指和班团队工作、晨会以及同其他学科的关系。

现行的德育学科对于内部关系是比较注意的。在教学要求方面，从小学、初中到高中，大体上体现了由低到高的教学内容层次，也注意了各年级学生的年龄和心理特征，基本上遵照了循序渐进原则。但是，由于对课程的总体设计不够，教材、教参、配套材料的编写工作均按年级分段进行，共性问题研究得少，因而造成德育学科内部的有机联系较差，各学科各年级的教学要求、教学内容的确定和衔接缺乏科学论证，彼此之间呼应不够，甚至有脱节、重复等现象。小学、初中、高中三个学段的德育课程，如何才能适应各学段的培养目标要求，既保证各学段德育课程的相对独立性，又体现中小学德育课程的整体性，就成为迫切需要解决的问题。至于课程和高等学校马克思主义理论课的关系，虽然不是我们考虑的重点，但对于如何正确地处理也要有科学的分析。

德育学科的外部关系，尤其与其他各学科的关系，就更为复杂了。现行的德育课程这方面考虑得比较少，在教学要求、课程设置、教材编写等方面均缺乏统一规划。以致造成德育学科和其他方面的德育工作"各自为战"，很难配合。当然，这种配合不能是单向的，而必须是双向和多向的。在双向和多向的配合过程中，德育才能融于一体。

依据理顺内外关系的要求，在小学阶段主要进行以"五爱"为中心的思想品德和日常行为规范的养成教育，按教育基本要点组织教学内容，低、中、高年级的教学内容呈螺旋形上升，并密切注意同"生活与劳动""社会""语文"等学科的配合。初中阶段主要进行公民意识教育，包括公民道德、公民心理素质、公民法制观念和公民社会责任等方面。高中阶段主要进行马克思主义基本观点的教育，包括基本的哲学观点、伦理观点、经济观点和政治观点。从小学、初中到高中，既有层次性，又有连续性。按照这样的要求来设置德育课程，小学阶段可以统称"思想品德"，初中阶段可以统称"公民",高中阶段可以统称"马克思主义常识"。中学阶段,特别在高中,还可适当设置若干节选修课。

德育学科同班主任日常思想教育、时事教育、各科教学中的德育相区别的最大特点,在于它是通过课堂教学,比较系统和直接地向学生进行思想品德和政治教育。但德育学科绝不是单纯地向学生灌输品德知识和政治理论知识,而应该是以此为武器,结合进行思想教育,指导学生学会运用,使教学的基本内容转化为学生内在的思想信念和外在的行为习惯,才能达到培养素质和能力的目的。因此,在完善我们的课程时,从目标的制订、教材的编写到实际教学活动,都应力求使知、情、意、行结合,有实践性的要求和训练内容。譬如,学生学了法律常识,不仅应知道公民有些什么权利、义务,权利和义务是怎样的关系,而且要懂得怎样正确行使权利和履行义务,并设计多种情景进行训练;不仅知道年满18岁的公民享有选举权和被选举权,而且应懂得怎样选举,应该选什么样的人当代表,当了代表应该怎样做,等等。这样,学生学到的就不只是抽象的知识或观点,教学也能搞活,并促进考核方法的改革,真正使素质教育的要求落到实处。

四、加强政治教育——德育学科建设的核心内容

德育课程在对学生进行德育方面具有特殊的重要作用。应该说,现行德育课程是注意到这一点的,实际上也起了良好的作用。然而,由于教育指导思想上的偏差,在"片面追求升学率"的浪潮中,德育学科出现了"异化"现象,如追求知识的系统性、完整性,将德育课程知识化,着眼于应付考试等,以至于有的学生把德育课当成"拿分课"。如果任由这种倾向发展,便会失去德育课程的价值。

针对这一问题,需进一步明确和加强德育课程的思想政治教育任务和内容。在德育课程中,思想政治教育处于核心地位。思想政治教育的重点是四项基本原则教育,归结到一点,就是坚定正确的政治方向。德育课程的任务很重,而最重要的是把学生引导到正确的政治方向上来。毛泽东在讲到需要加强青年学生的思想政治教育时有一句名言:"没有正确的政治观点,就等于没有灵魂。"这句话对于我们的思想政治教育具有指导意义。当然,正确的政治观点要渗透在德育课程之中,只有与教学内容融于一体,才会收到好的效果。小学阶段,强化热爱社会主义祖国、热爱中国共产党、热爱中国人民、热爱中国人民解放军的教育,还要加强热爱集体、遵守纪律、爱护公物、勤劳节俭的教育。初中阶段的公民意识教育,要强

化教育内容的社会主义性质,强调公民必须遵守社会主义道德规范、法律规范,必须按照以经济建设为中心,坚持四项基本原则、坚持改革开放的要求,履行对社会的责任。高中阶段则引导学生学一点马克思主义,用马克思主义的立场、观点和方法教育他们,培养他们正确观察、分析问题和解决问题的能力。过去一段时间,德育课程只注重知识教学,而很少进行立场、观点的教育。似乎讲立场、观点就不客观、不科学,这是一种误解。马克思主义本身是普遍真理,因而马克思主义的立场、观点、方法和客观真理是相一致的。站在马克思主义立场(也就是无产阶级的立场),运用辩证唯物主义的观点和方法,才能更好地认识事物发展规律,把握客观真理。

思想教育的内容是广泛的。在强化政治教育、马克思主义基本观点教育的同时,还要强化法制教育、纪律教育、品德教育以及具体行为规范的教育。《小学生日常行为规范》《中学生日常行为规范》把对小学生、中学生的要求具体化、规范化,发挥了重要的教育作用。德育课程要与之密切呼应,以便相得益彰。德育课程应该把思想品德和政治教育有机地结合起来,并贯串于中小学德育课程的始终。小学侧重于基础品德行为的养成教育,中学侧重于基本政治观点的形成教育,这是正确的,但不能把两者截然分开。小学思想品德教育中应该渗透政治方向的教育,中学思想政治教育也应结合有关内容进行品德行为的教育。

五、抓好课程教材——德育学科建设的基础工程

目前中小学的课程,基本上是以学科课程论为基础来建立课程体系的,因为它比较符合学科自身发展规律、人的认识规律和教学规律。中小学德育学科也不例外。近几年中学思想政治课改革,注意贯彻理论联系实际的方针,因此在课程改革方面有许多新的进展,具体表现在:课程内容上,注意反映改革开放与社会主义现代化建设的实际,根据学生年龄特点和认识规律来建立有别于学科理论体系的教材体系,努力使教材有助于学生阅读,调动学生学习的主动性、积极性,结合社会调查等活动,使学生加深对教材的理解、提高认识水平和培养相关能力,等等。

德育课程结构要在实践基础上经过调整,使之趋于合理。德育学科课程的结构,在纵向上,要适合儿童、少年、青年的身心发展和认识规律;在横向上,要同其他德育渠道和各科教学相互配合,形成德育合力。

我们设想,小学思想品德课主要围绕小学生的学习、生活环境,通过形象化的教学,进行热爱党和社会主义教育,社会公德和文明行为习惯教育,按年级循环,逐步扩大,反复教育和训练,达到养成教育的目的。初中开设公民课,则要在小学初步养成教育基础上进行社会主义公民教育。六年级开展公民道德教育,让学生形成一些基本道德观念,指导行为养成,并与六年级德育工作和各科教学相配合。原八年级"社会发展简史"的教学任务可由历史学科承担,并增设公民心理品质修养的教育(比较适合学生生理成熟前倾,心理成熟后倾的特点)。这对于学生正确了解自己,正确处理好同家长、教师、同学的关系,培养健康心理品质和一些非智力因素会有积极作用。同时,相关内容还能和八年级的"生理卫生"课相衔接,且与历史课的内容不再重复,与班主任工作、家庭教育也可密切配合。八年级进行公民法制教育,可将品德行为教育又提高一步,且能有效针对这一年龄段学生的学习、品德、行为易于分化的特点。由于法制教育内容相对集中,既有利于学生理解和加深印象,也有利于教师的教学及学校的德育工作。九年级开展公民社会责任教育,能比较集中地进行"一个中心、两个基本点",热爱党和社会主义的教育,以及公民权利、义务教育。这对于义务教育最后一年的学生是很有必要的,与八年级下学期、九年级上学期开设的"职业导向"课,班主任的毕业生教育,以及各科教学中的德育都能密切配合。高中开设"马克思主义常识"课,是根据高中学生文化科学知识逐步丰富、抽象思维逐步发展、独立能力增强的特点,着重进行马克思主义基本观点的教育,其内容主要是世界观、人生观和经济、政治常识,所以用"马克思主义常识"的课程名称加以概括也是适当的。在现行课程基础上加强哲学观点的教育,不仅可使学生对马克思主义世界观有一个较完整的了解,而且对人生观、经济和政治常识等方面内容的教与学也有促进作用,并有助于提高学生理论思维的能力,对其他学科的教学也有很好的配合作用。

德育课程教材既要有科学性、时代性、针对性,又要有相对的稳定性。对于德育学科的课程、教材经常变化,师生是很有意见的。学生说,"政治课本老在变,说明缺乏科学性";政治教师则感叹地说,"政治学科没有老教师,年年都是新教师","资料都积累不起来,所有各学科中,我们的备课是最辛苦的"。思想政治课必然要受社会经济政治发展的影响,要同党和国家的政治任务,同学生的思想实际相联系,企求一成不变是不现实的。但课程、教材经常变化,对学科建设和提高教学质量是不利的。作为一门学科,应该有自己的基本理论、基础知识以及基本稳定的教学内容和要求,课程和教材应有相对的稳定性。

为了保持课程教材的相对稳定性,决定课程设置的领导部门要慎重,要进行科学论证,要站得高、看得远、考虑全面。教材的编撰者要选择德育学科中最基础的内容,如社会公德、基础文明、心理品质、法纪教育,马克思主义基本的立场、观点、方法,基本理论和基本常识,党和国家的基本路线、指导方针,以及在社会经济、政治生活中长期起作用的东西,等等。对于社会问题,要尽可能讲得全面一些。对于尚不成熟的或变动性大、政策性强的许多内容,可以放到教学指导书、教学参考资料中去,让教师根据教学需要选用。另外,根据课程标准编写的教材,既要有统一性,又要有灵活性,给教学留有余地。同是经济文化比较发达的地区,学校也有层次的不同;同一层次的学校,学生也有层次的差别,需要教师从教学实际出发,去改革教学方法,开展社会教育活动,等等。如果教材只有统一性,且分量多、要求高,再加上课时有限,教师便只能赶进度,导致学生最终似懂非懂,结果是不会理想的。

中学思想政治课整体配套改革的探讨①

中学思想政治课改革,是一个复杂的系统工程。只有从整体改革着眼,抓好各方面改革的配套,才能取得良好的"整体性效果"。上海市中学思想政治课改革实验在市委、市府和各级教育行政部门的领导下,一开始就重视教学改革的整体配套工作。按照中共中央《关于改革学校思想品德和政治理论课程教学的通知》(以下简称《通知》)精神,课程教材改革与教学思想、教学方法、教学形式、考试方法等改革同步进行。因此,在改革实验中取得了较明显的成效。从上海市中学思想政治课改革由点到面逐步扩大的实践来看,思想政治课整体配套改革的基本经验有以下四个方面。

一、转变教学观念,统一教改的指导思想,是思想政治课整体配套改革的基本前提

观念变革是政治改革的前导,历史上和现实生活中的每一次大变革,都是思想先行,以观念变革为前导的。中学思想政治课的改革也是如此。种种陈旧观念对中学思想政治课的改革起着阻碍作用,只有变革旧观念,确立反映社会主义现代化建设需要和青少年健康成长的客观规律性的新观念,才能推动思想政治课各方面的改革沿着正确的方向前进。

在改革实验试点学校试用新教材的过程中,我们对教学思想的改革问题曾进行过广泛的讨论。从试点和面上改革的实践来看,要抓好思想政治课的改革,在教学观念上必须进行一系列的变革。其中,在以下三个问题上的观念转变,对教学改革的实施有关键性意义。

---

① 作者:李春生,华东师范大学;石希平,上海市教委教研室。本文约写于 1995 年。

（一）在思想政治课的课程性质上，要由单纯的知识课的观念转变为与智育相统一的德育课的观念

改革前的中学政治课，大多是基础理论课，在人们的观念上基本上是一门传授理论知识的课程。据有关部门1986年初对400多名中学政治教师的抽样调查，持这种观念的教师占了大多数。在这种教学观念影响下，"教师讲条条，学生背条条，考试考条条"的现象在一些学校曾普遍地存在。改革中学思想政治课，首先就要改变这种把政治课单纯当作知识课的观念。当然，改革后的思想政治课仍然应该传授一定的基础知识，因而仍包含有智育的任务。但是，它不是一门单纯的知识课，而是一门密切联系我国社会主义现代化建设的实际和学生的思想、心理发展的实际，通过基础知识教学，对学生进行政治教育、思想教育、道德教育的课程。事物的性质是由事物内部矛盾的主要方面决定的。从本质上说，思想政治课是对中学生比较系统地进行思想政治教育的课程，是一门德育课。德育，即思想、政治和道德教育，对保证人才培养的正确政治方向，促进学生全面发展起着主导作用。思想政治课是中学德育的重要组成部分。我们一定要充分认识思想政治课的德育课程性质。当然，思想政治课是一门与智育相统一的德育课程，在思想政治课的教育教学过程中，基础知识教育和思想政治教育过程是有机统一的，但两者相比较，思想政治教育处于更重要的地位。中学思想政治课向学生传授马克思主义基础知识的目的在于提高学生的思想政治觉悟和认识能力。我们经过对1989年春夏之交的政治风波的反思，对这个问题的认识更深入了一些。在这场政治风波中，有的中学生，尤其是高年级学生，由于对资产阶级自由化思潮缺乏辨别和抵制能力，对四项基本原则产生了某些模糊认识。虽然与大学生中的一些情况相比，在程度上有所不同，但我们决不能忽视。据改革实验试点学校向明中学对高三学生在这场政治风波中的思想状况的调查结果，学生相信必须坚持党的领导的占40%，半信半疑的占30%，表示怀疑的占18%，认为应实行轮流执政的占12%；对于走社会主义道路，相信或比较相信的占62%，认为我国不一定要坚持公有制的占18%，认为我国应先补资本主义的课，待生产力发展后再搞社会主义的占20%。由于调查方法的限制，这个统计数字不一定准确，但是它在一定程度上也反映出资产阶级自由化思潮对高中学生的影响。这说明在中学思想政治课教学中，必须把思想政治教育，特别是政治方向教育放在第一位。这是反对资产阶级自由化斗争和反对国际敌对势力"和平演变"斗争的需要，也是建设有中国特色

的社会主义,为振兴中华、实现"四化",培养一代又一代"四有"的社会主义建设者和接班人的需要。

（二）在思想政治课教学目标上,要由着重传授知识,转变为从知识、能力到觉悟全面提高学生的思想政治素质

改革前的中学政治课,由于在人们的观念中基本上被当作知识课,因此其教学目标的确定,主要以"双基"(基本概念和基本原理)为依据。教学过程往往满足于"灌输"知识,满足于让学生记住书本上的现成结论,忽视对其能力的培养、觉悟的提高和行为的要求。在片面追求"升学率"观念的影响下,不少人甚至把政治课作为高考的"捞分课"。我们进行中学思想政治课的改革,在思想政治课教学目标的确定上,必须由单纯的知识型向"知识、能力、觉悟"统一型转变。实践表明,掌握知识、培养能力、提高觉悟,对于"四有"的社会主义建设者和接班人的培养,都是不可缺少的。三者是个有机的整体。其中,掌握知识是基础,培养能力是关键,提高觉悟是归宿。从知识、能力到觉悟全面提高学生思想政治素质,是社会主义现代化建设的客观需要。我们只有把思想政治课的教学目标,由单纯的知识型转变为"知识、能力、觉悟"统一型,才能引导学生逐步树立正确的人生观和世界观,运用正确的观点和方法,积极地思考并回答自己所面临的重大问题,认清和履行我国青年一代的崇高责任,自觉地使自己成长为社会主义事业的接班人。

（三）在思想政治课的教学方式上,要由封闭式、注入式的教学观念转变为开放式、启发式的教学观念

长期以来,在只重视传授知识的传统教学思想影响下,中学政治课教学从内容到形式是封闭的,把学生束缚在课本和教室这个狭隘的小天地里,只注重课堂教学,忽视课外活动和社会实践环节,甚至把"第二课堂"视为额外负担。在教学方法上,则不同程度地采用"注入式",搞"满堂灌",片面强调教师的主导作用,忽视学生的主体作用,把学生放在消极被动的地位,以致"上课记笔记,下课对笔记,考试考笔记,考过全忘记"的现象在一些学校比较普遍地存在着。我们改革中学思想政治课的教学,应按照培养"四有"的社会主义建设者和接班人的总目标,从知识、能力到觉悟全面提高学生的素质,必须在教学观念上实现从封闭式到开放式、从注入式到启发式的转变。

我们要确立开放式的教学观念,就是说,在教学内容上,不能局限于课本知

识,要把丰富的社会生活,特别是要把我国社会主义现代化建设的新进展、新问题,以及国际经济政治的新变化不断补充到教学中去,要把教学与沸腾的社会生活紧密结合;在教学形式上,必须多样化,要把课外阅读、专题座谈、影视广播、兴趣小组、考察访问、社会调查等"第二课堂"活动纳入思想政治课教学体系中,使学生在更广阔的范围内接触社会,深入实际,开阔视野,培养能力,陶冶情操,增强对社会的责任感,促进学生的全面发展。

我们要确立启发式的教学观念,就是说,要正确处理"教"和"学"的关系,要把教师的主导作用和学生的主体作用有机地结合起来,充分调动学生的主动性和积极性,引导学生通过自己的学习和思考来提高认识,寻求问题的答案。当然,教师应在教学中发挥主导作用,但是这种主导作用必须体现在充分发挥学生的主体作用上。要把主要精力用在引导学生提高思想政治觉悟和认识能力、分析和解决现实生活中的新情况和新问题上。

上海市中学思想政治课的教学改革实验,由于两批试点学校在教学改革中较好地进行了教学观念的改革,使中学思想政治课教学逐渐受到学生的欢迎,开始出现生机和活力,树立起思想政治课的新形象,因而有力地促进了思想政治课改革实验在各区、县的全面铺开。

二、依据教改目标,编出有较高水平的改革实验教材,是思想政治课整体配套改革的中心环节

思想政治课的改革,是一个多侧面的整体性改革。其中,教材改革处于中心环节的地位。这是因为,教材是课程之本,是组织教学的基本依据。确定课程设置和制定教学大纲后,编好教材是搞好思想政治课教学及其改革的基础。上海市受国家教委委托,从 1986 年 4 月起,根据中学思想政治课改革实验教学大纲,着手编写改革实验教材。上海市中学思想政治课教材编审委员会各编写组,根据中共中央《通知》拟定的教改目标,按照邓小平同志提出的教育要"三个面向"的指导思想,紧紧围绕培养"四有"的社会主义新人这个总目标,密切联系青少年不同时期的思想、知识、心理发展的特点,着重解决贯彻理论联系实际的方针这个关键问题。为使教材改革给思想政治课各方面的改革奠定基础,上海在改革实验教材的编写上进行了多方面的探索。

（一）在思想政治课总目标的落实上，注重整体性和层次性的有机结合

我国中小学校的根本任务是为培养有理想、有道德、有文化、有纪律的建设社会主义事业的接班人，全面提高民族素质，奠定良好基础。培养"四有"的社会主义事业的建设者和接班人，既是我国整个中学教育的根本任务，也是中学思想政治课教育教学的总目标。"四有"是一个统一的有机整体，中学思想政治课教材的编写必须全面体现"四有"教育的要求。从初一到高三，整套新编教材都要体现"四有"这个总目标，使教学内容各异的各年级教材呈现教学目标的整体性。与此同时，要充分考虑各个学段和年龄段学生的知识状况和思想、心理发展的特点，体现各年级教材教学目标的层次性。思想政治课教学目标的层次性，不仅要反映在初、高中教学内容的分段要求上，而且要体现在各年级教材内容和教学要求的阶段性和渐进性上。以理想教育为例，初一的《公民》，结合家庭生活、学校生活和社会公共生活，着重进行道德理想教育；初二的《社会发展简史》，结合社会发展总趋势的教学，着重进行社会主义、共产主义理想教育；初三的《中国社会主义建设常识》，着重进行社会主义初级阶段共同理想教育和职业理想教育；高中阶段的思想政治课，在共同理想和最高理想教育的基础上，着重进行以坚持四项基本原则为基本内容的政治理想教育。中学思想政治课的教材改革，在教学目标的落实上注意整体性和层次性的结合，有助于教师在坚持"四有"教育这个大前提下，根据不同年级教材的不同的教学要求，在教学方法、教学形式上进行不同特色的探讨，有助于更好地发挥教师的主导作用，把教材的教育性和思想性在教学过程中落到实处。

（二）在教材的体系结构上，注意科学性和常识性的有机结合

中学思想政治课教材，是向学生传播马克思主义基本常识，对中学生进行生动活泼的思想政治教育的教科书，它的体系结构应该具有科学性。但是，中学思想政治课教材的体系结构同马克思主义有关学科的理论体系并不是一回事，应有自身的特点。中学思想政治课教材的体系结构，不仅要体现有关学科基础知识本身的内在逻辑联系，而且要符合中学思想政治课总目标的要求，符合中学生的年龄特点和认识规律，还要适当考虑教学方法、教学形式等方面的改革要求。上海在改革实验教材体系结构的设计上，改变了过去那种把马克思主义有关学科的理论体系直接照搬到中学政治课教材上的做法，从中学生的实际出发，设计出尽可

能适合中学生特点的"常识性"教材的体系结构。以《公民》教材为例,其以学生的生活领域为依据,围绕我国公民的行为规范,从学校生活、家庭生活、社会生活到精神生活,由近及远,把道德规范教育和法制规范教育融为一体,鲜明地体现了教材改革的上述思路。在教材的体系结构上,把科学性和常识性相结合,能使教学内容更加切合学生的实际,给学生以亲切感,使其更易于理解和接受,同时也为教师从中学生实际出发研究教学方法和教学形式的改革创造了条件。

（三）在教材内容的组织上,注意时代性和针对性的有机结合

过去的中学政治课教材之所以必须改革,一个根本的原因,在于它的知识内容陈旧,脱离建设具有中国特色的社会主义的丰富实践。同时,也在于过去的教材所包含的内容脱离青少年思想和心理发展的特点。脱离时代,脱离学生,是过去的中学政治课教材存在的两大弊端。我们进行中学思想政治课教材改革,必须在克服教学内容脱离实际上下功夫,努力加强教材的时代性和针对性,要使马克思主义基本常识教育能适应时代的发展,能反映我国社会主义现代化建设的新发展和国际经济政治的新变化。增强教材的针对性,就是要处理好思想教育与学生实际的关系,使教材能有针对性地解决学生普遍关心而又迫切需要解决的思想认识问题。在教材内容的组织上注意时代性和针对性的结合,对推进思想政治课的教学改革有重要意义,它有助于教师在教学中更好地贯彻理论联系实际的方针,把传授知识、培养能力、提高觉悟、规范行为统一起来,达到教学改革的目的。

（四）在教材编写形式上,注意可读性和可教性的有机结合

增强教材的可读性,是中学思想政治课教材改革的一个显著特点。一方面,为了使学生愿意读,喜欢读,调动学生的学习积极性,教材尽力从丰富的社会生活和具体的政治经济现象中引出有关原理,文字表达尽量通俗易懂、生动活泼,教材的构思和编排也力求新颖,别开生面,因而增强了教材对学生的吸引力,受到学生的欢迎。另一方面,我们在教材编写中也注意增强教材的可教性,在阐述马克思主义的基本常识和宣传党的方针政策时,抓住最基本的内容和重点;在联系社会生活实际和学生的思想实际方面,则紧扣最有普遍性的问题。这样,既有助于给教师的教学留有比较充分的余地,发挥教师在教学中的主导作用,也便于使教材保持相对的稳定。此外,在教材编写中,我们特别重视加强教育性和思想性,注意寓思想教育于知识教育之中,为教师进行教学改革提供了有利条件。

当然,上海编的教材还存在许多不足,有待进一步修改提高。但从教材改革和思想政治课整体改革的关系来看,实验教材所体现的一些改革意图为其他各方面的改革奠定了良好的基础。

三、理论联系实际,促进知识向能力、觉悟转化,是思想政治课整体配套改革的根本要求

我们进行思想政治课的改革,有一个明确的目的,就是为了适应我国社会主义现代化建设的需要,适应现代科学技术和现代经济政治的巨大发展变化,适应新时期青少年心理发展的具体状况以及各方面改革的需要,使思想政治课教学为培养"四有"的社会主义建设者和接班人奠定良好基础。为了达到这个目的,仅仅进行教材改革是不够的,还必须有教学方法、教学形式和考试方法等改革的配合,否则还是会"穿新鞋走老路",难以达到教学改革的目的。

思想政治课要进行全面的改革,必须坚决贯彻理论联系实际的方针,使马克思主义基本常识能为学生所理解和接受,并转化为能力和思想政治觉悟。这是思想政治课教学改革中要着力解决的一个关键问题,也是思想政治课整体配套改革的一个根本要求。我们必须围绕理论联系实际方针的贯彻,抓好各方面改革的配套工作。

(一) 抓好教学方法、教学形式等配套改革

为了促进教材改革和教学方法、教学形式配套的改革,上海在思想政治课改革实验试点工作开始时,首先总结和推广了本市中学政治教师在党的十一届三中全会以来,在贯彻原教育部改进和加强中学政治课的相关意见过程中所积累的教学改革的初步经验,编辑出版了《上海市中学政治课教学经验选编》,在全市范围内宣传和推广育才中学"读读、议议、讲讲、练练"的教学经验,向明中学开展"第二课堂"活动的教学经验,曹杨二中组织课堂讨论和社会调查的教学经验,上海市第六中学关于"细水长流,加强政治课中的思想教育"的教学经验。1987 年 9 月,思想政治课改革实验在面上逐步铺开的时候,我们又把本市和部分兄弟省市改革实验试点学校的教改经验进行选编,出版了《思想政治课改革实验文集》,在面上加以宣传,促进了教材改革和教学方法、教学形式改革的同步进行。

几年来,上海市的许多学校对教学方法和教学形式的改革作了种种探索。概括起来,这种改革实现了两个方面的转变。

第一,变封闭型教学为开放型教学。这是对传统的课堂教学组织形式的一个突破。开放型教学的基本特点是:(1)课堂教学与课外活动相结合。把课外阅读、学科兴趣小组活动、专题讲座、知识竞赛、社会调查、撰写小论文等"第二课堂"活动纳入思想政治课的教学体系,发挥课外活动对课堂教学的巩固、补充和提高作用。(2)思想政治课教学与团队、班主任工作相结合。学校根据思想政治课改革实验教学大纲和德育大纲分年级的要求,制定思想教育工作计划,对思想政治课的教学活动和校班会、团队活动的设计作统一的安排,使思想政治课教学同团队、班主任工作相互配合,相互促进。(3)以思想政治课为主阵地的学校思想教育与家庭教育、社会教育相结合。充分利用家庭和社会中存在的丰富的教育因素,采取"请进来"和"走出去"的方法加强对学生的思想政治教育。尚文中学在《公民》课教学中积累的"学校教育与家庭教育、社会教育协调一致"的经验,曹杨二中关于思想政治课教学与团队、班主任工作相配合的经验,向明中学结合思想政治课教学开展学科兴趣小组活动、社会调查和撰写小论文活动的经验,对开放型教学在全市的逐步推广起了促进作用。

第二,变传授型教学为疏导型教学。这是在启发式的教学思想指引下,根据思想政治课"知识、能力、觉悟"相统一的要求,对传统的课堂教学模式的一种变革。疏导型教学的基本特点是:(1)克服"满堂灌",强调教师在教学过程中的指导性,启发引导学生通过自己的积极思考去理解、掌握、运用知识,着眼于提高学生的认识问题能力。(2)教学相长,双向探讨。改变单纯的"教师讲学生听"的单向传授教学方法,采用民主讨论的方法,通过对话课、讨论课、辩论课等形式,师生共同探讨教学中的基础知识问题和思想认识问题,并在双向探讨中引导学生养成坚持真理、修正错误的科学态度和优良品德。(3)重视情感激励,把说理教育和情感教育结合起来。充分利用情感的感化、催化作用,引导学生将马克思主义的基础知识转化为能力,内化为信念,外化为行为,达到知与行的统一。

教学形式和教学方法的改革离不开教学手段的改革。为适应教学方法和教学形式的改革,上海在思想政治课改革实验中积极提倡运用多种多样的教学手段进行教学,提倡传统的、行之有效的简易教具和现代化教学手段(主要是电化手段)并举。现在上海市的中学思想政治课,从简单的挂图、图表、自制漫画、幻灯到比较现代化的投影、录音、录像、电脑等教具都在教学中运用,形成了一个比较完整的系列。上海市教育局组织拍摄了 14 集《公民》电视教学小品,其录像带在全市推广运用,对丰富课堂教学,提高教育教学质量,起到了明显的促进作用。

(二) 抓好教材教法改革与考试方法改革的配套

长期以来,中学政治课的考核与其他学科的考核基本上类似:学生应付考试,主要靠死记硬背,教师也只依据一张试卷评定每个学生的成绩,因此有时会出现部分学生政治课成绩优异而思想品德行为很差的情况。为适应教材教法改革的要求,使考核能更有利于提高学生的思想政治觉悟和认识能力,上海在思想政治课改革实验中对考试方法的改革也作了多方面的探索。经过几年来的改革实验,单一的书面测验的考试方法已经改变,出现了"口试和笔试相结合""开卷和闭卷相结合""定期考试和平时考查相结合"等多种形式,撰写小论文、写调查报告在高中也已成为一种重要的考核形式。改革后的多种形式的考试、考查,有一个共同特点,就是把检查和促进知识、能力、觉悟三方面的提高作为依据和出发点,单纯考核学生的知识积累的做法已经改变,这是个可喜的进步。特别值得指出的是,上海的许多学校在改革实验中已逐步形成了把理论知识考核与行为考核相结合的"结构分数考核制"。这种考核方法根据中共中央《通知》的有关规定,即"考试的主要目的是检查学生对所学内容的理解程度,接受程度和运用能力。学生的学习成绩应当结合他们的考试结果和平时的学习运用情况来判定",把考核的内容分成"知识""能力""觉悟"三个方面。"知识"掌握状况通过期中、期末考试和平时测验进行考核,"能力"培养情况主要通过学生参加社会实践、写调查报告和小论文等进行考核,"觉悟"提高情况通过与教学内容相关的学生的日常行为表现和对思想政治课的学习态度进行考核。最后,在以上三个方面成绩测试评定的基础上,以结构分的形式对学生的思想政治课学业成绩进行"综合评定"。思想政治课"结构分数考核制"目前还处于探索阶段。由于"知识""能力""觉悟"的考核比较复杂,这种考核方法的科学性和可行性有待在实践中作进一步的研究。但是,它所体现的改革方向是正确的。上海市教育局在反复调查研究基础上,肯定了这种"思想政治课学业成绩综合评定法"。这种考核方法的逐步完善,必将对中学思想政治课的教学改革发挥正确导向的作用,促进改革的深化和发展。

四、加强师资培训,全面提高政治教师的思想业务素质,是思想政治课整体配套改革的根本保证

思想政治课的全面改革对政治教师提出了新的更高的要求,而思想政治课的

每一步改革都离不开广大政治教师的辛勤劳动。中学政治教师是思想政治课教学改革的主要依靠。实践表明，加强师资培训，全面提高政治教师的思想业务素质，是实施和推进思想政治课改革的前提条件，是进行思想政治课整体配套改革的根本保证。

在上海市中学思想政治课改革实验由点到面逐步扩大的过程中，政治教师的培训一直被放在重要地位，并作为配套改革的一项重要措施被予以提前安排。从1986学年度以来，上海市教育局委托上海教育学院，为本市和使用上海版教材的江西、安徽、江苏南京、浙江、山东和湖北等兄弟省市，先后举办了4次新编教材培训班、研讨班，组织参加教材编写工作的华东师范大学、上海师范大学和上海教育学院的专家、教授作教材分析和教改专题报告。市教育局还委托上海教育学院拍摄了241集《公民》《科学人生观》《经济常识》《政治常识》教材教法电视讲座录像片，通过上海教育电视台进行播放。这些教材教法培训活动，对中学政治教师更新教学观念，把握新编教材的指导思想、体系结构和教学重点难点，补充有关的新知识，以及开展教学改革的探讨起到了促进作用。

对于改革实验试点及其在面上逐步铺开而言，举办这种短期培训班、研讨班是完全必要的。但是对思想政治课的全面改革特别是深化改革来说，必须把相应的师资培训工作经常化、制度化，应作为一项长期任务来抓。上海在这方面结合贯彻市政府颁发的《上海市中小学教师进修规定》，在开展中学政治教师的职务培训（全员轮训，一、二、三级教师每5年240学时，高级教师每5年540学时）方面作了新的探索。调查表明，经过多年来的师资培训，上海市中学政治教师的学历层次有明显提高，多数教师已经学历达标，但是教学水平参差不齐，知识结构日益老化，教育科研能力普遍比较薄弱。对于中学思想政治课使用新编教材及进行教学改革，各级政治教师在不同程度上存在着不适应。加强中学政治教师的职务培训，已成为推进中学思想政治课教学改革，提高中学思想政治课教学质量的当务之急。

根据上海教育学院举办中学政治教师职务培训班的实践以及深入区、县开展的教育调查，及征求到的中学党政领导和第一线政治教师的意见，为适应中学思想政治课改革的需要，各级中学政治教师的职务培训应加强以下三个方面的学习和研讨。

（一）加强新时期中学政治教师修养的学习和研讨

实践表明,我们上海市广大中学政治教师,在党的领导下,坚持贯彻党的基本路线,坚持四项基本原则和改革开放的总方针,坚持宣传马列主义、毛泽东思想,坚持教书育人,努力进行思想政治课教学改革的探索,对于引导学生德智体美劳全面发展,培养社会主义一代新人,发挥了自己应有的作用。特别是在 1989 年春夏之交的政治风波中,广大中学政治教师立场坚定,旗帜鲜明,坚守岗位、坚持阵地,为维护学校的正常教学秩序做了大量工作,发挥了党的宣传员的作用。我们的政治教师队伍确实是一支好的队伍。但是另一方面,从整个形势的发展和中学思想政治课深化改革的要求来看,我们中学政治教师的思想政治修养需要进一步提高。特别是从与国内外敌对势力争夺青少年,开展反对"和平演变"的斗争的角度来看,从加强对学生的社会主义教育、爱国主义教育、集体主义教育和艰苦奋斗、自力更生教育的角度来看,我们的政治教师需要进一步加强自己的师德修养,坚持坚定正确的政治方向,言传身教,为人师表,对学生的成长全面负责。因此,加强教师的思想政治修养,应是各级政治教师职务培训的一个重要内容。

（二）进一步加强专业基础,特别是加强马克思主义基础理论的学习和研究

知识结构日益老化,是中学政治教师中普遍存在的问题。由于思想政治课改革实验教学大纲和新编教材增加了许多新的学科内容,涉及一系列新观念、新知识,即使原来受过高等师范政教专业本专科教育的教师,也深感难以应付当前的教学局面。为了适应中学思想政治课教学改革的需要,作为经常性的中学政治教师的职务培训,在专业知识教学内容的安排上,应该反映马克思主义在当代的新发展,反映社会主义现代化建设的新进展和世界科学技术、国际经济政治的新变化,使各级政治教师的专业知识不断更新。特别是我们面临着国际上资本主义和社会主义两种制度并存、竞争,"和平演变"和反"和平演变"斗争长期存在的复杂国际环境,要在国际斗争的新形势下建设具有中国特色的社会主义,有一系列新的课题摆在我们面前。我们要引导学生正确认识当代资本主义,正确认识社会主义,正确认识马克思主义,增强社会主义和共产主义必胜的信念,必须结合教学实际和学生的思想实际,对马克思主义的基础理论(包括马列主义、毛泽东思想的原著),对党的基本路线和重大方针、政策,进行深入的学习和研究。

（三）加强教育学、心理学理论的学习和研究,结合中学思想政治课教学改革,开展教育教学实践研究和教育科学研究

中学思想政治课的教学改革,从课程教材改革到教学方法、教学形式、考试方法的改革,都离不开教育思想的转变,离不开教育学、心理学的科学理论的指引。在经常性的中学政治教师的职务培训中,应该把学习和研究"现代教学论及其发展""现代心理学及其应用""教育科研方法"放在重要地位,并以这些教育科学理论为指导,开展中学思想政治课教学改革的理论和实践的研究,以提高政治教师的教育教学能力和教育科研能力。这是深化中学思想政治课教学改革的需要,也是提高中学思想政治课教育教学质量的需要。

目前,上海市中学政治教师的职务培训尚处于试点阶段。如何根据中学思想政治课教学改革的需要加强培训的针对性、实践性和实效性,有待深入的研究和探索。但是,我们相信,只要坚持不懈地努力,在职务培训中切实加强中学政治教师的思想政治修养,切实加强专业基础,提高教育教学能力和科研能力,中学政治教师队伍的建设一定会走上一个新的台阶,它必将促进中学思想政治课整体配套改革的深入发展。

随着中学思想政治课教学改革的深入和中小学课程教材改革的开展,上海市已进入了中学德育整体改革的阶段。做好思想政治课改革和中学德育整体改革的配套工作,是我们当前面临的一个重要课题。我们要深入研究思想政治课在中学德育中的地位、作用及其与其他德育渠道的关系,努力使思想政治课改革与德育的整体改革同步进行。只有这样,才能形成强大的教育合力,取得更好的整体性效果,使思想政治课的教学改革结出更为丰硕的果实。

面向 21 世纪上海市中学思想政治学科教育改革行动纲领(2000—2010 年)①

按照实施素质教育的要求,进一步改革思想政治课教育,这是时代发展对思想政治学科的要求,是进一步落实和深化邓小平理论常识教育的需要,也是思想政治学科自身发展的需要。

思想政治学科是对中学生比较系统地进行公民品德教育和马克思主义常识教育的全员必修的基础型课程。就其本质而言,思想政治学科是一门智育与德育内在统一的显性德育课程。思想政治学科教学在学校德育工作中具有特别重要的地位,思想政治学科教学的德育功能具有不可替代性。

面向 21 世纪的上海市中学思想政治学科教育改革,要构建符合新世纪社会发展需要的以学生发展为本的思想政治课程结构和教材体系。思想政治课程结构应当以本学科基础型课程为主体,同时配置学生有选择权的拓展型、研究型课程。思想政治课程在强调基础性的同时,要注意引发学生的拓展性和探究性思维。

思想政治学科教育内容应当贴近生活、降低难度,重视学生社会实践能力的培养。初中要在学生所熟悉的生活情景中进行相关的思想政治学科知识教学和德育熏陶;教学内容是以邓小平理论为指导,对学生进行道德规范、健康的心理品质、法律规范、基本国情和社会责任的教育。高中从学生所熟悉的或者所应了解的社会生活情景中提炼主题,构建教学内容体系;教学内容是以邓小平理论的基本观点为中心,对学生进行马克思主义常识的教育和有关的社会科学知识教育,注意渗透对学生的道德教育、法制教育、心理品质引导和爱国情操的熏陶。时事政治教学,必须从教学内容和教学时间上给予保证,使其成为思想政治课不可或缺的组成部分。

---

① 编制该行动纲领的课题组成员有:吴铎、李春生、王曙光、叶伟良、高慧珠、陈秋涛、秦璞、吴永玲、卜文雄,执笔:叶伟良。

思想政治课与学校其他德育途径的结合,思想政治学科的教学评价,与思想政治学科相配套的教学课件的制作等,都要有突破性的进展。思想政治学科师资队伍的建设,思想政治学科的教学研究工作,思想政治学科实践活动渠道的开拓等,要有切实可行的措施予以加强。

全面实施素质教育,培养能担负起21世纪建设有中国特色社会主义历史使命的一代新人,是党和国家实施科教兴国战略的重要部署。思想政治课教育,在实施素质教育中具有重要的地位和作用。《面向21世纪上海市中学思想政治学科教育改革行动纲领(2000—2010年)》根据党和国家关于加强学校德育工作的总体要求,提出了进一步改革思想政治学科教育的思路,是一份为教育行政部门决策提供参考的研究报告。

一、跨世纪思想政治学科教育改革的背景

(一) 时代发展对思想政治学科教育的新要求

1. 当今世界,科学技术突飞猛进,知识经济已见端倪,经济竞争日趋激烈,各种矛盾错综复杂。这样的时代背景对人才的培养提出了新的要求。德育,作为学校教育的重要组成部分,正日益受到世界各国的重视。尽管学校德育不能不受到特定国家的政治、经济的制约,受到民族和地域传统的影响,但各国都在对学校德育进行认真总结和反思,提出改进和加强学校德育课程的措施。

为了适应时代的挑战,上海市基础教育按照全国第三次教育工作会议的精神,提出了以德育为核心,以培养学生创新精神和实践能力为重点的跨世纪素质教育工程。思想政治素质是最重要的素质。不断增强学生的爱国主义、集体主义、社会主义思想,是素质教育的灵魂。思想政治教育必须摆在重要地位,任何时候都不能放松和削弱。思想政治课教育的发展,应当充分重视对学生思想政治素质的培养,塑造学生健全的人格,并注重培养学生的社会责任感,培养学生的创新精神、探索精神和实践能力。

2. 进入21世纪,我国的改革开放和社会主义现代化建设将在邓小平理论指导下继续深入发展。到2010年时,我国将形成比较完善的社会主义市场经济体制。社会主义市场经济的发展,必然会促使人们的思想观念发生深刻的变化。同时,在对外开放政策指引下,我国与世界的联系越来越紧密。国际上各种思潮的

涌入,也必然会从不同侧面影响人们的思想观念。按照培育"四有"公民的要求重新整合思想政治学科的教学内容,更好地继承中华民族的优良传统和革命传统,同时充分注意吸收世界思想文化的精华,使青少年学生能抵御腐朽思想文化的侵蚀,承担起推进改革开放、建设社会主义现代化国家和振兴中华民族的重任,是思想政治课教育面临的紧迫任务。

3. 上海在改革开放中处于特殊的位置。进入新的世纪,上海将随着改革开放实践的推进崛起成为国际经济中心城市。上海未来的国际经济中心城市地位,以及在确立这一地位过程中所进行的改革开放实践,必然会对青少年的思想政治素质提出更具有大城市特点的要求。上海的思想政治学科教育的发展,应当按照党和国家的教育方针,结合上海大城市社会发展的特点,作前瞻性的思考,有实质性的改革举措,为培育新世纪的社会主义建设者和接班人作出新贡献。

(二) 进一步落实和深化邓小平理论常识教育的需要

4. 邓小平理论是当代中国的马克思主义,是马克思主义在中国发展的新阶段。邓小平理论是指导中国人民在改革开放中实现社会主义现代化的正确理论。邓小平理论的历史地位和指导意义已写入党章,载入宪法。邓小平理论的丰富内涵,对提高青少年思想政治素质的意义是极其重要和深远的。

5. 用邓小平理论构筑当代青少年学生的精神支柱,是培养跨世纪社会主义事业建设者和接班人的基础工程,是关系到改革开放前途和 21 世纪国家面貌的大事,是坚持党的基本路线一百年不动摇的长远大计。思想政治课教育的发展,应当更有效地对学生进行邓小平理论常识教育,指导学生初步掌握邓小平理论的基本观点。做好这项工作,是我们思想政治课教育改革的首要任务,也是提高青少年思想政治素质最根本的措施。

(三) 思想政治学科发展的需要

6. 从 1985 年至今,上海中学思想政治学科课程教材经过了多次改革。十几年来,上海思想政治学科课程教材、教学方法和手段、评价方法等方面的改革推进了思想政治教育的发展。其中,教材理论联系实际的探索,学科体系的逐步完善,教学方法和手段的多样化,全开卷考试方法的实施等,对上海的思想政治课教学都产生了积极的影响。

然而,面对新世纪世界各国人才培养的竞争和挑战,我们的学校德育工作还存在许多值得改进的地方,思想政治课教育也还存在不少问题,需要作进一步的思考、研究。比如,教材中还存在偏重学科体系的倾向,教学内容结构不尽合理,学生学科实践活动偏少,学科德育功能与学校其他德育途径的功能之间没有建立起有机联系,学科教学评价目标与学科教学目标不完全一致,现代教学手段在教学中应用不足,作为思想政治学科教育组成部分的时政教学未能有效落实,以选修或活动课形式呈现的拓展型和研究型课程未能积极地开设,等等。这些问题的存在,在不同程度上使得思想政治学科教学目标的实现受到了影响。

7. 1998 年秋起,全国开始使用人民教育出版社出版的新一套思想政治学科教材。新版教材吸收了教材改革和建设已有的经验,在教材编写的"求新、求实、求活"等方面进行了很有价值的探索。这套教材为我们上海进一步推进思想政治学科教育改革提供了可资借鉴的基础。这套教材面向全国,因此更具思想政治教育的共性要求。从上海思想政治学科教育改革的目标要求看,这套教材还不能完全适应上海思想政治学科教育发展的需要。

8. 思想政治学科教育在学校德育工作中具有特别重要的地位,思想政治学科教学的德育功能具有不可替代性。从塑造"四有"人才、迎接新世纪挑战的高度着眼,上海理应广泛汲取国内外学校德育工作的有益经验,以新的思路编制一套思想政治学科教材,并采取相关的配套措施,积极推进上海思想政治学科教育的发展。

二、思想政治学科的性质和地位

(一) 思想政治学科的性质

9. 思想政治学科是对中学生比较系统地进行公民品德教育和马克思主义常识教育的全员必修的基础型课程。思想政治课通过对中学生进行公民的品德教育、马克思主义常识的教育以及有关社会科学常识的教育,引导学生确立正确的政治方向,树立科学的世界观、人生观和价值观,形成良好的道德品质。

10. 思想政治学科就其本质而言,是一门智育与德育内在统一的显性德育课程。德育,即对学生进行政治、思想、道德和心理品质教育。思想政治课所传授的德育知识和有关的社会科学知识,是人类知识的组成部分。传授这些知识的过程,是从一个侧面启迪学生思维,增长学生见识,提高学生的观察和分析问题能力的智育过程。思想政治课的教学内容,体现对学生比较系统的德育知识的教育,其直接的功能是要提高学生的道德水准和思想政治觉悟。思想政治课的德育功能和智育功能是内在统一于教学过程之中的。从最终要达到的教学目标来看,思想政治课是在德育与智育内在统一基础上的德育课程。

(二) 思想政治学科的地位

11. 思想政治学科的设置,是我国学校社会主义性质的重要标志之一。思想政治课的教学内容在一定程度上体现着国家意志,在贯彻德、智、体、美全面发展的教育方针方面有着不可替代的作用,是学校加强社会主义精神文明建设的重要阵地。因此,任何时候都要充分重视思想政治课程的建设。

12. 思想政治学科是中学德育工作的重要途径。学校的德育目标,是通过学校全体教育工作者的共同努力实现的。学校中的政治教师、班主任、团队干部、其他各学科教师,乃至学校中每一位教育工作者,都在自己的工作岗位上承担着对学生进行德育的责任。思想政治课比较系统地传授马列主义、毛泽东思想、邓小平理论的基础知识,着力于提高学生的道德水准和政治觉悟,因而是学校德育工作的主导渠道。同时,还必须清醒地认识到,学校各条德育途径必须在德育活动的组织形式、德育的内容上有机地结合起来,才能够有效地发挥出学校德育的整体功能,使学生获得有成效的德育熏陶。因此,学校应当对德育工作有总体思考和安排,思想政治课应当在教学内容和活动形式上找准其与学校其他德育途径的结合点。

三、 思想政治学科的目标、任务与特征

(一) 思想政治学科的教育目标

13. 思想政治学科的教育目标是:

学生对其当前的生活及今后的社会生活所必备的社会公德、心理品质、基本法律规范,有良好的认知能力和积极实践的态度与能力。

学生了解我国的基本国情;关心国内国际的时事形势;具有社会责任意识;热爱祖国,热爱社会主义,热爱中国共产党,热爱人民。

学生了解和掌握马列主义、毛泽东思想、邓小平理论的基础知识,了解和掌握有关的社会科学知识,并能以之正确分析社会问题,指导自己的行动。

14. 依据学生身心发展的特点,思想政治学科的教育目标在内容上具有层次

性,每一个目标内容对不同年龄段的学生也应当有不同的具体要求。由浅入深,由近及远,是引导学生达成教学目标的基本原则。思想政治课的教学应对引导一部分先进的学生成长为马克思主义者发挥特定的作用。

（二）思想政治学科的基本任务

15. 思想政治学科的基本任务是:引导学生学习和掌握马列主义、毛泽东思想、邓小平理论和有关社会科学的基础知识;培养学生用正确的观点和方法观察、分析社会问题的能力,以及积极参加社会实践的态度与能力;引导学生确立正确的政治方向,形成正确的世界观、人生观、价值观和良好的道德品质。

16. 思想政治学科的基本任务通过本学科的基础型课程和与之配套的拓展型、研究型课程完成。思想政治教育的拓展型和研究型课程,可以按本学科内容独立设置,也可以与相关学科内容融合综合设置。

（三）思想政治学科的特征

17. 科学性与时代性的结合。思想政治课的教学内容应当适应现实社会生活的需要,反映时代发展的要求,继承人类社会尤其是中华民族的优秀文化传统和革命传统,汲取当代世界的文明成果,科学地揭示处理人与社会、人与自然关系的行为准则。

18. 理论性与实践性的结合。思想政治课既要重视理论观点的传授,也要坚持行为实践的指导。教学内容和教学过程要考虑学生的身心特点和思想特点,促进学生知与行的内在统一。

19. 知识性与教育性的结合。思想政治课既要传授马克思主义的基础知识和有关的社会科学知识常识,也要进行思想政治道德教育。马克思主义基础知识的传授,是对学生进行思想政治道德教育的基础;对学生的思想政治道德教育,是思想政治学科教育的出发点和归宿。

四、思想政治学科教育改革行动的突破口

（一）构建符合新世纪社会发展需要的、以学生发展为本的思想政治课程结构和教学内容体系

20. 思想政治课程结构和教学内容体系要充分体现社会发展的需求和学生成长需求的统一。思想政治课的内容,在很大程度上体现的是社会对学生个体的要

求,但是从学生能否有效地接受思想政治课的内容和思想政治课的内容对学生个体的意义层面分析,必须强调以学生发展为本的理念。思想政治课的课程结构和教学内容体系应当充分重视学生人格的形成和发展规律,考虑到学生今天和今后适应社会生活的需要,研究学生能够主动接受德育熏陶的可能条件。思想政治课的课程结构和教学内容体系,从根本上说是为学生思想政治素质的培养和健全人格的发展而建立的。因此,课程的结构和教学内容的体系要能够让学生理解社会对自己的德育要求实际上是学生自身能够立足于社会,以及在正确处理个人和社会关系的过程中发展自身所必需的。在当前的状况下,思想政治学科强调以学生发展为本的理念,最重要的是要摆脱"为应试而教,为应试而学"倾向的影响,引导思想政治课教师对思想政治课教学目标进行深层次的思考,调动起学生主动学习思想政治理论的积极性。

21. 构建适应社会发展需要和以学生发展为本的思想政治课程结构。思想政治课程结构,应当以本学科基础型课程为主体,同时配置学生有选择权的拓展型、研究型课程。思想政治基础型课程强调本学科的基础性,也要注意引发学生的拓展性和探究性思维。思想政治拓展型、研究型课程可以按本学科内容独立设置,亦可以与其他学科内容融合综合设置。思想政治拓展型、研究型课程,主要以专题教学、专题研究、专题活动的形式拓展学生的理论思维,提高学生探究社会现实问题的能力。时事政治教学,是对学生进行爱国主义、集体主义、社会主义教育的重要途径,必须从教学内容和教学时间上给予保证,使其成为思想政治课程不可或缺的组成部分。思想政治课程结构及课程内容,必须继续解决好与小学和大学相关课程的衔接问题。

22. 构建贴近生活、降低难度、重视社会实践能力培养的思想政治基础型课程的教学内容体系。应当充分汲取上海现有的思想政治课教材的长处,汲取全国现有的思想政治课教材的长处,汲取国外值得借鉴的德育教育经验,在上海中小学课程教材改革第一期工程成果基础上调整思想政治课程的教学内容体系。

初中要进一步探索贴近生活、贴近实际、贴近学生的课程结构,在学生所熟悉的生活情景中进行相关的思想政治学科知识教育和德育熏陶。教学内容应以邓小平理论为指导,对学生进行道德规范、健康的心理品质、法律规范、基本国情和社会责任的教育。具体设想是:六年级,以学生的学校生活为背景,对学生进行学校生活中的道德规范、法律规范的教育和健康心理品质的引导;七年级,以学生的家庭生活和社区生活为背景,对学生进行家庭生活和社区生活中的道德规范、法律规范的教育和健康心理品质的引导;八年级,以更宽广的社会生活为背景,对学生进行社会公共生活中的道德规范、法律规范的教育和健康心理品质的引导;九年级,从我国基本国情的若干方面出发对学生进行概括而又生动的基本国情教育,并在此基础上进行社会责任的教育和成才道路选择的引导。

高中应在初中阶段教育的基础上,从学生所熟悉的社会生活情景,或者所应了解的社会生活情景中提炼主题,构建教学内容体系。教学内容应以邓小平理论的基本观点为中心,对学生进行马克思主义常识的教育和有关的社会科学知识教育,并注意渗透对学生的道德教育、法制教育、心理品质引导和爱国情操的熏陶。具体设想是:高一年级,围绕社会经济生活,讲述我国基本经济制度、改革开放的基本国策和社会主义市场经济的基础知识,对学生进行建设有中国特色社会主义经济的常识教育,同时结合进行经济生活中的道德规范、法律规范教育和健康心理品质引导;高二年级,围绕社会政治生活,讲述我国基本政治制度、依法治国的基本方略和我国对外关系的基本知识,对学生进行建设有中国特色社会主义政治的常识教育,同时结合进行政治生活中的道德规范、法律规范教育和健康心理品质的引导;高三年级,围绕正确认识世界、正确认识社会、正确选择人生道路,讲述辩证唯物主义基础知识,对学生进行党的实事求是思想路线的教育和科学思想方法的教育,进行科学人生观和价值观的教育。

体现适应社会发展需要和以学生发展为本理念的思想政治基础型课程的教学内容及相应的教材,在理论观点的阐述上要适当降低难度,同时重视引导学生参与社会实践,将必要的学生学科实践活动设计引进教材。

23. 相关的行动策略要点:(1)1999年12月,新一轮思想政治课课程结构和教学内容体系思路在广泛征求意见的基础上基本形成;(2)2000年12月,制定新一轮思想政治学科的课程标准(讨论稿);(3)在第二期课程教材改革总体方案中,对思想政治学科的课程结构有明确表述,思想政治学科与学校其他德育途径的渗透有具体的落实措施。

（二）探寻思想政治学科与学校其他德育途径的结合点

24. 重视发挥学校德育功能的整体效应。学生生活的各个侧面,对其健全人格的形成和发展都有特定的作用。学校只有重视各条德育途径德育功能的渗透和结合,才能使学校德育发挥出综合功能。上海第一期课程教材改革的实践提出了"三线一面"加强学校德育工作的思路,"二期课改"应当在第一期课程教材改革探索的基础上,使"三线一面"德育途径的合力作用真正落到实处。

25. 找准思想政治学科与学校其他德育途径的结合点。思想政治课在各个年级段上,应当结合教学内容的重点和学生思想状况的实际,与学校中的班、团、队的德育活动,与有关学科的教学活动,与学校其他相关的德育活动,在内容上相互渗透和融合,在活动形式上相互沟通和配合。

26. 相关的行动策略要点:(1)在思想政治学科课程标准制定中,各年级段重点教育内容的考虑必须顾及学生在学校整体受教育的状况,使思想政治学科教育的德育功能与学校其他途径德育功能的渗透成为可能;(2)思想政治课各年级段的教育重点,应当纳入教育行政部门和学校总体德育工作方案之中;(3)在第二期课程教材改革总体方案中,应当有适当的途径,可以使思想政治学科教育与学校其他德育途径的德育功能有机地融合起来,比如,包括思想政治学科内容在内的综合活动课程的设置,应当见之于二期课程教材改革总体方案中。

(三) 构建与思想政治学科教学目标相适切的教学评价体系

27. 思想政治学科目前的教学评价状况不容乐观。思想政治学科教学评价,包括对教师教学状况的评价和对学生学业状况的评价。评价的目标,应是检验教师围绕本学科教学目标组织教学的状况,检查学生在学习过程中对学习目标的达成情况。从根本上看,是检验学生对所学知识的认知情况以及用其指导行动的实践状况。但是,目前思想政治课教学评价的状况与思想政治课的德育功能还不相适应。受到"为应试而教、为应试而学"倾向的影响,思想政治课教学评价的现状是:往往重视结果的评价而忽视过程的评价;片面用学生书面试卷的分数评价教师的教学效果;注重对学生认知能力的书面评价,缺乏对学生学科实践活动状况的评价;评价的结果主要是将学生区分成若干层次,而不是用于改进教学,等等。这些现象的存在,对思想政治课教学的负面影响是严重的。

28. 构建与思想政治学科教学功能相适切的评价体系,是推进思想政治学科教育发展的重要环节。思想政治课的教学评价,无论是对教师教学状况的评价,还是对学生学习状况的评价,目的都是为了实现思想政治学科的教学目标。为此,思想政治学科教学评价改革的思路是:对学生学习状况的评价可以考虑从学生的认知状况和学科实践活动两个方面进行,其中对认知状况可以等级制取代百分制进行评价,对学科实践活动可以学生参与状况的评语进行评价。在

"为应试而教、为应试而学"倾向的影响得到有效克服的条件下,可进一步合理地设定思想政治终结性评价与升学选择间的关联措施。对教师教学状况的评价,主要应考察教师能否根据教学目标和学生的实际状况不断地改进自己的教学,通过评价引导教师为提高学生的思想政治素质而教,而不单纯是为学生获得考试的高分而教。

29. 相关的行动策略要点:(1)在制订思想政治学科课程标准的同时,制定对学生学业状况的评价方案。评价方案必须努力从根本上摆脱应试教育的影响,推动学生思想政治素质的提高。(2)在试用新一轮教材之前,专门组织力量制订出对教师教学状况的评价办法,评价办法必须能切实引导教师重视对学生思想政治素质的培养。

(四) 制作与思想政治学科教学相配套的教学课件

30. 思想政治课教学课件,是提高思想政治课教学质量的重要物质条件。思想政治课教学课件广泛和恰当的使用,是学生了解社会、接触社会实际的桥梁,也是广大教师能够联系实际把课上得生动的重要条件。目前,思想政治课教学课件的开发还处于缺乏有效组织的零星制作状态,还不能适应思想政治课教育发展的需要。

31. 思想政治课教学课件,应当以挂图、投影、多媒体等多种物质技术基础为依托,采用不同的形式,特别应重视计算机多媒体课件的制作。

32. 相关的行动策略要点:(1)在教材编写的同时,组织力量进行思想政治学科教学课件的开发,教育行政部门应从财力和人力上进行投入,并将其作为一项长期的工作持续推进。(2)课件的开发,可以在教育行政部门和业务部门指导下,依托上海市中小学教育信息中心思想政治课信息库为主体力量逐步实施。(3)广泛发动各区县和基层学校开发课件,形成征集、筛选、推广使用课件的机制。

五、推进思想政治学科教育改革的其他配套措施

(一) 进一步加强思想政治学科师资队伍建设

33. 思想政治学科教师教育观念的转变和教学水平的提高,是思想政治学科教育改革能获得预期效果的重要保证。要采取更有效的措施,加强思想政治学科教师的培训和进修工作,造就一支有高度的思想政治觉悟、有现代化教育理论造

诣、掌握现代教育手段、能对学生实施思想政治素质培养的思想政治学科教师队伍。

34. 必要的策略措施:(1)依托上海各高校,尤其是华东师大和上海师大的力量,加强对思想政治学科教师的培训。近几年,要重点加强对青年骨干教师的培训,加强对各区县思想政治学科带头人的高层次培训。(2)继续依托高校和区县教育学院(教师进修学校),加强对思想政治学科教师的职务培训工作,努力使职务培训的内容能适应课程教材改革的需要。(3)市教育行政和业务部门要创造更多的机会,提供更好的条件,让思想政治学科教师尤其是中青年教师有交流教学经验、展现教学特长的途径和舞台。(4)总结一些有教学实绩的老教师的教学经验,并积极进行宣传和推广。(5)组织包括思想政治学科特级教师在内的讲师团,通过多种形式的讲学,推进教师队伍的建设工作。

(二) 进一步加强思想政治学科教学研究工作

35. 用现代教育理论指导教学研究工作,是提高思想政治学科教学质量的有效措施。思想政治学科教育目标的实现依托于思想政治课教学过程的合理展开。因此,加强对思想政治课教学过程中各种要素及其合理组合的研究,是提高思想政治学科教学质量的一项非常重要的工作。近年来,上海的思想政治学科教学研究工作有一定的进展,但总体水平还有待提高,研究的领域还有待拓宽,研究的力量还有待进一步组织和加强。

36. 必要的策略措施:(1)进一步沟通高校、区县教研员和第一线教师之间的联系,充分发挥上海市教育学会中学思想政治教学专业委员会的作用,形成思想政治学科教学研究工作的合力。(2)在已有研究工作的基础上,继续重视思想政治学科教学模式的总结、提炼和推广工作,重视围绕素质教育目标的思想政治学科教学评价的研究,并重点研究教师教学过程和学生学习过程的评价。(3)加强思想政治学科教学研究基地的建设,积极发挥学科教学研究基地的实验和示范作用。

(三) 积极开拓思想政治学科实践活动渠道

37. 思想政治学科的社会实践活动是学生将所学的德育知识内化为信念的重要环节。开拓思想政治学科实践活动的渠道,充分发挥思想政治学科实践活动基地的作用,是推动思想政治学科实现素质教育目标的重要工作。

38. 必要的策略措施:(1)充分发挥上海市已有德育基地的作用,沟通思想政治学科教学过程中社会实践活动的要求与上海现有德育基地教育功能的内在联系,采取有效的措施确保学生能经常在德育基地受到良好的德育熏陶。(2)沟通学校与学校所在地社区、学生居住地社区的联系,采取措施让学生较多地依托社区积极开展思想政治课社会实践活动。(3)发动学校、教师、学生开拓多种途径,采取多种方法,争取各种社会力量的支持,开展思想政治学科的社会实践活动。

中学思想政治课"教学大纲""课程标准"综述①

　　新中国成立以后,学校的思想政治和道德品质教育继承了革命根据地的优良传统,并由教育部根据形势发展的要求进行统筹安排。在不断积累经验的基础上,教育部于 1959 年 3 月颁布《中等学校政治课教学大纲(试行草案)》(以下简称《大纲》)。② 这是新中国成立后第一个中等学校政治课教学大纲,它适用于中等专业学校、师范学校和普通中学。《大纲》对中等学校政治课的"任务、课程设置和时间安排、编写教材的原则、教学注意事项、成绩考查和操行评定"等作了原则规定,并附有各年级课程目录。

　　《大纲》规定,中等学校政治课是思想政治教育和道德品质教育的重要课程,是党在学校中的思想政治工作的重要组成部分。它的任务是以共产主义道德和社会发展常识、政治常识、经济常识、辩证唯物主义常识和党的方针政策教育学生,培养学生的共产主义道德品质和阶级观点、群众观点、劳动观点、辩证唯物主义观点,提高学生的思想政治觉悟,清除资产阶级思想的影响,发展独立思考、明辨是非的能力,并为进一步学习马克思列宁主义打下初步基础。

　　《大纲》规定的课程设置:初中设政治常识课,内容包括共产主义道德、社会发展简史、社会主义革命和社会主义建设、思想方法等方面的常识;高中设政治常识、经济常识、辩证唯物主义常识课。并以附件形式下发了《初中〈政治常识〉课题目录》《政治常识纲目(供中专、师范、高中用)》《经济常识纲目(供中专、师范、高中用)》《辩证唯物主义常识纲目(供中专、师范、高中用)》,规定了教学的基本内容。高中和初三另设时事政策课,初中一、二年级定时进行时事教育以兼顾基本政治知识教学和时事政治教育。

　　《大纲》规定的授课时间:初中一、二年级每周 3 课时,其中上课 2 课时,自习

---

　　① 作者:吴铎,华东师范大学。本文写于 2021 年。
　　② 课程教材研究所:《20 世纪中国中小学课程标准·教学大纲汇编·思想政治卷》,人民教育出版社 2001 年版,第 205—217 页。

和时事教育 1 课时;初三以上各年级每周 4 课时,其中上课 2 课时,自习和时事教育 2 课时。

《大纲》规定,编写政治课教材要贯彻理论和实际相结合的原则,充分注意学生的知识水平和接受能力。教材要用材料说明观点,循序渐进,由浅入深,概念力求确切。教材内容以正面阐述问题为主,并对一些错误思想进行分析批判。课文要通俗、浅显、生动,术语要统一。

《大纲》规定的教学注意事项:强调政治课教学必须贯彻理论和实际相结合的原则,既教育学生认真读书,逐步掌握政治理论基础知识,又要引导学生了解社会实际生活,提高觉悟,建立正确的世界观。政治课教学的主要形式是课堂教学,教师的讲授要和指导学生阅读、讨论相结合。讲授方法要摆事实,讲道理,避免凭空说教或让学生死记硬背。教师必须经常关心政治、关心时事,认真读书,不断提高思想觉悟、理论水平和科学知识水平。教师必须经常接近学生,了解学生的思想状况和对教学的意见。政治课教学要和其他政治思想工作及有关学科的教学适当配合。除校内教师讲课以外,可以邀请地方党、政负责同志,英雄模范,先进工作者给学生做报告。

《大纲》规定,成绩考查和操行评定应该根据学生的实际行动来衡量学生的政治觉悟和道德品质。学生的政治觉悟和道德品质应该在操行评定中得到真实、全面的反映。学生操行评定包括政治品德表现、学习态度、劳动表现、群众关系等内容。操行评定应该在学校党委和校长领导之下,由教师负责进行,并参考学生意见,实事求是地写出评语,可将学生分别评定为甲乙丙丁四等。政治课的成绩应该根据测验和考试的结果记分。

在"几点说明"中指出:"本件及附件均系试行草案,仅供参考",各地"可以修改,也可以另行拟定"。"在编写教材的时候,课题、纲目及课时可以适当调整、变动",并要求"根据教材、师资的条件,在两三年内,把各年级课程逐步设置起来"。

《中等学校政治课教学大纲(试行草案)》的制定,为我国中学思想政治课建设、特别教材编写进入规范化阶段奠定了初步基础。

进入改革开放新时期后,1982 年 2 月教育部印发《初级中学青少年修养教学大纲(试行草案)》《初级中学社会发展简史教学大纲(试行草案)》《高级中学政治经济学常识教学大纲(试行草案)》《高级中学辩证唯物主义常识教学大纲(试行草案)》。1982 年 5 月,教育部印发《全日制五年制小学思想品德课教学大纲(试行草案)》。1985 年 8 月中共中央颁布《关于改革学校思想品德和思想政治理论课程教学的通知》。1985 年 11 月,国家教委印发《关于落实中学思想政治课改革实验的通知》,先后指定具备改革实验条件的北京、上海、天津、吉林、贵州、广东为改革实验地区并组建教材编写单位。同时,由北京师范大学和人民教育出版社组织编写供全国其他地区统一使用的教材。

在此基础上,国家教委于 1986 年 5 月正式颁布《全日制小学思想品德课教学大纲(试行)》,6 月印发《中学思想政治课改革实验教学大纲(初稿)》。在后一"大纲"的"说明"中,规定中学思想政治课改革实验的课程设置是:初中一年级"公民"、初中二年级"社会发展简史"、初中三年级"中国社会主义建设常识"、高中一年级"共产主义人生观"、高中二年级"经济常识"、高中三年级"政治常识"。

国家教委总结实验经验,并根据建设有中国特色社会主义的理论和在中小学加强中国近、现代史及国情教育的要求,对《大纲》进行了修改。1992 年 3 月印发《全日制中学思想政治课教学大纲(试用稿)》,9 月正式印发《九年义务教育全日制小学思想品德课教学大纲(试用)》。

经过几年的试用,基于已取得的经验,并根据学校德育和思想政治课发展的需要,国家教委于 1996 年 6 月印发《全日制普通高级中学思想政治课课程标准(试行)》,1997 年 4 月印发《九年制义务教育小学思想品德和初中思想政治课课程标准(试行)》。这是思想政治课有史以来第一次颁布课程标准,也是中小学各科中率先颁布的课程标准。

《全日制普通高级中学思想政治课课程标准(试行)》有序言、教学内容和基本要求、教学原则和方式方法、教材编写与选用、学习评价与考核五部分。序言部分主要阐明课程的性质、任务、地位、作用等,明确指出,思想政治课是对中学生系统进行公民品德教育和马克思主义常识教育的必修课程,是进行中学德育工作的主要途径。它对帮助学生确立正确的政治方向,树立科学的世界观、人生观、价值观,形成良好的道德品质起着重要的导向作用。思想政治课的设置,是我国学校社会主义性质的重要标志之一。

高中思想政治课的教学,以邓小平建设有中国特色社会主义理论为中心内容,简明扼要地讲授马克思主义经济学、哲学和政治学的基本观点,以及我国社会主义现代化建设常识;帮助学生初步形成观察社会、分析问题、选择人生道路的科学世界观、人生观和价值观,逐步提高参加社会实践的能力,使其成为具有良好政治、思想、道德素质的公民。高中思想政治课的教学,同初中思想政治课以及大学思想品德课、政治理论课整体上相互衔接。高中各年级教学内容的深浅度和侧重点,要充分考虑高中学生的理解和接受能力。

高中思想政治课的教学,同时事教育既有区别又相互联系。时事教育的内容是对思想政治课教学内容的重要补充,是保证思想政治课教材相对稳定的重要环节。高中思想政治课的教学,同学校其他各项德育工作密切配合,共同完成德育任务。

高中思想政治课课程标准,是国家制定的指导学科教学的纲领性文件,是进行教学工作的基本依据,也是衡量教师教学质量的基本依据。高中思想政治课教材的编写与审查、教学的督导与评估、学习的考核与评价,都必须依照课程标准的规定进行。

《九年制义务教育小学思想品德和初中思想政治课课程标准(试行)》(以下简称《课程标准》)有序言、教学内容和基本要求、课时计划和不同学制的教学安排、教学原则和方法、学习评价和考核、教材编写和选用等六部分。序言部分主要阐明课程的性质、任务、地位、作用等,明确指出:

《课程标准》是国家指导小学思想品德课和初中思想政治课的教学、评估、考核,以及规范教材编写与审查标准的规章。

九年义务教育小学思想品德课和初中思想政治课是对学生系统进行公民的品德教育和初步的马克思主义常识教育,以及有关社会科学常识教育的必修课程,是学校德育工作的重要途径,是我国学校教育社会主义性质的重要标志之一。它对学生确立正确的政治方向,培养良好的道德品质,养成文明的行为习惯和形成正确的世界观、人生观,起着重要的指导作用。

小学思想品德课和初中思想政治课的教学,以马列主义、毛泽东思想和邓小平建设有中国特色社会主义理论为指导,紧密联系实际,生动具体地对学生进行个人生活、家庭生活、学校生活、社会公共生活、国家民族生活中的基本道德规范教育,进行思想方法、心理品质、法律意识、社会发展常识和基本国情的教育;逐步培养学生爱祖国、爱人民、爱劳动、爱科学、爱社会主义的思想情感,文明礼貌、遵纪守法的行为习惯;初步使学生在基本的思想观点与道德观念上具有辨别是非的能力,在了解唯物史观的基础上树立崇高理想和参加社会主义现代化建设的社会责任感。

　　小学思想品德课和初中思想政治课的教学,同其他各科教学、团队活动和班主任工作密切配合;共同完成中小学德育任务。小学思想品德课和初中思想政治课同高中思想政治课整体上相互衔接,并在教学内容的深浅度和侧重点上,注意适合小学和初中各年级学生的接受能力和理解能力。

　　《课程标准》以六三学制为基准,按小学一、二年级,三至五年级,六年级,初中一至三年级,划分为四个教育教学阶段,统筹安排教学内容,同时适用于五四学制和仍在施行的五三学制。

　　《课程标准》颁布之后,在实施的过程中,根据形势发展和教育教学的实际需要,可不断进行必要的调整和修改。

　　上海在进入"二期课改"之前,中小学思想品德和思想政治课建设所依据的是教育部所主持制订的上述教学大纲和课程标准。1997 年底,上海基础教育综合改革进入"二期课改"阶段。按照市教委的统一部署,市教委教研室各个学科教研员都开始组建队伍,研究本学科改革的"行动纲领"。《面向 21 世纪上海市中学思想政治学科教育改革行动纲领(2000—2010 年)》于 1999 年成稿,确定了中学思想政治学科改革的方向和基本思路。

　　在完成《面向 21 世纪上海市中学思想政治学科教育改革行动纲领(2000—2010 年)》之后,上海市紧接着开始了《中学思想品德和思想政治课程标准》的编制工作。课程标准初稿于 2002 年完成,经过审查和修改,于 2004 年由上海教育出版社出版。这个由上海地方编制的课程标准,比较集中地体现了上海基础教育综合改革进一步深化的特点与要求。

构建塑造人的心灵的德育课程①
——上海市中学思想品德和思想政治课程标准介绍

在现行的学校教育中,中学思想政治课是主要的德育课程。在一些人的印象中,思想政治课离学生的实际生活比较远,讲大道理比较多,教抽象的知识比较多,而对学生心灵的塑造和思想政治素质的提高重视比较少。其实,近年来中学思想政治课的教学状况(从教学过程到学习训练、学习评价等)已经出现了许多有利于学生思想政治素质提高和身心全面发展的变化。这些变化将会在上海市"二期课改"推出的中学思想品德和思想政治课程之中得到比较集中的体现。

贴近学生生活的德育课程

★ 课程标准

思想品德和思想政治课程是对中学生比较系统地进行公民品德教育和马克思主义常识教育的基础课程。其基本任务是:根据中学生的年龄特点,由浅入深地进行公民品德教育、马克思主义基本观点教育和有关社会科学的基础知识教育;引导学生在经历课堂学习和社会实践活动的过程中,逐步提高用正确的观点和方法观察、分析现实问题的能力,以及参与社会生活的实践能力;帮助学生拓展国际视野,弘扬民族精神,树立建设中国社会主义的共同理想,逐步形成良好的思想品德和正确的世界观、人生观、价值观,为他们自主、自立、自强的终身发展奠定基础。

★ 相关链接

在现行的学校教育中,上海市中学初中阶段和高中阶段都设置了思想政治课,作为学校德育的主导课程。在上海市"二期课改"推出的中小学教育方案中,初中设置思想品德课,高中设置思想政治课,作为中学阶段学校德育的主导课程。

在中学阶段的学校教育中,思想品德课和思想政治课是学校德育的主导渠

---

① 作者:叶伟良,上海市教委教研室。本文原载《现代教学》,2005年第4期。

道,承担着对青少年确立正确的为人准则和理想信念的重要导向作用,同时此课程还承担着对学生进行以马克思主义常识为核心的有关社会科学的基础知识教育。

要实现思想品德和思想政治课程的任务,重要的前提是学科的教育目标必须切合学生的实际,学科的教学内容必须贴近学生的生活,让学生能够结合自己的生活体验去领悟在思想品德和思想政治课中所学到的道理。教育目标和教育内容贴近学生的生活,思想品德和思想政治教育才可能具有针对性,取得教育的实效。正是基于这样的考虑,上海市中小学二期课程教材改革,不再于初、高中统设思想政治课,而是根据初中和高中不同阶段学生的年龄特点,在初中设置思想品德课,在高中设置思想政治课,以便能够更适合学生的生活实际状况,进行有针对性的教育活动。

★ 相关链接

关于德育,有狭义和广义的理解。狭义的德育,指道德教育。广义的德育,包括道德教育、法制教育、心理品质引导、国情和社会责任教育,以及马克思主义的基本观点教育。中学思想品德和思想政治课所进行的德育,是包括道德教育在内的广义的德育。

为了使教学内容能紧密地贴近学生生活实际,初中阶段的思想品德课程在学生所熟悉的学校生活、家庭和社区生活,以及更宽广的社会生活情景中进行公民的道德教育、法制教育、国情和社会责任教育,以及健康心理品质的引导,帮助学生逐步形成良好的思想品德、行为习惯和正确的思想政治观念。高中思想政治课,从学生所熟悉的社会生活情景,或者所应了解的社会生活情景中提炼主题,构建教学内容体系,引导学生学习以邓小平理论和"三个代表"重要思想为中心内容的马克思主义常识,以及有关的社会科学的基础知识;引导学生逐步树立正确的政治方向,逐步形成正确的世界观、人生观和价值观,同时结合社会经济生活、政治生活和文化生活,注意渗透对学生的道德教育、法制教育、心理品质引导和爱国情操的熏陶,培养良好的思想品德。

★ 相关链接

初中思想品德课程,六年级以学生的学校生活为背景,对学生进行学校生活的道德规范、法律规范的教育和健康心理品质的引导;七年级以学生的家庭生活和社区生活为背景,对学生进行家庭生活和社区生活中的道德规范、法律规范的教育和健康心理品质的引导;八年级以更宽广的社会生活为背景,对学生进行社会公共生活中的道德规范、法律规范教育和健康心理品质的引导;九年级以我国基本国情的若干方面对学生进行生动的国情教育,并在此基础上进行社会责任教育和成才道路选择的引导。

★ 相关链接

高中思想政治课程,高一年级围绕社会经济生活,引导学生学习我国基本经济制度、改革开放的基本国策和社会主义市场经济的基础知识,同时结合进行经济生活中的道德规范、法律规范教育和健康心理品质的引导;高二年级围绕社会主义政治生活,引导学生学习我国基本政治制度、依法治国的基本方略和我国对外关系的基础知识,同时结合进行政治生活中的道德规范、法律规范教育和健康心理品质的引导;高三年级围绕正确认识世界、认识社会、选择人生道路,引导学生学习辩证唯物主义基础知识,进行党的实事求是思想路线和科学思想方法的教育,进行正确的人生观和价值观的教育。

为了保证教学内容能够贴近学生的生活,课程标准明确规定:思想品德和思想政治教材的编写,要根据课程目标和不同年龄阶段学生身心发展的特点,关注学生的生活经验,加强与社会生活的联系。要选择贴近生活、贴近实际、贴近学生的情景实例,从学生的生活经验出发组织教材内容,激发学生的学习积极性,促进学生的思考和探究。要坚持从学生所熟悉的社会生活情景中提炼主题,构建教材内容,有的放矢地进行思想品德和思想政治教育。

走进学生心灵的德育课程课程标准

★ 课程标准

学生的思想品德和思想政治素质,是学生立足于社会、服务于社会所必需的最重要的素质。思想品德和思想政治课要顺应时代发展,体现社会对学生发展的要求,同时要充分重视学生人格的形成和发展规律,适应学生身心发展的特点。

课程要从学生的实际出发,尊重学生个性差异,切实提高教育的针对性和实效性。

要关注学生的生活经验,关注学生的情感、态度和行为表现,促进各项教学活动走进学生的心灵。

思想品德和思想政治课程的设置,体现了党和国家对青少年身心发展和思想政治素质提高的殷切关心。但是,思想品德和思想政治教育要为广大青少年学生所接受,就必须坚持以学生的发展为本,使思想品德和思想政治课所进行的德育走进学生的心灵。

为了从根本上改变传统的以教师传授学科知识为主的思想政治课教学状况,使"二期课改"推出的思想品德和思想政治课德育真正走进学生的心灵,提高学科教学的针对性和实效性,思想品德和思想政治课程标准在若干方面作了重要的规定和要求:

体现以学生发展为本的理念。课程标准要求,以学生发展为本的教育理念必须体现在思想品德与思想政治课教育的各个环节之中。在学习内容的规定、学习方式的选择、学习训练的设计、学习评价的进行等各个方面,都必须对学生具备适应社会生活所应有的道德品质和思想政治素质负责。

让学生认识学科学习的价值。课程标准提出,思想品德和思想政治学科的教学,必须通过教学内容的安排、教学方法的改革等各个环节,让学生充分地意识到,自己在该学科所接受的道理以及所经历的学习过程,是其立足于现代社会并发展自己所必需的。

尊重学生的个性差异。课程标准规定,思想品德和思想政治学科的教育,在学习内容贴近学生生活实际的同时,必须重视学生的个性差异,重视教学方式的改革,重视民主教学氛围的创设。

多维度设置教学目标。课程标准以思想品德和思想政治学科的知识与技能,过程、能力与方法,情感、态度与价值观等多维度,在初中阶段和高中阶段依据学生身心发展特点设置了思想品德、思想政治课教学目标,让学生在思想品德和思想政治学科的学习过程中,有适应身心发展的多角度的学习经历与体验。

★ 相关链接

课程标准规定,时事政治教育是思想政治品德和思想政治课程的重要组成部分,是对学生进行爱国主义、集体主义、社会主义教育的重要途径,必须按规定从教学内容和教学时间上予以保证。在课程计划的专题教育课时中,每学期安排10课时用于时事政治教育;学校校班会和晨会、午会,应当安排一定时间用于时事政治教育。

统筹安排思想品德和思想政治课学习内容。思想品德和思想政治课程标准对初、高中阶段的学习内容，尤其是贯穿于学生成长过程所必需的道德教育、法制教育、健康心理品质引导，在整个中学阶段作了统筹设计，对学生的时事政治教育也做了必要的规定。

让学生在课堂内外动起来的德育课程

★ 课程标准

思想品德和思想政治课程的教学必须改革传统的教学方式，倡导采用互动教学方式和合作探究的学习方式。

要设计形式多样的各种学科实践活动，让学生在课堂内外动起来。引导学生在认识社会、适应社会、融入社会的实践活动中，感受马克思主义基本观点和相关社会科学知识的应用价值和科学思维的意义，提高运用正确的观点和方法观察和分析社会实际问题的能力，获得理论联系实际提升人身价值的体验。

思想品德和思想政治课的教育，不仅要引导学生的认知，还应该让学生有经历触动心灵的学习过程的体验，由此让学生锻炼学科学习能力，引导学生的价值认同。要达到这样的教育目标，如果还固守传统的以讲授为主的教学方法，不仅无助于学生道德品质和思想政治素质的提高，而且往往会由此引起学生学习上的逆反情绪。按照初、高中阶段学生的特点，在课堂内外组织起丰富多彩的学科实践活动，让学生在学科实践活动的体验中具体地认识和探究社会，领悟和认同思想品德和思想政治课的道理，是实现思想品德和思想政治课教育目标的重要手段。为此，思想品德和思想政治课程标准作了一些重要的设计：

课程标准中七年级学习内容（部分）

学习内容		活动建议
子女在家庭生活中的责任	珍惜父母的劳动成果，学会生活自理。	了解父母的工作情况，统计父母承担的家务劳动量，设计一份为父母分担家务劳动的方案。
	尊敬长辈，能为父母分忧。	
	虚心接受父母的教育。	
	关心家庭生活，学会承担部分家务劳动。	

学科实践活动成为思想品德和思想政治课重要的学习内容。在初中思想品德课的学习内容和高中思想政治课的学习内容中,根据学习主题的不同,课程标准在每一个学习单元中都提出了学科实践的建议。课程标准还规定,一些重要的学科实践活动方案要进教材,成为教材内容的重要组成部分。

学科实践活动成为学生学习思想品德和思想政治课程的重要方式。课程标准规定,要重视课内、课外相结合的学科实践活动。教师应积极组织学生参与各项实践活动,如参观访问、社会调查、社会服务等,使学生在实践活动中增强主体意识,培养创新精神和实践能力,提高综合素质,发展健康个性。课程标准还规定,思想品德和思想政治课的学习训练的设计要体现学生参与实践活动的要求,重视引导学生积极参与学科实践活动。

学习评价引导学生学科实践活动的广泛开展。课程标准规定,对学生学习状况的评价应从学生的认知状况和参与实践活动状况两个方面进行。学生参与实践活动状况的评价,采用定性评价方法,主要考查学生参与实践活动的态度和能力,以及与课程知识的运用相关的实际行为表现。学生参与实践活动的成果,将以档案袋形式予以记载。思想品德和思想政治课学习评价方式的改变,必将引导教师积极组织学生参与广泛的学科实践活动。

上海市中学思想品德和思想政治课程标准的全面推广实施,对进一步改变中学思想政治课教学中的许多不尽人意之处必将产生深远的影响。当然,在这过程中会遇到许多困难和问题,但为了切实提高学校德育的针对性和实效性,我们必须不断地克服困难,解决问题,推动学校德育的深入发展。

初中"思想品德"课程研究的几个问题①

研究"思想品德"课程,首先要认真研究与本课程直接相关的中央有关文件,包括《中共中央国务院关于深化教育改革全面推进素质教育的决定》(中发〔1999〕9 号)、《中共中央国务院关于进一步加强和改进未成年人思想道德建设的若干意见》(中发〔2004〕8 号)、《国务院关于基础教育改革与发展的决定》(国发〔2001〕21 号)、教育部《基础教育课程改革纲要(试行)》(教基〔2001〕17 号)等。现在中央正在制定教育发展中长期规划,这将是一个十分重要的文件,正式颁布后需要认真研究。

《上海市普通中小学课程方案》《上海市中小学社会科学学习领域课程指导纲要》等重要文件,我们也需要深入研究。《上海市普通中小学课程方案》前言中指出:中小学课程要坚持以学生发展为本的理念,构建以德育为核心、以创新精神和实践能力为重点、以完善学习方式为特征、以应用现代信息技术为标志,关注学生学习经历和促进每一位学生发展的课程体系。《上海市中小学社会科学学习领域课程指导纲要》强调:社会科学学习领域课程是上海市普通中小学课程体系的重要组成部分,它以学生终身学习和发展所必需的社会科学知识与技能为基础内容,以实践体验为重要学习途径,以培育学生的人文素养,引导他们逐步学习正确处理人与人、人与社会、人与自然环境之间的关系,陶冶情操,形成健全的人格和良好的思想品德为主要任务。

一、"思想品德"课程标准是本课程的规范

《上海市中学思想品德和思想政治课程标准》(以下简称《课程标准》)是根据中央和上海市委市政府上述文件的精神、落实对青少年教育要求的学科文献,具体规范"思想品德"课程改革和建设。

---

① 作者:吴铎,华东师范大学。本文为"上海市推进初中思想政治课改革研讨会"文稿(2009 年 10 月 12 日)。

《课程标准》规定本课程的基本任务是:根据中学生的年龄特点,由浅入深地进行公民品德教育、马克思主义基本观点教育和有关社会科学的基础知识教育;引导学生在经历课堂学习和社会实践活动的过程中,逐步提高用正确的观点和方法观察分析现实问题的能力,以及参与社会生活的实践能力;帮助学生拓展国际视野,弘扬民族精神,树立建设中国特色社会主义的共同理想,逐步形成良好的思想品德和正确的世界观、人生观、价值观,为他们自主、自立、自强的终身发展奠定基础。

《课程标准》规定本课程的教学与时事政治教育紧密结合;同社会科学学习领域其他学科教育相互支撑;同家庭教育、社区教育和学校其他德育渠道在工作上密切配合,共同完成思想品德和思想政治教育的任务。

《课程标准》规定六至九年级(初中阶段)思想品德课程,要结合学生所熟悉的生活情景,进行公民道德教育、法制教育、国情和社会责任教育,以及健康的心理品质的引导,帮助学生逐步形成良好的思想品德、行为习惯和正确的思想政治观念。

《课程标准》规定六至九年级(初中阶段)思想品德课程的目标是:

知识与技能:使学生了解学校生活、家庭生活和社会生活中的基本道德规范、基本法律规范和健康心理品质的基本要求;初步理解我国的基本国情、基本国策和当代青年肩负的历史责任;初步学会通过网络、图书、报刊等收集资料和对周围环境进行观察或调查的基本技能。

过程、能力与方法:使学生通过课堂学习和社会实践过程,初步知道社会科学知识的生成过程,尝试运用自主学习、合作学习、探究学习的方法;初步形成观察、分析、说明社会生活现象的能力,参与学校生活、家庭生活和社会公共生活的实践能力。

态度与价值观:使学生通过课堂学习和社会实践活动中的感悟、体验,自觉遵守公民的道德规范和法律规范,培养良好的心理品质和文明行为习惯,弘扬民族精神,具有振兴中华、报效祖国的社会责任感。

《课程标准》规定本课程的学习水平分为 A 级、B 级、C 级三个层次:

A 级:了解本课程的基本概念或道理,能在不同情景中予以再认和再现;对课程领域所涉及的一些社会现象能予以正确辨认,或能列举课程领域所涉及的社会现象,用相关知识加以描述或简述。

B级:理解、领悟本课程知识的内涵及其实质,知道知识之间内在的逻辑联系;能够在相关的社会现象中,归纳、比较、阐述有关的知识,或能收集和整理有关信息,用相关知识进行说明,作出正确解释。

C级:应用本课程的知识,正确分析、评价社会生活中的实际问题,并指导自己的行为实践;能够综合应用所学的知识,对社会现象进行具体分析,提出解决实际问题的方案或思路;能够对不同的社会现象进行辨别分析,揭示不同社会现象的不同本质,采取正确的价值判断和态度。

把握本课程的学习水平要求,要注重不同年龄阶段学生的身心发展状况、生活经验和认知特点。不同年龄阶段的学生学习活动形式应体现多样性,学习要求应体现层次性。

《课程标准》规定,本课程的学习,要在帮助学生掌握基础知识的基础上,积极组织学生开展实践活动,在实践中加深对理论知识的理解、领悟,提高分析和解决实际问题的能力,在实践活动的体验中培养热爱祖国、热爱人民、热爱中国共产党、热爱社会主义的情感。

课程标准根据形势不断有所发展。我们编写教材和担任教学的老师,都需要坚持研究课程标准,了解课程标准的变化和发展,具体落实课程标准的各项要求。

二、"思想品德"课程要深入贯彻"两纲"教育的内容要求

《上海市学生民族精神教育指导纲要(试行)》《上海市中小学生生命教育指导纲要(试行)》(统称"两纲")是青少年教育的重要指导性文件。"两纲"所规定的教育内容要求,"思想品德"课程要按照《上海市中小学学科教学中实施民族精神教育的指导意见》《上海市中小学学科教学中实施生命教育的指导意见》的要求,统筹安排,紧密结合教材编写和教学工作,认真贯彻、具体落实。

(一) 贯彻实施民族精神教育指导纲要

民族精神教育旨在帮助学生树立党的观念、国家观念、人民观念和社会主义观念,要把国家意识、文化认同、公民人格作为重点内容。

1. 国家意识教育的重点内容,包括国家观念、国情意识、国家安全和国家自强

国家观念教育以增进学生的爱国情感为重点,以增强学生对党的领导和社会主义道路的认同和拥护为归宿,引导学生了解我国的国体和政体;认识我国是由56 个民族共同组成的伟大国家;引导学生认识我国的辽阔疆域,自觉维护国家的

神圣主权和国家统一;引导学生正确认识我国在世界上的地位和作用,自觉维护国家的荣誉、利益和尊严,把国家利益放在首位;引导学生了解民族英雄的伟大人格和民族气节的丰富内涵,培养学生作为中国人的自信心和自豪感。

国情意识教育重点是帮助学生系统地了解我国经济、政治、文化、社会、人口、资源等方面的历史与现状;传承知我中华、爱我中华的优良传统;认识我国正处于并将长期处于社会主义初级阶段;了解我国全面建设小康社会的目标、步骤和宏伟前景,看到我国在发展中的优势和不足,进一步增强历史使命感和社会责任感。

国家安全教育重点是帮助学生了解捍卫国家主权和领土完整对国家安全的重要意义,认识维护国家安全是公民应尽的义务;自觉维护国家的领土安全、经济安全、资源安全、文化安全和信息安全,树立整体的国家安全观;坚定完成祖国统一大业的信念,自觉同一切分裂祖国的行为作斗争,为祖国统一贡献力量。

国家自强教育重点是树立和落实科学发展观,引导学生充分认识党的社会主义初级阶段基本路线的重大意义,了解我国全面建设小康社会的宏伟蓝图,坚定走科教兴国、可持续发展和人才强国的富强之路;努力参与和谐社会的建设,引导学生把个人的进步成才同中国特色社会主义事业、同祖国的繁荣富强紧密联系在一起,为担负起建设祖国的光荣使命做好准备;开拓学生的国际视野,让学生理解和认同"和而不同""求同存异"的外交思想,培养海纳百川的气度和胸怀,为中华民族的伟大复兴贡献力量。

2. 文化认同教育要把国家语言、民族历史、革命传统和人文传统作为重点内容

国家语言教育要引导学生了解语言文字是国家意识、文化传统和道德观念的载体,关系到国家的统一、民族的团结、社会的进步和国际的交往;热爱祖国的语言文字,自觉维护母语在日常学习、生活和交往中的主导地位;正确使用祖国的语言文字,规范用语、礼貌用语,大力推广、使用普通话;在正确、主动地学习、使用语言文字中,感受祖国语言文字丰富的文化内涵和审美价值,提升自己的文化品位,深化热爱祖国语言文字的感情;自觉抵制有损民族尊严和国家形象、违背国家语言文字法规政策的不良现象。

民族历史教育要以历史唯物主义为指导,使学生了解中华民族文明发展的重要史实和基本线索,特别是中华民族灿烂文明发展的历史;了解近现代史特别是近代以来,我国人民为争取民族独立和解放而奋斗的历史;了解我们党团结带领各族人民进行社会主义革命和建设的历史,使学生高度认同中国共产党的历史功

绩和社会主义道路的优越性;了解勤劳勇敢、爱好和平、团结统一、自强不息的民族精神在中华民族发展中的重大作用,以中华民族在文明创造过程中展现的执着追求的精神风貌陶冶学生情操,使学生更加明确自身的历史使命。

革命传统教育要引导学生了解中国共产党在中华民族精神传承、弘扬和创造中的重要作用;了解中国共产党领导各族人民在革命战争年代形成的井冈山精神、长征精神、延安精神,以及在社会主义建设实践中形成的大庆精神、雷锋精神、"两弹一星"精神等优良传统;要继承和发扬"独立自主、自力更生"的革命传统,深化热爱中国共产党、为人民服务、为祖国服务的情感。

人文传统教育要充分利用中国哲学、历史、文学、艺术、教育、民俗等多方面资源,加强对学生进行优秀人文传统的教育和熏陶;帮助学生认识和学习中华民族优秀文化传统的人文知识、人文思想、人文精神,吸纳中华民族注重和谐的文化精神,引导学生构建和谐的人际关系;热爱民族文化遗产,传承中华民族的传统美德,使学生了解并践行中华民族的良好礼仪,继承中华民族的人文传统。

3. 健全人格教育要把社会责任、诚信守法、平等合作、勤奋自强作为重点内容

社会责任教育要引导学生增强自身作为国家主人的责任意识;了解并自觉履行宪法和法律规定的各项义务,明确自身的权利,学会保护自己的合法权益;自觉承担个人对他人、集体和社会的责任和义务,将社会责任感体现在人生的价值目标和行为方式中。

诚信守法教育要将中华民族传统中的诚信观念与现代市场经济的信用要求结合起来,培养学生以诚待人、严于律己、诚实守信的意识和行为习惯;把法治精神作为现代民族精神教育的重要内容,引导学生形成"法律至上"的态度和意识,自觉学法、知法、守法、用法,增强法治观念。

平等合作教育要引导学生学会尊重他人,友善待人;养成推己及人的处事准则,能够正确处理个人与他人、个人与集体、个人与社会及人与自然的关系;增强团队意识、合作精神,学会宽容,与人和谐相处,在集体、社会的发展中实现个人价值。

勤奋自强教育要引导学生从小事做起,养成勤快、勤劳、勤奋、勤俭的生活习惯;保护公共财产,节约公用资源;不浪费、不盲目攀比;养成自尊、自信、自强、自立的品格,勇敢坚强,不怕困难,增强抗挫能力。

（二）贯彻实施生命教育指导纲要

生命教育旨在帮助学生认识生命、珍惜生命、尊重生命、热爱生命,提高生存技能,提升生命质量,促进身心健康发展。要结合初中阶段"思想品德"课程,确定教育内容重点。

1. 珍惜生命教育

知道生命来自父母,了解父母为自己生命的诞生和健康成长所付出的艰辛,对父母具有感恩之情。珍惜父母所给予的生命,尊重和关爱生命,生命属于每个人只有一次,不可能失而复得。能够爱护自己的生命,尊重和关爱他人的生命;知道生命既属于自己,也属于家庭和社会。认识生与死的意义,了解生命的意义与价值,懂得尊重生命,学习并掌握应对灾害的技能。懂得生命历程中总会遇到波折和各种矛盾,并正确面对生命历程中的这些矛盾。

2. 自理能力教育

懂得具备生活自理能力是生命价值的重要体现。了解学习生活和闲暇生活对于生命存在和发展的意义,能够以积极的心态对待自理能力的培养,并对自己的学习生活和闲暇生活等作出合理安排。积极锻炼身体,学会拒绝烟酒和毒品,掌握预防艾滋病的方法。坚持文明上网。养成科学、健康的生活方式。

3. 良好心境教育

知道保持良好心境的重要性,培养积极的自我认同,包括自尊自信、自我评价意识和社会角色认同。学会自我悦纳。学习调节和保持良好的情绪状态,能够承受挫折与压力。钦佩顽强的生命。能够在家庭生活、学校生活和社会公共生活的各种境遇中,调整心态。保持良好的心境,善待自己,关心、理解和尊重他人。

4. 合作精神教育

与人为善,学会理解和尊重父母、老师和同学,学习建设性地与他人沟通与交往;培养与他人的合作精神。能够结合生活实际,关心、理解和尊重同学,以及所有与之相处的人。真诚待人,懂得同学之间相处应具有健康的情感和建立真诚的友谊,能够恰当地把握男女同学之间的交往。认识友情与爱情的区别和联系,建立自然美好的性别角色形象,学会健康的异性交往,控制性冲动,懂得对自己的行为负责。学会正确处理个人与他人、与集体、与社会的关系,培养社会服务的思想和能力。

5. **法律保护教育**

知道公民的人身权益受法律保护,能够通过适当的途径获得社会帮助和法律保障。了解法定的家庭、学校和社会对未成年人保护的知识,了解公民获得法律保障的具体途径。学会用恰当的方法保护自己,避免受到性伤害,防止性骚扰,学会拒绝别人的性要求。初步了解避孕的基本知识。学会应对敲诈、恐吓等突发事件的技能。

6. **崇尚文明教育**

懂得社会生活需要文明,注重文明仪表,不吸烟,不酗酒,远离毒品,理解地球是人类共同的家园,珍惜水资源和其他自然资源,保护生态环境。参加健康文明的课外活动,做一个文明高尚的人。

三、"思想品德"课教材、教参的编撰与修改

"思想品德"课教材是提高教学质量、完成教学任务的重要工具。经过20世纪90年代的"一期课改"和本世纪近10年的"二期课改","思想品德"课教材的质量有显著提高,教参配套基本上适应教学需要,但也存在一些尚待研究和进一步解决的问题。

(一) 关于教材的编撰与修改

"二期课改"新编的《思想品德》教材,得到教师和学生的基本认可。大家认为具有五方面的特点。

一是坚持以马克思列宁主义、毛泽东思想、邓小平理论和"三个代表"重要思想为指导,认真贯彻落实科学发展观,确保《思想品德》《思想政治》教材坚持正确的政治方向,体现社会主义核心价值体系的引领。

二是坚持贯彻理论联系实际的方针,认真贯彻落实"贴近生活、贴近实际、贴近学生"的原则,力求科学性与时代性相结合、知识性与教育性相结合、理论性与实践性相结合,认真贯彻落实《中共中央国务院关于进一步加强和改进未成年人思想道德建设的若干意见》的精神,贯彻落实《上海市学生民族精神教育指导纲要(试行)》《上海市中小学生生命教育指导纲要(试行)》的精神,将素质教育落到实处。

三是坚持"以学生发展为本"的理念,引导学生通过课堂学习和社会实践,把接受性学习和探究性学习、体验性学习有机结合,培养创新精神和运用正确的观

点和方法观察分析现实问题的能力、参与社会生活的实践能力。引导学生在认识社会、适应社会、融入社会的实践活动中,感受马克思主义基本观点和相关社会科学知识的价值。

四是教材呈现形式有较大的突破,在整体上将文字阐述、栏目设置、图表展示、名言引用、作业设计等几方面统一考虑,使课本应有的丰富、多彩的特性得到比较充分的展示。

五是教材较好地体现了根据初中学生的年龄特点,由浅入深地进行公民品德教育的要求,紧密联系学校生活、家庭生活、公共生活和国家生活,将道德教育、法制教育、心理品质教育、国情国策教育、民族精神教育和生命教育等有机地融合于教材之中,阐述知识和道理注意深入浅出,文字表述比较生动活泼。

为了进一步完善《思想品德》教材,对尚存在和新产生的一些问题,需要进行更深入的研究。

一是初三教材结构问题。根据十七大加强公民意识教育的要求,需要强化《中华人民共和国宪法》教育,重点要加强公民权利和义务的教育。现行初三《思想品德》教材关于"公民权利和义务"的内容,仅有一个框题容量,高度浓缩,不利于教学。统筹初三教学内容,根据贯彻落实教育部制定的《中小学法制教育指导纲要》的精神,需要将"公民权利和义务"的内容扩增为一课的容量,并适当精简其他内容。

二是初三教学内容存在偏多偏深的问题。教师、教研员和学生普遍反映,根据教学的实际情况,教材内容偏多,其中部分内容偏深。初中三年级基本国策方面的内容,对于学生来说,真正理解有相当难度。

三是预备班《思想品德》与小学《思品与社会》衔接问题。这两个学段的德育教材需要统筹谋划,特别教学内容和要求要做到瞻前顾后,彼此呼应,最好统一设计和安排,而不应前后脱节。预备班《思想品德》偏于小学特点,说理的成分需适当增强。

四是教材形式方面的问题。版式、材料选择、插图、文字都需要进一步改进。其中,栏目设置问题比较突出。建议重新修改八年级《思想品德》封面,因为封面上的孩子与八年级学生相比太幼小。教材栏目过多,社会观察、知识窗、成长提示、相关链接、法律信箱、说一说、操纵平台、阅读天地、自我测试、想一想,共10种,需适当精简。所用图片、材料需要置换、更新。少量内容存在重复现象。

（二）关于教参的编撰与修改

《〈思想品德〉教学参考资料》是教师进行思想品德课教学的必备参考书。《〈思想品德〉教学参考资料》编写和出版很及时,解决了教师尤其是青年教师从事教学的亟需,受到大家的称赞。

由于教参编写时间比较急促,更缺乏教学实践过程的检验,因而在教参内容、形式的选择等方面,还存在较多需要进一步研究和解决的问题。

一是教师的实际需要问题。教参是为教师的实际需要服务的。教师有哪些实际需要,是编写教参的出发点。由于对实际需要不甚明确,教参的针对性就不强。尤其教参内容的选择,如何处理好理论性和资料性的关系,难于准确把握。怎样针对教材的具体内容选择最必需的参考材料,难度更大。针对性不强,不少教师就感到缺少帮助。这个问题需要经过教学实践逐步解决。

二是教材、教参、练习册的配套问题。编写教参和学生用的练习册,是为了与教材配套,促进教学。虽然教参和练习册均已成书并正式出版,但是内容上的真正配套还存在很大差距。教参分析教材的部分普遍比较薄弱,对教师的引导作用不够。疑难问题解答针对性不够强,尤其针对学生存在的实际问题提出具体的教学建议不够。所选参考资料篇幅过长,造成喧宾夺主。《思想品德》教材是否编制光盘配套,也是有待进一步研究的问题。

以上提出了关于教材、教参编写、使用的一些问题,意在促进我们共同思考和研究,在现有基础上,进一步经过教学实践,解决这些问题。我们教材组处于教材、教参编写的第一线,教师处于教学的第一线。虽然我们有所分工,但都需要重视研究工作,要具有研究的勇气,养成研究的习惯。最近看到一位老师的研究选题——"让教学反思成为教师的一种习惯",我觉得很好。我们上海的教师,应该是研究型的。通过深入研究和解决问题,将我们的《思想品德》教材、教参和教学提高到一个新的水平。

"整体规划大中小学德育课程"研究综述①

上海在中小学德育课程改革中重视探索小学、初中、高中德育课程的相互衔接。在"一期课改"期间,组建"上海市大中小学德育课程整体研究课题组",对大中小学德育课程的衔接问题进行了专题研究,于 1996 年形成了《上海市小学思想品德课与初中思想政治课衔接研究》《上海市大学政治理论课与高中思想政治课衔接研究》两个研究报告。进入"二期课改"后,在市科教党委和市教委的领导下,上海市教委教研室在 2006 年又组织课题组开展了对大中小学政治和思想道德课程衔接的实证研究,形成了《大中小学德育课程思想道德与法律教育衔接研究报告》。为贯彻落实《国家中长期教育改革和发展规划纲要(2010—2020 年)》精神,上海市与教育部合作开展"整体规划大中小学德育课程"国家教改项目研究,上海市教委教研室组织中小学德育"课程标准"修订组成员,以社会主义核心价值体系为引领,比较系统地开展了小学、初中、高中德育课程衔接研究,对中小学德育课程的"课程标准"的修订,特别是加强"课程标准"的教育性,进一步体现社会主义核心价值观,贯彻落实民族精神教育和生命教育"两纲"要求,发挥了积极的促进作用。

"一期课改"时期的研究报告指出:

对大、中、小学德育课程从整体上加以研究,探讨其由低到高、相互衔接的规律性,对于贯彻 1994 年《中共中央关于进一步加强和改进学校德育工作的若干意见》,推进德育课程的改革,是很有价值的。研究报告包括"大中小学德育课程基本情况""加强小学、中学、大学德育课程衔接的设计""需要进一步研究的几个问题和建议"三个部分。"加强小学、中学、大学德育课程衔接的设计"部分从总的指导思想、教学要求、课程设置及其基本内容、教学形式和方法、考核评估等五方面阐述了设计意见。

在中小学德育课程各学段的设计思路的衔接上,小学"品德与社会"、初中"思

---

① 作者:吴铎,华东师范大学。本文写于 2021 年。

想品德"、高中"思想政治"课程经历了从家庭生活、学校生活、社会公共生活、国家民族生活到国际社会生活的两次循环,总体上适应了不同学段中小学生从感性到理性、从具体到抽象的认知特点和认知规律,有利于体现由近及远、由浅入深、螺旋上升的教学特征和教学规律。但是,在中小学德育课程设计思路两次循环的相互衔接上,如何处理好不同学段思想、政治、道德、法治、心理健康教育的既一以贯之又分层递进的关系,存在一定的难度。目前,中小学德育课程在各学段的课程目标、课程内容和落实"两纲"的层次性上,还不够精细化。建议结合中小学德育课程的"课程标准"的修订,对两次循环中各学段的教育内容进一步进行梳理和细化,避免在学习主题和学习内容要点上的简单重复。

中小学德育课程在各学段的课程目标、课程内容的衔接上,不同学段之间在不同程度上还存在一些简单重复、偏难偏深或脱节倒挂的问题。建议中小学德育课程的"课程标准"的修订,对中小学德育课程各学段的课程目标和课程内容,要按照分层分级的要求进一步进行梳理,更加科学合理地确定各学段的课程目标和课程内容。

在中小学德育课程各学段的落实"两纲"的衔接上,还存在一些不够到位的问题。建议按照贯彻落实"把社会主义核心价值体系融入国民教育全过程"的要求,根据中小学德育课程各学段的课程目标和课程内容,深入研究"两纲"教育在中小学德育课程各学段的有机落实问题,切实体现各学段中小学生成长发展的需求。

在高中思想政治课程与大学政治和思想道德课程的衔接问题上,课题研究注重高中马克思主义中国化最新成果教育的常识性,与大学马克思主义理论教育和中国特色社会主义理论体系教育的系统性的不同层次,这是高中、大学德育课程衔接研究上的一个初步探索,系统的比较研究还有待深入开展。高中"思想政治"课程如何处理好与大学政治和思想道德课程的衔接,是当前迫切需要研究解决的一个重要课题。建议整体规划大中小学德育课程总课题组组织学科德育组的高中、大学德育课程相关研究人员共同开展攻关研究,力争在高中、大学德育课程衔接研究上能取得实质性的进展。

中学思想政治课教材编写组还对党中央和国务院关于"整体规划大中小学德育课程"的有关文件进行了系统学习,并撰写了《略论学校德育体系建设——研读党和国家有关德育工作文献》《构建大中小学有效衔接的德育课程体系的若干思考》两篇文稿。

略论学校德育体系建设——研读党和国家
有关德育工作文献①

学校德育体系建设受到党和国家的高度重视。我国进入改革开放和社会主义建设新时期以来,党和国家先后多次强调要加强学校德育体系建设。根据不同发展阶段的具体情况,对于学校德育体系建设的要求,又具有阶段性的特点。系统研究党和国家关于学校德育体系建设的要求,对于贯彻实施国家和上海中长期教育改革和发展规划纲要是很有意义的。

一、学校德育体系建设文献综述

在党和国家制定的关于教育、特别德育的文献中,学校德育体系建设的理念从提出、实施到发展,是一个过程。

《中共中央关于改革学校思想品德和政治理论课程教学的通知》(1985 年 8月发布,下称"1985 年《通知》")是我国进入改革开放和社会主义建设新时期后,党中央制定的第一个关于学校德育建设的重要文献。这个文件虽然讲的是学校思想品德和政治理论课程,而贯彻其中的是学校德育体系的理念。1985 年《通知》明确规定了大中小学思想品德和政治理论课程的主要任务和主要内容,要求思想品德和政治理论课程与学校其他课程和教育活动密切配合,与家庭教育、社会教育密切联系。

《中共中央关于改革和加强中小学德育工作的通知》(1988 年 12 月发布,下称"1988 年《通知》")规范了中小学"德育"的内涵,指出:"在中小学教育中,德育即思想品德和政治教育"。1988 年《通知》在强调德育的重大战略意义时,将中小学视为一个整体、一个体系,指出:中小学教育工作中要十分重视德育工作。中小学校必须把德育工作放在重要位置,始终如一地抓紧抓好。全社会都要努力关心

---

① 作者:吴铎,华东师范大学。本文原载《思想理论教育》,2011 年 7(下)。

青少年儿童的健康成长。

《中共中央关于进一步加强和改进学校德育工作的若干意见》(1994 年 8 月发布,下称"1994 年《若干意见》")是继《中共中央关于改革和加强中小学德育工作的通知》之后关于学校德育工作的又一个重要文献。1994 年《若干意见》第一次明确提出"整体规划学校的德育体系",涵盖小、中、大学各教育阶段。同时,还从学校德育在校内以及与校外联系两方面整体规划,提出了明确而具体的要求,开创了整体规划学校德育体系的新阶段。

《爱国主义教育实施纲要》(1994 年 8 月发布,下称"1994 年《纲要》")是中共中央发布的又一个重要德育文献。1994 年《纲要》要求整体规划大中小学的爱国主义教育,还要求将校内、校外的爱国主义教育密切结合起来,以取得更好的教育实效。

《公民道德建设实施纲要》(2001 年 9 月发布,下称"2001 年《纲要》")是中共中央面向全社会发布的一个重要道德建设文献。2001 年《纲要》十分重视学校德育,并要求整体规划学校道德教育,指出:学校是进行系统道德教育的重要阵地。各级各类学校必须认真贯彻党的教育方针,全面推进素质教育,把教书与育人紧密结合起来。要科学规划不同年龄学生及各学习阶段道德教育的具体内容。

《中共中央国务院关于进一步加强和改进未成年人思想道德建设的若干意见》(2004 年 2 月发布,下称"2004 年《若干意见》")是全面推进未成年人思想道德建设的重要文献,对学校特别是中小学德育体系建设具有重要指导意义。2004 年《若干意见》强调:加强和改进未成年人思想道德建设是一项重大而紧迫的战略任务,规定了加强和改进未成年人思想道德建设的指导思想、基本原则和主要任务,全面规划了扎实推进中小学思想道德教育的工作。

《中共中央国务院关于进一步加强和改进大学生思想政治教育的意见》(2004 年 10 月发布,下称"2004 年《意见》")是指导大学生思想政治教育的一份重要文献。2004 年《意见》要求:坚持教书与育人相结合。学校教育要坚持育人为本、德育为先,把人才培养作为根本任务,把思想政治教育摆在首要位置,并对高校德育建设作了全面部署。

《国家中长期教育改革和发展规划纲要(2010—2020 年)》(下称"《规划纲要》1")是我国中长期教育改革和发展的一个重要指导文献。《规划纲要》1 对坚持以人为本、全面实施素质教育做了全面部署,对学校德育体系建设做了周密规划,提出了明确、具体的要求。

上海市在贯彻落实上述文件精神的过程中,针对学校德育体系建设的需要,根据上海教育的实际情况,先后制定了《上海市学生民族精神教育指导纲要(试行)》(下简称《民族精神教育指导纲要》)、《上海市中小学生生命教育指导纲要(试行)》(下简称《生命教育指导纲要》)等重要文件。这两个重要文件从民族精神教育和生命教育的视角,部署了学校德育体系建设。《民族精神教育指导纲要》含《上海市学生民族精神教育各学段要求》《上海市中小学学科教学中实施民族精神教育的指导意见》《上海市中小学民族精神教育综合实践活动指导意见》《上海市高校民族精神教育实施方案(试行稿)》等 15 个配套附件。《生命教育指导纲要》含《上海市中小学学科教学中实施生命教育的指导意见》《专题教育中实施生命教育的内容与要求》两个附件。通过这些附件,保证全面、具体落实两个指导纲要。《上海市中长期教育改革和发展规划纲要(2010—2020 年)》(下称"《规划纲要》2")进一步全面规划了上海学校德育体系中长期建设任务。

二、大中小学德育纵向衔接

在党和国家有关的文献中,"学校德育体系建设"的第一层含义指的是大中小学德育纵向衔接,包括德育课程和德育工作的有机衔接。大中小学德育衔接也表述为整体规划学校的德育体系。只有整体规划,才能遵循青少年学生思想品德形成的规律和社会发展的要求,根据德育工作的总目标,科学地规划各教育阶段的具体内容、实施途径和方法,以保障学校德育的科学性,取得学校德育的实效,充分发挥学校德育的育人功能。

1985 年《通知》第一次从大中小学相互衔接的视角规范了小学"思想品德课"、中学"思想政治课"、高等学校"马克思主义理论课"("政治理论课")的课程名称,并按小学、中学至高等学校的由低到高的顺序,规定了思想品德和政治理论课的主要内容和要求。1985 年《通知》还进一步拓展到学前教育和研究生教育,提出"学前教育要为小学教育的有关方面做准备","研究生阶段的思想理论教育,应当在大学本科的基础上继续提高"。

大中小学的纵向衔接还表述为"不同年龄及学习阶段的"衔接、"整体衔接"。1994 年《若干意见》指出:各种教育内容的深浅和侧重点,要针对不同年龄及学习阶段学生的理解和接受能力的不同而有所不同,逐步提高。各教育阶段的德育课程、教学大纲、教材、读物,教育和管理方法,学生思想品德表现的评定标准及方式等要据此加强整体衔接。评定标准及方式等都要据此加强整体衔接,防止简单重复或脱节。1994 年《若干意见》首次使用"德育课程"概念,统称大中小学各教育阶段的"政治理论课""思想政治课""思想品德课",充分体现了整体规划学校德育的理念。

1994 年《纲要》在规划爱国主义教育时明确指出:学校是对青少年进行教育的重要场所,要把爱国主义教育贯穿到幼儿园直至大学的教学、育人全过程中去,特别要发挥好课堂教学主渠道的作用。2004 年《若干意见》在指导中小学德育课程建设时,要求"努力构建适应 21 世纪发展需要的中小学德育课程体系"。

《民族精神教育指导纲要》《生命教育指导纲要》同样明确规定要整体规划学校的民族精神教育和生命教育。《民族精神教育指导纲要》强调"构建以爱国主义为核心,以国家意识、文化认同、公民人格教育为重点的大中小学纵向衔接"的民族精神教育体系,成为一个层次递进、结构合理、螺旋上升的系统。《生命教育指导纲要》要求整体规划小学、初中和高中生命教育的内容序列,分学段具体规定了生命教育的内容要求。

在总结学校德育经验、谋划学校德育中长期改革和发展时,"构建大中小学有效衔接的德育体系"被正式纳入《国家中长期教育改革和发展规划纲要(2010—2020 年)》,以创新德育形式,丰富德育内容,不断提高德育工作的吸引力和感染力,增强德育工作的针对性和实效性。同样,"整体规划大中小学德育体系"被正式纳入《上海市中长期教育改革和发展规划纲要(2010—2020 年)》,以充分发挥课堂教学主渠道作用,加强中小学德育课程和高校思想政治理论课建设。

三、学校德育工作整体推进

在党和国家有关德育的文献中,"学校德育体系建设"的又一层含义,是学校的德育工作乃一整体,必须坚持全局的观点,整体推进。党要加强学校德育工作的领导;既要加强德育显性课程的建设,又要将德育渗透在学校所有学科之中;学校德育实行全员负责;要将德育与管理融为一体。

学校德育体系建设必须加强党的领导。早在 1985 年《通知》发布时,便明确指出,各学校的行政领导和党组织都要把马克思主义思想理论课的教学改革作为整个学校教学改革的组成部分,加强领导和管理,切实做好。1988 年《通知》强调:学校党支部要支持校长的工作,发挥保证监督作用,并通过党员的先锋模范作用,影响和带动广大教职工做好德育工作。1994 年《若干意见》进一步指出:学校内部要完善德育工作管理体制。各级各类学校党组织都要加强对学校思想政治教育工作的领导。不管学校实行何种领导体制,校长都要对学生的德智体全面发展负责;在党委(总支、支部)的统一部署下,学校都要建立和完善校长及行政系统为主实施的德育管理体制。各地党委、政府对学校德育工作要加强领导。地方各级党委和政府的主要领导要抓德育,要定期研究并检查学校德育工作。各级政府要为学校德育工作在人、财、物等方面创造必要的条件,切实解决学校德育工作中存在的实际困难和问题。前述有关学校德育体系建设的其他文献中,也都突出强调这一精神。

学校德育体系建设要充分重视德育课程的作用。德育课程是进行思想品德、思想政治、政治理论教育的主渠道。德育课程建设是学校德育体系建设的一项基础工程。早在 1985 年《通知》中,党中央便就德育课程建设指出:编写出几套适应社会主义现代化建设需要的、具有较高水平的新教材,是课程改革和建设的中心环节;建设一支坚持高素质的师资队伍,是实现马克思主义思想理论课教学改革和建设任务的主要依靠和根本保证,要充分发挥教师的主动性、创造性和积极性;要积极推行课程的教学改革。2004 年《若干意见》明确要求:加快中小学思想品德、思想政治课的改进和建设,充分利用和整合各种德育资源,深入研究中小学生思想品德形成的规律和特点,把爱国主义教育、革命传统教育、中华传统美德教育和民主法制教育有机统一于教材之中,并保证占有适当分量,努力构建适应 21 世纪发展需要的德育课程。

学校德育体系建设要充分发挥各个学科的德育作用。学校的各个学科都包涵丰富的德育教育内容。如果称思想品德、思想政治和政治理论课程为德育显性课程,则其他各科课程可称为德育隐性课程,都担负着对学生进行科学精神、人文精神和正确世界观、人生观、价值观教育的重任。充分发挥各个学科的德育作用,是学校德育体系建设的重大工程。1988 年《通知》指出:德育要与传授科学文化知识相结合,渗透、贯穿在各科教材和教学过程中。1994 年《若干意见》要求:要按照不同学科特点,促进各类学科与课程同德育的有机结合。2004 年《若干意见》强调:必须按照党的教育方针,把德育工作摆在素质教育的首要位置,贯穿于教育教学的各个环节。《规划纲要》1 再次强调要把德育渗透于教育教学的各个环节。《规划纲要》2进一步强调:要结合课程改革,推进学科德育,激活所有学科的德育内涵,引导学生在学习中培养正确的情感、态度和价值观。

学校德育体系建设要充分发挥学校全员育人的作用。学校的各项德育工作,包括少先队、共青团、班主任等方面的工作,都是学校德育体系的重要组成部分,具有十分重要的育人功能。1988年《通知》指出:在学校教育中,要把"教书"和"育人"统一起来。要强调全体教师和职工都是德育工作者,要在不同的岗位上担负起育人的职责。班主任、思想品德课和政治课教师、共青团专职干部和少先队辅导员要在德育工作中积极发挥骨干作用。1994年《若干意见》强调:进一步发挥全体教职工的育人作用,加强德育队伍建设。要优化队伍结构,建设一支专兼结合、功能互补、信念坚定、业务精湛的德育队伍。2004年《若干意见》要求:要完善学校的班主任制度,高度重视班主任工作,选派思想素质好、业务水平高、奉献精神强的优秀教师担任班主任。要把中学共青团工作纳入学校素质教育的总体布局,把少先队工作纳入教育发展规划。2010年《规划纲要》1再次强调,要加强辅导员、班主任队伍建设。

学校德育体系建设要充分发挥管理育人的作用。学校行政、教学、后勤服务等方面的管理工作同样具有育人的功能,是学校德育体系不可缺少的组成部分。1994年《若干意见》要求:德育工作要与关心指导学生的学习、生活相结合,与加强管理相结合。2004年《若干意见》要求把德育贯穿在教育的全过程,落实在教学、管理、后勤服务的各个环节上,形成教书育人、管理育人、服务育人的良好氛围和工作格局。2004年《若干意见》强调:学校各项管理工作、服务工作也要明确育人职责,做到管理育人、服务育人。

四、校内校外德育资源互动

在党和国家有关德育的文献中,"学校德育体系建设"还有一层含义,即"德育工作是一项社会性的系统工程"。学校的德育工作与校外的育人社会资源应建立密切联系,校内校外互动,学校、家庭、社会三位一体,共同推进学校德育体系建设。

学校德育体系建设要将社会实践纳入教学计划。1988年《通知》要求:要寓德育于丰富多彩的活动和社会实践之中,努力为学生特别是高年级学生创造参加社会实践的机会,使他们在接触社会、接触工农中受到教育。1994年《若干意见》

要求高中和高等学校要把社会实践纳入教学、教育计划,组织学生参加社会调查、生产劳动、科技文化服务、军政训练、勤工俭学等活动。2004 年《若干意见》提出:要积极探索实践教学和学生参加社会实践、社区服务的有效机制。《规划纲要》2 中则作出具体要求:突出实践体验,完善德育实践体系,促进校内外教育的有效贯通,推动政府、企业和社区参与校外教育基地建设,建立健全学生参与志愿者活动和社会实践的服务、认证、激励等机制。

学校德育体系建设要发挥社会课堂的作用。1988 年《通知》强调:全社会都要关心中小学生的健康成长。中小学校要聘请工人、农民、干部、知识分子、解放军战士中的优秀分子担任校外辅导员,努力建设一支稳定的校外德育工作队伍。1994 年《纲要》要求,大、中、小学校都要积极开辟爱国主义教育的校外课堂,对学生进行直观、形象的教育。学校应将这类教育活动列入德育工作计划。

由于网络的快速发展及其对学生的强烈影响,2004 年《若干意见》进一步要求:建设德育资源共享网络平台,拓展网络道德教育空间,繁荣发展校园网络文化,提高学生网络媒介素养。各类大众传媒都要增强社会责任感,把推动未成年人思想道德教育作为义不容辞的职责,为加强和改进未成年人思想道德建设创造良好舆论氛围。

学校德育体系建设要坚持学校、家庭、社会三位一体。1988 年《通知》强调:关心和保护中小学生健康成长,不仅是教育部门和学校的职责,而且是全社会的责任和义务。要把社会和家庭教育同学校教育密切地结合起来,形成全社会关心中小学生健康成长的舆论和风气。1994 年《若干意见》强调,学校教育、家庭教育、社会教育的紧密配合。《民族精神教育指导纲要》强调,民族精神教育要坚持学校家庭社会横向沟通、与社会主义市场经济相适应、与社会主义法律相协调、与中华传统美德相承。《生命教育指导纲要》要求形成学校、家庭与社会优势互补、资源共享的生命教育实施体系。既要发挥学校教育的积极引导作用,又要积极开发、利用家庭和社会的教育资源。要通过家长学校、社区活动等多种途径,积极引导家庭和社会培养学生健康的生活习惯、与人和睦相处的技能和积极的生活态度,形成生命教育的合力。2004 年《若干意见》进一步具体指出:要把家庭教育与社会教育、学校教育紧密结合起来。要善于运用育人的社会资源,加强以爱国主义教育基地为重点的未成年人活动场所建设、使用和管理,充分发挥爱国主义教育基地对未成年人的教育作用。《规划纲要》1 要求把德育贯穿于学校教育、家庭教育和社会教育的各个方面。

　　研读党和国家有关德育工作文献,对于学校德育体系建设问题,我们获得许多重要的启迪。

　　第一,学校德育体系建设需要正确教育理念的引领。要确立素质教育和"为了每一个学生的终身发展"的理念。只有真正确立了素质教育的理念,才能让德育工作更好地发挥对青少年学生健康成长和对学校工作的导向、动力、保证作用;才能理解学校是德育的主渠道,从而全方位研究、设计、部署学校的德育工作和德育课程。只有真正确立了"为了每一个学生的终身发展"的理念,才会关心所有学生的健康成长,使学生具有理想信念、公民意识、健康身心和科学人文素养,成为经济社会发展所需的高素质劳动者和高水平优秀人才。

　　第二,学校德育体系建设是一项系统综合工程。这项工程需要将大中小学德育纵向衔接、学校德育工作整体推进、校内校外德育资源互动等几个方面作为整体开展研究。这需要在政府教育主管部门的主持下,大中小学的德育课程教师和德育工作者共同参与谋划,破除大中小、校内条块、校内外的各种制度性的、人为的阻隔,并由专业的研究机构集中提出改革和建设方案,包括统筹德育工作、课程计划、课程标准、教材编写、实施意见等,而后经过实验,逐步推行。

　　第三,学校德育体系建设要求加强德育学科科学研究。要推动思想政治教育的科研和学科建设。德育学科即思想政治教育是一门科学,有其自身的规律。要把思想政治教育作为人文社会科学的重点学科加强建设,把德育重大问题研究项目列入国家教育科学研究规划和国家哲学社会科学研究规划。要培养和造就一批德育专家、教授、特级教师和理论家。

　　第四,学校德育体系建设需要得到经费保障。经费保障是学校德育体系建设不可缺少的必要条件。1994年《若干意见》便明确规定:学校德育工作要保证经费投入,改善物质条件。德育是教育事业的重要组成部分,教育行政部门和学校要合理确定德育方面的经费投入科目,列入预算,切实保障。学校要为德育工作提供必要的场所与设备,不断改善条件,优化手段。

　　第五,学校德育体系建设需要得到法律保障。法律保障是学校德育体系建设不可缺少的必要条件。1994年《若干意见》还明确指出:学校德育工作要有法制保障。学校德育的地位、任务和主要方针、原则要有权威性和稳定性,必须制定相应的法律法规,以保证教育者、受教育者及社会有关方面共同遵循。

构建大中小学有效衔接的德育课程体系的若干思考[①]

《国家中长期教育改革和发展规划纲要(2010—2020 年)》在阐述"坚持德育为先"的育人思想时明确提出了"构建大中小学有效衔接的德育体系"的要求。《上海市中长期教育改革和发展规划纲要(2010—2020 年)》在阐述"立德树人是教育的根本任务"时也明确提出了"构建有效衔接的德育内容体系"的要求。构建大中小学有效衔接的德育课程体系是当前推进大中小学德育课程改革的一项重大任务,本文拟结合参与上海中小学德育课程"一期课改""二期课改"的实践,谈一些自己的探索和思考。

一、构建大中小学有效衔接的德育课程体系,要处理好继承改革成果与开拓创新的关系

大中小学德育课程是学校德育工作的主导渠道,直接体现着国家意志,是学校社会主义办学方向的一个重要标志。改革开放以来,党和国家一直高度重视大中小学德育课程改革,全国和上海多次进行大中小学德育课程改革。就中小学德育课程改革来说,已积累了丰富的改革实践经验。

1985 年《中共中央关于改革学校思想品德和政治理论课程教学的通知》发布后,为了适应我国社会主义现代化建设的需要,适应现代科学技术和现代经济政治的巨大发展变化,适应新时期青少年心理发展的具体情况,以及各方面改革的需要,国家教委组织京、津、沪等六个省市开展了中学思想政治课改革实验,制定了《中学思想政治课改革实验教学大纲》,在初中阶段设置"公民""社会发展简史""中国社会主义建设常识"课程,在高中阶段设置"科学人生观""经济常识""政治常识"课程,并组织编写了相应思想政治课改革实验教材。

---

① 作者:李春生,华东师范大学。本文原载《思想理论教育》,2011 年 7(下)。

1988年,为适应上海社会主义现代化建设的需要,上海开展了中小学课程教材改革,中小学德育课程也相应进行了改革,制定了《小学思想品德学科课程标准》《初级中学思想政治学科课程标准》《高级中学思想政治学科课程标准(试行)》。在小学阶段,从一年级到五年级设置思想品德必修课程;在初中阶段,从六年级到九年级分别设置道德教育、心理品质教育、法制教育、国情教育和成才教育必修课程;在高中阶段,以邓小平理论为中心内容,从高一年级、高二年级到高三年级,分别设置哲学常识、经济常识和政治常识必修课程;并相应编写了小学《思想品德》、初中《思想政治》、高中《思想政治》教材。在全国,为贯彻落实邓小平同志南方谈话精神,1992年国家教委组织制定了《初级中学思想政治课程教学大纲》《高级中学思想政治课程教学大纲(试行)》,并相应编写了初中《思想政治》、高中《思想政治》全国统编教材。

1998年上海市中小学推进"二期课改",中小学德育课程改革进一步深化,根据《上海市普通中小学课程方案》和"二期课改"的先进教育理念,组织制订了《小学品德与社会课程标准》《中学思想品德和思想政治学科课程标准》。在小学阶段,以"以品德德育为核心、促进学生社会性发展"为宗旨,设置品德与社会基础型课程。在初中阶段,设置思想品德基础型课程,六年级、七年级、八年级分别围绕学校生活、家庭生活、社会公共生活对学生进行道德、法制、心理品质教育,九年级围绕国家生活对学生进行国情、国策、责任、成才教育。在高中阶段,以邓小平理论、"三个代表"重要思想为中心内容,设置"思想政治"基础型课程,从高一、高二到高三,分别围绕经济生活、政治生活和整个社会生活,对学生进行建设中国特色社会主义经济、政治的基本观点教育和解放思想、实事求是、与时俱进的思想路线教育和人生价值观教育,有机渗透经济、政治、社会生活中的道德教育、法制教育和心理品质教育的引导。并依据新的课程标准,编写了小学《品德与社会》、初中《思想品德》、高中《思想政治》教材。为贯彻落实《中共中央国务院关于深化教育改革全面推进素质教育的决定》《国务院关于基础教育改革与发展的决定》精神,教育部2002年在全国启动新的一轮中小学课程改革,中小学德育课程改革也进一步深化,依据教育部制定的中小学课程方案和新的教育理念制定了小学品德与生活、品德与社会课程标准、初中思想品德课程标准、普通高中思想政治课程标准,并依据上述课程标准编写了小学《品德与生活》《品德与社会》教材,初中《思想品德》教材和高中《思想政治》全国统编教材和部分省编教材。

改革开放以来,全国和上海中小学德育课程改革,认真贯彻落实1985年《中共中央关于改革学校思想品德和政治理论课程教学的通知》、1988年《中共中央关于改革和加强中小学德育工作的通知》、1994年《中共中央关于进一步加强和改进学校德育工作的若干意见》、2004年《中共中央国务院关于进一步加强和改进未成年人思想道德建设的若干意见》的精神,在适应改革开放的新形势,加强中小学生的思想、政治、道德、法制、心理健康教育,增强德育的针对性和实效性方面,积累了丰富的改革实践经验,取得了许多改革成果。

我们按照把社会主义核心价值体系融入教育全过程的要求,构建大中小学有效衔接的德育课程体系,必须认真总结全国和上海大中小学德育课程改革的实践经验,处理好继承改革成果与开拓创新的关系。一方面,要认真学习国家和上海市中长期教育改革和发展规划纲要的精神,坚持德育为先,立德树人,坚持把社会主义核心价值体系融入教育的全过程,以开拓创新精神积极推进大中小学德育课程改革,构建大中小学有效衔接的德育课程体系,不断丰富德育内容,进一步增强德育的针对性和实效性;另一方面,在认真总结高校政治理论课程改革成果的同时,要认真总结全国和上海中小学德育课程改革的实践经验,继承和发扬大中小学德育课程改革的积极成果,总结全国和上海大中小学德育课程改革的实践经验,这是构建大中小学有效衔接的德育课程体系的重要实践基础。

二、构建大中小学有效衔接的德育课程体系,要处理好突出主线和把握重点的关系

《上海市中长期教育改革和发展规划纲要(2010—2020年)》指出:"立德树人是教育的根本任务,是坚持社会主义办学方向的根本保证。要坚持把社会主义核心价值体系融入教育全过程,坚持把德育贯穿到育人的各个环节,增强德育的针对性实效性和吸引力感染力,让学生具有符合中国特色社会主义建设要求的理想信念、公民素质和健全人格。"这是我们从上海实际出发,构建大中小学有效衔接的德育课程体系的根本要求。构建大中小学有效衔接的德育课程体系,要以立德树人为核心,处理好突出主线和把握重点的关系,一方面,要坚持社会主义核心价值体系这一条主线,把社会主义核心价值体系融入大中小学德育课程教育教学的全过程,增强德育的针对性实效性和吸引力感染力;另一方面,要坚持以理想信念、公民素质、健全人格为重点,整体构建大中小学德育课程体系,努力把学生培养成为具有理想信念、公民素质和健全人格的社会主义建设者和接班人。

　　构建大中小学有效衔接的德育课程体系,首先要突出社会主义核心价值体系这一条主线。在社会主义核心价值体系中,马克思主义指导思想是社会主义核心价值体系的灵魂,中国特色社会主义共同理想是社会主义核心价值体系的主题,民族精神和时代精神是社会主义核心价值体系的精髓,社会主义荣辱观是社会主义核心价值体系的基础。社会主义核心价值体系四个方面的内容,相互联系、相互贯通、相互促进,是个有机的统一整体。构建大中小学有效衔接的德育课程体系,必须突出社会主义核心价值体系这一条主线。具体地说,就是从小学、初中、高中到大学,要根据学生的年龄特点、认知基础和成长需求,把社会主义核心价值体系融入德育课程教育教学的全过程;在大中小学德育课程内容的设置上,在思想、政治教育方面着重加强马克思主义指导思想教育、中国特色社会主义共同理想教育,在道德、法制、心理健康教育方面着重加强民族精神和时代精神教育、社会主义荣辱观教育。这对于在我国经济体制深刻变革、社会结构深刻变动、利益格局深刻调整、思想观念深刻变化的新形势下,加强大中小学德育的时代性,提高德育课程教育教学的针对性和实效性,具有极为重大的现实意义。

　　构建大中小学有效衔接的德育课程体系,要坚持以理想信念、公民素质、健全人格为重点。坚持以理想信念为重点,就是要在德育课程的思想政治教育中着重加强理想信念教育,坚持不懈地用马克思主义中国化的最新成果武装学生的头脑,引导学生形成正确的世界观、人生观、价值观,树立中国特色社会主义共同理想,坚定学生对中国共产党领导、社会主义制度的信心和信念。坚持以公民素质为重点,就是要在大中小学德育课程的思想政治,特别是道德法制教育中着重加强公民素质教育,坚持不懈地引导学生培育以爱国主义为核心的民族精神和以改革创新为核心的时代精神,树立"八荣八耻"的社会主义荣辱观,全面提高学生的思想、政治、道德、法制、心理素质,培养社会主义合格公民。坚持以健全人格为重点,就是要在大中小学德育课程的心理健康教育中着重加强健全人格教育,坚持不懈地加强生命的意义和价值的教育,引导学生热爱生命,珍惜生命,提升生命价值,树立乐观、阳光的心态,以及对美好人生的健康追求;注重意志品质磨砺和团结协作精神培育,培养学生自尊、自信、自立、自强的人生态度与乐观向上的精神状态。

　　构建大中小学有效衔接的德育课程体系,既要坚持以社会主义核心价值体系为主线,把社会主义核心价值体系融入德育课程教育教学的全过程,全面加强思想、政治、道德、法制、心理健康教育,又要坚持以理想信念、公民素质、健全人格为重点,做到既通观全局,又抓重点,这样才能使大中小学德育课程体系的育人功能

得到最有效的发挥。

三、构建大中小学有效衔接的德育课程体系，要处理好纵向衔接和横向贯通的关系

坚持以社会主义核心价值体系为主线，以理想信念、公民素质、健全人格为重点，构建大中小学有效衔接的德育课程体系，必须处理好大中小学各个学段德育课程的纵向衔接和德育课程内部思想、政治、道德、法制、心理健康教育的横向贯通的关系，这是建立全方位的大中小学有效衔接的德育课程体系必须着力解决的一个重要问题。

目前，大中小学各阶段的德育目标划分还不够清晰，内容安排还存在不尽合理的问题，表现在不同学段之间还存在着一定程度的简单重复和脱节的问题。构建大中小学有效衔接的德育课程体系，必须加强大中小学德育课程的纵向衔接，既要坚持各个学段社会主义核心价值体系教育一以贯之，贯彻始终，又要根据学生的年龄特点、认知基础和成长需求，逐步加以提升，避免不必要的简单重复或脱节。从小学、初中、高中到大学德育课程的设置和课程内容的安排，要切实体现由浅入深、由表及里、螺旋上升、相互衔接的要求。初步的设计思路是：

小学品德与社会课程是以品德教育为核心、促进学生社会性发展的综合性基础课程，以"爱祖国、爱人民、爱劳动、爱科学、爱社会主义"的社会公德为中心内容，着重对学生进行社会主义核心价值体系的启蒙教育，注重健全人格为核心的心理健康教育，以行为养成为教育重点。

初中思想品德课程是对学生比较系统地进行公民品德教育的基础课程，以道德教育、法制教育、心理品质教育和国情国策、成才、责任教育为主要内容，着重对学生进行社会主义核心价值体系的初步的常识性教育，注重以公民素质为核心的道德法制教育，以道德认知、情感体验为教育重点。

高中思想政治课程是对学生比较系统地进行马克思主义常识教育的基础课程，以邓小平理论、"三个代表"重要思想和科学发展观教育为中心内容，结合经济生活、政治生活、文化生活和社会生活，有机渗透道德教育、法制教育和心理品质教育的引导，着重对学生进行社会主义核心价值体系的常识教育，注重以理想信念为核心的思想政治教育，以理想信念为教育重点。

大学政治和思想道德课程包括"马克思主义基本原理""毛泽东思想、邓小平理论和'三个代表'重要思想概论""思想道德修养与法律基础""中国近现代史纲

要",是对学生系统进行中国特色社会主义理论体系和社会主义核心价值体系教育的政治理论课程,注重引导学生运用马克思主义中国化的最新成果观察社会、观察世界、观察人生,以政治理论和理想信念为教育重点。

构建大中小学有效衔接的德育课程体系,要着力研究和解决小学品德与社会课程、初中思想品德课程、高中思想政治课程和大学政治和思想道德课程的相互衔接问题,避免相互交叉重复或脱节,以切实提高大中小学德育课程教学的针对性和实效性。

构建大中小学有效衔接的德育课程体系,还要加强大中小学各个学段德育课程内部思想、政治、道德、法制、心理健康教育的横向贯通,要着重解决好以理想信念为核心的思想政治教育、以公民素质为核心的道德法制教育和以健全人格为核心的心理健康教育的横向贯通。理想信念教育以树立中国特色社会主义共同理想,坚定学生对中国共产党领导、社会主义制度的信心和信念为中心内容。理想信念教育离不开马克思主义指导思想教育与民族精神和时代精神教育,这些教育内容是相互联系、相互贯通的。以公民素质为核心的道德法制教育,加强道德教育、法制教育是题中应有之义,但公民素质的提高与思想教育、政治教育、心理健康教育也是密切联系着的,做一个社会主义合格公民,必须全面提高思想、政治、道德、法制、心理素质。以健全人格为核心的心理健康教育,同思想道德教育也是密切联系着的。具有健全人格的人应该是有德性、有幸福感的人,健全人格的培育离不开理想教育、道德教育和社会主义荣辱观教育。

在大中小学德育课程内部的多种德育要素中,以理想信念为核心的思想政治教育、以公民素质为核心的道德法制教育、以健全人格为核心的心理健康教育是相互联系、相互贯通的。同样,马克思主义指导思想教育、中国特色社会主义共同理想教育、民族精神和时代精神教育、社会主义荣辱观教育也是相互联系、相互贯通的。只有根据学生的年龄特点、认知基础和成长需求,有机整合各个学段德育课程内容,使以理想信念为核心的思想政治教育、以公民素质为核心的道德法制教育、以健全人格为核心的心理健康教育融为一体,才能使社会主义核心价值体系教育落到实处,全方位地构建大中小学有效衔接的德育课程体系,为培育具有理念信念、公民素质、健全人格的社会主义建设者和接班人奠定课程基础。

第三篇

教材编审

一　本篇综述

　　思想政治课教材建设受到党和国家的高度重视。早在 1957 年,毛泽东明确提出"要编新的政治课本","课本要两三年修改一次,使之不脱离实际"。[①] 1959年,人民教育出版社选辑文献资料,编了三本《政治常识》代用教材,供各地使用。1963 年 5 月开始,教育部组织北京大学、复旦大学、北京师范大学、华东师范大学、东北师范大学、华南师范大学、上海师范学院教师和人民教育出版社编辑共 20 余人,开始编写中学六个年级的政治课教材。1964 年,《社会发展简史》《中国社会主义建设》《政治常识》《经济常识》《辩证唯物主义常识》由人民教育出版社出版,在全国正式发行,供学校使用。改革开放后,1985 年《中共中央关于改革学校思想品德和政治理论课程教学的通知》指出:"编写出几套适应社会主义现代化建设需要的、具有较高水平的新教材,是改革马克思主义思想理论课教学的中心环节。"2004 年《中共中央国务院关于进一步加强和改进未成年人思想道德建设的若干意见》强调:"加快中小学思想品德、思想政治课的改进和建设,充分利用和整合各种德育资源,深入研究中小学生思想品德形成的规律和特点,把爱国主义教育、革命传统教育、中华传统美德教育和民主法制教育有机统一于教材之中,并保证占有适当分量,努力构建适应 21 世纪发展需要的中小学德育课程体系。"

　　上海推进中学思想政治课建设,坚持遵照中央关于思政课教材建设的指示精神和要求,严格贯彻上海市中小学"二期课改"所编制的"课改方案""课程方案""行动纲领""课程标准"等关于教材建设的具体规范。《行动纲领》指出:应构建符合新世纪社会发展需要的、以学生发展为本的思想政治课程结构和教学内容体系。应当充分汲取上海现有的思想政治课教材的长处,汲取全国现有的思想政治课教材的长处,汲取国外值得借鉴的德育教育经验,在上海中小学课程教材改革

---

　　① 课程教材研究所:《新中国中小学教材建设史 1949—2000 研究丛书》,人民教育出版社 2012 年版,第 13 页。

第一期工程成果基础上,调整思想政治课程的教学内容体系。课程标准规定:思想品德和思想政治教材内容的组织要适应改革开放和全面建成小康社会新形势的要求,反映中国特色社会主义理论发展的最新成果,要坚持正确的政治方向,凸显社会主义核心价值观的引领,要针对学生的思想实际,适应当前中学生成长发展的需要,有效地进行思想品德和思想政治教育。教材的编写,要贴近时代、贴近生活、贴近学生,根据学生熟悉的社会生活情景提炼主题、组织内容,促进学生的主动思考和探究。要从课程的需要和学生的兴趣、能力出发,结合学生的生活经验,提供多种实践活动设计,逐步提高学生运用正确的观点和方法观察、分析和处理现实问题的能力,进行价值判断与选择的能力,参与社会生活的实践能力,培养学生的创新精神。

上海推进中学思想政治课建设,将编写教材作为本课程改革和建设全部工作的中心环节,先后编写了小学、初中和高中的数套教材、教学参考资料、练习册。

上海统编中学思想政治课教材起始阶段:始于1973年,编写组设在华东师范大学,主要由华东师范大学教师组成。[①] 编写组组长是吴铎,成员有卞杏英、赵修义、杜东亮、闻人馨、王梅仙、薛希申、叶法正、谭玉林、郑吉林,教育局联络员是叶刚,先后参与编写工作的还有戴文华、金旦生等。编写完成的课本有《社会发展简史》《政治常识》《政治经济学常识》《哲学常识》,经审查通过后,由上海教育出版社出版。1986年至1988年,上海按照国家教委《关于落实中学政治课改革实验的通知》,在全市进行思想政治课改革实验教学,组织"上海市中学思想政治课教材编审委员会",参加教材审查工作的有吴铎、陈钟梁、许一经、李春生、朱维炳、高暐、夏国乘、杜惠仁、陈秋涛等。参加初中《公民》《社会发展简史》《中国社会主义建设常识》教材编写的有杜东亮、尹城乡等。高中《科学人生观》的主编是魏道履,参与编写和修订的有王玉山、吴仁之,王正平、姚允昇一度参与;《经济常识》的主编是顾其瑞,参与编写和修订的有陈正北、王曙光、张传心;《政治常识》的主编是王松,参与编写和修订的有施鹏飞、王鼎元、卢道兴、童怀宇。同时,还编写了相关教材的《学习指导》。

"一期课改"阶段:1988年至1997年。建立小学、初中《思想品德》,高中《思想政治》统一的教材编写组。主编为吴铎,副主编是夏国乘、陈雪良、杨丽娟,主编全面主持教材编写工作;三位副主编分别重点负责高中学段、初中学段和小学学

---

① 1972年5月,上海师范学院、上海教育学院、上海体育学院、上海半工半读师范学院等四校与华东师范大学合并,华东师范大学被更名为"上海师范大学"。"文革"结束后,华东师范大学复名。

154

段的教材编写工作。上海市中学思想政治课教材编审委员会办公室负责人为朱维炳,课程教材改革委员会改革办公室联络员为陈秋涛,全程负责教材编写的指导和联络工作。小学思品编写组成员有范爱春、强美芬、吴文灿、胡瑜君、陈仕根、张振芝、李民琴、张雪龙、柴国花等。中学思政编写组成员有王松、李春生、杜东亮、刘国平、尹城乡、周旭东、许一经、卢道兴、王曙光、张传心等,陈秋涛同时参加部分编写工作。小学阶段教材按照思想品德课课程标准设十七个德目编写,包括:热爱祖国、尊敬师长、热爱集体、团结友爱、遵守法纪、努力学习、礼貌待人、热爱劳动、勤俭节约、爱护公物、诚实正直、同情宽容、认真负责、勇敢坚毅、惜时守信、自尊自爱、热爱科学。每个德目在各年级都有相应的要求,形成了以年级为纵轴、德目为横轴的纵向与横向相结合的课程结构。初中阶段思想政治课教材为:一年级《公民》,二年级《社会发展简史》,三年级《中国社会主义建设常识》;高中阶段思想政治课教材为:一年级《科学人生观》,二年级《经济常识》,三年级《政治常识》。小学、初中、高中三个学段均突出"国情教育",编写了《国情教育》教学用书。上述教材经过教学实验、修改和审查组审查通过后,由上海教育出版社出版,全市试用。

"二期课改"阶段:自 1998 年至 2010 年。思想政治课教材编写自 2002 年至 2009 年基本完成,2009 年至 2013 年进行整套教材修改,2016 年转入日常修改,2020 年全面结束。

本套教材编写组由上海市课程教材改革委员会授权普陀区教育局、上海教育出版社共同组建,于 2002 年正式成立。主编为吴铎,副主编李春生(工作单位均为华东师范大学)。主要编写人员包括:吴永玲(普陀区教育学院),刘芳(上海教育出版社),周旭东、尹城乡、史俊、张传心(工作单位均为华东师范大学),晁玉玲(上海师范大学),卜文雄(上海市建平中学)等。还有部分中学政治课教师和教研员参加了教材或教学参考资料的编写工作。上海市教委教研室驻教材组联络员为上海市教委教研室教研员、中共上海市教委教研室总支副书记叶伟良。所编写的成套教材,初中部分为:《思想品德》六年级第一学期、第二学期各一册,《思想品德》七年级第一学期、第二学期各一册,《思想品德》八年级第一学期、第二学期各一册,《思想品德》九年级第一学期、第二学期各一册;高中部分为:《思想政治》高中一年级第一学期、第二学期各一册,《思想政治》高中二年级第一学期、第二学期各一册,《思想政治》高中三年级第一学期、第二学期各一册。同时,与各学段、各年级教材配套,编写了《思想品德教学参考资料》8 册,《思想政治教学参考资料》6 册;编写《思想品德练习册》14 册,《思想政治练习册》6 册。

二　教材观和教材编写原则

国务院办公厅转发的《关于降低中小学教材价格深化教材管理体制改革的意见》规定:建立与素质教育相适应的教材编写核准制度,完善教材的审定体制。教育行政部门要对申报教材编写者的资质,教材编写的指导思想、体系结构及教材的适用范围等进行核准。

上海市在"一期课改""二期课改"的进程中,遵照国家规定,按照上海市中小学的"课程方案""行动纲领"和"课程标准"所编撰的中小学《思想品德》《思想政治》成套教材,一以贯之地坚持素质教育观。

"素质教育观",是以提高受教育者各方面素质为目标的教育思想和教育模式。它重视人的思想道德素质、能力培养、个性发展、身体健康和心理健康教育。素质教育汲取了我国传统教育思想的积极因素和近代西方教育思想的精华。素质教育的直接源泉是"全面发展"的教育思想。从教育发展的过程和一般规律来看,积极、先进的教育思想总会被继承和发展,而消极、落后的教育思想则会逐渐被淘汰。在教育长期发展的过程中,着重于人的发展和人的素质提高的教育思想不断积累,逐渐形成了"全面发展"的教育观念。马克思是这样表述这一思想的:"生产劳动同智育和体育相结合,它不仅是提高社会生产的一种方法,而且是造就全面发展的人的唯一方法"[①]。马克思在这里强调的是教育的目标和途径两个方面。目标是"造就全面发展的人",途径是"生产劳动同智育和体育相结合"。这实际上是回答了培养什么样的人、怎样培养人这样两个根本性的问题。我们称这种先进的教育思想为"全面发展"的教育观。"素质教育"正是在"全面发展"教育思

[①] 《马克思恩格斯全集》第 23 卷,人民出版社 1972 年版,第 530 页。

想的基础上提出来的,是对先进教育观的一种新的概括。它说明现代教育应以培养和提高人的素质为出发点和归宿。造就德、智、体、美、劳等方面全面发展的人,是现代教育的宗旨。全面发展的人的个性同时得到发展,才能适应社会发展的要求,为我国的社会主义现代化建设服务,为人民服务。

遵循素质教育观的要求,按照课程标准的规定,思想政治课教材建设坚持以下基本原则:

坚持政治性和时代性。政治素质是学生的基本素质,政治认同是政治素质的核心。教材要符合我国国情,体现国家意志,以爱党、爱国、爱社会主义、爱人民、爱集体为主线,坚持爱国和爱党、爱社会主义相统一,引导学生树立正确的政治观点,具有正确的政治理念,确立正确的政治立场。教材要符合时代特征,坚持与时俱进的精神,开展马克思主义理论教育,进行中国特色社会主义和中国梦教育、社会主义核心价值观教育,特别要关注我国深化改革开放的新进程,适时反映马克思主义中国化最新成果、坚持和发展中国特色社会主义最新经验、马克思主义理论学科最新研究进展。

体现以学生发展为本。教材要坚持立足学生实际,促进学生发展。要充分重视学生思想道德素质的形成和发展的规律,适应学生身心发展的特点。课程结构和教育内容,要符合学生认知规律和教学规律的要求。理论观点的阐述应与不同年级多数学生的认知水平相适应。要符合学生现在和今后适应社会生活的需要,使学生理解社会对自己的德育要求。要根据不同年龄阶段学生的特点,选择贴近生活、贴近实际、贴近学生的情景实例,从学生所熟悉的生活情景中提炼主题,融入学习内容。要十分重视学生的实践体验和能力培养,引导学生关注社会、接触社会、探究社会和服务社会,在实践体验中将理性知识转化为内心信念,用以指导自己的行为,培养对社会的责任感和使命感。

科学性和思想性统一。思想政治课对学生进行马克思主义常识教育、社会科学基础知识教育以及道德、法治、心理、国情、时事形势等方面的教育时,要坚持贯彻科学性和思想性统一的原则。既要注重基础知识的科学性,即知识、原理、观点和事实、材料的准确性,更要注重教学内容的思想性,充分发挥教材的育人价值。马克思主义、毛泽东思想、中国特色社会主义等,是经过实践检验的科学真理,又是指引人们形成正确的世界观、人生观和价值观,用以改造主观世界和客观世界的强大思想武器,体现了科学性和思想性的高度统一。思想政治课教材要克服罗列知识、系统完整而忽视育人价值引领的偏向。

通俗性与规范性统一。思想政治课的对象是青年学生,教材要符合学生的学习要求,激发学生的学习兴趣,坚持通俗性和规范性的统一。教材内容力求通俗易懂,对概念、原理的阐述要深入浅出;教材形式力求推陈出新,图文并茂,文字生动、流畅,栏目构思新颖,适应相应年级学生的阅读能力,具有可读性和启发性。所引用的资料要准确、新颖、典型,所选配的插图要恰当、精美,版式设计要生动活泼。同时,教材作为教学的蓝本,是教学过程中"教"和"学"两方面的主要依据,必须遵循严肃、严谨、精益求精的精神,严格遵守国家关于教材编写的制度和具体规范,确保教材质量,不出现政治性、科学性和常识性的错误。

三　教材编写工作机制

课程教材建设是一项系统工程,需要有坚强的领导、顶层设计、专门的工作机构、专业的工作人员、严谨的工作的体制和运作机制、合理的运作方式。早在 1985 年,《中共中央关于改革学校思想品德和政治理论课程教学的通知》明确指出:要完成编写教材这一艰巨的任务,需要动员和组织各方面的力量,需要高等学校、科学研究单位以及实际工作部门的通力合作。中央决定成立全国马克思主义思想理论课教材编审委员会,并设置相应的办事机构,统筹规划课程设置、教材编辑及审定、教学参考资料的研究和进行其他组织工作。2019 年中共中央办公厅、国务院办公厅印发的《关于深化新时代学校思想政治理论课改革创新的若干意见》进一步强调:加强思政课教材体系建设。国家教材委员会统筹大中小学思想政治课教材建设,科学制定教材建设规划,国家统一开设的大中小学思想政治课教材全部由国家教材委员会组织统编统审统用,地方或学校开设的思想政治课选修课教材由各地负责组织审定。

"二期课改"中,按照中央的要求,上海市在推进中学思想政治课教材建设方面,构建了由多方面协同的有效工作机制。

上海市中小学课程教材改革委员会:承担课程和教材改革建设的组织领导责任,负责教材建设的顶层设计,制定工作的制度和计划,通过招投标组建教材编写队伍,创设工作的必要条件,调集包括工作经费在内的各项资源,以保证课程建设和教材编写、审查、出版工作有序和有效地开展。日常工作由课程教材改革委员会的办公室(简称"课改办",与上海市教委教研室合署办公)负责。

教材编写工作的主持单位:负责教材编写工作的谋划,创设编写工作的物质条件,联络教材编写人员,监督检查编写工作的质量和进程等。思想政治课教材编写工作的主持单位由上海教育出版社和上海市普陀区教育局共同承担。上海教育出版社主要提供教材编写工作的智力支持,从编辑出版的专业视角出谋划策,保证编写工作质量。普陀区教育局主要为编写工作创设必要的物质条件和经费支持,提供教材的实验学校,从思想政治课教学的专业视角出谋划策,提升教材的质量。普陀区教育局将此项任务的日常工作交由普陀区教育学院承担,由学院提供编写工作用房、设备、用品以及经费等各项管理。

教材编写组:按照国家规定遴选编写组的组成人员,负责教材的编撰工作。包括组织编写人员,拟定教材的具体设计,制订编写工作计划,分工负责编写任务等。编写组具有多元一体的特点:从组成人员的来源看,是多元的,包括大学的专业教师,中小学专业教师,思想政治课教研员,出版社的专业编辑等。大学教师具有专业理论方面的优势,中小学教师具有实际教学经验的优势,教研员具有教学研究方面的优势,专业编辑具有编辑出版方面的优势。各具优势的人员合成编写组,在主编的主持下,经过磨合,取长补短,形成一体,成为一支独具特色的专业编写队伍,保证了教材的编写质量。

教材实验学校:负责教材的实践验证任务。实践验证是教材编写工作的组成部分,验证工作的有效组织直接关系着教材的质量。验证是通过教学过程进行的。在教学过程中,教师发挥主导作用,其对教材的理解、运用和意见是教材编写工作的重要依据;在教学过程中,学生发挥主体作用,其对教材的理解、接受和意见也是教材编写工作的重要依据。实验学校的领导对实验工作的认可、支持,对确定实验班级、选定承担实验任务的教师、组织实验班级的学生都起着至关重要的作用。在市课改办的主持下,思想政治课教材得以在本市数十所学校进行实践验证,对提升教材质量发挥了重要作用。

四 教材审查工作

加强和完善教材的审查和审定,是编写适应社会主义现代化建设需要、具有较高水平新教材的重要保障。早在 1985 年,《中共中央关于改革学校思想品德和政治理论课程教学的通知》便强调指出:要统筹规划课程设置、教材编辑及审定、教学参考资料的研究和进行其他组织工作。国家教委于 1987 年制定《全国中小学教材审定委员会工作章程》,1996 年重新修订实施。该《章程》对审定(审查)工作任务、组织机构、审定(审查)原则和审定(审查)标准、审定(审查)的程序、工作纪律等做了明确规定。教育部根据国务院办公厅转发体改办等部门《关于降低中小学教材价格深化教材管理体制改革意见》的通知精神,于 2001 年颁发《中小学教材编写审定管理暂行办法》,进一步明确了教材审定(审查)工作的各项要求。

根据国家对中小学教材审定(审查)工作的要求,上海市教育委员会制定了《关于进一步加强上海市中小学教材审查工作的若干意见》(下简称"《意见》")。《意见》从健全组织机构、明确审查范围、加强审查管理、严格审查原则要求、规范审查程序等方面,对教材审查工作作出了明确具体规定。

关于健全组织机构,《意见》规定:由上海市教育委员会聘请专家、教师和教育行政部门有关人员组成上海市中小学教材审查委员会,下设各学科教材审查小组,负责本学科教材的审查工作,并提出审查报告。关于审查范围,《意见》规定为本市中小学学科课程标准和中小学教材(包括教科书、教学参考资料、音像材料、计算机辅助教学软件、教学挂图、练习、图册等配套材料等)以及各种教材辅助材料。关于审查管理,《意见》规定了审查人员资质①、审查人员的组成结构和审查人

---

① 审查人员的资质:1. 坚持党的基本路线,热爱祖国,热爱人民,有良好的职业道德和责任心,作风正派,为人正直,能团结协作,秉公办事。2. 能全面理解党和国家教育方针政策,了解基础教育课程改革发展趋势和本市中小学课程改革现状,熟悉中小学课程方案和学科课程标准。3. 具有相应学科高级专业技术职称,有较高的学术造诣、坚实的教育理论基础和较丰富的教学实践经验,了解中小学生和幼儿身心发展的特点,对中小学教材有一定的研究。4. 身体健康,能坚持参加中小学教材审查工作,遵守审查工作纪律。

员的工作规范。关于审查原则要求,《意见》规定了审查原则、审查要求。关于规范审查程序,《意见》对教材送审、专家个人审查、小组集中审查、形成审查意见、反馈审查意见、专项审查、审定准用等程序和环节作出了规定。

中学思想政治课学科审查组具体负责中学《思想品德》《思想政治》教材和教学参考资料的审查工作。审查组所依据的审查原则是:(1)教材要体现国家意志和主流意识形态,思想内容健康,符合国家的有关法律、法规和政策。(2)教材要坚持贯彻党的教育方针,体现教育要面向现代化、面向世界、面向未来的要求。(3)教材要体现实施素质教育的要求,体现"以学生发展为本"的课程理念,重视知识与技能,过程与方法,情感、态度与价值观三维目标的落实。(4)教材要体现基础教育的性质、任务和学科教学目标,符合教育教学规律和学生身心发展特点,反映现代社会、科学技术发展趋势和教育改革成果,具有一定风格和特色。(5)教材内容体系简洁明了,有合理的逻辑顺序;表述严谨、精练、规范,图示清晰并能与文字紧密结合。

审查组对送审教材、教学参考资料进行全面审查后,提出审查结论,然后报主管领导同意,再按规定程序反馈给教材编写组。审查结论包括对教材、教学参考资料符合编写要求的方面给予肯定,对存在问题的方面进行具体分析,并积极提出修改建议。审查组的审查意见和建议是提升教材编写水平、保证教材质量的一个关键性环节。

教材编写组与审查组形成良性互动关系。编写组人员不仅要求掌握教材编写的原则和要求,同时应熟知教材审查的原则与要求,这是双方在工作上良性互动的基础。编写人员,尤其是教材主编,认真对待和细致研究审查结论,琢磨专家个人意见,逐条、逐点做出回应,促进双方的良性互动。教材办联络员在教材送审、审查意见落实到教材组、教材组修改意见反馈的过程中,发挥了积极有效的沟通作用,是教材编写组与审查组形成良性互动关系的重要中间环节。审查组与教材编写组良性互动,有力地推进了教材审查和教材编写工作。

本篇文选

关于启动上海市中学思想品德和思想政治课程教材编写工作的报告①

市教委：

按照教育部的意见，中学德育课程的名称，初中为"思想品德"，高中为"思想政治"。在上海市"二期课改"总体方案中，中学思想品德和思想政治课程，是学校德育的主导渠道。

目前，中学思想品德和思想政治学科新的课程标准征求意见稿已经完成。该课程标准的设计思路为：

（1）九年制义务教育思想品德课，以邓小平理论为指导，在学生所熟悉的生活情景中，进行公民道德教育、法制教育、社会责任教育、国情教育和健康心理品质的引导，帮助学生逐步形成良好的思想品质、行为习惯和正确的思想政治观念。

（2）高中思想政治课，以邓小平理论的基本观点为中心内容，对学生进行马克思主义常识教育、有关社会科学基础知识教育和公民品德教育，引导学生确立正确的政治方向，树立科学的世界观、人生观和价值观，形成良好的思想品质。

（3）强化学科实践活动的要求。基础型课程的每个学习单元提出了实践活动的具体要求，重要的实践活动方案呈现于教材中。本学科研究型课程为学生的探究实践活动提出了操作意见。

（4）研究型课程的学习，针对初、高中学科教育目标和学生特点，提出了供参

---

① 上海市教委教研室，2002 年 7 月。

考的研究性学习范围,并对研究性学习过程、方法和评价等提出了指导意见。

（5）实施意见部分,对教材编写、教学组织和教学方法、训练形式和要求、教学评价和成绩评定、配套措施等,分别提出了实施原则、方法和策略。

该课程标准的主要突破标志有:

（1）以邓小平理论为指导,构筑当代青少年学生的精神支柱。

（2）降低难度,贴近生活,强化德育功能。

（3）道德教育、法制教育、心理品质教育一以贯之。

（4）学科实践活动要求和方案见之于课程标准和教材。

（5）教学内容体系作了相对合理的调整。

（6）教材呈现形式符合学生的认知需要。

（7）教学评价有新的突破。

（8）提出的配套措施有利于推进和保障学科改革。

依据新编制的课程标准,尽快启动中学思想品德和思想政治课教材编写工作,有利于加强和改进目前学校的德育工作,提高学校德育工作的针对性和实效性。

中学思想品德和思想政治课程标准,在二期课程总方案中,与其他学科的课程标准有着紧密的联系。课改总方案中的社会科学学习领域,将中学思想品德和思想政治的学习内容以及历史、地理、社会课的学习内容作了整体考虑。如不尽早启动中学思想品德和思想政治教材的编写工作,在实施"二期课改"方案时,各学科教育相互渗透所产生的总体效应将会受到影响。

为此,我们建议立即启动中学思想品德和思想政治教材的编写工作,并力争在编写教材的过程中继续完善该学科的课程标准。

《思想品德》课本的主要特点^①

根据"二期课改"《上海市中学思想品德和思想政治课程标准》编写的初中《思想品德》课本,与"一期课改"编写的课本比较,既有相联系的一面,更有相区别的一面。相联系的一面主要是,继承了以往课本的一些优点,包括以往课本符合实际的某些课题和内容,某些课文的栏目等。相区别的一面主要是贯穿在课本中的教材观发生了变化,赋予课本的功能发生了变化,课本的内容和呈现形式也发生了变化,在所有这些方面应该说都有所发展、有所创新。

一、关于教材观方面的特点

（一）体现"以学生为本"的思想

编写课本有一个出发点的问题,也就是"以什么为本"的问题。编写课本的依据是多方面的。首先有国家对青少年的要求,也就是我们常说的"国家意志";其次有社会环境、社会条件的因素和影响;再次有学科的要求、教师的要求等等。所有方面的要求都是很重要的、必不可少的。而所有这些要求又都是对学生提出来的,都要通过学生得以实现。所以,无论从出发点还是从归属来看,"以学生为本"才是最重要的,才是我们编写课本、实施教育工作的根本依据。在设计课本的结构、确定课本课题、选择课本的内容时,我们都会首先问一个问题:这符合学生的实际吗？ 在主观上都力求贴近学生,符合学生的实际。应该说,课本在一定程度上体现了我们在这方面所做的努力。

（二）体现以"素质教育"为指导

前面说的是编写课本的出发点问题。编写课本还有一个指导思想问题。对于"课本"有一种传统观念,那就是认为既然是课本就应该是一个科学的体系,或者说是一种学科体系。只要完成了这个学科体系的构建,课本编写的任务就基本

①　作者:吴铎,华东师范大学。本文写于 2005 年 5 月。

完成了。而对于这样一个"学科体系"所能起的实际作用,教学中所能收到的实际效果,一般考虑得不多,或者很难考虑。当然,作为课本总会有学科要求的体系结构,但是构建这样一个体系结构并不是编写课本的目的。我们编写课本的目的不仅是引导学生掌握一定的知识,更要培养学生分析和解决问题的能力,陶冶积极、健康的情感以及培养正确的价值观。我们把这种与传统的教材观念相区别的教材观称为"素质教育教材观",也就是以"素质教育"为指导编写课本,同时在课本编写的过程中更多地考虑能力的培养、情感的陶冶和正确价值观的形成。这样,才能让课本为"素质教育"服务。

(三) 体现以"行为引导"为导向

以"行为引导"为导向是和以"素质教育"为指导紧密联系的。贯彻"素质教育"的要求,需要将"行为引导"放在特别突出的位置。尤其在初中阶段,学生思想品德的培养、积极健康情感的陶冶都需要我们把重点放在"行为引导"方面。也就是说,不仅要告诉学生必要的道理,要激发学生的情感,更重要的还须引导学生实际去做,至少要让学生知道该怎样去做。要让学生在思想观念上懂得,学习道理、陶冶情感、培养正确价值观,都要落实到行为上,要自己去身体力行。这并不是要求学生学习思想品德课处处都要"立竿见影",这是牵强的,也是不可能的。这只是说,我们在课本编写的指导思想上力求这样去做,要将这样的指导思想尽可能贯穿于全书。

(四) 体现以"实践活动"为突破口

"实践活动"是教学过程一个组成部分。它不是孤立的,而是与教学过程的其他部分有机联系的。以往编写课本时虽然也注意到了实践活动的问题,但只是将它作为课本的一种"附件",而没有将它作为课本主体的一个组成部分。既没有将它置于重要的地位,也没有落实的具体要求、内容和措施,更缺乏实践教学的时间安排。再加上教学内容多,课堂教学时间紧,即使提出了"实践活动"的问题,也往往是落空的。为了改变这种状况,我们在编写新课本时,根据课程标准的要求,特别注重实践活动的设计,将实践活动作为独立的教学单元,对活动的目标、内容、过程等均作了清晰的表述,并对实践活动的教学时间作了明确的规定。将实践活动纳入课本,在一定意义上使实践活动的设计成为课本编写工作改革的突破口,从而带动了整个课本编写工作的改进和推动。

二、关于课本功能方面的特点

所谓"课本功能",主要指课本应该和能够发挥的作用。以往我们对课本功能的认识比较单一,认为它主要是进行教学的依据,在实践上则主要是作为教课的依据。其他方面的功能即使注意到了,在实践上也很难实现。这次编写《思想品德》新课本,我们首先在认识上对课本功能重新定位,将单一功能变为复合功能。新编《思想品德》课本的功能主要有三个方面。

（一） 有助于实现课程目标

课本首先应该是为实现课程的目标服务的。当我们把课本单纯地视为教课的依据的时候,往往会忽视或者淡化课本的基本功能。按照课程标准的规定,初中《思想品德》课的指导思想是:以邓小平理论和"三个代表"重要思想为指导,在学生所熟悉的生活情景中,进行道德规范、健康的心理品质、法律规范、基本国情和社会责任的教育,帮助学生逐步形成良好的道德品质和正确的思想政治观念。这一指导思想也就是初中《思想品德》课程的基本目标。在不同年级,还要具体化为与该年级学生实际相符合的课程目标。新编《思想品德》课本始终将实现课程目标作为自己的基本任务。在课本编写的过程中,不断地按照课程标准所规定的课程目标进行对照检查,力求通过教材使课程目标较好地得到体现。

（二） 有助于学生主动学习

课本主要是面向学生,还是主要面向教师,这是一个长期存在着不同看法的问题。有一种比较极端的看法是,课本主要有助于"教",因此甚至将"课本"称为"教本";多数人认为课本既要面向学生,也要面向教师,二者不可偏废;也有少数人认为课本主要面向学生,但主要停留在理性认识上,并没有真正得到落实。不管看法如何,在实践上长期以来课本主要还是面向教师,课本所发挥的主要作用是"有助于教"。由此产生了既不利于"学"、实际上也不利于"教"的消极后果。新编《思想品德》课本将"面向"的对象调整为学生,这应该说是对课本定位的一个重大突破。

解决"面向学生"的问题之后,还有一个向学生提供什么模式课本的问题。是提供学生强记硬背、被动学习的课本,还是提供学生生动活泼、主动学习的课本?我们在编写《思想品德》课本的过程中,时时提醒自己要选取后者,而不是前者。

这方面的努力在课本的内容安排和呈现形式方面都有所体现。

（三）有助于教师教学改革

有助于学生主动学习，是不是与有助于教师的教学相抵触呢？如果只看现象，似乎是抵触的。但是如果深入一点分析就会发现，如果是与"填鸭式"的教学方法相联系，确实会产生抵触。也就是说，停留在以课本为中心、以教师为中心的状态，是难以把握和驾驭新编《思想品德》课本的。如果从教学改革的视角来看，二者不但不相互抵触，而且还相互促进。教师可以运用这套课本，积极进行教学改革，学习新的教学理念，采用新的教学方法，引导学生主动学习、锻炼能力、参与实践，让学生既学得必要的知识，又增强分析问题和解决问题的能力，并在陶冶情操、培养正确价值观方面真正得到一定的收获。

三、关于课本内容方面的特点

怎样选取课本的内容？选取哪些内容？虽然《课程标准》对此已作了原则规定，但在实际操作时，还是需要进一步深入考虑。

（一）以生活的情景为背景

《课程标准》要求"在学生所熟悉的生活情景中"进行教学。而学生所熟悉的生活情景主要是学校生活、家庭生活和社会公共生活。以学生熟悉的生活为背景选取课本内容，学生比较易于了解、易于接受。

（二）以学生的实际为依据

一是从他们的生理成长、发展状况考虑。他们处于向青年阶段的快速过渡期，身体的发育很快，个子长高、体重增加都特别明显。随着身体的迅速发育，他们特别具有活力，喜欢活动。二是从他们的心理发展、变化状况考虑。在身体迅速发育的同时，他们的心理变化、发展也特别快。他们更明显地感到自己"长大了"，个性发展明显，自我意识、独立意识增强，有很强的表现欲，希望别人看重和尊重自己。三是从他们的知识和能力状况考虑。通过品德教育的课程和其他课程的学习，他们在知识、能力和价值观培养方面都有所提高。在综合研究这三方面情况的基础上选取教材的内容，会比较符合学生的实际。

（三）以思想品德培养为核心的综合思想素质教育

《思想品德》课本的核心是思想品德的培养，围绕这个核心将道德教育、心理品质教育、法律意识教育、国情和社会责任教育有机结合起来。所谓"结合"表现在两个方面:一是全书包含这几方面的内容,二是这几方面的内容相互渗透。有些章节以道德教育的内容为主,同时包含心理素质、法律意识教育;有些章节以心理素质教育为主,同时包含道德品质、法律意识教育。在实际生活中,这几个方面一般也是难以分割开来的。从品德培养的角度来看,将这几方面的教育综合起来比较符合客观实际。

(四) 力求少而精、通俗易懂

在选取课本的内容时,关于内容的多少、深浅问题我们是考虑得特别多的,也发现这是很难处理得当的一个问题。以往编写课本,每一轮可以说都将"少而精""通俗易懂"作为原则提出来,不可谓不重视。然而,结果几乎都与初衷相违背,总是偏多、偏深。不能说这都是有意造成的,主要是在"以学科为本""以教科书为本"的观念主导下,强求学科体系,注重内容完整,因而少不下来,也精不了。在编写新的《思想品德》课本的过程中,我们在"少而精"方面确实下了一点决心,也花了不少力气。我们力求"说理"的内容少一些,课文的正文少一些,尽力做到"画龙点睛"。同时,选取的内容还尽力做到通俗易懂,便于学生看懂和接受。

四、关于课本呈现形式的特点

课本呈现形式问题是二期课程改革课本编写工作需要研究的重点问题之一。课本都有一定的呈现形式。以往编写课本也考虑到形式问题,但是长期以来基本上是运用一种固定的形式。改革开放以后,课本编写的形式也不断有所变化和改进,但由于主要是从"学科"的视角考虑呈现形式,因而变化、改进不大。这次转变了视角,从"学生"和"学习"的角度考虑呈现形式问题,变化和改进的空间便大大地拓宽了。

(一) 优化课本整体结构

改革课本呈现形式,从一门课的课本来说,首先是要注意整体结构。传统的课本主要是用文字呈现的,因此,所谓"呈现形式"只不过是指章节划分、大小标题设置等,插图也是不多的。这种呈现形式适应的是"填鸭式"教学。在本市一期课程改革中,已对这样的呈现形式进行了很大的冲击,课文中增加了较多的插图和栏目。在此基础上,我们力求新编《思想品德》的呈现形式有更大的突破,在整体上将文字阐述、活动安排、栏目设置、图表展示、名言引用、作业设计等几方面统一考虑，整合成一种新型的课本，使课本具有的丰富、多彩的特性得到比较充分地展示。

（二）突出课文说理的鲜明性、简明性

课本总会有"说理"的部分。这一部分在一定意义上可以说是教学内容的"骨架"，所处的地位是十分重要的。正因为重要，传统的观念甚至认为，这一部分便是课本的全部，而呈现的形式基本上是详尽的分析、反复的论证、累赘的阐述。这种呈现形式在教学上造成的消极后果是很严重的。新编《思想品德》课本虽然"说理"的比重相对来说并不多，然而，说清道理仍然是一种基本要求。对这一部分的呈现形式，我们提出 8 个字的要求：说理鲜明、文字简明。尽管仍然用文字呈现，由于坚持了"鲜明"和"简明"，说理的效果反而得到增强。

（三）增强图表的教学价值

图表（含照片）是课本呈现的一种重要形式。制作和运用图表对于教学具有重要的价值。以往的思想政治课本也有运用图表的经验，如《社会发展简史》中使用的图表便是相当成功的。但是绝大多数课本在编写过程中缺乏制作和运用图表的经验。有的即使有些插图，基本上是点缀性的，对于教学没有发挥什么作用。有些质量较差的插图甚至产生相反的结果。新编《思想品德》课本选择图、表、照片所遵循的基本原则是：服务教学、促进教学，充分发挥图表的教学价值，从而有效地提高教学质量。坚决克服把图表、照片等形象化手段当作点缀、花边的现象。

（四）设置多样化的教学栏目

教学栏目多样化，是增强课本活力、激励学生学习积极性、提高教学实效的重要方法。基本"栏目"都是课本"说理"部分的重要支撑，是课本的重要组成部分。不能把各种栏目视作课本的"附件"，只是为课本"润色"，而要把各种栏目的设置视为教学过程必要环节。新编《思想品德》课本将"情景""议一议""想一想""操作平台""角色扮演""情趣阅读""同伴互助""说说做做园地"等整合成有机的教学过程，使这些栏目获得"教学生命"，同时也使课本更具有活力和吸引力。

思想政治课教材可教性刍议^①

　　新编思想政治课教材的试行和实践已经近两年了。在首批七所实验中学的试行过程中,起初,如果不是百分之百的话,也有百分之九十以上的政治教师存在着新教材是否适合当代中学生"胃口"的疑虑。特别是新教材突出"可读性"后,不知今后的课怎样上,成为广大政治教师普遍感兴趣的"话题",即新教材的"可读性"和"可教性"的关系问题。在各学校、各年级的任课教师中,可以说普遍认为:新教材与原教材相比,在可读性方面无疑是大大加强了。它的内容由具体实例到理解归纳,无论是初中还是高中教材,均通俗易读,并增加了不少学生耳闻目睹又颇为关心的内容,能激起学生的思考,应当受学生的欢迎。然而,与原教材相比,对新教材可教性方面的看法和评价则大相径庭。对新教材的可教性究竟应该怎样看? 我经过近两年的探索性实践后,颇有感受,愿作小议,与同行们进一步探讨。

　　思想政治课的改革,对我们教师来说,首先有一个观念更新的问题。在探讨新教材可教性问题时,同样存在着一个观念更新的问题。以往,大多数教师在谈到可教性时,往往是就教材在理论上是否深刻、知识上是否系统等方面而言。现在的新教材和原教材相比,在理论方面作了很大程度的淡化处理,克服了原教材在理论上的"深""全""高"的缺点,这正反映了新教材的改革气息和特色,显示了新教材的时代性。那么,这样是不是就没有可教性了呢? 我以为,那种认为降低了理论难度,淡化理论性,就会失去可教性的看法是不正确的,至少是不全面的。因为,所谓"可教性",从传授理论知识的准确、完整而言,固然是一个重要的方面,但真正的"可教",还必须从教材是否为学生所接受,教师是否能顺利进行教学并取得良好效果方面去考察。也就是说,应该从教学对象和教学实践中去找答案。事实上,学生对新教材的兴趣很高,出乎试行新教材之初大家的预料。上海市首

---

　　① 作者:陈铭泉,上海市向明中学。本文约写于 1997 年。

批七所实验中学教师的探索过程及在新教材教学方面初步取得的实践成果,都充分说明了新教材可教性。这就为我们正确理解和重新评价可教性提供了可靠的依据。实践的启示是:

一、新教材的可读性为可教性开辟了道路,可教性寓于可读性之中

只有学生对教材愿读、要看,才可能激发兴趣,上课时才可能要听,教师也才能有所教。此外,在正确认识新教材的可教性时,还必须摒弃存在于我们教师中的某些习惯性感情和心理障碍。因为,原教材毕竟是读熟了的老脚本,新教材从未上过手,就难免在可教性问题上产生疑惑。只要意识到,这仅仅是一种心理上的不适应,经过一段时间实践以后,是不难解决的,就完全可以越过这层心理屏障,实现新的飞跃。

二、新教材的可教性寓于其思想性和时代性之中

新教材由于增添了学生普遍关心和希望找到答案的周围事物的内容,必然在思想上激发学生的思维和探索欲望。这样,在教学实践中,教师会遇到一系列"棘手"的疑问,可能给教师的教学带来新的难题,但我认为新教材可教性也正是在这个新的难度上。因为,它要求我们必须不断地去增加信息量,扩大知识面,努力做到较为准确、全面地解开学生的疑团,并探索启迪学生自我教育的途径和交给学生正确思考的钥匙。如果说新教材的可读性为可教性提供了前提和基础的话,那么,新教材的思想性和时代特点则为可教性提出了新的内容和更高要求。过去,政治课在学生的心目中一度威信下降,究其根源,原因多样。其中,教材没能紧密联系学生所思所想并切实解决学生思想认识中的实际问题,而是概念抽象、原理深奥、学之难懂、过后遗忘等,是主要原因之一。现在,情况改变了。因为新教材紧密联系实际,加强了思想性和时代性,学生学得有兴趣,教师则教得有味道了。

三、新教材的可教性又寓于教学方法改革之中

新教材可教性的问题,不仅是个观念、理论问题,而且是个实践问题。因为,对新教材可教性的再认识,是在近年来新教材的实践过程中逐步形成并得到检验的。新教材推动新的教学实践,新实践形成新认识,新认识又推动新探索。这一

点尤其反映在新教材的试用过程中,体现在对思想政治课教学方法改革的迫切需求上。新教材,无论是初中各年级的,还是高中各年级的,一般都实例丰富,叙述流畅,易读易懂。由于紧密联系实际,就更需要教师通过教学方法的一系列改革实现学生的自我教育和自我认识。教学方法的改革是新教材可教性的关键所在。诸如,为贯彻"以学生为主体、以教师为主导"原则,实现课堂教学形式和内容的统一、教学和艺术的统一,进行课堂教学新格局的实践和探索;为实现思想政治课既"传道、授业",又"解惑"育人的目的,进行课堂教学"设疑解惑"的种种实践和尝试;为培养和发展学生的思维能力,进行教学小品、活报剧及影视手段相结合的"创设情境"实践和创新;为更好地贯彻"理论联系实际"原则,进行淡化考试,强化平时考评,实行结构分数制,满足学生高层次心理需求的实践和摸索,等等。从这个意义上看,新教材的实践过程及经验,充分体现了新教材的可读性、思想性和时代性的特征,为思想政治课教学方法的改革开辟了新的天地、新的舞台。

综上所述,在新教材可教性问题上,我们必须充分认识到,新教材的可教性不是减弱了,而是增强了。新教材的可教性正寓于新教材的可读性、思想性和时代性及教学方法改革之中。对新教材可教性的重新认识,更新观念,正确对待,积极实践是十分必要的。它是我们正确认识和积极推进思想政治课改革的关键之一。

当然,新编思想政治课教材,在可教性方面不是没有问题。譬如,由于淡化了理论,整个教材的理论坡度和教学适度问题方面的考虑尚不明确;由于知识的系统性减弱,学生提出的有些问题,纯属政治理论知识浅薄所致;在问题提出后,在讨论中,学生往往因缺少一定的系统的基础理论知识和思辨方法,而对问题的思考不全面,在独力释疑的过程中显得力不从心;等等。这些都是有待在今后的教改过程中,共同探讨和进一步研究的课题。

《思想品德》《思想政治》教材自评报告[①]

从 2002 年 8 月启动编写工作开始,至 2006 年 1 月,教材编写组已陆续编写出版初中《思想品德》(实验本)教材 8 册、教参 8 册、练习册 4 册;高中《思想政治》(实验本)教材 6 册、教参 6 册。经过试点学校试用,从 2006 年 1 月至 2009 年 1 月,根据试点学校教师提出的修改意见,又陆续完成了《思想品德》《思想政治》试用版教材 14 册、教参 14 册、练习册 4 册,并在全市初级中学、高级中学全面推开试用。至今已初步完成预定的初中《思想品德》(试用本)、高中《思想政治》(试用本)教材的编写任务。

现将教材编写工作自评情况汇报如下。

一、自评工作的依据和组织

1. 自评工作的依据

根据《上海市普通中小学课程方案》《上海市中小学社会科学学习领域课程指导纲要》《上海市中小学和幼儿园成套教材修订工作计划》《上海市普通中小学各学科试验教材评价指标(C)》和《上海市中学思想品德和思想政治课程标准》作出自评。

2. 自评工作的组织

做好自评工作的关键,在于比较全面和深入地听取任课教师、学生和专家对教材的意见和修改建议。

在听取教师意见方面,组织了两次教材研讨会:一次是全市教研员研讨会,一次是任课骨干教师在通读教材后提供书面意见的基础上召开的研讨会。

为了更广泛地听取师生的意见,向教师和学生分别发放了调查问卷。其中,高中学生有效问卷 1857 份,初中学生有效问卷 1984 份,高中教师有效问卷 367

---

① 作者:吴铎、李春生,华东师范大学。本文写于 2009 年 7 月。

份,初中教师有效问卷 566 份。

为了听取专家意见,邀请各方面的专家举行座谈会一次。

教材编写组做了认真的自查工作,包括:学习和借鉴已完成全套教材修改任务的各学科教材编写组的自查工作经验,重点学习了语文、外语和物理学科教材编写组的经验;制订本学科组自查工作计划;重点研究、分析听取的教师、教研员、专家和学生的意见,同时梳理了通过各种渠道获取的对教材、教参和练习册的意见。教材编写组先后召开自评工作会议十余次。

二、对教材的肯定性评价

全套《思想品德》《思想政治》(试用本)教材基本符合《上海市普通中小学课程方案》《上海市中小学社会科学学习领域课程指导纲要》《上海市中学思想品德和思想政治课程标准》的要求。《上海市普通中小学课程方案》的前言中指出:中小学课程要坚持以学生发展为本的理念,构建以德育为核心、以创新精神和实践能力为重点、以完善学习方式为特征、以应用现代信息技术为标志,关注学生学习经历和促进每一位学生发展的课程体系。《上海市中学思想品德和思想政治课程标准》的"导言"中说:"本课程以马克思列宁主义、毛泽东思想、邓小平理论和'三个代表'重要思想为指导,坚持贯彻理论联系实际的方针。"《上海市普通中小学课程方案》和《上海市中学思想品德和思想政治课程标准》的这些基本要求,在《思想品德》《思想政治》教材中基本上得到贯彻,这将有助于帮助学生树立中国特色社会主义的共同理想,逐步形成良好的思想品德,并为学生树立正确的世界观、人生观、价值观奠定基础。

教材总体上具有五方面的特点。

1. 坚持以马克思列宁主义、毛泽东思想、邓小平理论和"三个代表"重要思想为指导,认真贯彻落实科学发展观,确保《思想品德》《思想政治》教材坚持正确的政治方向,体现社会主义核心价值体系的引领。

2. 坚持贯彻理论联系实际的方针,认真贯彻落实"贴近生活、贴近实际、贴近学生"的原则,力求科学性与时代性相结合、知识性与教育性相结合、理论性与实践性相结合,认真贯彻落实《中共中央关于进一步加强和改进未成年人思想道德建设的若干意见》的精神,贯彻落实《上海市学生民族精神教育指导纲要(试行)》《上海市中小学生生命教育指导纲要(试行)》的精神,将素质教育落到实处。

3. 坚持"以学生发展为本"的理念,引导学生通过课堂学习和社会实践,把接受性学习和探究性学习、体验性学习有机结合,培养创新精神和运用正确的观点、方法观察分析现实问题的能力,参与社会生活的实践能力。引导学生在认识社会、适应社会、融入社会的实践活动中,感受马克思主义基本观点和相关社会科学知识的价值。

4. 教材呈现形式有较大的突破,在整体上将文字阐述、栏目设置、图表展示、名言引用、作业设计等几方面统一考虑,使课本应有的丰富、多彩的特性得到比较充分的展示。

5. 初中《思想品德》教材较好地体现了根据初中学生的年龄特点,由浅入深地进行公民品德教育的要求,紧密联系学校生活、家庭生活、公共生活和国家生活,将道德教育、法制教育、心理品质教育、国情国策教育和民族精神教育、生命教育等有机地融合于教材之中,阐述知识和道理注意深入浅出,文字表述比较生动活泼。

三、教材存在的主要问题

《上海市中学思想品德和思想政治课程标准》规定,思想品德和思想政治课程是对中学生比较系统地进行公民品德教育和马克思主义常识教育的基础课程,是中学德育工作的主导渠道。《思想品德》《思想政治》教材承担着实现这一课程定位的重任,对科学性、政治性、教育性方面的要求都很高。对照课程方案和课程标准的要求,已出版的《思想品德》《思想政治》成套试用本教材,与"二期课改"的要求相比尚存在多方面的差距;在编写和试用教材的实践中,相关人员对部分问题的认识也尚有一定分歧,需要深入研究。

归纳起来有以下五个方面的问题:

1. 高中教材安排顺序问题。主要有两种不同意见。第一种意见是调整现行的安排,将高三"哲学常识"调整到高中二年级,将高中二年级的"政治常识"调整到高中三年级。哲学常识教育对学生观察社会生活现象、正确理解党和国家的重大方针政策具有重要的指导作用。从学生的实际情况来看,哲学观点和思想方法与他们的健康成长,特别是形成正确的世界观、人生观、价值观关系十分密切。"哲学常识"安排在高中三年级,在时间上晚了一些,在教学时间的保证上也存在一定的问题;而安排在高中二年级,教学时间比较有保证,可以为学生把握辩证唯物主义的基本观点和基本方法奠定比较坚实的基础。"政治常识"的内容,比较接近高中三年级学生年龄实际,比较适应年满 18 周岁的学生参与社会政治生活的需要。根据以往的教学实践,"政治常识"安排在高三年级,学生结合自己参与社会政治生活的经验,对其会更易理解和接受。第二种意见是维持现行的安排,不必调整。因为现行教学安排要力求保持稳定,应避免因为"政治常识"与"哲学常识"的安排作了新的调整而导致产生新的矛盾。

根据调查,教师对高中三个年级教学内容安排的意见比例如下:

高一"经济常识"、高二"政治常识"、高三"哲学常识"(36%);

高一"经济常识"、高二"哲学常识"、高三"政治常识"(41%);

高一"哲学常识"、高二"经济常识"、高三"政治常识"(23%);

主张将"哲学常识"从高三调整到高二或高一的比例为 64%。

专家座谈会(王曙光、夏国乘、忻平、陈志德)意见基本上赞成将"哲学常识"调整到高二。

2. 初三教材结构问题。根据十七大加强公民意识教育的要求,需要强化《中华人民共和国宪法》教育,重点要加强公民权利和义务的教育。现行初三《思想品德》教材关于"公民权利和义务"的内容仅有一个框题容量,高度浓缩,不利于教学。统筹初三教学内容,根据贯彻落实教育部制定的《中小学法制教育指导纲要》的精神的要求,需要将"公民权利和义务"的内容扩增为一课的容量,并适当精简其他内容。

3. 教材内容方面问题。一是不同程度存在偏多偏深的问题。教师、教研员和学生普遍反映,根据教学的实际情况,教材内容偏多,尤其是初中三年级和高中各年级教材内容有些偏多。其中部分内容偏深。初中三年级基本国策方面的内容,高中二年级"政治常识"的内容,对于学生来说,真正理解是有相当难度的。二是科学性、准确性、逻辑性、教育性方面,各个年级的教材还不同程度地存在一些问题,需要进一步精心梳理和推敲。

4. 教材呈现形式问题。教材呈现形式需要进一步改进。一是教材正文与材料要力求均衡。有的正文文字偏多,材料偏少;有的正文单薄,材料文字冗长。二是栏目设置尚不够规范。有的课栏目设置偏多,布局不够均衡;有的栏目设置要求不够明确或要求过高。三是插图数量偏多,有些插图质量不高。有的插图游离于课文内容之外,有的插图画面不美。全部插图需要统一梳理。四是"名人名言"

有的与课文内容配合不够紧密,有的可有可无。五是"政治常识"部分的文件语言偏多的问题比较突出。如要将政治性、准确性和通俗性统一,难度较大。

5. 教参和练习册配套问题。虽然初高中教参和初中练习册均与教材配套出版,但是距离内容上的真正配套还存在很大差距。教参的分析教材的部分普遍比较薄弱,对教师的引导作用不够;"疑难问题解答"针对性不够强,尤其针对学生存在的实际问题提出具体的教学建议不够;所选参考资料篇幅过长,造成喧宾夺主。高中部分是否编写练习册或如何编写练习册,还是一个尚待研究的问题。

《思想品德》《思想政治》教材是否编制配套光盘,也是一个有待进一步研究的问题。

四、成套教材修改工作初步设想

成套教材修改是一项重大而又深入细致的工作。《思想品德》《思想政治》教材的修改,与《上海市中学思想品德和思想政治课程标准》的修改是一个互动的过程。只有完成了课程标准的修改,教材的修改才能有所依据。这更增加了教材修改工作的艰巨性。

我们拟从以下几方面着手,做好教材修改的准备工作:

1. 统一修改要求。再一次学习研究《上海市普通中小学课程方案》《上海市中小学社会科学学习领域课程指导纲要》《上海市中小学和幼儿园成套教材修订工作计划》《上海市普通中小学各学科试验教材评价指标(C)》,并进一步分析研究《上海市中学思想品德和思想政治课程标准》,分析研究调查过程中师生提出的各种修改意见,以取得对教材修改工作的共识。这是做好教材修改工作的基础。

2. 制定修改方案。修改方案大体有两个部分。第一部分是宏观方面的问题,第二部分是教材具体内容修改问题。

属于宏观方面的问题有两个:一是高中学段高二、高三的《思想政治》课程安排的顺序是否调整。如果调整,会连带牵动教材内容也要作一定调整。二是初三《思想品德》课如果将"公民的基本权利和义务"单独设课,涉及其他课的某些内容要作适当调整。这一调整不会牵动其他年级的教材内容,但本年级教学内容势必要作必要的精简。

关于教材具体内容修改问题,需要制定初中《思想品德》、高中《思想政治》各年级教材的修改方案,包括配合市教委教研室制定参与修订《上海市中学思想品德和思想政治课程标准》的具体计划。目前,教材编写组经过比较广泛深入的调查,加上平时听课、培训听到的意见和建议,已经为制定各年级教材的修改方案奠定了基础。

3. 组织修改力量。成套教材修改工作,原则上拟以教材编写组的骨干力量为主,并根据修改工作的专业要求、繁重程度和进度,适当吸收具有丰富教学经验的一线骨干教师参与。参与修改工作的人员,应是曾参与各年级教材、教参、练习册编制工作的。这样,便于保持工作的连续性,有利于处理好继承与创新的关系。修改过程中,如有需要,可以请一线骨干教师、学科专家进行专题性研讨。

4. 修改进度安排。修改工作进度原则上根据课改办的统一部署安排。我们教材编写组的工作初步安排如下:

教师、学生问卷调查和普遍深入听取意见阶段:2009 年 2 月—5 月;

撰写自查报告并上报课改办阶段:2009 年 5 月—7 月;

制定修改方案和计划并送呈课改办领导批准阶段:2009 年 7 月—9 月;

修改《思想品德》教材(含修改教参、练习册)和送审、出版阶段:2009 年 9 月—2010 年 4 月;

修改《思想政治》教材(含修改教参、编写练习册)和送审、出版阶段:2010 年 5 月—2011 年 4 月。

《思想品德》《思想政治》课程"二期课改"的基本目标和要求是正确的,在坚持"以学生发展为本"的理念,贯彻落实"贴近生活、贴近实际、贴近学生"原则,结合现实生活加强中国特色社会主义理论体系常识教育和公民品德教育方面,本套教材有所创新。教材的改革方向不能改变,不能后退。这次成套教材修改,需要继续坚持"二期课改"的目标和要求,重点解决科学性与教育性、知识性与针对性、逻辑性与通俗性的有机结合问题,以利于不断提高《思想品德》《思想政治》课程教学质量。

教学参考资料选用标准及注意事项①

一、采用标准

《教学参考资料》可采用国内公开出版的图书,新闻出版署允许发行的报刊,国家统计局、外交部等网站的资料。

图书:由于目前国内出版社出版的图书质量良莠不齐,为避免错误,建议选择声誉好的大社(如各地的人民出版社、教育出版社、辞书出版社等专业出版社)出版的图书。

期刊:要有正规的刊号,不能选择内部印刷品中的资料。

网站:除了某些一定要选用的数据,原则上请尽量不要选用网络数据。建议选择的网站有:国家统计局、外交部、中国上海等。

二、留存原始资料方法

在最近的图书重印工作中,我社编辑对教材和教学参考资料中的引用资料进行了一次核对工作,发现由于出版时间久远,查找引用资料的出处相当困难。所以此次教材修订中,希望得到各位老师的支持,将所有引用资料进行存档。

图书:扫描为图片,文件名为"书名+出版社名+版次+页码"。

报纸:扫描为图片,文件名为"报纸名+年月日+第几版"。

网页:将网页保留为图片,文件名为"内容+网站名称"。

三、注明出处的格式

1. 图书

作(译)者,书名,出版社名,出版时间,页码。

---

① 供稿:刘芳,上海教育出版社。本文写于 2006 年。

资料来源：吴子健：《教育在哪里——一个校长的 365 天》，上海教育出版社 2009 年版，25 - 28。

2. 期刊

作者，文章名，杂志或期刊名，时间，期号，页码。

资料来源：王付欣：《发达国家的生态道德教育》，载《素质教育大参考》，2011 年第 2 期，62 - 64。

3. 网络

网站名称，具体网址。

资料来源：人民教育出版社网站

http://www.pep.com.cn/sxpd/js/jxyj/kg/201109/t20110909_1068462.html.

四、核对出处的方法(供参考)

1. 领导人语录，可参考人民出版社的金典比对

http://bidui.rmjd.net

2. 部分图书可在超星电子图书馆进行搜索

www.ssreader.com

3. 古典诗词可采用汉典

http://www.zdic.net

4. 统计数据可见国家统计局网站

其他图书，请采用纸质文本或者扫描版的纸质书数据。

第四篇

教改实践

一　本篇综述

　　教改实践,广义上指教育改革,包括一个国家教育制度、教育政策、教育计划等方面的改革;狭义上指学校的教学改革,包括教学方法、教学手段、教学模式、教育教学评价等方面的改革。2019 年 6 月,中共中央国务院发布的《关于深化教育教学改革全面提高义务教育质量的意见》,就是从"教育教学"的视角全面提出深化改革的要求,包括:坚持立德树人,着力培养担当民族复兴大任的时代新人;坚持"五育"并举,全面发展素质教育;强化课堂主阵地作用,切实提高课堂教学质量;按照"四有好老师"标准,建设高素质专业化教师队伍;深化关键领域改革,为提高教育质量创造条件;加强组织领导,开创新时代义务教育改革发展新局面。"关键领域改革"包括:加强课程教材建设,完善招生考试制度,健全质量评价监测体系,发挥教研支撑作用,激发学校生机活力,实施义务教育质量提升工程。

　　中学思想政治课建设,包括课程设置、教材编写,特别是教学的推进,是在教改实践的基础上进行的。在各个历史阶段,中央在总体规划思想政治课的改革和建设时,都强调必须大力加强思想政治课的教改实践工作。1985 年《中共中央关于改革学校思想品德和政治理论课程教学的通知》指出:思想政治课的教学必须面向现代化,面向时代,面向未来;同时必须紧密联系青少年不同时期的思想、知识、心理发展的特点,循序渐进,由浅入深,从具体到抽象,从现象到本质,引导他们逐步树立正确的人生观和世界观,运用正确的观点和方法去积极地思考并回答自己所面临的重大问题,认清和履行我国青年一代的崇高责任。1994 年《中共中央关于进一步加强和改进学校德育工作的若干意见》强调指出:各种教育内容的深浅和侧重点,要针对不同年龄及学习阶段的理解和接受能力有所不同,逐步提高;各教育阶段的德育课程、教学大纲、教材、读物,教育和管理方法,学生思想品德表现的评定标准及方式等要据此加强整体衔接,防止简单重复或脱节。2004 年《中共中央国务院关于进一步加强和改进未成年人思想道德建设的若干意见》要求加快中小学思想品德、思想政治课的改进和建设,努力构建适应 21 世纪发展需要的中小学德育课程体系,积极改进中小学思想品德、思想政治课教学方法和形式,采用未成年人喜闻乐见、生动活泼的方式进行教学,把传授知识同陶冶情操、养成良好的行为习惯结合起来;要积极探索实践教学和学生参加社会实践、社区服务的有效机制,建立科学的学生思想道德行为综合考评制度。2019 年中共中央办公厅、国务院办公厅印发的《关于深化新时代学校思想政治理论课改革创新的若干意见》要求:加大思想政治课教研工作力度,全面提升教研水平。坚持开门办思想政治课,推动思想政治课实践教学与学生社会实践活动、志愿服务活动结合,思想政治小课堂和社会大课堂结合。

按照中央指示的精神和要求,上海市坚持在教改实践过程中推进中学思想政治课改革和建设。"一期课改"和"二期课改"期间,在制定学科行动纲领、课程标准和编撰教材的同时,即选定实验区和实验学校,落实实验班级,选定担任实验任务的教师,有计划地进行教改实践研究,定期总结教改实践的典型经验,用以推进课程改革和建设。市教研室思想政治学科教研员、各区教师进修学院思想政治学科教研员、实验学校承担思想政治课教改实验的教师和实验班级的学生,是思想政治课教改实践的主力军,其中市、区思想政治学科教研员,更是思想政治学科教改实践的组织者和引领者。高校思想政治专业的师生也积极参与了中小学思想政治课程教改实践的过程。

二 积极推进教研工作

教研工作是教改实践的重要内涵和关键领域之一。《关于深化教育教学改革全面提高义务教育质量的意见》强调:深化教育教学改革,要发挥教研支撑作用。要加强和改进新时代教研工作,理顺教研管理体制,完善国家、省、市、县、校教研体系,有条件的地方应独立设置教研机构。明确教研员工作职责和专业标准,健全教研员准入、退出、考核激励和专业发展机制。建立专兼结合的教研队伍,省、市、县三级教研机构应配齐所有学科专职教研员。完善区域教研、校本教研、网络教研、综合教研制度,建立教研员乡村学校联系点制度。鼓励高等学校、科研机构等参与教育教学研究与改革工作。

上海市在推进课程教材改革和建设的过程中,教研系统发挥着重要的作用。市教研室会同市课改办负责市课程教材改革委员会的日常工作,实际上成为课程教材建设的中心,承担着落实中央和市委市政府关于教改决策重大任务,参与研制符合课程改革和发展需要的各种具体政策与措施,专业引领国家课程和教材有效实施,对课程合理开发、校本课程开发进行专业指导、质量监测(运作基于课程标准的质量监测、实施基于数据分析的报告与建议)等职责。

教研员是专业的教学研究人员,主要职能是具体负责学科的教研工作。上海市思想政治学科教研员所从事的教学研究工作的主要领域包括:贯彻落实中央和市委市政府关于中小学德育工作和思想政治课程改革的各项重大决定和政策,负责组织、引领本市中小学思想政治课课程标准的制定和实施,参与策划基于课程标准的思想政治课程教材的编撰工作,组织、协调思想政治课程的课堂教学、社会实践、考试评价、经验总结和推广以及其他各项专题研究,参与、协调思想政治课程师资培训等。思想政治课程教研员所从事的思想政治课教研工作,具有很强的政策性特征,体现教育主管部门对思想政治课程改革和建设的各项政策和要求;同时又具有很强的专业性特征,要求符合青少年品德成长和思想政治课程教学的规律。上海市、区思想政治课教研员深入课程改革和建设的全过程,做了大量教研工作,对于推进思想政治课程的改革和建设发挥了重要作用,积累了比较丰富的经验。

实验学校乃至全市思想政治课教师,是教研工作的一支重要力量。他们处于教学工作第一线,在教学工作过程中同时开展教研工作,具有较为优越的研究基础和条件。研究的主要领域包括:学生身心成长和认知发展特点,学生思想品德发展和德育工作的规律,课程标准的内涵和基于课程标准的教材特点、教学模式、教学方法、教学评价改革,结合实际开发课程、教学资源,拓展校本课程,总结课程和教学改革经验等。教师所从事的教学工作与教研工作相辅相成,深入推进思想政治课课程和教材改革,有效提升了思想政治课的教学和育人水平。

上海市参与中小学思想政治课教研工作的还有高校思想政治专业的师生、思想政治教育专业委员会、思想政治教育专业性杂志等。高校思想政治专业的师生通过教育实习、教育调查、课题研究、撰写论文等渠道,不同程度地参与中小学思想政治课程的教研工作,在参与中学习、提高,同时提供有益的意见和建议。思想政治教育专业委员会隶属于上海市教育学会,是研究思想政治教育理论和实践的群众性学术组织,成员主要是思想政治课专业教师、教研员。该委员会团结和组织上海市思想政治教育理论与实践工作者,积极开展思想政治教育科学研究,交流思想政治教育科研的信息与教育工作经验,为德育工作和德育课程改革与建设发挥了重要作用。思想政治教育专业性杂志有上海教育出版社主办的《政治教育》①、华东师范大学主办的《思想政治课研究》②等。这两份杂志在组织策划思想政治课研究课题、开设研究平台、开发研究稿源、推动研究工作经验交流、发表研究成果、引领研究发展等诸多方面,对德育和思想政治课程教研工作作出了独特的贡献。

三　坚持探索实践育人

实践育人是思想政治课改革和建设的重要内涵和途径。思想政治课程要实现育人目标,教学内容应当与社会生活实际和学生成长实际紧密相连,教学实施要引导学生将课堂学习与亲身参加社会实践结合起来。

重视实践体验,强调实践育人是党和国家的一贯思想和要求。1985年《中共中央关于改革学校思想品德和政治理论课程教学的通知》指出,要积极组织学生参加丰富的切实的社会实践和社会调查,以培养他们发现、提出和解决理论问题及实际问题的能力。1994年《中共中央关于进一步加强和改进学校德育工作的若干意见》要求加强实践环节,九年义务教育阶段的思想品德课、劳动课要有公益劳

---

① 1980年创刊,教育部委托上海教育出版社编辑出版。该刊立足于提高政治教师、思想政治课教研员和德育工作者的政治素质和业务素质;关注思想政治课教学改革,积极为思想政治课教学改革献言献策,成为广大政治教师、思想政治课教研员和德育工作者的良师益友。

② 1978年创刊,主管单位中华人民共和国教育部,主办单位华东师范大学。该刊设有理论探讨、思想教育研究、高校思想理论教学、中学思想政治课教学、专题研讨、学生工作、党团建设等栏目。

动、远足锻炼以及参加社会生活等方面的内容；高中和高等学校要把社会实践纳入教学、教育计划，组织学生参加社会调查、生产劳动、科技文化服务、军政训练、勤工俭学等活动；要加强对社会实践活动的管理和指导，明确教育目的，提高教育实效。2004 年《中共中央国务院关于进一步加强和改进未成年人思想道德建设的若干意见》强调，坚持知与行相统一的原则，既要重视课堂教育，更要注重实践教育、体验教育、养成教育，注重自觉实践、自主参与，引导未成年人在学习道德知识的同时，自觉遵循道德规范。2019 年《关于深化教育教学改革全面提高义务教育质量的意见》进一步具体要求：加强劳动教育，充分发挥劳动综合育人功能，制定劳动教育指导纲要，加强学生生活实践、劳动技术和职业体验教育；优化综合实践活动课程结构，确保劳动教育课时不少于一半；家长要给孩子安排力所能及的家务劳动，学校要坚持学生值日制度，组织学生参加校园劳动，积极开展校外劳动实践和社区志愿服务；创建一批劳动教育实验区，农村地区要安排相应田地、山林、草场等作为学农实践基地，城镇地区要为学生参加农业生产、工业体验、商业和服务业实践等提供保障；等等。

上海市教委落实中央文件的精神和要求，制定了《关于进一步落实中小学生社会实践工作的若干意见的通知》《学生志愿服务管理暂行办法》《关于加强上海市普通高中学生志愿服务（公益劳动）管理工作的实施意见（试行）》《上海市初中学生社会实践管理工作实施办法》等文件，合力构建学生参与社会实践的校内外育人共同体，进一步丰富拓展社会教育资源，引导学生在社会实践大课堂中践行社会主义核心价值观，传承中华优秀传统文化，厚植爱国主义情怀，促进学生德智体美劳全面发展，切实提高综合素质。文件规定，建立若干高中生社会实践基地，为学生提供社会实践及志愿者服务机会。每位上海市普通高中学生在毕业前必须参与不少于 60 学时的志愿者服务，并通过全市统一的上海高中学生综合素质评价信息管理系统，将该内容纳入高中学生综合素质评价体系。

社区服务与社会实践是指学生在教师指导下，参与社区和社会的体验性、服务性或公益性的实践活动。社区服务与社会实践的目标是：让学生走进社区，理解社会，获得直接经验，形成对社会的正确认识；参与社区活动，践行社会服务，适应社会生活，提高社会实践能力；培养社会服务意识，增强公民社会责任感，形成积极进取的生活态度。社区服务和社会实践的内容主要包括以社会考察为主的社会体验性活动、以社会参与为主的实践性活动、以社区服务为主的公益性活动等。活动主题的确定,应密切联系社会生活,充分利用社区资源,并注重与其他学习活动的贯通。社区服务和社会实践的实施,应力求适应和满足学生的不同需求,尽可能多地为学生提供体验和实践的机会;坚持围绕主题,在综合应用学科知识的基础上,开展形式多样的社区服务和社会实践活动;充分发挥学生的自主性,鼓励学生自主设计、主动实践。

发挥劳动综合育人功能,要求优化综合实践活动课程,加强劳动与技术教育。劳动与技术教育的主要目标是:让学生通过丰富多彩的劳动实践和技术实践,懂得一些社会生产的基本常识,学会使用一些基本的技术工具,初步掌握一些社会生产的基本技能;通过技术实践与技术探究活动,学会简易作品的设计、制作及评价,初步具有技术学习、技术探究及技术实践能力;丰富劳动体验,具有亲近技术的情感和正确的劳动观点,养成良好的劳动习惯,能够安全而有责任心地参加技术活动,初步具有技术意识、职业意识、创新意识、质量意识、环保意识、安全意识和审美意识。劳动与技术教育的内容主要包括劳动实践、技能练习、工艺制作、简易设计、技术试验、职业体验等。劳动与技术教育的实施,应与研究性学习、社会服务与社会实践、信息技术教育等内容有效整合,重视对技术的社会意义和文化价值的发掘与感悟,培养劳动感情和劳动观点。

上海市教委、市校外联办会同市文明办、团市委、市文广局、市科委、市体育局等部门,与区县、学校、社会实践基地代表及相关专家学者会商高中学生社会实践工作的意见与建议,并依托校外联各成员单位在全市范围内推出了 1500 余个社会实践基地,提供学生实践岗位 10 万余个,有力推进了学生社会实践活动的开展。

上海市中学思想政治课教学坚持与学校相关课程教学、与学校各种德育实践活动相结合,引导学生结合思想政治课学习内容,主动参与社区服务等各项社会实践,参加劳动实践,在多种形式的校内外社会实践平台上经受锻炼。这对提高思想政治课的实效性和实现立德树人的育人目标,发挥了极其重要的作用。

教学目标分类法实验[1]

在日常教学中,不少教师都曾为把握不住教学的深度而烦恼,学生也因不知道学习目标而处于被动盲从地位。要改变这种状况,就必须解决教学的目标问题。

解决教学目标问题的迫切性,在当前思想政治课的教改实验中显得尤为突出。这是因为,在原有的政治课教学中,由于经过多年的实践,教师对现行统编教材的教学要求已经取得共识,并不一定感到有从教育理论(包括教学目标分类学)上进一步规范提高的迫切需要。可是在试用新编的思想政治课实验教材时,情况就不同了。新教材注重理论与现代化建设及学生思想实际的联系,适当调节理论的深度,但开拓了知识面;叙述方法亦一改过去那种从概念到概念的纯粹逻辑推理方式,变得灵活多样、不拘一格。由于教材一是"新"了,二是"活"了,教改学校教师在初次试用时,对教学的深度、广度普遍感到心中无数。尽管新教材已配套了教学参考资料,提出了各课的教学要求和重点、难点,但毕竟较为笼统,在具体教学中仍有深浅难测之感。

实践要求科学理论的指导。正是出于实践的需要,我们在《经济常识》实验教材实验过程中试行了教学目标分类法,并取得了初步的成效。

当前世界各国公认有效的教学目标分类理论,是由美国著名教育心理学家布卢姆(B.S.Bloom)提出来的。他认为,教学中对每个知识点的教学,要求学生达到

---

① 作者:张传心,华东师范大学;王曙光,黄浦区教育学院。本文原载《政治教育》,1987年第10期。

的学习水平是分层次的。他把学生学习水平各层次的行为表现分成递增的六个级别,即"识记""了解""应用""分析""综合"和"评价",在每个级别内再细分若干层次。所谓教学目标分类,就是对每个知识点确定其相应的学习水平级别,作为教师组织教学和考核评定学生学习水平的依据,以及衡量教学质量的评价标尺。它可以帮助师生清晰地分类掌握教学要求,具有鲜明的科学性。

我们首先在《经济常识》试点学校校际备课组活动中组织学习,简要介绍了布卢姆教学目标分类法的基本思想及其意义,并对具体分类方法进行了讨论。经过讨论,大家一致认为试行教学目标分类是搞好实验教材实验工作的一项探索性措施,对破除传统教学旧模式,使思想政治课教学逐步走上科学化新轨道而言,不失为一项有益的尝试。当然,分类的具体方法要从试用实验教材的实际出发,要适应中学思想政治课教学的特点和现状,不能照搬国外的做法。

学习水平分类的"粗"与"细",是试行中首先遇到的问题。经过讨论,大家一致认为,根据"教"和"学"双方的实际,学习水平的级别不妨定得"粗"一些,以便于掌握。现暂定为"再认""再现""理解""运用"和"评价"五级,也就是把布卢姆学习水平分类中的"识记"分为"再认"和"再现"两级,把"了解"和"应用"合并为"理解",把"分析"和"综合"合并为"运用",而"评价"则不变。由此形成学习水平由低到高的五个不同层次。

"再认"和"再现"是两个较低的学习水平级别。所谓"再认",就是要求学生能在教师的引导下识别出已经学习过的有关内容。实验教材中的诸如"什么是经济""农业的定义"以及"奖金""津贴"等,只要求学生达到这一级水平就行了。所谓"再现",则要求学生在没有参考答案的条件下,能复述已学过的教学内容。"再认"和"再现"都属于学习的记忆能力层次。两者的区别在于,前者只要求学生在再次遇到某个知识点时,能够"认"出来;而后者则要求能"背"出来。鉴于实验教材具有知识面宽、信息量大的特点,我们分设这两级学习水平,目的是减轻学生记忆学习的负担,克服死记硬背的不良倾向。

"理解"和"运用"是两个较高的学习水平级别。所谓"理解",就是要求学生弄清知识的来龙去脉,不仅要知其然,而且能知其所以然。它要求学生会自己组织语言分析说明所学的教材内容,或能在新的情景中应用已学过的知识。学生对于实验教材中的基本原理均应该至少达到这一个级别的能力。至于"运用",则还要再提高一步,即对于几个知识点的组合运用的综合程度较高。"理解"和"运用"

都已超出了学生的记忆能力层次,都要求在新情景中运用所学知识。它们的共同点在于一个"活"字。而两者的区别在于,前者一般只涉及单项知识,学生要"转一个弯";后者则要"多转几个弯",学生对各知识点之间的内在联系倘若不是全局在胸,就很难达到"运用"这一级学习水平的要求。

"评价"是最高的学习水平级别。它要求学生在基础知识学习的基础上形成一定的价值标准,并能用以对教学中没有涉及的事物做出价值判断和评论。具有创造性,这是评价能力的特征。政治课教学中,"评价"能力主要表现在学生参加社会调查后撰写调查报告或小论文,提出自己独到的观点和看法。在传统的政治课教学中,学生的"评价"能力没有得到应有的重视,无形中扼杀了学生的创新精神和探索未知领域的兴趣。实验教材教学中,各校教师积极组织学生开展课堂讨论,参加社会调查,收到了较好的教学效果,既激发了学生学习政治理论的积极性,也培养和发展了学生的评价能力。

如何设立知识点,这是试行中需要解决的另一个重要问题。从实际出发,我们认为:第一,知识点不妨定得详尽些,过于简略不利于教师对教材内容的全面理解和把握。当然这并不排斥以后条件成熟时,再由"详"过渡到"略"。第二,知识点的设立不应受教材自然段落的束缚,可以一段列一个知识点,也可以几段合为一个知识点,有些过渡性、描述性的段落可以不列知识点,一切从实际出发。例如,教材第四课中对我国第三产业的现状写了一个自然段,考虑到让学生记住这些具体的统计数字意义不大,这一段就不设知识点。

有了学习水平分类和知识点这样纵横两个层次,就能合成各课教学目标的双向细目表了。以第四课第一节"大力发展第三产业"为例,经过讨论形成下表,作为组织这部分教学活动的依据:

知识点	学习水平				
	再认	再现	理解	运用	评价
三大产业的划分	✓	✓			
第三产业的内容	✓	✓			
第三产业的特点	✓				
第三产业的定义	✓				
第三产业的三大支柱	✓	✓			

191

（续表）

知识点	学习水平				
	再认	再现	理解	运用	评价
第三产业的发展趋势	✓				
第三产业发展水平是衡量经济现代化水平的重要标志	✓	✓	✓		
我国第三产业落后的原因	✓	✓			
发展第三产业的意义	✓	✓	✓		

试行教学目标分类以前,我们曾有过这样的顾虑:试点学校教师的教学任务本来已经很重了,再增加一项科学实验岂不加重了负担? 老师们会欢迎吗? 一段时间的实践告诉我们,这种顾虑是不必要的。俗话说,"磨刀不误砍柴工"。试行教学目标分类法后,教师能较快地熟悉教材的基本内容和教学要求,钻研教材蔚然成风。以往备课中常常由于无谓争论收效甚微,采用教学目标分类法后,由于有了"共同语言",有效地改变了这种状况,明显提高了备课效率。我们在校际备课活动时,由一个学校先行编制好某一单元的双向细目表,印发给大家作为讨论的基础,经过集体讨论和修改,取得统一意见,然后再进一步研讨组织教学的方法、配备教学资料等。试行一段时间后,这种方法受到了教师们的普遍欢迎。

试行教学目标分类的方法,还加强了教学过程的规范化和科学性,使"教"和"学"两个方面都生动活泼了起来。这是因为明确了教学目标,教师心中有了"底",就能从疲于应付考试的重担下解放出来,掌握教学工作的主动权;而学生也在一定程度上减轻了不必要的学习负担。这就为开展各方面的教改活动提供了"宽松"的环境。教师在确保达到基本教学目标的基础上,普遍注重了对学生能力的培养和觉悟的启迪。各校先后围绕"金钱是不是万能的""八十年代的青年还要不要发扬艰苦奋斗的传统"等专题,精心组织学生讨论,多次请有关实际工作部门的同志(物价部门、金融单位、税务部门等)来校作辅导报告;有的还组织学生参观商品市场、下厂下乡调查生产经营情况、举办"小企业家俱乐部"和物价咨询会,以及与个体户座谈等活动。丰富多彩的教学活动开阔了学生的视野,诱发了学生学习经济理论的兴趣,也锻炼和提高了学生的能力。许多学生在日常教学活动中表现出很高的热情,期终考试也取得了好成绩。实践给了我们这样的启示:从一定意义上说,把教学目标定"死"了,教学才能"活";反之,教学目标游移不定,无从捉摸,教学就"死"了。这里同样充满了辩证法。

当前,中学思想政治课改革正在向纵深发展。与其他一切改革一样,政治课改革也需要提高改革的社会承受能力,以减少改革的阻力。正是在这一点上,试行教学目标分类法有它的特殊意义。因为在确定教学目标分类的基础上组织教学,有助于将日常教学活动纳入科学的运行轨道,有助于形成"教"和"学"双方生动活泼的局面,有助于教学质量和效益的提高,从而使改革得到学校师生、家长和社会的广泛支持。

思想品德课学法六种①

教学,顾名思义是"教"与"学"的双边活动。因此,研究教学,必须既研究教法,又研究学法。就思想品德课的课堂教学而言,教师的主导作用体现在充分激发学生的学习兴趣和努力提高学生的基础学力两个方面。教师通过优化课堂教学,提高学生的基础学力结构,调动学生的学习积极性,使学生感到自己不是一个纯粹被动的受教育者,而是一个有自主性和主观能动性的主体,从而达到"教是为了不教"的目的。

思想品德课以明理、激情、导行为其主要目的,该课教学不但要求学生了解有关知识,而且要求学生把学过的道理内化为信念,落实于行动。这不能光靠教师的灌输,还必须注意培养学生的思维能力、辨析能力、意志能力和行为能力。这就更需要重视对学法的研究。从目前思想品德课的教学情况看,过去思想政治课概念化、成人化的弊端已经有所克服,但"我讲你听""我教你学"的单向、被动的教学模式依然存在。

基于上述想法,我们在思想品德课的教学实践中经过探索,总结出六种学法,在此进行简单的介绍。

一、阅读思考法

教材是教师"教"的依据,也是学生"学"的范本。学生通过对教材进行阅读、思考,达到悟理的目的。读教材中的事例,可以让学生受到榜样人物的感染,从事例中归纳出道理;读结论,主要让学生理解和弄懂道理。为帮助学生掌握这一学法,教师可作适当提示,或布置一些思考题。例如学习五年级《维护社会秩序和公共安全》这一课时,教师在引导学生阅读课文前让学生思考以下问题:(1)找一找,哪些行为是违反社会秩序、妨害公共安全的? (2)想一想,这些行为会带来哪些害

---

① 作者:陈少娟,上海市教委教研室。本文约写于1996年。

处?(3)你看到这些行为该怎么办? 学生带着问题阅读课文,独立进行思考,并在分析事例的过程中领悟道理。

除了阅读课文中的事例和结论外,还可以让学生反复朗读表现榜样人物精神境界的句段、名人名言、警句、格言、谚语等。通过个别读、集体读、角色读,学生在声情并茂的朗读中受到感染,得到启迪。

二、讨论问题法

一堂好的思想品德课,绝不是老师一个人从头讲到底的,必须是以"提问"作为阶梯,逐步引导学生弄懂道理,最后达到教学目标规定的要求。教师在教学中如能抓住教学难点或是学生感兴趣的热点展开讨论,就能促使学生参与教学过程。组织学生讨论可以有不同的形式,可以是大组讨论,各人亮各人的观点,互相补充,也可以是分小组(2 人或 4 人一组)讨论,各抒己见后,推派代表发言。

采用讨论问题的方法,好处在于促使学生独立思考问题,深化对道德观点的理解,也有利于培养自主意识。讨论题主要由教师提出,有时候也可让学生责疑问难。教师在引导学生讨论时,事先必须对问题的解答有充分的估计,但应注意不能搞"一言堂",否则会扼杀学生的自主精神。

讨论问题可以活跃课堂气氛,最主要的还在于培养学生的思维能力和判断能力。根据教材内容需要,教师可设计归纳或演绎性的问题,培养学生的集中思维和扩散思维。如上《珍惜时间》一课时问:"从刚才大家所说的事例中,你明白了一个什么道理?""你能说明在日常生活中,时间意味着什么吗?"只有学生自己悟出的道理才能入心,这比教师简单地直接灌输某个观点效果要好得多。

三、信息交流法

现今的社会是信息社会,随着改革开放的不断深入,学生从各种渠道获得大量的信息。那么,如何运用这些信息为达到教学目标服务呢? 不少教师在这方面尝到了甜头。如在上《走向世界》这课时,教师课前让学生了解:自己父母或亲友单位在改革开放中是如何引进外国的先进设备和技术力量的? 引进后又是如何创新,打出拳头产品的? 学生通过当"小记者"活动,耳闻目睹了大量生动的感性材料,有的还带来了实物。课上,教师安排了"信息发布会"这一教学环节,学生通过信息交流感受到改革开放给社会主义建设带来的发展变化。"社会处于封闭、凝固状态,就会停滞落后""对外开放,不仅需要吸收,同时也需要输出"这两个教学难点,也就迎刃而解了。

四、小品辨析法

在思想品德课教学中,应让学生运用所掌握的道德认识对某种行为、动机做出是非、美丑、善恶的判断和评价,以提高学生对错误言行的鉴别能力。教学中使用最多、最受学生欢迎的是小品辨析,学生在表演中转换角色,体察心情,在自我选择中提高辨析能力。如低年级《待人热情有礼貌》一课教学中,教师设计了"老师到我家"这样一个情境,让学生上来表演该怎样接待老师。表演的同学把掌握的道德认识外化为道德行为,通过言行展示出来,在座的其他同学则从小品表演中辨析是非,作出评价。"该怎样才能做得更好呢? 谁愿意再上来表演一下?"学生跃跃欲试,非常投入,在边观察、边思考、边实践中提高了辨析能力和行为能力。

五、行为实践法

思想品德课教学不同于中学、大学的政治理论课,它是以培养学生的基础素养作为自己的起点和归宿的。从学生道德教育的四个要素看,知、情、意、行中,"行"是必不可少的。从教学大纲看,低年级阶段的教学要求偏重行为习惯的培养。我们在教学中往往采用榜样示范的形式,让学生掌握正确的行为要求。当学生明白某个行为的要求时,总是很想试一试、做一做。教师应抓住学生的这种心理进行行为实践指导。如教师在讲"做文明顾客"时,让同桌的两位学生分别担任商店营业员和顾客,当堂练习购物时的礼貌用语;又如在指导学生"升挂国旗时应如何表示对国旗的尊敬"时,让学生起立,向国旗行注目礼,收到了较好的教学效果。

当然,行为习惯的形成绝非一节课就能完成的,要靠平时不断实践。课内的行为实践能调动学生主动实践的愿望,亦可避免理论与实践脱节的现象。

六、游戏竞赛法

喜欢做游戏、好胜心强是孩子的天性。在思想品德课教学中,运用做游戏或开展竞赛活动的形式,不仅能活跃课堂气氛,而且能大幅度调动学生的学习积极性。如低年级在进行合群教育时,让学生做个"击鼓传花"游戏,让他们在游戏中感受"大家一起玩真高兴";在进行"劳动光荣"教育时,让他们开展劳动技能竞赛;在"小红花找朋友"一课教学时,让他们跳集体舞"找朋友",等等。期末,在教师向学生了解"本学期,哪些课你们印象最深"时,学生首先谈到的往往就是这类课。

以上六种学法是比较常见的。归根结底,学法的研究目的在于更好地指导学生进行自我教育,使学生在教师的影响和指导下,依据一定的道德原则和行为规范,在自我意识的基础上,为形成良好的思想品德进行自觉的锻炼。

思想政治课观念变革的深化①

  21世纪正向我们走来。在这承前启后的关键时刻,邓小平同志为我国开辟了建设有中国特色的社会主义道路——这一功在人民、功在千秋的伟大事业。这一事业需要培养和造就跨世纪的一代新人。邓小平指出,教育要面向现代化,面向世界,面向未来。社会主义市场经济体制的建立和现代化的实现,最终取决于国民素质的提高和人才的培养。怎样迎接时代的挑战? 怎样把计划经济体制下多年来形成的教育思想,转变为适合市场经济发展的新思想、新观念? 我们必须以《邓小平文选》为指导,深化思想政治课改革。通过改革,解决矛盾,革除种种弊端,推动思想政治课不断发展。纵观历史,社会进行的每次大变革都是以思想解放、观念变革为前导。反映客观实际和发展趋势的新观念一旦形成,就对未来具有导向性,能指导改革的行动。我们中学思想政治课的改革当然也要以观念变革为前导。只有变革旧观念,确立反映改革总目标和符合教材改革要求的新观念,才能推动改革沿着正确的方向前进。否则难免会出现"新教材、旧观念""新内容、旧方法""新的整体改革模式、旧格局"等种种不协调现象。即使新教材编得再好,整体改革模式更加科学化,也难以收到良好的效果。从我校十余年改革实践来看,无论是成功的经验还是挫折的教训,大都与观念相关。实践中还发现,观念更新不只是单个观念的更新,更是一系列相互联系的"观念群"的更新。对于旧观念群,只破除其中一个,而不破除与此相联系的其他观念,就会导致新旧观念的矛盾冲突而出现种种不协调的局面,见不到改革的整体效应。因此,在进行教学整体改革时,应把观念变革作为一个系统工程来研究。当一系列观点所构成的"观念群"一旦确立,就会产生强大的逻辑感染力和理论说服力,有助于推动教学改革的顺利发展。

  那么,在思想政治课改革中,我们有哪些思想观念、思维模式必须变革呢?

---

  ① 作者:浦以安,上海市向明中学。本文摘自《接受挑战　开创教学新思路》,全文收录于吴铎主编的《"中国著名特级教师教学思想录"中学政治卷》,江苏教育出版社1996年版,第392—399页。

一、在思想政治课的性质任务上，要由偏重智育转变成为智育和德育的统一

党的十一届三中全会以来的路线有两个基本点：既要改革开放，又要坚持四项基本原则。思想政治课的改革就处在这样一个大格局之中。

当前，我国经济体制改革已进入整体推进和重点突破相结合的新阶段。改革开放，这是我国当今的大趋势，它已经并继续不断给社会生活的各个方面带来积极的影响。开放的社会需要学生从小具有开放的意识和能力，学生也正通过各种渠道接受现代化的科学文化知识和思想观念，这是他们走向社会的准备，无疑是好事。但是也必须看到，学生往往会受到纷繁复杂的社会思潮、五光十色的商品世界的巨大冲击。在对外开放和商品经济的条件下，如何坚持四项基本原则，培养"四有"新人，是摆在教师面前的一项既严肃又有一定难度的新课题。基于这样一个背景和使命，我们对思想政治课的性质要有一个新的认识，即我们教育出来的学生只有知识不行，还必须有信念和觉悟。因此，必须使我们的教学由原来强调系统性的政治理论教育转变为注重理论联系实际，加强思想政治课的德育功能；由以传授知识为主要目标转变为以宣传马列主义基本观点、提高学生思想觉悟为主要目标，即把知识通过思想转化为信念。

把青年学生造就为有理想、有道德、有文化、有纪律的一代新人，是邓小平同志建设有中国特色社会主义理论体系中一个极其重要的战略思想。这是社会主义精神文明的根本任务。社会主义市场经济发展的社会大背景对青少年"四有"教育提出了一系列新课题。因此，要研究活生生的人，并把它作为教育中最基本的命题。仔细想想，在学校教育中没有比关心人本身更为重要的了。为什么要仔细想想才能悟出来呢？因为许多教师这些年只是在经验的轨道上运转，只注重讲深讲透概念原理，让学生牢固掌握"双基"，以优异成绩参加高考，而把思想政治课的主要任务是育人这一点给疏漏了，或者说来不及顾及。因此，平时能进行思想教育更好，不做也不会挨批评或指责，于是"育人"便成了教育的"副产品"。实际上，教书育人才是我们的根本任务。如果我们教师只埋头教书，只抓分数，而忽视了学生成长过程中种种思想问题，必将会影响他们健康发展，甚至贻误我们国家的前途。因此，让学生学知识不是教育的最终目的。学生来学校上课，不仅要学到知识，更要知道怎样做人。对此，我们应有比较清醒的认识。

二、在教育渠道上，要由偏重课堂教学转变为课堂教学和课外活动的有机结合

按照人们过往的经验，总认为学生接受知识的渠道只有一个，即课堂教学。课堂上，教师运用教材——文字，通过讲授——语言，并采取课堂教学的形式，源源不断地把知识传授给学生，学生也在这一渠道里渐渐地由不知转化为已知，由知之不多转化为知之较多，从而接受了大量人类已知的认识成果。就连科学家花了几十年甚至几百年才得到的法则，在教师的指导下，学生也只要几节课时间就可以掌握。其实，认真思索一下，就会感到这样做是不完善的。它忽略了教学工作不仅是一个信息传递过程，而且还是一个信息处理过程。学生不仅要接受人类已知的认识成果，同时还要向未知的领域开拓。因此，在教学中，学生的认识活动不应仅局限于掌握书本知识，认识世界，还要拓宽他们的视野，发展他们的各种能力，保证他们把学习时所学到的知识能灵活地、创造性地运用到未来的实践中去。要做到这点，必须拓宽教育渠道，开辟课外活动的新空间。从我校的多年实践来看，开辟课外活动新空间势在必行。首先，学生早就要求把学习活动扩展到社会。整天在概念王国里兜圈子的学生，深为自己知识面狭窄、眼界不开阔而苦恼。他们感到个人与社会的对话太少，理论离开现实又太远，因此普遍要求对现实世界有更深刻的了解。其次，它是思想政治课教育本身的要求。在改革开放的形势下，学生对各种社会、人生的问题，正以不同方式思考着。他们思路敏捷，敢于争辩，这固然是好事，但仅靠书本知识或对某些现象的所见所闻，而没有对实际的深刻了解，不经过实践，就想求得对各种问题的正确答案是困难的。理论必须同实际相结合，有了书本知识还必须付诸实践。只有让学生在社会实际中更多地了解国情，认清社情，才能正确估计自己、设计自己；今后踏上社会，才能把自己的命运、前途与社会的发展紧密地联系在一起；才能把学校学到的知识、能力献给人民。课外活动——教学活动的又一个侧面，它不仅拓宽了教育途径，而且更好地贯彻了理论联系实际的方针，更好地发挥了学生的主体作用，更好地实现了思想政治课的德育目标。总之，课堂教学和课外活动在完成培养"四有"一代新人的任务中，是既互相区别又互相联系的同一教育过程的两个方面。它们犹如鸟之两翼，人之两足，不可或缺。只有把课堂教学的改造与课外活动的开拓完美结合，才能形成最优结构，发挥最大教育功能。

三、在师生关系的认识上,要由偏重把学生作为教育对象转变为学生是学习的主体,要树立教学民主的新观念

在师生关系上要克服把学生当作教育对象,而未把学生看作学习的主体的观念。原因很简单,教师从来不能直接传授能力,只能传授知识,讲授前人创造或自己体验的种种方法、途径、经验、心得等,然后由受教育者自己对它们消化理解、融会贯通。因此,学生是学习的主体,教师的任务是帮助学生通过学习与实践完成把"知识"转化为"能力""觉悟"。教师应很清醒地认识到自己在学生能力、觉悟的形成过程中起的只能是"添薪""加油"的作用,而获得各种能力最终还得靠学生自己。当然,我们不否定在教学过程中要发挥教师的主导作用,但这种主导作用必须体现在充分发挥学生的主体作用上。

四、在教学方法上,要由封闭式转变为开放式

成熟的市场经济是人才与技术的较量,充满竞争的国际国内社会已对我们培养的人才提出新的要求。例如,新时代的人才应具备独立获取知识的能力、处理信息的能力、组织能力和人际交往能力,同时还应具有较强的竞争实力和发展后劲。而我们以往的教学有时不受学生欢迎,其中有一个原因就是从内容到方法都是封闭式的,导致不少学生"两耳不闻窗外事,一心只读圣贤书"。有鉴于此,我们需要以开放式教育代替封闭式教育。所谓开放,主要指内容和形式两方面。从内容上讲,就是不完全局限于课本知识,要把国内外涌现的新信息不断补充到教学中来,要和沸腾的社会生活紧密结合;在形式上必须多样、新鲜、活泼,所有为学生所喜爱所易于接受的形式,都可采用。

对于青年学生的成长,学校负有主要责任,但也应克服学校单向育人、忽视全社会教育的观念。因为学生的生活和实践任何时候都离不开社会环境,包括社会的政治、经济、文化生活的影响。由于精神生活空间的扩大,许多学生通过大众传播媒介获得的形形色色的信息已超过学校教育者,包括政治教师。从这个意义上说,我们的教育工作必须有以下两方面对策:一方面在思想政治课教学中,要特别注重理论联系实际,也就是对社会大环境各方面的影响要作出反应,选择、调节,发挥积极影响,抑制以至消除消极影响,使学生朝着党、人民、社会所期望的方向发展。另一方面,政治教师绝不能把自己看成是万能的。很多思想问题,还得紧

密地依靠社会、家庭对学生进行教育。如教师应不辞辛苦,不怕冷遇、挫折,落实学校、社会、家庭三者结合教育,如落实学生的劳动和社会实践基地,利用本地区教育资源,聘请校外辅导员等。在这一方面,经过几年实践,华西村、虹桥公社、盲童学校、上海杂技团、淮海街道、长春食品店等已成为我校社会实践的基地;上海卢湾区区委宣传部长、纪委书记、统战部长、政协主席以及篆刻家蔡天石等都已成为我们学校的兼职教师。我校的改革实践取得了显著的成效:在对江阴华西乡的考察过程中,学生通过这个农村"窗口"看到了改革的潮流不可阻挡;在对街道的考察过程中,许多平凡而又闪光的人和事使他们对"人都是自私的""自私是社会的主流"的观点,产生了新的思考;在访问卢湾区统战部、政协、民进的过程中,学生深化了对"'四化'建设必须有中国共产党领导"的观点的认识。这种开放型教育模式在充分发挥教师主导作用前提下,把学生放到实践中去,放到社会各领域的广阔天地里去,使学生在学习与实践结合中检验、丰富和发展所学知识,同时也在实践的风风雨雨中增长才干。

世界是普遍联系着的世界,观念也一样。因此,对于旧观念群,只破除其中一个而不破除与此相联系的其他旧观念,就会在教学改革中出现种种不协调的局面。例如,你只有教学方法的改革,而没有考核方法改革配套,那么学生在教学方法改革中的主体作用、创新精神就不会持久。因为考核改革是对前面几项改革的促进和保证。毕竟孩子们还是挺注重分数的,或者说,青年学生总是积极向上的,他们希望自己的知识、品德、能力的水平能得到老师和同学们公正的认可。又如,我们在观念上搞清了思想政治课的性质是德育和智育相统一的德育课,但若缺少教学方法、考核方法的配套以及课外活动的辅助,那么教学中要实现思想政治课的任务就缺少了载体。总之,仅仅进行单一观念的转变而缺少"观念群"的更新,就不利于改革整体效应的实现。因此,在教学改革时,应把观念、变革作为一项系统工程来研究。以《邓小平文选》三卷为指导而形成的一系列观点所构成的"观念群"一旦确立,就会产生强大的逻辑感染力和理论说服力,有助于推动教学改革的顺利发展。

充分发挥思想政治课的理论魅力①

提出发挥思想政治课的理论魅力问题,实际上说的是加强和改革思想政治课的理论教育问题。这是不是要回到过去曾经出现过的"讲条条、背条条"的状况呢? 决不是,这是在新的形势下,提出新的要求,是"否定之否定"。

一

为什么提出加强和改革思想政治课的理论教育,充分发挥思想政治课的理论魅力问题呢? 是基于如下的认识:

首先,这是在当前国内外形势下,加强学校德育工作,培养社会主义事业建设者和接班人的需要。当前,我们面临着错综复杂的国际形势,国际敌对势力正在发动一场和平演变的全面攻势,要用二三十年的时间"埋葬社会主义"。东欧剧变,苏联解体,社会主义事业遭到严重的挫折,国际共产主义运动处于低潮。在国际敌对势力的和平演变中,他们特别重视对青年学生和青年知识分子的"熏陶",下本钱培养"亲西方的下一代",把希望寄托在社会主义国家的"第三代、第四代"身上。国内,我们同样面临着建设有中国特色的社会主义的任务,这是一项空前伟大而艰巨复杂的事业。鉴于国内外形势的需要,培养和造就千百万社会主义事业建设者和接班人有着十分紧迫的意义。正如江泽民总书记在庆祝中国共产党成立70周年大会上讲话中指出的那样,社会主义事业在中国的前景,很大程度上取决于青年一代的状况;要以对今后十年乃至下个世纪中国社会主义事业的命运高度负责的精神,着眼于培养广大青少年。培养社会主义事业建设者和接班人是中学教育的重要任务。在中学教育中,德育应该放在首位,德育对坚持学校的社会主义性质,促进学生德、智、体、美、劳全面发展,具有主导的、决定性的作用。而在学校德育工作中,思想政治课占有特殊重要地位。我们要从培养和造就千百万社会主义事业建设者和接班人的高度来认识加强和改革思想政治课理论教育的

① 作者:李炳钟,长宁区教育学院。本文原载《思想政治课教学参考》,1992年第3期。

意义,脚踏实地做好工作,充分发挥思想政治课的理论魅力。

其次,这是加强对中学生基本政治观点教育,解决学生深层次思想认识问题的需要。多年来,在党的领导下,由于广大中学德育工作者(也包括我们政治教师)坚韧不拔的努力,广大中学生初步懂得了马列主义、毛泽东思想的一些基本理论知识,提高了思想政治觉悟和认识问题的能力,在坚持四项基本原则和大是大非问题上也有较好的表现。但是应看到前几年由于削弱对中学生基本政治观点特别是四项基本原则的教育,资产阶级自由化思潮对中学生特别是高年级学生也有一定的影响。从当前中学生的思想政治状况来看,也迫切要求我们加强思想政治课的马列主义、毛泽东思想基本理论教育。

再次,这是为了更好地发挥思想政治课在学校德育工作中的特点和优势的需要。学校要把德育放在首位,培养社会主义事业建设者和接班人,需要各方面的努力。上海提出"三位一体"和"三线一面"的德育新格局。"三位一体",是指学校、家庭和社会"三位一体"协同德育;"三线一面",是指学校思想政治课、班团队和社会实践三线与各学科教育一面协同德育。在"三位一体"和"三线一面"德育工作中,各方面根据各自特点发挥德育功能,但思想政治课具有德育主导作用的特点和优势。

思想政治课与班主任、团队工作相比,班主任和团队工作主要是结合学生日常的学习、生活和工作,通过开展活动的形式,对学生进行思想品德教育;而思想政治课作为一门德育课程,有教学大纲、教材和教学计划,通过教学,比较系统地对学生进行马列主义、毛泽东思想基本理论常识教育。

思想政治课与其他各学科相比,各学科教学主要是结合教材有机地发挥德育功能;而思想政治课则是正面地灌输马列主义和毛泽东思想基本理论知识,帮助学生逐步掌握马克思主义的立场、观点和方法。

近年来,我们通过思想政治课教学改革,进一步发挥了思想政治课在学校德育工作中的作用,取得一定成绩。但在思想政治课的理论教育中也还存在不少问题,需要我们在深化思想政治课教学改革中,充分发挥思想政治课的理论魅力。

二

什么是思想政治课理论的魅力呢? 思想政治课理论的魅力是基于马列主义、毛泽东思想的魅力,产生于马列主义、毛泽东思想理论的魅力。马列主义深刻地揭示了资本主义的基本矛盾,科学地阐述了现代社会发展和无产阶级革命斗争的客观规律。毛泽东思想把马克思主义普遍真理与中国的具体实践相结合,揭示了中国革命和建设的客观规律。马列主义、毛泽东思想理论是科学的真理,是无产阶级和劳动人民认识世界和改造世界的强大思想武器,它一旦为广大群众所掌握,就会变成巨大的物质力量,这已被国际共产主义运动和中国革命建设的实践所证明。这就是马列主义理论的魅力所在。

思想政治课是对学生进行马列主义、毛泽东思想基本常识和社会主义公民意识教育的课程,包括公民道德与法制教育、社会发展基本规律教育、建设有中国特色社会主义教育、经济常识教育、政治常识教育、科学人生观和世界观教育等内容。思想政治课理论的魅力就在于用马列主义、毛泽东思想理论去教育学生,充分发挥其吸引力、说服力和战斗力,帮助学生逐步掌握马克思主义的立场、观点和方法,提高学生的思想觉悟和认识能力,这对青少年的成长将起着"导向"和"奠基"的作用。指导学生掌握思想政治课理论,有助于其正确观察分析形势,认清社会主义代替资本主义的历史必然性,坚持正确的政治方向,坚定社会主义信念;树立科学的人生观和世界观,自觉地努力学习,刻苦锻炼,同工农相结合,同实践相结合;理解建设有中国特色社会主义的路线、方针和政策,认清青年一代的历史使命,为建设有中国特色的社会主义事业英勇奋斗。

马克思主义的科学理论,是伟大的认识工具,它为我们观察和分析问题提供了正确的立场、观点和方法。我们要通过思想政治课的理论教育,帮助学生学习和掌握这个伟大的认识工具,坚定对党对社会主义的信念,把学生培养成为社会主义事业建设者和可靠的接班人。当然,这绝不是可以一蹴而就的,而是一个长期的教育过程,需要我们不断努力。

三

加强思想政治课的马列主义和毛泽东思想基本理论教育,充分发挥思想政治课的理论魅力,最根本的是要认真有效地贯彻理论联系实际的原则。思想政治课教学要贯彻理论联系实际原则,有两层最根本的意思:一是要引导学生学习掌握理论;二是要指导学生运用学过的理论去分析实际问题,指导思想和行动。要贯彻好理论联系实际原则,必须努力做到"五性":

第一,坚定性。俗话说,"打铁先要自身硬",政治教师只有本身具有较高的政治素质,才能发挥思想政治课的理论魅力。这就要求政治教师对马列主义、毛泽东思想理论要有坚定的信念,要认真学习马克思列宁主义、毛泽东思想。对马列主义理论不仅要懂,而且要信,感情要真,这样才能理直气壮地对学生进行马列主义基本理论教育,也才能以自己饱满的政治热情去感染学生,收到良好的理论教育效果。

第二,针对性。为了有效地对学生进行马列主义、毛泽东思想基本理论知识教育,我们必须掌握学生的思想脉搏。学生思想上的"热点"是什么,理论认识上的"盲点"在哪里,思维的"弱点"又是什么,要做到心中有数,增强理论教育的针对性。如果我们的理论教育脱离学生的思想实际,必然是无的放矢,隔靴搔痒,效果是不会好的。我们要了解学生的思想实际,做学生的知心朋友。在备课中不仅"备"理论知识,而且要"备"学生的思想实际,努力运用马列主义基本理论引导学生解决思想认识上存在的问题。

第三,全面性。我们在教学中,如何使讲授的理论观点让学生听起来感到可亲、可信呢?这就要求我们在教学中坚持实事求是的态度,对问题要作唯物辩证的分析,力求做到"全面性",切忌简单化、绝对化、片面性,还要引导学生观察和分析问题要分清主次,把握事物的本质。实事求是是师生心灵沟通的桥梁、思想共鸣的基础和抗逆反心理的良药,我们只有实事求是全面地分析问题,讲清道理,才能收到良好的教育效果。

第四,情感性。我们进行马列主义基本理论知识教育,用马列主义、毛泽东思想武装学生的头脑,指导他们的行动,这不仅有一个"知"的问题,还有一个"信"和"用"的问题,须达到知识、能力和觉悟的统一。信是知和行的中间环节。要使学生相信我们讲解的马列主义理论,除了我们教师自己要懂和通外,在教学上还要注意情感教育。要创设情景,采取多种多样的教学形式,尤其要注意采用形象化的教学手段和组织学生开展社会调查,把观点和材料、理性和感性结合起来,激发学生的情感,情通才能理达。

第五,实效性。我们在理论教育中,还要努力引导学生运用所学的理论去观察分析国内外形势,分析面临的重大问题,分析有关的社会思潮以及自己成长中遇到的种种矛盾,指导自己的思想行为。这样才能达到理论教育的目的,发挥思想政治课的理论魅力。现在许多学校采用的小论文、时事评述、专题讨论、辩论、议论和社会调查等形式,对引导学生将所学理论应用于实际,培养学生观察和分析问题的能力,是行之有效的。我们还要在实践中继续创造理论教育的新形式,进一步加强教学的实效性。

将理念转化为学生的信念①

一、充分发挥思想政治课对中学生进行人生信念教育的奠基作用

1993 年上海市教育局颁发了《关于当前进一步改革思想政治课教学的若干意见》,强调:"思想政治课是中学的一门重要学科,是对学生进行公民道德教育、法律教育、社会主义教育和马列主义常识教育的课程。它对指导学生确立正确的政治方向,树立科学的人生观、世界观,培养社会主义的思想品德起着奠基作用,是中学德育必不可少的途径。它的设置是我国学校社会主义性质的一个重要体现。"毫无疑问,思想政治课是对中学生进行人生信念教育的基本课程。但是在如何发挥这门课程对学生进行人生信念教育的作用上,我们还远远没有完全把握其教学的规律性,需要继续努力研究和不断实践。

思想政治课的教学效果取决于两个方面:一是课程所灌输的理论自身的潜在魅力;二是政治教师在教法上的确当有效,从而使理论的魅力得到充分的发挥。

思想政治课的理论魅力何在? 首先在于其内容的科学性。也就是它所讲授的内容绝不是信口开河的"吹牛",也不是迎合某种潮流的"出尔反尔",更不是"头痛医头,脚痛医脚"的"就事论事",而是由浅入深、深入浅出、通晓易懂、循序渐进的说理,给学生以丰富的令人信服的科学理论知识。马克思指出:"理论只要说服人,就能掌握群众;而理论只要彻底,就能说服人。"②马克思主义的生命力,就在于它科学地揭示了客观世界,包括自然界和人类社会的发展规律,也包括学生成长的规律和趋势,并能科学地回答现实社会和人生道路中所面临的人们最迫切关

---

① 作者:蒋和庚,上海交通大学附属中学。本文摘自《使科学的革命理论转化为学生的人生信念》,全文收录于吴铎主编的《"中国著名特级教师教学思想录"中学政治卷》,江苏教育出版社 1996 年版,第 570—579 页。

② 《马克思恩格斯全集》第 1 卷,人民出版社 1956 年版,第 460 页。

心的带有根本性的问题。这些原理和结论是被实践早就证明了的不可推翻的真理,因而能够使人们感到信服。

其次还在于它的实践性。也就是课程所讲授的内容绝不是乏味的空洞"说教",更不是应试的"敲门砖"。马克思主义是工人阶级和广大人民群众认识世界和改造世界的强大思想武器,是指导人们正确行动的科学指南,是提供给人们正确观察、分析和解决问题的立场、观点和方法。大到国家革命和建设,小到个人的学习、生活和思想问题,无不需要马克思主义科学理论来指导。学习了这些科学理论,人们就可以在各项实践中少犯错误、少走弯路,就可以达到事半功倍的效果,否则就会迷失方向。

思想政治课的理论魅力能否充分发挥,则取决于教师的教学方法和教学能力。有同志曾总结"发挥理论魅力必须做到'五性'",即:政治教师自身对马克思主义理论在信念上的"坚定性";掌握学生的思想脉搏,进行有的放矢教学的"针对性";坚持实事求是,对问题进行辩证分析的"全面性";进行马克思主义基本理论知识教学具有"情感性";引导学生学习理论用于实际的"实效性"。① 这对我们是很有启发的。

长期以来,我国中学思想政治课课程设置和教材一直处于不断的演变中,这是政治学科自身的性质特点决定的,是正常的。而且它的演变总趋势是朝着更贴近学生、更接近生活实践、更适应建设有中国特色社会主义的需要方向前进。它正在改变长期存在的大学及中学"一个模式、两套教材、一厚一薄、简单重复"的局面。做到了从中学生思想实际和我国社会主义现代化建设实际出发,有所侧重,有的放矢,有事有理,由近及远;文字上通俗生动、理论上逐步深化。这一教材改革的大方向是正确的。我们政治教师的责任在于开展教学方法的研究,充分利用现有教材,力求发挥它在形成学生科学信念中的理论奠基作用。

二、针对学生实际,精心组织教学

教学中要真正解决学生的信念问题,就必须精心备课,做到有的放矢。

(一) 针对学生思想热点,加强教学的针对性

1987 年我在讲《人的本质》一课时,发现在学生中"人的本质是自私的"观点

---

① 参见上海《思想政治课教学参考》1992 年第 3 期,李炳钟文。

有相当市场。他们认为一个人不可能真正大公无私,即使有的人做好事,也往往带有私心,如为了"表扬",为了"出风头"。因此不少人对为他人及为集体服务的观念十分淡薄,还以"别人也是如此"来谅解自己。有的人还讽刺挖苦那些积极参加集体活动的人,使那些本来想做一两件好事的同学感到无形的思想压力,怕别人讲自己是"假积极""捞取个人好处",终于采取"事不关己、高高挂起"的消极态度。我感到这一课教材有较大的现实意义,决定花较多的时间上好这一课。

（二）选择理论的突破口,加强教育的说服力

我事先印发了 1980 年《中国青年》杂志发表的"潘晓"的文章《人生的道路呵,怎么越走越窄……》,以及由此引起的一系列讨论文章摘要,组织了一场"人的本质是自私的吗?"的讨论。开始时,虽有不少同学举出了世界上确实有许多品德高尚的人和事例,但也有人列举了现实生活中的自私卑劣的人和事,双方谁也说服不了谁。后来有人还竭力论证做好事的人也往往是"出于个人的动机和目的",如军人勇敢打仗是为了"尽天职",是给亲人或战友报仇,不勇敢就要受军纪处分,消灭敌人是为了"保存自己",甚至认为马克思也只是为了实现"自己的"理想。因此,得出了人"既有高尚的一面,又有自私的一面"。他们认为,"为他人"与"为自己"有时虽有矛盾,但有时也可以统一起来,"利己不应损人","主观为自己、客观为大家",或者"利人时也不损害自身的利益"。总之,他们的结论是"人不可能真正做到毫不利己、专门利人"。

在这场争论中,不少学生将自私自利与个人正当利益混为一谈,把私有制下产生的私有道德观念看成是人类的本质属性。所以必须从理论上加以澄清。我引导学生认真学习教材,从"人的两种属性不能混为一谈"进行分析:(1)只有社会属性才是人的根本属性,"要吃、要穿、求生"等,都只是人的自然属性。(2)人的生存和发展需要有正当的物质利益,这不能称为"自私"。但人毕竟不同于一般动物,人在自然属性的种种需要面前,往往还具有理智和道德的选择。正如老山前线的战士在生死考验面前,他们仍能为一口活命的水和饼干互相谦让。他们虽有"求生、不愿死"的思想,但又能够为了国家、民族,甚至同志而毫不犹豫地作出牺牲,这是那些只具有"为生存而争斗"等自然属性的一般动物无法做到的。(3)雷锋说得好,人吃饭是为了活着,但人活着并不是为了吃饭,而是为了健康、劳动和工作。在民主革命年代里,有不少革命者为抗议反动派的迫害而进行绝食斗争,这正是人的社会属性统帅和制约了自然属性。人的思想道德境界越高尚,就越能

够自觉地用社会属性控制和调节人的自然属性。人一旦丧失了应有的理智和道德选择,就只能暴露出兽性,使自己与一般动物没有本质区别。所以,我们学生必须在"公"与"私"的矛盾中做出正确选择,才能算得上一个高尚的人,脱离了低级趣味的人。我还分析了作为社会意识的"自私"观念的形成原因,指出"存在决定意识,意识是对客观存在的反映"。私有观念是私有制经济在人们思想领域的反映,是社会发展到一定历史阶段的产物。把私有制出现后才产生的私有观念说成是人的普遍本质,不仅违背了历史唯物主义的基本原理,也不符合人类社会发展的历史事实。

最后,我又根据《红旗》杂志1987年第3期《大公无私不能否定》一文的精神,阐明了大公无私是中华民族和整个人类赞扬的传统美德;无产阶级政党必须提倡大公无私精神,否则便没有中国革命的胜利;建设社会主义也需要提倡大公无私,改革开放中更必须反对损人利己、损公肥私的自私自利的个人主义。在人类社会发展史上,当一种先进生产方式取代腐朽生产方式时,也有许多顺应历史潮流的优秀代表人物曾表现出自我牺牲精神。因此,认为"私心不能压制"的观点是不正确的。在我们的现实生活中,虽然确有不少自私自利的人和事,但更有雷锋、张华等先进英雄人物。他们表现出了大公无私的精神,代表了我们时代的要求和特征。将这种精神发扬光大,才会对社会的道德建设起到良好的导向作用。

我们终于用革命的理论统一了学生的思想,克服了学生认识上的谬误,使受教育者感到了信服。方志敏曾说过,在理论的政治的认识上,站稳着脚步,才不至于随时为某些现象或谣言而动摇自己的革命信念。

(三) 运用教育的形象性,达到教育的实效性

我们一面说理,一面组织学生调查访问,先后邀请了上海船厂工程师、张海迪式的坚强青年袁春林,舍己救人的"钢铁战士"刘琦来校与学生见面座谈,又组织收看解放军战士蔡朝栋作的《理解万岁》报告录像,让学生亲自到社会上调查走访,写学习体会。不少学生说:"这是我一辈子也不会忘记的一堂生动的政治课,它使我懂得了人为什么要活着,人应该怎样活着。"有一学生说:"过去我认为人生在世就是为自己而活着,人人为自己,就是人人为大家,个人主义+个人主义……=集体主义。现在我决心清除思想上的'小'字,改写上一个大写的'公'字。"有一位学生引用了作家秦牧的一段话作为自己的座右铭:"人不能向猪狗鹿牛学习,更不能向豺狼虎豹学习,过浑浑噩噩或磨牙吮血的动物式的一生,也不能向庸愚扰

攘之辈,或贪婪卑鄙之徒学习,过俯仰随人或者横暴丑恶的一生。我们得向人类的精英学习。经常想到劳动人民,想到集体,想到民族的命运,人类的前途。度过投身集体、为亿万人民幸福奋斗的、有理想、有意义的一生。"

三、贴近学生生活,进行理论点拨

要使学生感到学习理论有用,就要使理论的教学贴近学生的生活。

1994 年 2 月,我们正在进行"矛盾普遍性"一框的教学。原理讲完了,应该引导学生联系实际重点解决什么问题呢? 现行教材在编写中比较重视"可读性"原则,课文写得比较具体详细。教材告诉学生要用一分为二的矛盾分析法正确看待在现代化建设中我国的长处与短处,正确分析自己在成长中的长处与不足,正确理解邓小平的"两手抓"思想。无疑,这些问题都是很重要的。但是学生一读教材就都知道了。从他们的预习笔记可以看出,上述内容似乎没有引起他们较大的反响和共鸣。如果泛泛而谈,这一课就不可能给学生留下较深刻的印象。我们在备课中发现了两个很贴近学生思想生活的材料。一是 2 月 24 日《新民晚报》刊登了一篇《李薇,你不该这样……》的社会新闻,说的是一名市重点中学的高一女学生,因缺乏父母之爱及考试不及格,走上了轻生的绝路。这正是当前中小学生因生活条件过于优越而出现的一种消极倾向性问题。二是上海电视台于 2 月 28 日晚上播放了反映我校高二女生沈漱舟人生道路的专题纪录片《我想有个家》。这两个事例恰巧从正反两方面反映了当前青年学生在人生道路上应如何正确对待困难、挫折和矛盾的问题,有重大现实教育意义。因此,我们当即决定以这两个事例为教学的抓手,把教育的重点放在对青年学生进行正确对待人生矛盾的人生观教育上。首先,我们迅速翻印了有关李薇的介绍资料,同时组织高一年级全体学生集体收看电视纪录片,之后请沈漱舟给大家现身说法。第二天,在课堂上讲完矛盾普遍性原理后又立即引导讨论:"我们从李薇和沈漱舟两条不同的人生道路可以得到哪些经验教训?"似乎不要教师多言,学生就结合两个人的事例得出了"要正确对待人生道路上的矛盾"的结论。他们说,任何人在生活的道路上都会遇到各种矛盾,要敢于正视矛盾、善于分析矛盾、正确解决矛盾。在我上课的班级里,同学们不仅了解沈漱舟,而且还有人曾在初中时认识李薇,所以他们既为李薇的消极轻生而惋惜,又对沈漱舟的坚强意志和优秀学习成绩感到钦佩,也为自己虽有比沈更优越的条件而未充分利用而惭愧。他们把两个同龄人作为自己的镜子加以对照,表示不仅要珍惜自己的有利条件,而且要像沈漱舟那样将不利条件转化为有利条件,将困难当作对自己的挑战和磨炼,使自己变得更懂事、更坚强。他们还根据"矛盾无时不有,旧的矛盾解决了,新的矛盾又会产生"的道理,进一步分析了沈漱舟会因电视纪录片的播出产生的社会效应而可能发生命运的重大转折,会出现两种前途。希望她不辜负社会的关怀和期望,将来为人民作出更大贡献,而不要因此背上包袱,或因失去了清贫和困难的压力,走上另一个极端。学生这些分析是很中肯的。事后,这些同学注意到,沈漱舟面对社会的热情关怀,虽十分激动,但头脑却十分清醒,仍一如既往地严于律己,因而对沈漱舟非常钦佩。马克思主义理论归根到底来源于实践,又指导实践。沈漱舟和李薇两个人的事例证明马克思主义理论对人生道路的重大指导意义。在思想政治课教学中坚持理论联系实际原则,努力贴近学生的生活实际和思想实际,做好理论点拨,就一定可以使理论逐步转化为学生的信念。

四、强化基本观点,确立革命信念

在一个人的各种信念中,社会信念是最根本的、起主导作用的。我们教育学生树立科学信念,最重要的就是树立坚定的为建设社会主义和最终实现共产主义而奋斗的社会信念。邓小平同志说:"现在中国提出'四有',……其中我们最强调的,是有理想。……而我们共产党人的最高理想是实现共产主义。"①邓小平同志又指出:"我们马克思主义者过去闹革命,就是为社会主义、共产主义崇高理想而奋斗。现在我们搞经济改革,仍然要坚持社会主义道路,坚持共产主义的远大理想,年轻一代尤其要懂得这一点。"②为了培养无产阶级革命事业的接班人,除了对学生进行科学的生活信念、职业信念和道德信念的教育外,决不应忽视甚至排斥对他们进行更高层次的社会信念教育。这一理想和信念是不可能自发产生的,它必须通过马克思主义科学理论的"灌输",使他们学会用马克思主义的立场、观点和方法观察社会,认识其发展趋势,从根本上懂得社会主义、共产主义代替资本主义是社会发展不可抗拒的规律。毛泽东同志指出,"感觉只解决现象问题,理论才解决本质问题"③。要充分利用现有教材,对高中学生进行马克思主义基本观点的

---

① 《邓小平文选》第3卷,人民出版社1993年版,第190页。
② 同上,第116页。
③ 《毛泽东著作选读》上册,人民出版社1986年版,第125页。

教育。在当前,尤其要加强以下几方面的基本观点教育:

从社会主义的基本含义、必然规律、本质特征和发展阶段,讲清什么是社会主义。抵制各种对社会主义进行歪曲和攻击的错误言论。

从我国的近现代史和现实国情,讲清中国走社会主义道路的必然性,批判"中国不搞社会主义也照样可以实现现代化"的错误观点。

从两种制度的对比及现象和本质的关系,讲清社会主义制度的优越性,帮助学生正确看待现实生活中碰到的各种困难、矛盾、疑问。

从辩证唯物主义基本原理,讲清社会主义的前进性与曲折性的统一,克服学生对社会主义前途的担忧和信念的摇摆。

从理论和实践相结合,讲清建设具有中国特色社会主义理论的提出,是马克思主义在中国的伟大胜利,坚定社会主义在我国必胜的信念。

从人类的理想追求和青年应有的抱负,讲清共产党人的伟大历史使命,激励学生发扬革命英雄主义精神,敢于为共产主义理想而奋斗。

我校作为一所市重点高中,不仅要培养出一大批文化科学知识的拔尖人才,而且也要培养出一批政治上有更高觉悟的优秀人才。"文革"以后,我们十分重视在高中学生中开展党建工作,在思想政治课教学中也十分强调革命理想教育,力图在学生中培养出一批共产主义的坚定信仰者。

为此,1988 年在《科学人生观》教学中,我们曾重点讨论了"我国人民现阶段的共同理想与党的最高理想的关系","我国现在仍处于社会主义初级阶段,讲共产主义理想是不是'说空话'"。我们着重分析了共产主义之所以会被越来越多的人所接受,就是因为这一思想反映了千百年来整个人类对理想社会的共同向往和追求。《圣经》里的"伊甸园",柏拉图的"太阳城",陶渊明的"桃花源",直到康有为的"大同世界",都是对一种理想社会的追求。然而,他们的理想不可能是科学的,而且也找不到一条实现理想的道路。马克思主义的共产主义不仅反映了人类对理想社会的共同愿望,而且把它上升到科学理论的高度,并第一次指出了实现这一理想社会的途径。无数革命先烈曾为这一理想社会的实现作出了巨大牺牲。我国社会主义革命和建设的伟大实践作为共产主义事业的一部分,已经取得了伟大的胜利。"没有社会主义就没有今天的一切",这是中国人民在自己的实践中得出的结论,社会主义在中国的胜利已为世界人民所瞩目。

我们在进行理论灌输的同时,还组织学生进行社会实践——参观"一大"会址,参观市政建设重大工程,到太浦河工地参加义务劳动,请优秀共产党员作人生理想报告,还利用暑假组织部分学生到井冈山进行"沿着革命的足迹前进"考察活动,让学生亲身感受社会主义、共产主义事业的伟大胜利,了解革命人民为实现共产主义所作出的巨大努力甚至牺牲。我校93届6班学生张军从井冈山考察回校后,立即写了一份入党申请书,表达了对党的坚定信念。他说:"在茨坪革命博物馆、烈士陵园,我的心灵又一次受到了强烈的震撼和荡涤:60年前,井冈山发生过'红旗到底能打到多久'的争论,毛泽东的《中国红色政权为什么能够存在》有力地回答了动摇者,为迷航中的革命者指引了方向。今天,面对复杂的国际形势,又有人提出了同样的疑问。不过,历史将无可辩驳地证明,我们伟大的党在如此艰难曲折的情况下经受了考验,走过来了;也同样有能力领导全国各族人民在建设社会主义现代化事业的大道上飞奔,红旗将永远飘扬在共和国的土地上。'星星之火,可以燎原',我将紧跟党永远前进。"高中毕业前夕,我担任他的入党介绍人,介绍他入了党。

多元施教　精益求精[①]

我先后在上海市第六中学和上海市金陵中学担任思想政治课老师,热爱并坚守思想政治课讲台。因为先天性肌肉萎缩疾患,我双腿行走不便,双手缺乏握力,但是克服病魔,矢志教学,力求理论联系实际,让学生在课堂内外学习马克思主义真理,是我在思想政治课教学岗位上百折不挠的追求。

思想政治课是一门显性的德育课程,我在关注学生思想成长、精心设计教学过程、努力改进教学方法、力求教学效果达成等方面探索教学改革。

一、宏观微观并重,德育功能彰显

(一) 挖掘教材内容的思想性,以爱国主义为主旋律,结合形势教育、国情教育,勾画出发挥德育功能的轨迹

实施德育的主要内容为两方面:

第一,加强政治方向教育。以党的基本路线为中心内容,帮助学生坚定社会主义政治方向。例如,高三教材是《马克思主义政治常识》,如何使学生坚定拥护我国的政治制度,高考、会考只是检验手段之一,更重要的是要引导学生观念内化。每届高三我都会千方百计挤时间,组织学生分组采访中共黄浦区委和各民主党派有关领导,到区人大作专题调查,引导学生增强党的观念,体会中国共产党是中国最广大人民利益的代表和我国社会主义政治制度的优越性。通过课堂理论学习、课后分组调查、课堂交流分享等手段,学生明确了中国特色社会主义政党制度和政治制度的正确性。

第二,加强思想道德教育。以集体主义、为人民服务思想为中心内容,帮助学生确立科学的世界观和人生观。在教学中,我组织学生采访优秀党员、劳动模范,

---

① 作者:曹雅娣,上海市金陵中学。本文写于 2012 年。

调研普通劳动者的人生价值等,以中华民族的传统美德、改革开放中先进模范人物的生动事迹感染学生。尤其在发展社会主义市场经济的社情中,加强培养学生自主、平等、开放和竞争意识,帮助他们树立正确的金钱观和科学的消费观,进而加强德育实践。我还通过组织义务劳动、演讲交流、记功评比、发扬奖励等措施,升华学生的社会责任意识。

总之,在思想政治课的教育教学中,我坚持两种教学策略:一是注意点点滴滴、细水长流、潜移默化,由量变到质变地提高学生觉悟;二是精选教育重点,课内外结合,有的放矢、启发引导,提高学生觉悟,使知识性与思想政治性教育有机结合。

（二） 引导学生走向社会,充分利用大环境,弥补学校小环境的不足

参观、访问、调查,都是组织中学生接触社会实际,用具体生动的典型事例进行说服教育的有效形式。仅以 1988 年 9 月至 1994 年 6 月计,我曾组织中学生近1600 人次对 35 个单位或个人进行了调查访问,引导学生在调查访问与理论学习结合中,微观论理,宏观论证,从而开拓了视野,活跃了思维,对激励情感和培养正确的思想政治观念起了很大作用。

为了使学生知行统一,我很注意组织德育实践。例如,让学生"以闪光的行动"为题定期作自我评定,在班中作"我在集体中成长,我为集体作贡献""雷锋精神活在我心中"的演讲交流,引导学生进行自我教育。

（三） 引领先进苗子组织党课学习,使思想政治课教育的广泛性与先进性有机结合

自 1985 年起,在学校党支部领导下,我曾组织 10 期党章学习小组,为 300 多人次中学生上了党课。系统地对一部分中学生上党课、学党章,同时引导他们找学习榜样,组织为人民服务的实践活动,这些学生普遍反映增强了政治上进步的动力,在各方面对自己提出了更高的要求。经过党课学习的学生,在后来的人生轨迹上,许多人成为中国共产党党员。

总之,思想政治课的育人功能,需在学生领略马克思主义理论魅力的基础上才能发挥。

二、追求优化目标，紧扣各个环节

(一) 潜心钻研教材

在教学改革实践中，我努力加强教学目标的研究和落实，追求教学过程最优化。教学目标是教育教学活动的出发点和归宿，只有做到知、情、行的有机结合，才能驾驭教材，对学生晓之以理，动之以情，导之以行。

例如，学习"适度消费和合理消费"一节时，我发现不少学生认为"花钱越多越舒服"，"名牌消费才时尚"。为此，我组织学生收集上海近一年消费水平变动的资料，了解家庭工资性年收入、人均年收入、消费支出，分析个人消费水平和个人用于发展消费的项目支出状况等，经过精心引导，及时纠偏，学生对"适度消费和合理消费"的含义和意义以及科学消费等概念有了较为深入的理解，对消费的正确取向有了深切的感悟。

(二) 充实教学内容

我平时注意大量阅读报刊，注意结合思想政治课教学需要，收集和整理资料，研究学生的思想动态，储存信息和汲取养料，寻觅思想教育的入口和最佳时机，以增强思想政治课的吸引力。

例如，我曾多次给学生讲"矛盾普遍性和特殊性"的原理，而效果最佳的一次是结合电影《高山下的花环》进行教学。我利用学校组织学生看过这部电影的优势，发动学生仔细分析三位主要人物的个性和共同本质，使学生不仅深刻感悟了英雄事迹，还从生动的艺术形象中悟出了道理。为了备好这节课，我翻阅了十几种报刊查阅资料，还十分艰难地走上电影院十几级台阶，目的只是去购买一张这部电影的说明书。

(三) 了解分析学生

"了解分析学生是教好思想政治课的一把钥匙"。只有了解和分析学生的思想和成长情况，才能够有的放矢针对教学热点设计讨论题，发掘和调动学生非智力因素积极参与学习过程。

讨论题的设计必须针对热点，抓住纠结点的要害。否则"放羊式"的讨论只会流于形式，既不体现学生的主体作用，教师也无从起主导作用。我通过向班主任联系、预习质疑、座谈、聊天等形式，了解学生疑惑的动向，然后设计讨论题，使学生感到每节课都有他们渴望了解的内容,课堂上也就出现了积极投入、主动参与的局面。

思想政治课教学,既要关注大多数,也要注意到个别学生特殊情况。例如,有位学生,每当我讲到社会主义制度优越性时,他总显露出不满的神情。原来这位学生因为父母离异,他的户口没有落实而产生了消极的情绪。我就有意识地接近他,做他的思想工作。接触中,我了解到他在打扫教室时,经常主动留下倒垃圾,在校外还自觉帮助过摔倒的病人。我就不失时机地表扬他的闪光点,从而拉近了师生距离。有了真诚相待的基础,他上课时接受知识的主动性就大大增强了,思想上的疙瘩也就慢慢解开了,毕业前夕还找我商量了前途问题。

(四) 筛选优化教法

教学是一种艺术与技术相结合的创造性劳动。优化组合教学法是提高课堂教学的有效途径。在长期的思想政治课教学实践中,我注意学习其他教师的教学方法,也不断琢磨和总结自己的教学方法。每节课的备课,我都要思考如何优化筛选教法,使马克思主义的理论在学生的心中"活"起来。

根据不同课型和教学班的实际,我形成了自己常用的教学法,即问题探索法、谈话法、直观法、发现法、讨论法、图表法等。在各种教学法的实施中,始终贯穿着启发式的原则。启发式教学贵在导航,妙在开窍,要在转化。

(五) 改革考评方法

为了促进学生全面成长,我进行了综合测评的试验。我把学生一学期的成绩分列为三大部分,知识考查部分、能力培养部分和德育实践部分。在德育实践部分,分列为"上课参与意识""作业上交情况""劳动态度表现"和"为集体服务行动"等四项。改革促进了学生贯彻知行统一原则和理论联系实际原则,形成了良好的自我教育机制和竞争机制,加强了德育管理。

在思想政治课教学实践中,我形成了"精雕细刻,深入浅出;授人以渔,激励思维;情真意切,育人导行"的教学风格,实现了由应试教学向素质教育的转轨。

三、教研科研互助,团队频出成果

毅力锻炼人,教学研究贵在认真和坚持。我的每节课的教案都是详案(2000字左右),在区教案评比中获得了一等奖。我多次参加教案专辑的撰写,有的教案被选入《全国思想政治课名师授课录》一书。

我不善于写文章，但几十年的教学研究实践锻炼了我。在紧张工作的同时，我参加了电视中专的哲学教材编著，撰写的论文在省市级以上刊物发表的有数十篇，有的还在市论文评比中获一等奖和优秀德育论文奖。

个人的力量是绵薄的，形成合力才能全方位实施教改。1987 年左右，市六中学政治组被市教育局指定为全市思想政治课改革的试点之一，这是六所试点中学中唯一的一所普通完中。在我们教研组，大家既有荣誉感，又深感任务之艰巨。我们人人都面临执教新教材的难度，在市教育局组织校际研讨的基础上，认真摸索各年级教学大纲与德育大纲的有机结合点，确定德育施教重点，组织社会调查实践，写小论文，上公开实验课，试行结构评分法，等等。在攻坚克难的历程中，大家都不愿意走回头路。在市、区、校各级组织的关怀帮助下，我们终于在改革的实践中取得了成果，教研组连年获得了褒奖和荣誉。

1992 年，我们市六中学教研组几个教师并入了金陵中学。新的教研组团结向上，教风严谨。在金陵中学，我们既发扬传统，也继续推行改革。大家踊跃投入创新实践，积极组织社会调查，轮流担纲时事广播宣讲，实行结构评分，确定科研课题，将定期上实验课定为制度。总之，只要有利于学生的健康成长，我们都会摸着石头过河，克服困难前进。不懈努力连连结出硕果，即便在我退休后，也经常听到教研组的改革佳音和荣誉。

我在思想政治课教学讲台执教 44 年，历任 24 届高中毕业班教学工作，担任23 年思想政治学科教研组长。我在教学上的改革和创新，得到了领导的认定和同事们的赞勉，曾经获得了上海市劳动模范、上海市优秀人民教师、全国为人师表优秀教师、全国优秀中学思想政治课教师等荣誉。我教学生涯的最大收获，是学生们领略到了马克思主义主义理论的魅力和威力，在知行统一的方向上迈出了坚定的步伐。在学生的来信和贺卡上，我看到了这样的话："感谢您帮助我们树立了正确的世界观、人生观，帮助我们学会了正确地观察问题、思考问题的方法。""您使我们不但学有所成，而且在思想品德上也有了提高。更让我钦佩的是您高尚的人格和坚强、刚毅的性格。在学校里学习的时间是短暂的，而以后的人生道路是漫长的，重要的是在这三年里学会了如何做人。"寥寥几笔，朴实无华，是给一个思想政治课教师的莫大安慰。

新教材的特点与教法改革

——试论初三新教材教学①

使用新教材之初,教师在教学中往往会有一种不适应感。这种不适应感主要缘于传统的、旧的教学方法与新教材之间的矛盾。一些教师感觉"一难二怕",觉得新教材难教,怕"穿新鞋走老路",怕学生在统考中的成绩不理想。经过一年多的实验教学,我感到《中国社会主义建设常识》有许多新特点,只有运用与之相适应的教学方法,即新教材使用与教学方法改革同步进行,才能达到较为满意的效果。

一、新教材的思想性特点,决定了需要开展情感型教学

新教材以培养"四有"公民为目标,把"四有"教育作为中心内容,并贯穿全部课程的始终。知识的传授,理论的讲解,都要为思想政治教育服务。在教授思想性很强的新教材时,简单的说教只能引起学生的反感。在以往的教学中,有的教师往往以居高临下的姿态出现在讲台上,把学生仅仅看作受教育者。在这种环境下,师生之间的情感联系微乎其微,学生的思想受到压抑,思想教育就不会有好的效果。教学实践证明,思想教育寓于情感教学之中,把思想教育与情感陶冶融为一体,才能收到事半功倍的效果。

开展情感型教学,首先教师要有深厚的情感,这是前提。过去,我们总是埋怨学生对政治课缺乏感情,不爱上政治课,而往往忽视了教师的思想情感在政治课教学中的作用。教师的思想情感来自对党的十一届三中全会以来的路线、方针、政策的感情,只有教师对社会主义经济体制改革充满着信心,对社会主义制度优越性坚信不疑,对 2000 年宏伟目标满怀激情,学生才会受到感染,产生共鸣。"言不激切,则听者或未动心。"其次,对学生要有真挚的情感。这种情感来自对党的

---

① 作者:杨大兴,上海市向明中学。本文写于 1997 年。

教育事业的高度责任感。在新教材教学过程中,学生会有许多思想疑惑,诸如:"党内现在还有不正之风,叫我们怎么热爱党、听党的话?""对外开放使我们的物质文明上去了,而精神文明下降了。"假如教师对学生的思想认识问题表示厌烦或者进行训斥,学生的思维就会受到压抑,甚至产生情绪上的反感。情感教学是思想教育的基础,思想教育在情感的传导中才能入脑入耳。古人曰:"导人必因其性,治水必因其势。"学生思想认识中的问题只能"谆谆而后喻,绕绕而后服"。

二、新教材实事求是的特点,决定了需要开展师生平等探讨式教学

新教材对我国社会主义建设和发展坚持实事求是的论述,既讲成就,也讲失误;既讲社会主义制度的优越性,也讲社会主义优越性没有充分发挥出来;既讲必须坚持党的领导,也讲党在领导社会主义建设中的失误,其目的是让学生初步了解社会主义初级阶段的实际情况及面临的艰巨任务。但社会上对社会主义建设中各种问题的不同议论和看法会反映到学生的思想认识中来,使他们产生疑问。学生有疑问是好事,但仅仅依靠"教师按课本教,学生随课本学"的传统教学方式是解决不了学生的思想认识问题的。因为,有一些学生提出的疑问往往不是教师能直接回答得了的;有些问题教师回答了,效果也不一定好。在教学中可以发现,对同样一个问题,如果一开始就由教师来讲,即使面面俱到,学生也不爱听。但如果由学生自己进行交流、讨论,甚至争辩,他们就会很投入,对得出的结论也会很相信。例如,在讲 2000 年宏伟目标时,学生对"我国人均国民收入将达 1000 美元"这一条反响极大。有的学生说:"我国人口多、底子薄,1985 年人均国民收入才 300 来美元,2000 年要达 1000 美元不可能。"有的学生却说:"人家日本 1985 年人均国民收入已经超过 1 万美元,而我国到 2000 年才 1000 美元,太落后了。"我意识到,光靠教师的单向说理是不能解决学生的"不相信""不满足"问题的,于是发动学生开展讨论。课上,学生们各抒己见,踊跃发言。有的学生说:"日本在第二次世界大战后,人均国民收入不到 50 美元,50 年代初才 200 美元,经过 30 多年的努力奋斗,才超过 1 万美元。我们有党的领导,有优越的社会主义制度,又有战略重点和战略部署作保证,世界新技术革命对我国来说又是一次机遇,只要我们坚持改革开放的方针,大力发展生产力,2000 年的奋斗目标一定能实现。"有的学生说:"我们看国民收入不能光看数字,要看实质。资本主义发达国家贫富悬殊,大

多数财富集中在少数大资本家手中,他们那里税收多、房租高、物价高,所以一般劳动人民实际生活水平远远低于他们国家的人均国民收入。而我们是走共同富裕的道路,人民得到的收入水分较少。一口饭吃不成胖子,我国与发达资本主义国家的差距是长期的历史造成的,当然不可能在短时期内消除。2000 年奋斗目标是从我国实际出发制定的,既是切实可行的,又是鼓舞人心的。"这样,在热烈的讨论中,持"不相信""不满足"观点的学生改变了自己的看法。师生平等探讨式教学,不仅能让学生受益良多,而且也往往能给教师提供很多新的启示,有助于更加了解学生的思想实际。当然,对有些问题的认识,师生和学生间有时会有观点上、思维方法上的差异,我们不应该过分地强求一致。

三、新教材的时代性特点,决定了需要开展开放式教学

新教材与当今社会实践紧密联系,富有鲜明的时代性。其中,社会主义经济体制改革,对外开放,精神文明建设、法制建设等内容充满着时代气息。"学习、教育和训练如果只限于学校以内,而与沸腾的实际生活脱离,那我们是不会信赖的。"①假如教师把学生封闭在课堂内,仅在黑板上干巴巴地说改革、话开放,是不能使学生满意的。结合课文内容,师生走出课堂,进行社会调查、参观访问,这样既开阔了师生的视野、丰富了知识,又在实践中增强了学生动手、动脑的能力。这样做,师生会感到社会主义建设是发生在自己周围的事,有一种看得见摸得着的亲切感。开放式教学的主要形式包括:第一,走出去。师生下农村,或到工厂、街道实地考察改革开放和精神文明建设的情况,参观改革开放的成果展览,获得丰富的、活生生的第一手感性材料,十分有利于加深对课本知识的理解。如,家庭联产承包责任制的概念,如果照本宣科,对城市学生来说很难理解。师生到农村调查后,对家庭联产承包责任制的形式、内容、意义就清楚了。第二,请进来。请改革中的先进人物来校作报告;请外贸部门、中外合资企业的同志讲对外开放的形式及其重要性。师生听来生动具体,加深了对改革开放的认识。第三,运用现代化教学设备为教学服务。这种方法省时省力,效果显著,很受师生欢迎。如,教师播放"迎接挑战""日本国际博览会"等录像,配合"新技术革命和我国的经济建设"这一节的教学,恰到好处,学生看后印象深刻,不亚于教师的千言万语。

---

① 列宁:《青年团的任务》,人民出版社 1973 年版,第 17 页。

四、新教材的可读性特点，决定了需要开展指导型教学

新教材不单纯追求理论体系的严密、系统，不在理论阐述上贪多求全，内容通俗，学生读起来容易理解。然而，新教材的可读性特点，造成对教师的知识要求、理论要求和教学艺术水平，相比过去不是低了，而是高了；在课堂上，教师的主导地位不是削弱了，而是更重要了。只是与过去不同，马克思主义基础知识不再以抽象的理论体系向学生直接灌输，而是指导学生通过对具体生动的政治经济现象的分析，从中引出正确的结论。指导型教学就是充分发挥教师在教学中的主导作用，这个主导作用是以学生是主体为前提的，它包括以下几个方面。

1. 指导学生做好读书笔记。新教材的可读性，是学生做读书笔记的有利条件，但学生要做好笔记，则需要教师的指导。在一框内容的教学前，教师布置学习要求，学生阅读教材后，把本框中的知识点（概念、原理、问题）整理出来。这样做，有利于培养学生的自学能力。

2. 帮助学生进行知识整理，教会他们从整体上领会知识。做读书笔记时，学生通常对课文知识的个别概念、原理问题的掌握比较重视，而往往对知识之间的内在联系不很注意。因此，必须通过知识整理，教会学生从整体上领会知识。如："社会主义经济体制改革"一课教完后，我要求学生把三框内容贯串起来，用图表形式来表示，并请几名学生上黑板来做，其他学生补充，最后我再针对黑板上的内容进行讲解。这样，学生对这一课知识的理解加深了，记忆尤为深刻。

3. 启迪引导，指导学生带着问题寻找答案。在教学中，学生往往不愿暴露自己的真实思想。遇到这种情况，就需要教师设疑，指导他们带着问题寻找答案。例如，"社会主义的根本任务是发展生产力"一框教学后，有的学生对"坚持社会主义道路才能保证生产力发展"这一道理似乎不相信，可谁也不愿首先质疑。于是，我提出问题："二十二年的社会主义建设中我们犯了许多错误，经济建设没有多大发展，怎样理解只有社会主义才能促进生产力的发展？"同学们就议论开了。最后，多数学生认为：过去我国生产力没能得到很好的发展，是由于旧经济体制的弊病。由于我们在工作中犯了"左"的错误，把这些不是社会主义的东西当作社会主义的东西来看待，必然造成思想上的混乱。十一届三中全会以后，进行了经济体制改革，工作中不再犯"左"的错误，生产力就得到迅速发展。事实证明，社会主义能促进生产力的发展。显而易见，启迪引导的效果比教师直接灌输要好。

4. 进行思想认识问题的观点、方法指导。现在的一些初三学生常给人一种"小大人"之感,提出的许多问题带有"大人"口吻。然而,他们思考问题的方法还很幼稚。因此,需要指导学生掌握科学的思想方法。如,学生喜欢把我国同发达资本主义国家、同"亚洲四小龙"作比较。由于方法上的片面性,许多人得出了社会主义不如资本主义的错误结论。当我们在方法上加以具体的科学指导后,结论就不同了。他们能够认识到,不是社会主义不如资本主义,而是社会主义优越性还没充分显示出来,同时认识到社会主义建设的长期性、艰巨性,树立了青年学生的历史责任感。

新教材的特点需要教学方法的改革。上述四种教法不是截然分开的,可以单独采用某种教法,也可几种教法交叉进行。新教材有许多特点,其中最显著的特点是实际的东西多了。所以,在教学方法上最重要的一点是要坚持理论密切联系实际,更有针对性地进行教学。

创设情境 激发兴趣 发展思维①

思想政治课怎样培养和激发学生学习的动机,即如何使学生对思想政治课的学习处于一种"动机诱因状态",进而发展学生的思维,是随着新编思想政治课教材的普遍采用后,广大政治教师面临的一个值得研究的重要课题。众所周知,当前国内和国际正在兴起的教学改革浪潮有两个显著的特点:一是教学内容的更新,即要求用学生能接受的形式,把科学技术的新成果、社会知识的新理论反映在中、小学的教科书上;二是改革更新教学观念、教学原则和教学方法,把发展学生的智力,培养学生的能力,激励学生的"发现""创造"精神放在特别重要的地位。因此,注重思想政治课教学方法的新颖,创设"问题情境",激发学生学习兴趣,发展学生思维,使之对思想政治课的学习逐步有更明确的目的,并由此产生积极的学习动机和效果,达到寓思想教育于教学之中,成为思想政治课改革进一步深入的要求,也是更好地适应国内外教学改革浪潮的需要。本文试就思想政治课如何激发学生学习兴趣、发展学生思维的有关问题,结合近两年来试用新编思想政治课教材的探索和同行们的实践,谈点拙见,以抛砖引玉。

中学阶段各年级的学生正处于由少年向青年成长的转折期。随着年龄的增长、年级的升高,他们逐渐有了成人感,独立思维和辩证思维日趋成熟,并表现出较强烈的求知欲,喜作理论探讨和创新,但对成年人的教导往往表现出明显的抗拒。对于思想政治方面的学习,由于各种因素的影响,往往表现出不信任的态度和不作深入思考的盲目排斥的行为,存在逆反心理。因此,在思想政治课教学中,教师必须革新教学方法,利用一定的"诱因",促使学生对思想政治课的学习由被动的潜伏状态进入主动的活动状态,使之处于"动机诱因状态",即形成对思想政治学科的求知欲,产生"增欲的最高层次"——"社会性情感",促使学生自觉思考、主动探究。

---

① 作者:陈铭泉,上海市向明中学。本文写于1997年。

一、创设"情境"——由近及远,由浅入深;提供"诱因",导之入门

在心理学上,根据青少年的心理特征,有一种创设问题情境,以启发学生思维的方法。它对于使学生处于"动机诱因状态"是十分重要的,必须予以重视和研究。

创设"问题情境"不能狭义地理解为"提出问题"。对于不同年龄、不同年级的学生,要有不同的设计。对于初中学生,可以设计感性、直观的"情境"为主要手段。如我校初中教师在《公民》的"校风"一节教学内容中,设计了听"抗大校歌"、看"抗大校貌(图片、资料)"、访"学校师生"的问题情境,进而引导学生理解什么是校风,怎样才能形成良好的校风及学生的职责是什么。又如,在"公民意识"的有关教学内容中,充分利用我校处于市中心、闹市区的条件,专门安排一节课,让学生到淮海中路的一段马路上去"逛"、去观察,寻找那些"你以为符合或不符合具备公民意识的人和事",并要求他们讲一点儿"所以然"。这样的问题情境,学生原先熟视无睹,今天却成为"教学课堂",就往往使他们兴致盎然。但是,要进入"情境",能谈点儿"所以然"的前提是"知其然",这也就自然而然地引导使学生进入学习者的角色。特别是当学生意识到,平时常见的又不屑一顾的小事中蕴含着那么多大道理,对《公民》课的情感也就发生了显著的变化。感性、直观的"情境"创设和运用在初三有关"合同"一节教学中的尝试,也给人以较大启发。"合同""经济合同"的概念对初中学生来说很生疏,学生缺乏学习兴趣。为此,教师先请学生谈谈生活中是否曾有过购买物品的质量不好,去商店要求调换的经历。这时,有的学生面露得色,因为他调换成功了;有的学生则一肚子怨言,因为他碰了一鼻子灰。针对学生陈述的情况,教师发问了:"买到不合格商品,为何能调换呢? 如果已经用了一段时间,能不能换呢? 有的同学没有调换成功,你会怎么办呢?"这一番发问,让学生开始思考。教师针对这种情境,引导学生学习"合同"这一节,教学效果就比较好。总之,创设问题情境,要促使学生产生一种新的想解决问题的需求,这样就能引导学生克服"厌学"情绪,激发"想学一点"的动机诱因,以完成教学任务。

二、激发兴趣——动之以情,晓之以理;"动机"迁移,循序渐进

兴趣是个人对客体的选择性态度,这是由于客体的生活意义和在情绪上的吸

引力所致。注意激发学生对思想政治课学习的兴趣,使学生处于"动机诱因状态",是十分重要的。在教育实践中考虑到兴趣的作用,对于个性发展和知识掌握有着特别重要的意义。没有任何兴趣,被迫进行的学习会扼杀学生掌握知识的意愿。

思想政治课新教材中运用了丰富的实例,通俗易读,有助于激发学生阅读的兴趣。然而,使兴趣转化为需要,不能缺少教师的进一步引导。我们在新教材的实验过程中通过"动之以情",使学生"晓之以理"。而在这个过程中实现"动机"迁移是重要手段。初一和高一的政治教师,在教学过程中结合"家庭平等""人生观种种"等教学内容,发动学生自编自演"夫妻平等""男女平等"和"人生观之我见"等方面的小品,通过发挥学生对戏剧小品的爱好,激发学生兴趣,使之"动机"迁移。学生对政治课的学习表现出一种积极的情感变化,也就是在教学中实现了利用原有动机(肯思索、爱艺术、好探求)的迁移,使学生进而对自己的行为(小品内容、政治课学习)的结果有所体验和了解,对新教材的学习内容产生一种渴求认识、理解的倾向——需要、意愿。同时,由于学生动脑、动手、动口,进行自编自演,充分调动了学生学习主动性,这促使其又产生一种新的要解决问题(对学习政治课教材而产生的提问)的求知需要,也就是使其体验到新教材学习内容的丰富和学习的快乐,形成一种推动力——意志,学生也就自觉和不自觉地随着教学循序渐进,处于由不自觉向自觉转化的"动机诱因状态"。

三、发展思维——创设条件,满足需求;及时反馈,实现飞跃

思维是一种心理过程,借助于它,人反映现实的对象和现象的本质特征,并揭露它们之间的各种联系。发展学生思维,也就是在思想政治课的教学过程中,通过创设条件,发展学生"实践的思维""具体形象思维"和"理论的思维",使学生对政治课学习处于由被动转化为自觉的并持续保持的"动机诱因状态",进而激发学生的"发现""创造"精神。青少年学生好思索、喜探求,然而在他们懂得了一点之后又常好表现(这是一种积极的心理)。思想政治课在注意创设条件、发展学生思维同时,还必须注意创设条件满足学生显露才华的需求,以便让发展了的思维得以实现和检验并提高,即表现为学生的智力和能力通过及时反馈,实现更高层次的飞跃。

在高三政治常识新教材的实验过程中,我们比较重视发展学生思维。例如在

学生自学、预习课文的过程中,要求以小组为单位,把教材的基本概念、原理和基础知识进行归纳,并通过全班交流,得以明确和理解;对学生提出的疑问,给以指定某同学、某小组回答的权利,回答的同学要求论据充足,条理清楚,简明扼要。在一节、一章甚至一课内容基本学完的基础上,教师在黑板上画上空表格,请学生思考后,开展填表游戏,既活跃课堂气氛,又培养学生的归纳、综合能力。在演示的基础上,提高学习要求,即要求学生学会独立制表,具有归纳、综合能力,并全班交流评分,教师给予指导。实践证明,一旦调动了学生学习的积极性,学生的创造性思维将会得到充分的发挥,有时甚至能超过教师并启发教师,实现"教学相长"。在"国际社会"一课的教学中,由于本课知识面广、内容丰富,学生较为熟悉,我就让学生在小组自学的基础上,编制智力竞赛题,借用智力竞赛这一学生喜闻乐见的活动形式,完成本课部分教学任务,激发了学生的学习动机,并培养和发展了学生的智力和能力,实现了向更高阶段的飞跃。

创设"问题情境"、激发学习兴趣、发展学生思维三者是有着显著区别的,但三者又有着内在的有机联系,只是它们发生作用的程度不同罢了。从某种意义上说,创设"问题情境"是培养学生思维能力的前提条件,激发学习兴趣是培养学生思维能力的手段和途径,发展学生思维是实现培养学生思维能力的目的和归宿。思想政治课以教育任务的完成看,是要实现知、情、意、行的统一;从教学任务的完成看,是要实现知识、能力、觉悟的统一。两个"统一"的实现都离不开这三方面在教学过程中的和谐协调和相互作用。教学实践证明:只有三者的和谐协调和相互作用,才能在思想政治课教学过程中使学生处于学习的"动机诱因状态",并从不自觉状况向自觉状况转向,进而处于相对稳定的对政治课学习的"动机诱因状态",最终实现发展学生智力,培养学生能力,激励学生的"发现""创造"精神。

高中思想政治课实行开闭卷相结合考试方法改革的实践与探索①

思想政治课是系统地对学生进行马克思主义理论教育和品德教育的主渠道和基本环节,是中学德育工作的重要途径。它对帮助学生确立正确的政治方向,树立科学的世界观、人生观、价值观,形成良好的道德品质起着主要的导向作用。

我们党历来十分重视思想政治课的教学改革和发展。在 1985 年发布的《中共中央关于改革学校思想品德和政治理论课程教学的通知》、1994 年发出的《中共中央关于进一步加强和改进学校德育工作的若干意见》等重要文件精神的指导下,近年来,上海市中学思想政治课课程教材改革和教学改革不断深入发展。与此同时,广大政治教师在思想政治课的考核评估方面,也积极进行了改革和探索,力求与教材教法改革相配套。

长期以来中学思想政治课的考核虽然也作了一些改革,但总体上与其他学科的考核类似,实行全闭卷的考试方法。学生应付考试,主要靠死记硬背,从根本上讲没有跳出"教条条,背条条,考条条"的旧框框,不利于促进教材教法改革,不利于调动学生学习积极性,不利于减轻学生过重负担,有悖于思想政治课的性质和任务的实现。

考试作为思想政治课教学的重要环节,作为"指挥棒",对教师的日常教学具有十分重要的导向作用。考试方法改革应与课程教材改革相适应,形成良性循环,使之成为促进教学改革的动力。根据课程教材改革的要求,为发挥考试的正确导向作用,上海从 1992 年开始,在 23 所课程教材改革试点学校对思想政治课进行了开闭卷相结合考试方法改革的试点,改变了过去单纯考核学生的知识积累的全闭卷的方法,取得了可喜的进步,也积累了一定的经验。

在充分调查研究和取得试点经验的基础上,上海市教委教研室和上海市教育

---

① 作者:石希平、叶伟良,上海市教委教研室。本文写于 1996 年。

考试中心经过反复研究认为,思想政治课开闭卷相结合的考试方法有利于促进思想政治课的教学改革,有利于调动学生的学习积极性,培养学生的能力,提高学生的素质,减轻学生过重的负担。在开闭卷相结合的考试中,对一些必要的基础理论仍实行闭卷;而对大部分侧重于知识运用能力的考核,实行开卷。这体现了思想政治课"知识、能力、觉悟"三者结合的教学要求,有利于提高学生在掌握基础知识的基础上理解和运用知识的能力。这种方法也有一定可操作性,有利于较为客观地评分。

从 1994 年春季开始,上海市在高中思想政治课毕业会考中开始实行开闭卷相结合的考试方法,具体做法是:

1. 明确规定开闭卷考试的内容和要求。上海市教委教研室和上海市教育考试中心联合制订了《会考纲要》,一方面确定了总的会考范围、内容、目标和要求,同时又明确规定开闭卷考试的内容和要求,作为师生复习和会考的依据。

2. 加强复习指导。由上海市中小学教材编写组根据《会考纲要》,编写《高中政治复习提要》,供师生在复习教学中参考。

3. 考试形式分开、闭卷两部分。规定《会考纲要》中打"※"号的条目为闭卷考试范围,主要考查识记能力,也考查理解能力。开卷考试范围,包括打"※"号和不打"※"号的全部内容,主要考查理解、应用和分析能力。

4. 考试题型:闭卷考试题型以填空、单项选择、改错和简答为主,开卷考试题型包括单项选择、简答和分析说明。至于闭卷和开卷中的选择题、简答题,各有不同的要求,在《高中政治复习提要》中均予以说明。

5. 考试时间:共 100 分钟。其中闭卷考试时间为 30 分钟,开卷考试时间为 60 分钟,还有 10 分钟为交替时间。

6. 考试分值:满分为 100 分,开闭卷各 50 分。

实行开闭卷相结合的方法后,从追踪调查的情况来看,这一改革措施得到了大多数师生的欢迎和支持。1994 年春,高中思想政治课毕业会考第一次实行开闭卷相结合的考试。据对 156 位高中政治教师的问卷调查,对这一考试方法表示支持的有 127 人,占 82%;对当时参与这一考试后已升入大学的 60 位学生的追踪问卷调查,持支持态度的有 38 人,占 63%。而 1995 年秋,在第二次采用了这一方法后,据对某区 198 位高中政治教师的调查,表示支持的有 180 人,占 90%以上;据对该区 131 位学生的调查,不赞成高中政治会考采用开闭卷考形式的仅 4 人。

经过连续几年的实践探索,高中政治会考实行开闭卷考,其成效越来越在下述几个方面显现出来:

第一,有利于促进思想政治课教学改革,与教材教法改革形成良性循环。

思想政治课教学改革的一个重要特点,就是要从应试教育向素质教育转变,注重平时教学,注重联系实际,提高学生的能力和素质。然而,原来实行全闭卷的考试方法,学生应对考试主要还是靠死记硬背,难以发挥正确的导向作用。实行开闭卷考试后,由于注重对学生理解、运用能力的考核,光死记硬背就不行了。这就给教师的教学提出更高的要求,要求教师转变观念,改进教法,坚持理论联系实际的原则。在教学中,教师不能满足于讲清某章某节的基本知识,而要注意知识的内在联系,融会贯通,培养学生理解归纳的能力;不能满足于书本知识的传授,而要联系实际,引导学生参加社会实践,关心国内外大事,学会运用所学知识分析解决实际问题的能力。许多政治教师为了适应开闭卷相结合考试方法的改革,积极改进平时教学,注重引导学生对知识的理解和运用,调动了学生的学习积极性,取得了良好的教学效果。我们对某区 131 名学生进行了抽样调查,其中有 107 人认为,教师为适应开闭卷考试,对教学方法有所改进或有较大改进。可见,实行开闭卷相结合的考试方法改革,对促进思想政治课教学改革的作用是十分明显的,使考试方法与教材教法改革形成了配套,构成良性循环。随着开闭卷相结合考试方法的完善,其促进思想政治课教学改革的积极影响将会越来越明显地表现出来。

第二,有利于培养学生的能力,提高学生的素质。

1994 年以前,虽然思想政治课考试的命题也开始注重能力的考核,但由于实行全闭卷的考试方法,重知识轻能力、重记忆轻运用的现象难以根本改变。学生的主要精力放在死记硬背上,把考试看成是一种沉重的负担,压抑了学生能力的发挥,挫伤了学生的学习兴趣。实行开闭卷相结合的方法,注重对考生能力的考查。开卷的试题大多在教材上找不到现成的答案,而是要求考生在掌握基础知识的基础上具有较强的审题能力、理解能力、分析应用能力和表达能力。同时,由于减少了记忆的内容,也为师生把主要精力放在能力培养上创造了有利条件。据对131 名学生的调查,有 76 人(占 58.8%)在学习和复习中注意了对理解、运用知识能力的培养。有一位学生说:"以往考试前,总是不管三七二十一,背啊背! 现在开卷考试光靠背是不行的,所以比较注重知识的理解和运用。"也有学生说:"实行考试方法改革后,为了提高自己的能力,平时会开始关心国内外大事。我还做了一本时政剪贴本,课堂上也积极举手发言……"

第三,有利于减轻学生的过重负担。

原来高中思想政治课毕业会考内容的条目较多,一般都在 100 条以上,加上时政的近百条,都需要学生记忆。不少学生便不求甚解,死记硬背。这造成学生的负担过重,挫伤了他们的学习积极性。现在实行开闭卷相结合方法,学生记忆的内容大大减少。上海市 1993 年以来《高中政治会考纲要》规定的会考内容展示如下:

年份	总的会考条目数	闭卷考试条目数
1993 年	104 条	104 条(全闭卷)
1994 年	102 条	52 条
1995 年	101 条	53 条
1996 年	81 条	40 条

闭卷考试条目基本上是思想政治课教材中要求学生必须掌握的基础理论,主要包括一些定义、概念和原理等,而那些带有阐述性和知识性较强的内容则为开卷考试内容。从上面的表格内容可以看出,与 1993 年的全闭卷考试相比,1994 年开始的开闭卷结合的考试条目数明显减少了,学生的负担显然减轻了。

高中思想政治课实行开闭卷相结合考试方法改革,经过几年的实践,取得了可喜的成效,也积累了一定经验。但在实践中还存在一些矛盾和问题,各方面配套也还不完善。为了更好地发挥开闭卷考试改革的正确导向作用,我们有必要在以下几个方面作更多的努力。

1. 要进一步明确指导思想,端正观念,把握好导向。实行开闭卷相结合的考试方法,绝不仅仅是考试方法的改变,必然涉及教学观念、教学方法和学习方法等的变革。其指导思想是为了促进教学改革,培养和提高学生的能力,减轻学生过重的负担。这对教学提出了更高的要求,而不是削弱和降低了思想政治课的教学和学习要求。部分老师和学生片面地认为开卷考试可以看书、抄书,因而放松了对"教"和"学"的要求,这是极端错误的。这要求我们有针对性地加强宣传教育,帮助教师和学生全面、正确地认识实行开闭卷相结合考试方法改革的目的和指导思想,澄清对开闭卷考试的模糊认识,端正"教"和"学"的态度。广大师生应该在正确的导向下,把着眼点放到改进教学方法和学习方法上来,努力实现"知识、能力和觉悟"三者的统一。这样,才能正确发挥开闭卷相结合考试方法的实效。

2. 要大力搞好课堂教学改革,在改进课堂教学、提高课堂教学技能上下功夫。要正确发挥开闭卷相结合考试方法的导向作用,取得好的成绩,就必须立足于平时教学,着眼于能力培养。这是广大教师对开闭卷相结合考试方法改革的共识,也是一条最基本的经验。这就要求我们的任课教师改进教学方法,充分发挥学生的主体作用,调动学生的学习积极性。要重视帮助学生理解教材中的基本概念和原理,掌握知识的内在联系,更要注重紧密联系实际,经常为学生提供国内外时事的新情景、新材料,让学生通过对国内外时事形势的分析提高知识运用的能力。

3. 要加强研究,加强指导。实行开闭卷相结合的考试方法是新的改革措施,有许多问题需要我们在实践中加强研究。如何正确处理知识和能力的关系;哪些知识该闭卷,哪些知识该开卷;开卷着重考核学生的哪些能力;实行开闭卷考试对平时教学、复习应考提出哪些新的要求;命题的难易如何掌握;阅卷评分采用哪些方法更为科学;开闭卷分值、时间安排如何更科学等,都需要我们进一步探讨和总结,需要我们在实践中加强指导,使教师的教学更具有针对性和实效性。

4. 要逐步完善各项配套措施。在高中思想政治课实行开闭卷考试方法改革的几年实践中,我们认识到实行开闭卷考试方法改革也是一个系统的工程,只有做好各项配套措施,才能更好地发挥开闭卷考试方法改革的正确导向作用。目前,在命题和阅卷评分,高三考试方法改革和高一、二考试方法改革的衔接,会考考试方法改革和高考考试方法改革的衔接等方面,都需要我们作更深入的研究和实践探索。相信随着这一研究和实践探索的进一步深化,思想政治课的教学改革会更上一个台阶。

关于实践育人的思考

——学习《上海市中长期教育改革和发展规划纲要》的一点体会①

《上海市中长期教育改革和发展规划纲要(2010—2020 年)》(以下简称《纲要》)紧紧围绕"为了每一个学生的终身发展"这一核心理念,提出了十大重点任务。其中第一个任务是德育,指出"立德树人是教育的根本任务。要坚持德育为先,把德育贯穿于育人的各个环节,贯穿于学校教育、家庭教育和社会教育的各个方面,增强德育的针对性、实效性和吸引力、感染力,使学生具有符合中国特色社会主义建设要求的理想信念、公民素质和健全人格"。《纲要》在谈到创新德育实践的有效途径和方法时,强调要"突出实践体验,完善德育实践体系,促进校内外教育的有效贯通"。

该《纲要》关于"突出实践体验"的要求与《中共中央国务院关于进一步加强和改进未成年人思想道德建设的若干意见》(以下简称《若干意见》)中的要求是完全一致的。《若干意见》指出,关于未成年人思想道德建设要遵循四个原则,其中第三个原则是"坚持知与行相统一的原则"。强调既要重视课堂教育,更要注重实践教育、体验教育、养成教育,注重自觉实践、自主参与,引导未成年人在学习道德知识的同时,自觉遵循道德规范。《若干意见》同时指出,"思想道德建设是教育与实践相结合的过程。要按照实践育人的要求,以体验教育为基本途径"。可见,重视实践体验,强调实践育人是党和国家的一贯思想。

什么是实践体验?按照《辞海》的解释,"实践"有二层意思:一是履行,如实践诺言;二是人类有目的地改造世界的活动。马克思主义哲学认为,实践是主观见之于客观的能动的活动,是人类社会发展的普遍基础和动力,也是认识产生和发展的基础和动力,实践具有客观性、能动性和社会历史性。人类的全部历史由人们的实践活动构成。"体验"按《新华词典》的解释是"通过亲身实践来认识周围

---

① 作者:陈步君,上海市教育局。本文写于 2010 年 11 月。

事物"。这说明实践和体验是连在一起的。只有参加实践才会有体验。体验来自实践,是认识的一种形态和程度。

德育要突出实践体验,这是因为实践是德育过程的基础。德育过程是由道德认识、道德情感、道德意志、道德行为等心理要素构成的,这四个要素是缺一不可的。目前,学生能够从教师、父母、同伴、书籍、报刊、电视、网络等各种渠道获得关于社会道德的知识、言行规范及其意义的认识,但这些知识及认识并不一定就能转化为相应的道德行为。学生对道德的认识,对行为规范的理解,要在实践过程中逐步体会和深化,并成为他们道德行为的向导。要使道德知识真正成为引导学生道德行为的动力,还必须把知识转化为学生的信念。而促成这种转化的必要条件是学生获得道德行为的经验和体验。但是,这种经验和体验只有在实践中才能获得。脱离了实践,单凭道德知识的传授和口头教育是不够的。更何况对道德行为具有催化作用的道德情感的激发,对履行道德义务具有保障作用的道德意志的培养以及道德行为习惯的养成,更是一点也离不开实践的锻炼,甚至是长期的磨炼。总之,实践贯穿于德育过程的始终,是道德各要素之间相互联结、相互辩证统一的基础。从这个意义上我们可以说,"没有实践就没有德育,德育的本质是实践的"。

事实上,实践体验的方法是学生最欢迎也最有效的。据复旦大学于海教授主编的《上海学生民族精神教育研究报告》反映,本市高中学生对学校各种民族精神教育方式效果的评价,分"很有用""有一些作用""没什么作用"和"根本没用"四个层次。评价内容包括:升旗仪式,晨会、班会,团队、班级主题活动,社会实践,参观青少年教育基地,班主任或任课教师日常教育等六个方面。其中学生认为"很有用"的,评价最高的是"社会实践"(57.1%),高于其他教育方式20个百分点以上(除"参观青少年教育基地"的49.5%)。评价最低的是"班主任或任课教师日常教育",只有16.7%。相反,学生认为"没什么作用"和"根本没用"的两类评价合起来,比例最高的是"班主任或任课教师日常教育",达29.4%,而"社会实践"的该项比例为10.5%。该《研究报告》对初中学生的同类调查结果与高中基本相似。也许学生的评价有一定的片面性,但这反映了他们的真实感受。

按照实践育人的要求,学生应主要通过学习实践、生活实践和社会实践三个方面的实践活动获得成长。

首先是学习实践。学生的主要任务是学习。学生的学习活动某种意义上也是一种实践活动。他们按照教育规律和学习规律进行学习,同样是主观见之于客观的能动的活动。学生为了将来更好地报效祖国、服务人民,努力修炼思想品德,勤奋学习知识技能,刻苦锻炼身心素质,自觉陶冶审美情操,努力把自己培养成为德智体美全面发展的社会主义建设者和接班人。这个过程就是一个不断践行的过程,实践的过程。仅就学习科学文化知识和技能而言,学生为了将来建设社会主义现代化祖国,遵循认知规律和科学的学习方法,认真上好每一堂课,做到专心听讲,积极思考,踊跃发言,适当笔记;认真做好预习、复习,弄懂每一个概念、定理、公式,不放过每一个疑问;独立完成作业,诚信参加考试测验;广泛阅读课外书籍,积极参加各种社团活动,主动探究,动手实验;勇于提出问题,善于与同伴和老师讨论切磋,合作交流,分享收获,等等。在这样的学习活动中,能培养学生"为了中华之崛起"而读书的社会责任感,克服困难的意志毅力,勤学好问、刻苦钻研、严谨踏实、一丝不苟的优良学风以及勇于探索、敢于实践的创新精神。这些优良学风和良好习惯的培养比分数和成绩更为重要,是能让学生终身受益的宝贵财富。

其次是生活实践。陶行知先生说:"生活即教育。"即是让学生在生活实践中接受教育,核心是学会处理人与人的关系。生活实践包括家庭生活、学校生活和社会生活三个方面。家庭是孩子的第一所学校,父母是孩子的第一任老师。在家庭生活中,应让孩子学会自理自立,培养独立生活能力,承担力所能及的家务劳动,从小培养劳动观念和劳动习惯,树立家庭责任感。学会尊敬长辈,孝敬父母,懂得感恩等。在学校生活中,应让他们学会尊敬师长,友爱同学,遵守校规校纪,承担一定的班级和学校的管理与服务工作,培养集体主义思想和服务同学的能力。在学校的体育活动中,还能培养学生勇敢顽强、不怕困难、团结协作、奋勇向前的精神等。在社会生活中,应让他们学会遵纪守法,遵守公共道德和公共秩序,尊老爱幼,助人为乐,学会处理与各类人群的关系,维护环境卫生,保护生命安全,等等。总之,生活即实践,生活即教育。

最后,也是最为重要的是社会实践。党和国家的教育方针要求,教育必须为社会主义现代化建设服务,为人民服务,必须与生产劳动和社会实践相结合,培养德、智、体、美等全面发展的社会主义事业建设者和接班人。可见,引导学生参加社会实践是贯彻党的教育方针的根本要求,是加强和改进未成年人思想道德建设的重要举措,是实施素质教育的关键环节,是贯彻课程改革要求、实现课内外有效衔接,促进中小学生健康全面发展的基本途径。

　　学生参加社会实践活动,主要包括社会考察、社会调查、社区服务、公益劳动、军政训练、工农业生产劳动、科技文化活动、志愿者活动、勤工俭学等多种形式。实践证明,引导中小学生参加社会实践,接触社会,了解民情,认识国情,开阔视野,增长知识,锻炼能力,培养品格,既有利于其加深对书本知识的理解,又有利于其深化对党的路线、方针、政策的认识,增强历史使命感和社会责任感。所以,社会实践是最重要的实践活动,必须作为一门必修课加以落实。党中央国务院明确要求,要把学生的社会实践活动作为必修内容,列入教育教学计划,切实予以保障,学校要制定学生参加社区服务和社会实践活动的措施,要将参加社会实践活动的表现作为评价学生的一项重要内容;除特殊情况外,不能按要求完成规定的社会实践活动的中学生,不允许毕业。市教育卫生党委和市教委等四部门为了贯彻中央的上述要求,专门印发了《关于进一步落实中小学生社会实践工作的若干意见》,提出了中小学生开展社会实践工作的目标:高中一、二年级学生参加社会实践、志愿者服务的时间一般每学年不少于 30 天,高三学生参加社会实践、志愿者服务的时间一般每学年不少于 15 天;初中、小学高年级学生参加社会实践、志愿者服务的时间一般每学年不少于 20 天和 15 天。其中,高中阶段学生参加志愿者活动的时间不少于 60 学时,初中阶段学生参加志愿者活动的时间不少于 30 学时,小学高年级学生参加志愿者活动的时间不少于 10 学时。所有这些,都是为了贯彻实践育人思想制定的有力措施。相信只要广大中小学校和师生、家长认真加以贯彻落实,就一定会产生良好的育人效果。

课堂教学需要处理好几个关系①

近一个时期,我们教材编写组的老师在听课的过程中,一方面发现了很多好的经验和新的创造,如在增强教学的针对性、推进探究性学习、引导学生参与教学活动、使教学形式生动活泼等方面,有了可喜的进展;另一方面,也感到有一些值得注意的问题,需要及时地提出来,认真地加以研究。这对我们进一步组织好实验性教学,提高教学质量,也是必要的。

课堂教学过程的基本关系,是教师和学生的关系。这一关系又表现在教学过程的具体环节。从当前的情况看,主要有三个方面的关系需要处理好。

一、处理好教学与教科书的关系

"教科书"是教学的蓝本。它既是教师进行教学的主要依据,也是学生学习的基本内容。对于教科书特有的这种定位和功能,我们必须始终有明确的认识。不仅在思想上要给予充分的肯定,而且在教学过程中要认真贯彻实施。

对待教科书有三种不同的态度和做法:

第一种是"照本宣科"。把教科书教条化,将教学变为"教师照念教科书,学生照背教科书,考试照考教科书"。这样,教师变成"教书匠",学生变成"书呆子",贻害无穷。这样的做法早已被证明是不可取的,所以要坚决改革。

第二种是"抛开书本"。与"照本宣科"相对照,这种做法走向了另一个极端。其具体表现为:课前不要求看书,课后不要求复习;课堂上,"手不动书、眼不看书、言不及书"。有时教材虽然放在课桌上,但是从上课到下课,全程都没有打开过;有时干脆在课堂教学的全程都看不见教材,好像只有抛开书本才会有"探究性""创造性"。这完全是一种曲解或误解。实际上,抛开教科书对于教学来说是重大的损失,结果只会事倍功半。这种做法是不可取的,同样也需要改革。在教学思

---

① 作者:吴铎,华东师范大学。本文写于 2005 年 2 月。

想上不应形成新的误区,以免对教学工作造成损失。这是我们当前特别需要注意的。

第三种是"正确使用"。要正确使用教科书,首先要正确把握教科书的定位和功能。这样教师才能正确对待教科书,让教科书服务于教学。其次,教师需要认真研究教科书、消化教科书,这样才能真正驾驭教科书。即使教科书存在缺点,也要对其进行研究,并且在教学中加以弥补或克服。最后,还要善于引导、指导学生学习教科书。教科书不仅可以给学生提供丰富的知识,而且有助于启发他们思考,培养他们分析和解决问题的能力。应该说,教科书是探究性学习、创造性学习的重要条件。

二、处理好教学与教学课件的关系

这几年,教师和学生在制作教学课件并在课堂教学中广泛使用方面,取得了很多经验。这说明,我们教师在利用现代科技为教学服务方面的能力有了可喜的进步。这对于改革课堂教学的形式和方法、提高教学质量具有重要的作用。

将教学课件运用到教学中来,是将其作为一种教学手段,或者作为一种教具。一切教具都是用来为实现教学目标、提高教学质量服务的。因此,教具要为教学内容服务、要为教师的教学服务、要为学生的学习服务。任何学科的教学,目的都不是为了展示教具。如果在认识上,或者在实际的教学过程中,将展示教具作为教学目的,就本末倒置了。

过去,我们没有掌握这些先进的教学手段,需要认真学习、大力提倡、积极使用。现在,我们许多教师尤其是青年教师,基本上都具备了这方面的能力,自然是十分可喜的。然而,又产生了另一种新的问题,就是"为使用课件而使用课件",而不是为实现教学目标而使用课件。也就是说,"使用课件"变成了目标,教学过程为展示、突出课件服务。有的课从开始到结束,只看见一个接一个的课件,使人眼花缭乱,但教学的目标要求、教学的重点内容也被课件给淹没了。这样的课该怎样评价? 实在令人感到为难。

对于教学课件的使用,需要强调四点:

1. 要对教学课件在教学过程中的地位和功能进行科学定位。教学的目标和内容是"本",而教学课件是"用"。本是基础,用是工具,两者的关系不能倒置。

2. 制作和运用教学课件需要紧扣教学的具体目的、要求,注重两者之间的内在联系。如果缺乏内在的有机联系,或者联系不明确,那就少用或不用。

3. 制作和使用教学课件,一定要符合学生的生理和心理特点,注重画面、色彩、光线、声音的合理输入,做到既有助于学生的感官接受,又有助于启发学生的思维。

4. 制作和使用教学课件要根据教学内容的实际需要,在总量上应有所控制,要以正常的教学和备课时间作为限制条件。否则,就只具有"展示"的价值,而不会取得良好的教学效果。

在这方面我们需要很好地总结已有的经验。制作课件需要逐步向组织化、集约化和规模制作的方向发展。

对于制作和使用课件的实际效果,还要有科学的评价标准。

三、处理好教学与"课堂活动"的关系

"二期课改"有一条重要的要求,也可以说是一种创新,就是要学生不仅在课外,而且在上课的过程中能够"动"起来。为此,教科书中每一课都设计了一些活动。以往的教科书和教学过程不能说完全没有活动,但那些"活动"主要是问答式,而且问题往往也比较简单,一般说来学生比较被动,实际上并没有真正动起来。现在设计的"活动"不是简单的问答,而是经过周密考虑的师生互动过程。

这些"课堂活动"有三个方面的特征:

一是活动的目的明确。所有的活动都是围绕着教学目标设计的,都是为了完成特定的教学任务。没有明确的目的要求的活动,不是真正意义上的"课堂活动",不能叫做"教学活动"。

二是激发学生主动参与。所谓"课堂活动",主要体现在学生参与课堂教学过程,围绕教学目标动脑想、动嘴说、动手写,甚至演示、表演等。关键在于激发学生参与的积极性,只有学生主动了,才能称为"课堂活动"。

三是教师主导活动的全过程。学生主动参与和教师主导活动二者之间不是背离的,而是相辅相成的。没有学生的主动参与,那是教师包办;没有教师的主导,那是自由活动,而不是教学活动。教师的主导表现在:活动的主题是教师或教材提出的,活动的具体要求也是教师按教学计划预拟的,活动的过程教师要引导,出现的问题教师要给予指点。

在师生的共同努力下,现在的课堂教学在这方面的确有了很大的改观。"课

堂活动"多起来了,活动的形式有许多新的创造,活动的质量不断提高。这是"二期课改"的一项重大成果。

　　显然,问题还是继续存在。"课堂活动"开展不起来,甚至没有"课堂活动"的情况也还不少。因此,在教学中还需要继续大力提倡"课堂活动"。但在开展"课堂活动"方面也出现了一些值得注意的问题。比较突出的是"为活动而活动"。活动的目的不明确,活动的过程失序,甚至成为自由活动而不是教学活动,教师在活动的过程中没有发挥应有的引导作用,因而活动不能实现教学目的。有的甚至从上课到下课,都是学生在活动,看不到教师所应该发挥的作用。整节课有点像失去指挥的乐队,奏不出优美的乐章。

　　这方面的经验和问题我们都需要好好地总结。我们还要在总结经验的基础上制定"课堂活动"的评估标准,将"课堂活动"这一具有创新性的教学形式和方法,更进一步规范和更好地运用。

深耕教研　砥砺前行[①]
——上海市中学思想品德与思想政治课"二期课改"教研工作回顾

　　上海市中学思想品德与思想政治课"二期课改",在以吴铎教授和李春生教授为核心的团队共同努力下,先后完成了《面向二十一世纪上海市中学思想品德和思想政治教育改革行动纲领》《上海市中学思想品德和思想政治课程标准》,以及上海市初中思想品德和高中思想政治成套教材的编制。与此同时,为了使这一轮的上海市中学思想品德和思想政治学科教育改革达到预期目标,使课程标准和教材内容能在教学中呈现出教育效果,上海市中学思想品德和思想政治课市教研员和各区教研员,以及广大思想品德和思想政治教师,以立德树人为根本目标,将学科教育改革理念转化为教育教学行为,着力推进课程教学改革,积淀了宝贵的基本经验,推出了有效的工作举措。

　　积淀的基本经验有:

　　第一,中学思想品德和思想政治课要千方百计让学生在课堂内外动起来。

　　在以往的教学中,中学思想品德和思想政治课传统的教学方式,往往是老师讲课、学生听课,老师讲得多、学生课内外活动少。因此,学生在学习思想品德和思想政治课时常常兴趣索然。"二期课改"中,上海市编写的中学思想品德和思想政治课教材,已经关注到这个问题,在教材的呈现形式中设置了激发学生学习兴趣的知识拓展和学生活动栏目,每两个教学单元后设置了学生课外探究活动,引导老师在教学中开展多样的学生活动,改变过于注重讲授传统的教学方式。

　　在学校的教学过程中,如何让更多的老师能够领悟教材传递出的教学改革意图呢? 有效的办法是总结和提炼第一线老师的正面经验,树立全体老师可以学习的榜样。

　　有一次在原南汇县八一中学调研,听朱惠芹老师上初中思想品德课,课的内

---

　　① 作者:叶伟良,上海市教委教研室。本文写于 2020 年。

容是培养毅力品质。整堂课上,学生在参与几个相互关联、步步递进的活动过程中,体会到了毅力品质与自身成长的关联,学习气氛非常活跃。课后与学生交谈时,学生说:太喜欢思想品德课中的活动了,也特别喜欢上朱老师的课。与老师交谈时,朱惠芹老师说:"我上思想品德课,就是要想办法让学生在课堂内和课堂外动起来,让学生有兴趣地学,在活动中受到启示。"

在朱惠芹老师的课上,以及被大家称道的诸多其他思想品德与思想政治课典型课例中,老师们都精心设计了各种学生活动,通过有意义的学科活动激发学生的学习兴趣,启迪学生的思维。于是,在教研活动中,我们响亮地提出:中学思想品德和思想政治课,要千方百计让学生在课堂内外动起来。

让学生在课堂内外动起来,体现了老师教育教学理念的深刻转变,即切实尊重学生的学习主体地位。这符合学生的学习心理规律,同时有利于学生在有兴趣的学习活动中领会思想品德和思想政治课所阐明的道理,有利于学生锻炼思考问题和判断是非的能力,以及形成团结合作的学习氛围。

让学生在课堂内外动起来,对老师组织教学的能力是一大考验。老师不仅仅要具有学科本体知识,还要有结合教学内容和学生情况设计学生活动的能力。为提高老师们这方面的能力,教研工作的一个重点就是及时发现、总结和传播老师在课内外开展学生活动的经验。当时的教研工作,关注了老师设计课堂内学科小活动的经验,也关注了老师组织学生开展课堂外学科活动的经验。一方面,我们深入课堂去挖掘老师们在课堂内开展学生活动的具体经验,并及时总结和推广;另一方面,我们积极引领老师们结合教学内容组织学生开展课外活动,将结合学科内容开展的课外活动优秀案例汇编成《上海市中学思想品德与思想政治课研究性学习与实践活动》,并予以出版。

我们在各种教研工作场合以及教学评比活动中,宣传中学思想品德和思想政治学科开展学生活动的优秀老师,推广有效开展学科活动的经验,由此助推了思想品德和思想政治学科教学改革的深化。

第二,中学思想品德和思想政治课要千方百计贴近社会实际和学生成长实际。

中学思想品德和思想政治课各种学生活动的开展,有助于激发学生的学习兴趣,凸显学生学习过程中的主体作用,但学习活动本身不是这门课程教育教学的最终目的。

当我们大力宣传思想品德和思想政治课要让学生在课堂内外动起来以后,也出现过另外一种倾向,即教学过程中为了活动而活动,片面注重活动形式而忽视教育教学的实效。曾经出现的典型场景是,一堂课上学生有近十种活动,看似形式多样热闹非凡,其实教学效果并不见得好,老师在教学过程中的主导作用完全不见了。

中学思想品德和思想政治课开展课内外的学生活动,目的在于激发学生的内在积极性,引导学生学习和运用在思想品德和思想政治课上学到的道理,观察社会生活和关照自身的健康成长,能够正确地分析社会生活中的现象和自身成长中的问题。所以,我们在教研活动中又明确提出,中学思想品德和思想政治课要千方百计贴近社会生活实际和学生成长实际,各种教学形式要紧紧围绕学科教育功能的实现展开。

在当时的教研工作中,我们重视总结、传播思想品德和思想政治课老师联系社会实际和学生成长实际开展教学的典型事例。例如,天山中学的冯家明老师结合哲学知识的学习,引导学生在填报高考志愿时正确处理个人理想与国家需要的关系;市东中学的徐隽老师上高三思想政治复习课时,将西部大开发、东北老工业基地振兴作为典型案例,引导学生综合运用思想政治课知识进行剖析;延安高级中学的秦璞老师将教学内容与社会实际和学生成长实际相结合,形成一个个有意义的话题;崇明大新中学的朱鹤群老师将时事政治与学科教学内容紧密结合;许多初中思想品德课老师结合教材中艰苦奋斗、社会责任、青少年成才成长等方面的教育内容,联系学生该不该追求名牌消费、上下学是否该以出租车为主要交通工具、生活中如何做到自立自强等问题展开有针对性的教学等。诸多优秀老师的教学课例,都在上海市中学思想品德和思想政治老师中形成了积极的影响。

中学思想品德和思想政治课教学贴近社会实际和学生成长实际,这是中学思想品德课与思想政治课课程性质和目标的必然要求。中学思想品德和思想政治课是中学德育工作的主导渠道,其教育的根本目标是引导学生形成正确的世界观、人生观和价值观,为学生的终身发展和积极投身于中国特色社会主义建设事业奠定基础。所以,这门课程的教育教学联系社会实际和学生成长实际,是题中之义。

由此,我们在教研活动中,既强调要观察和评价老师组织学生开展合适的学习活动的状况,也强调要观察和评价老师联系社会实际和学生成长实际展开教学的状况。在教学过程的把握上,我们建议在一堂课的教学过程中,对学生活动的形式不必要求过多;在一个学段的教学过程中,学生活动的形式要相对丰富多样;每一个教学单元都要结合课程内容,选择贴近社会实际和学生成长实际的核心事例,展开有针对性的教育教学;开展学生活动并不排斥讲授,学生活动要与老师的讲授有机结合,交叉融合。这些教学建议得到了老师们的普遍响应,助推了上海市中学思想品德与思想政治课教学改革出现新变化。

第三,中学思想品德和思想政治课要千方百计走进学生的心灵。

在应试教育还具有极大影响的背景下,中学思想品德和思想政治课推进教育教学改革绝不会顺顺当当。在推进上海市中学思想品德和思想政治课教学改革的进程中,教学过程出现了关注学生活动、理论联系实际的可喜变化,但也有些老师在应试教育的惯性影响下,把组织学生活动和结合实际的案例分析等视为应对考试尤其是升学考试的需要。比如,有老师对学生说,某个事例要如此分析,这是应对考试的要求;必须参加某个活动,因为考试有这个导向。某重点高中对不加试政治学科的学生说,上政治课就权当调剂自己的心情吧。如此等等,教学过程与教育功能的价值导向出现了背离。

在教学过程中组织学生参加学科活动,进行联系社会实际和学生成长实际的事例分析等,是为了应对考试尤其是升学考试的需要,还是在于引导学生提升思想品德和思想政治素养?理想的状况,是提升思想品德和思想政治素养与实现考试功能的内在统一。但要做到这一点,必须使得教学能够走进学生的心灵,让学生从内心感受到,提升思想品德和思想政治素养是其立足和服务社会并发展自己所必需的。于是,我们在教研活动中又理直气壮地提出,中学思想品德和思想政治课要千方百计走进学生的心灵。

让中学思想品德和思想政治课走进学生的心灵,首先要依靠持续有力地加强政治学科老师的师德教育,引导广大老师提升自身的思想政治素养,确立高度的政治责任感,具有立德树人、培育合格的社会主义建设者和接班人的教育情怀。同时,在中学思想品德和思想政治课教研工作中,我们也努力深化教育教学改革,倡导更多有效的教学方式,将学生学科活动与有利于触及心灵的各种教学形式有机结合起来,促使思想品德和思想政治课教学走进学生的心灵。

例如,我们倡导思想品德和思想政治课研究性学习,引导和组织学生学习和运用本学科知识探究社会生活中的真实问题。在课堂教学中,常常形成针对社会生活真实问题的问题链,组织学生学习和运用本学科知识展开层层深入的研究性学习。在课堂外学习中,则引导学生以小组为单位,综合运用观察、访问、资料检索、小组研讨等方式开展小课题研究。

再如,我们倡导思想品德和思想政治课体验性学习,引导和组织学生间接和直接地经历特定的社会生活场景,体验社会生活,领会其中蕴含的思想品德和思想政治道理。在课堂教学中,通过创设情境、剖析案例、角色扮演、思辨讨论等形式,让学生有间接体验社会生活的过程。在课堂外学习中,倡导用好校园资源,用足社会资源,让学生在校园内外经历探究社会和服务社会的实践锻炼。

中学思想品德和思想政治课针对社会真实问题的研究性学习和体验性学习,使得学生沉浸在真实的生活中进行探究和实践,这样的学习方式比较容易触及学生的心灵,能够对学生健康成长产生持久的积极影响。

在教学实践中,大凡坚持教学的形式为达成教学目的服务,为实现立德树人根本任务服务,老师就会感受到教书育人的实效,感受到教育树人的成就感。其教育教学效果,不仅有利于学生思想品德和思想政治素养的提高,考试成绩通常也不错,正如延安高级中学秦璞老师所说,能取得"育人"与"育分"的双赢。

当然,由于种种因素,我们所倡导、坚持的中学思想品德和思想政治课教育教学改革与应试教育的惯性影响之间,会长期存在拉锯战,但这不会也不应当影响我们推进教育教学改革的勇气。

推出的有效工作举措有:

其一,开展中学思想品德和思想政治课教学模式研究。

中学思想品德和思想政治学科开展教学模式研究,旨在从组织教学层面总结中学思想品德和思想政治课堂教学改革的实践经验,探索中学思想品德和思想政治课堂教学的一般规律。为此,由李春生、王曙光、叶伟良、吴永玲、卜文雄、吴仁之、蒋敏然、秦璞、沈沛东、刘克华、张弓弨、周增为、刘会龙、朱天红、范宜标等组成课题组,学习和研究了关于教学模式的基本理论,调查和分析了思想品德和思想政治课教学现状,总结了思想政治学科情境创设、思辨、案例分析、热点问题研讨、问题导学、自学指导、社会调查分析、导行、自主学习等教学模式,架构了提高思想政治课教学质量的桥梁,促进广大教师在思想政治课教学中主动落实素质教育。该项研究的成果形成了专著,在基层学校教师专业培训和教学指导中起到了积极作用。

其二,制定中学思想品德和思想政治课教学改革的指导意见。

为了切实提高中学思想品德和思想政治课教学的针对性和实效性,使本课程的学习有助于学生思想品德和思想政治素质的提高,按照上海市教委教研室的部署,中学思想品德和思想政治学科编制了教学工作指导文件,从合理制定教学目标、科学处理教学内容、不断优化教学过程、构建知行统一的学习训练体系、实施综合性的学习评价等方面,提出改进课堂教学的指导意见。中学思想品德和思想政治课教学改革指导意见文件,集中反映了推进这门学科教学改革的理念和具体举措,对全市的中学思想品德和思想政治课教研工作起到了引领作用,对全市中学思想品德和思想政治课老师的教学起到了指导作用。当时,参与该文件编制工作的有叶伟良、汪素青、沈沛东、印伟和吴立宏。编制该教学指导文件,既是对这门学科建设的贡献,也是这些教研员自身专业能力提升的机遇。

其三,以课题研究增强教研工作的针对性、前瞻性和指导性。

为了能以精准、深入和有针对性、指导性的教研工作,推动中学思想品德和思想政治课教学改革的深入发展,当时采取的一项重要举措是,上海市教委教研室政治学科教研工作与上海市教育学会中学政治专业委员会工作结合,将上海市各区县中学思想品德和思想政治课全部教研员组织起来,针对急迫需要解决的四个方面教学改革难题,组成了四个课题研究组,展开攻关研究:由肖克卫老师牵头加强社会实践活动课题,由吴永玲老师牵头开展研究性学习课题,由沈沛东老师牵头利用场馆资源激活课堂教学课题,由王曙光老师牵头教学评价改革课题。在市教研员叶伟良、专业委员会主任委员李春生教授、特级教师王曙光等的统领下,四个课题组经过一年多的努力,都形成了高质量的研究报告。由此,在全市中学思想品德和思想政治课老师中传递了推进教学改革的重点指向、实施路径和策略方法,推动了学科教学改革的进一步深化,也大大提升了全体教研员的教研工作能力。

其四,推进中学思想品德和思想政治课教学评价改革。

中学思想品德和思想政治课教学评价,包括对老师的教学评价和对学生的学习评价。在制定课程标准、制定改进课堂教学的指导意见文件,以及组织全体教研员开展课题研究攻关等工作中,我们力求通过课程标准指引、教学实施指导和教学过程经验筛选等途径,引导教师实现教学评价方式的改革,并以此促进教学过程的改革。

此外,我们按照上海市教委教研室的统一要求,编制了学生成长手册中思想品德和思想政治课学习评价指标,从学生在思想品德和思想政治课课堂学习表现、课外活动过程、作业与考试成绩、研究性活动和学科实践活动的过程及成果等方面,对学生学业以等第、评语、过程和成果记录等方式予以评价。

在思想品德和思想政治课教学评价改革方面,我们还特别关注基层学校老师的实践探索。例如,当时在田林三中任教的王红妹老师,采用学生成长档案袋,对学生的思想品德课学习过程进行记载,并融入学生自评和互评、家长评价等形式,促进了学生学习状态的改进。我们帮助王红妹老师进行了总结,在全市传播了王红妹老师以及其他老师开展教学评价改革的经验,促进了学生学习积极性的提高和老师教学状态的改善,也为上海市素质教育评价改革提供了学科实践方面的经验。

在上海市中学思想品德和思想政治课教研工作中,还有举行市、区、学校听课评课观摩交流活动,开展网络教研活动,举办青年骨干教师专业进修班,开展教材分析和教学指导活动,举办学术专题报告会等教研工作措施,也都为基层学校老师深化教学改革提供了专业支撑。

时代在发展,学情和社情有新变化,党和国家对学校德育课程改革寄予莫大期望,中学思想品德和思想政治教研工作也要与时俱进,在继承传统基础上要有新境界、新举措、新发展。

推进思想政治课实施素质教育的桥梁①

——思想政治课堂教学模式研究报告

江泽民总书记在改革开放以来第三次全国教育工作会议上指出:"思想政治素质是最重要的素质。不断增强学生和群众的爱国主义、集体主义、社会主义思想,是素质教育的灵魂。"②江总书记的重要讲话,为我们加强思想政治课课程建设,改进思想政治课教学,推进思想政治课教学改革,提出了明确方向和要求。

为了适应 21 世纪我国改革开放和社会主义现代化建设发展的需要,作为学校德育工作主导渠道的思想政治课,一定要摆脱为应试而教、为应试而学的倾向,应切实按照实施素质教育的要求,提高课堂教学实效,落实思想政治课教育目标。思想政治课落实素质教育目标,这是一项涉及多方面因素的系统工程,包括:要有一套体现素质教育要求的思想政治课教材,要有一支具有实施素质教育能力和水平的政治教师队伍,社会各方面要给予必要的支持,等等。其中,按照实施素质教育的要求改革传统教学模式,总结和探索符合素质教育要求的教学模式,对于提高思想政治课课堂教学实效具有直接的重要意义。

为此,近年来我们组织课题组开展了思想政治课课堂教学模式改革的研究,力图从组织教学的角度比较系统地总结思想政治课课堂教学改革的实践经验,探索思想政治课课堂教学的一般规律,以期大面积提高思想政治课教学质量。我们在思想政治课教学模式改革研究方面,主要做了以下几方面的工作。

一、学习和研究现代课堂教学模式理论

在长期的教学实践中,一些资深政治教师在改革传统教学模式的实践中积累了丰富的经验,并逐步形成了自己的教学风格。还有许多富有钻研精神的中青年

---

① 作者:叶伟良,上海市教委教研室。本文收录于《中学思想政治学科教学模式的研究与实践》,上海教育出版社 2002 年版,第 6—9 页。

② 《江泽民文选》第二卷,人民出版社 2006 年版,第 332 页。

政治教师,在思想政治课教学方法的改革上有许多创新,对改变"满堂灌"、注入式的教学模式作了许多探索。但是,从总体上说,大家还没有从教学模式的层面上总结思想政治课组织教学的一般规律。所以,我们关于思想政治课实施素质教育教学模式的研究工作,第一步是抓好现代课堂教学模式理论的学习和研究。

关于教学模式,自从美国1972年出版乔伊斯和韦尔的《教学模式》一书以来,已经成为当代教学理论和实践研究的重要领域。所谓教学模式,就是在一定教学理论、教学思想的指导下,在实践中形成的相对稳定的教学活动的结构和程序。现代课堂教学模式理论告诉我们,课堂教学模式具有多样性和开放性的特点,并且可以依据教师自身的个性特点和其他相关条件的不同,有各种各样的变式。课堂教学模式可以从教师长期积累的教学经验中,经过归纳和提炼形成;也可以依据一定教学理论,围绕确定教学目标,设计完整的教学活动方式、程序和结构,在教学实践中加以运用和验证后逐步形成。

在我们所组织的学习和研究现代化课堂教学模式理论的活动中,通过多次专题研讨,大家对探索思想政治课实施素质教育教学模式的意义有了比较深入的认识,并对运用现代教学模式理论改进和优化思想政治课教学达成了共识,从而为开展思想政治课堂教学模式改革研究工作奠定了良好的基础。

二、正确把握思想政治课课堂教学模式的特点

思想政治课堂教学模式与其他学科教学模式相比有许多共同点,但也有自己的学科特点。

思想政治课是德育与智育相统一的显性德育课程,它不仅要求学生懂得马克思主义理论的基本常识和有关的社会科学基础知识,而且要求学生对这些内容达到情感上的认同,并用以指导自己的行为实践,体现出接受理论和行为导向的一致性;思想政治课所要教给学生的道理体现了社会的主体价值观、人生观和世界观,但纷繁复杂的社会现实往往与课堂上的正面教育形成导向的落差;思想政治课所讲的道理和知识有些比较抽象,而对学生的情感和行为导向则非常具体。为了使教学真实有效,思想政治课常常不仅要考虑到课堂内教师、学生、教材、教学手段等各种要素的关系,也要考虑到课堂教学与家庭教育、社会教育的关系。思想政治课堂教学模式的研究,必须考虑思想政治学科本身的这些特点。思想政治课实施素质教育的每一个具体教学模式的归纳、总结或提出,应当具有鲜明的学

科特色。

思想政治课从初中到高中各个年级的教学目标、教学要求、教学内容各有不同。作为学校德育工作重要渠道的思想政治课,每一个年级的教学目标,都是在认知领域、情感领域和行为实践领域三个层面展开的;但是不同年级的教学目标又有不同的内容,并通过不同年级的教学要求和教学内容体现出来。同时,学生从初中年级到高中年级,其身心特点、知识能力等的差异也非常明显。因此,我们在思想政治课实施素质教育的实践中,应当总结和建立多种多样的课堂教学模式,以适应不同年级思想政治课堂组织教学的需要。

科学地总结和研究思想政治课实施素质教育的课堂教学模式,可以为一线教师组织教学提供可资借鉴的范例。研究表明,思想政治课实施素质教育的课堂教学模式,应当具有这样一些鲜明的特点:紧紧围绕提高学生的思想政治素质的学科教育目标;切合教师教学能力提高的实际状况;体现思想政治学科教学改革现有进展程度和发展方向;教学过程的结构和程序清晰,具有很强的可操作性。

三、总结和探索符合素质教育要求的思想政治课课堂教学模式

根据思想政治课实施素质教育的目标,以邓小平"三个面向"的教育思想为指导,以现代教学模式理论为依据,在总结广大政治教师教学实践经验的基础上,我们分别探讨了思想政治课的认知教学模式、情感教学模式、导行教学模式、知情统一教学模式、情行统一教学模式和知情行统一教学模式。这些基本教学模式在具体实施中还表现为许多更加细化的教学模式。近年来,我们着重总结和探索了以下几种具体的课堂教学模式。

思想政治课情景教学模式。是在思想政治课教学中,根据教学内容创设符合学生认知水平的情景,激发学生学习情感、学习兴趣和学习主动性的一种教学模式。

思想政治课思辨教学模式。是在教师的启发和指导下,学生学会运用科学的思维方法,对所学的马克思主义基本理论观点进行积极思考和探讨,以达到掌握知识、培养能力、提高觉悟教学目标的一种教学模式。

思想政治课案例分析教学模式。是在思想政治课教学中,通过对体现教材内容和教学要求的典型案例的具体分析,使学生从个别到一般、从具体到抽象,理解所学知识,培养分析问题的能力,指导自身行为的一种教学模式。

思想政治课热点问题研讨教学模式。是把社会热点问题引进思想政治课教学,通过学生和教师、学生和学生的多边活动,引导学生运用学过的理论知识和科学的思维方法,正确认识社会现象、增强社会责任感的一种教学模式。

思想政治课自学指导教学模式。是围绕学生在思想政治学科领域自学能力和探究精神的培养,让学生在教师的指导下自主地进行学习探究的一种教学模式。

思想政治课社会调查分析教学模式。是在结合思想政治课教学内容所开展的社会调查基础上,通过对调查材料的分析,引导学生加深对马克思主义基础知识的理解,提高观察和分析社会现实问题能力的一种教学模式。

思想政治课导行教学模式。是落实思想政治课导行教学目标,充分发挥思想政治课的行为导向功能的一种教学模式。

时事政策课自主探索教学模式。是在教师的指导下,以学生已有的马克思主义基本知识为基础,以时政材料为内容,让学生自主探讨重大时事政治问题的一种教学模式。

对思想政治课课堂教学模式,我们是从这样几个方面进行研究的:各个课堂教学模式的理论和实践依据,各个课堂教学模式所要达到的教育教学目标,各个课堂教学模式所特有的教学程序或结构,各个课堂教学模式实施时所必备的教学条件,与各个课堂教学模式的实施相关的教学策略,与各个课堂教学模式相适应的教学评价。其中,最重要的一个问题是思想政治课实现知情行教学目标的课堂教学程序或结构的研究。我们在各个课堂教学模式的教学程序、结构的研究上,特别注意研究师生的双边活动,注意把教师的主导作用与学生的主体作用有机结合起来。以思想政治课情景教学模式的研究为例,我们在实践探索的基础上形成了如下的教学流程图:

对于各个教学模式教学流程中的每一步,我们在总结经验的基础上都做了精心设计,力求符合学生的认知规律和思想品德形成规律,具有科学性和可操作性。这样的研究过程,有利于教师从理论与实践的结合上把握思想政治课各个课堂教

学模式所体现的教学改革思路和具体实施途径,有利于这些教学模式在具体教学实践中被推广与应用。

四、积极推广符合素质教育要求的思想政治课堂教学模式

近年来,我们课题组把思想政治课实施素质教育课堂教学模式的研究与思想政治课教学改革实践紧密结合,边研究,边试点,对在实践中证明行之有效的各个课堂教学模式在面上积极加以推广。对于符合素质教育要求的思想政治课堂教学模式的推广工作,一是通过市、区(县)思想政治学科教研工作网络,把教研工作与推广工作有机结合;二是通过市教育学会思想政治课专业委员会的学术活动,把学会工作与推广工作有机结合;三是通过思想政治课教学相关杂志,对思想政治课实施素质教育课堂教学模式的研究和推广工作积极加以宣传。

在课题组和各区(县)教研员的共同努力下,思想政治课实施素质教育课堂教学模式的研究成果正在日益广泛地应用到一线教师的课堂教学实践中。许多教师在总结自身教学实践经验的基础上,不断深化思想政治课堂教学模式的探索,并取得了明显教学效果,增强了思想政治课的吸引力、感染力和说服力,促进了思想政治课教育教学质量的提高。我们从教学实践中看到,思想政治课实施素质教育的各个课堂教学模式的推广,对一部分教师传统的教学观念和单一陈旧的教学方法形成了相当大的冲击,促使这些教师钻研现代教育理论,更新教育观念,积极投入思想政治课堂教学的改革;对许多刚踏上思想政治课教学岗位的青年教师来说,使他们能够较快地把握思想政治课堂教学目标和实现教学目标的流程、策略、方法和手段,更好地优化自己的教育教学行为,提高实施素质教育的能力和水平。

目前,我们在这方面的工作还处在起步阶段。由于主客观条件限制,所总结的思想政治课实施素质教育的课堂教学模式还不够成熟,但我们有信心在已有工作基础上,按照全国教育工作会议精神,继续推进思想政治课实施素质教育课堂教学模式的研究,继续推广符合素质教育要求的思想政治课堂教学模式,努力开创思想政治课教学改革新局面。

改进中学思想品德和思想政治课堂
教学的几点意见^①

思想品德和思想政治课程是对中学生比较系统地进行公民品德教育和马克思主义常识教育的基础课程,是中学德育工作的主导渠道。为了切实提高中学思想品德和思想政治课程教学的针对性和实效性,使本课程的学习有助于学生思想品德和思想政治素质的提高,提出改进课堂教学的如下意见:

一、合理制定教学目标

教师应依据思想品德和思想政治课程标准关于课程目标的规定,结合教材内容和学生实际,从知识与技能,过程和方法,情感、态度与价值观三个维度对学期教学计划和教学目标作出总体设计。

制定知识与技能目标,要明确通过每个单元的教学,学生应该获得哪些基础知识,并且对知识的掌握程度有清晰的要求;要明确通过课堂学习和社会实践活动,学生应掌握哪些基本技能,且技能目标要与学生的认知水平、能力基础相适应。

制定过程和方法目标,要选择本课程的重点知识,结合学生的学习基础和发展需要,引导学生了解或体验知识的生成过程,让学生有接受和处理信息、探究和讨论问题、观察和服务社会等多种学习经历;要根据单元教学内容,确定具体的教学方法,并对学生进行相应的学法指导,明确本单元教学中学生应重点掌握的学习方法。

制定情感、态度与价值观目标,要结合相关教学内容,在课前了解学生思想认识和行为习惯中存在的问题,针对学生的实际状况,确定课堂教学中提高学生思想品德和思想政治素质的具体教育要求,对学生的情感、态度与价值观进行有效

---

① 作者:上海市教委教研室课题组。成员:叶伟良、汪素青、沈沛东、印伟、吴立宏。本文写于2005年。

的引导和熏陶。

教师在制定教学目标时,要重视学生有基础知识学习、学科实践活动体验、思想道德修养等多方面的学习经历。要从提高学生的思想品德和思想政治素质出发,让学生经受多种学习能力锻炼。要注意不同年级之间和同年级不同单元之间教学内容的层次差异与相互衔接,注意同一班级中不同学生群体的特点,合理制定多层次的、符合学生实际的教学目标。

教师在制定教学目标时,要注意将知识与技能,过程和方法,情感、态度与价值观三个维度的教学目标统一考虑,既要按照不同单元的不同教学要求突出重点教学目标,又要注意将三个维度的目标整合成有机统一的整体。在思想品德和思想政治课堂教学中,要特别重视情感、态度与价值观目标的落实,以凸显思想品德和思想政治课程在中学德育工作中主导渠道的作用。

二、科学处理教学内容

教师要以思想品德和思想政治课程标准为指导,认真钻研教材,把握教材的知识体系和逻辑结构,同时要深入了解学生的思想认识实际、思想品德状况和心理特征,将教材内容和学生实际有机结合起来,确定各个单元的教学重点和难点,详略得当地安排教学内容。

教师在课堂教学中,可以依据学生实际对教材内容进行适当的处理和调整。教学要依据教材,又不拘泥于教材,要创造性地使用教材,弥补教材内容的某些不足。教学中,要依据课程标准把握教材内容,注意深浅适度,不可脱离学生实际,任意加深难度。

教师在课堂教学中,要充分领会德育课程教材的内容特点,妥善处理基础知识教育与思想政治道德教育的关系。初中思想品德课的教学,要结合学校生活、家庭生活和社会生活实际,着重对学生进行道德教育、法制教育和健康心理品质引导,同时也要使其掌握必要的社会科学知识。高中思想政治课的教学,在引导学生学习马克思主义经济常识、政治常识、哲学常识和文化常识的同时,也要对学生进行道德教育、法制教育和健康心理品质的引导。

教师在课堂教学中要坚持贯彻理论联系实际的原则,适时适度地引入时事政治内容,精选时事政治资料,应用于课堂教学,实现思想品德和思想政治教育与时事政治教育的有机结合,以激发学生关注社会现实和参与社会生活的热情。

教师在加强思想品德和思想政治学科基础型课程教学的同时,可以根据学生的不同学力和学习兴趣以及学校的实际情况,以拓展型课程、研究(探究)型课程的形式开展思想品德和思想政治学科领域的专题教学,促进选修的学生在本学科领域有更丰富的学习和探究经历。

三、不断优化教学过程

思想品德和思想政治课教学必须贴近实际、贴近生活、贴近学生。教师要按照以学生发展为本的理念,根据中学生的认知能力和年龄特点,采用启发式、讨论式等方法,引导学生积极思维,培养学生运用正确观点分析说明现实问题的能力。要引导学生经历多种学习方式,将接受性学习与研究性学习、体验性学习相结合,自主学习与合作学习相结合,让学生在有效接受及自主探究、体验的过程中,学习社会科学知识和掌握科学的学习方法,逐步形成良好的思想品德和思想政治素质。

要力求从学生的生活经验和观察视角出发,营造民主和谐的学习氛围。教师要通过师生互动和生生互动,采用情境渲染、案例剖析、角色模拟、操作体验等活动形式,鼓励学生积极参与教学过程。教师还要善于培养学生大胆质疑的精神,鼓励学生真实地表达自己的思想和情感,努力成为学生健康成长过程中的知心朋友和引领者。

要善于在课堂教学过程中捕捉学生的认知和情感信息。教师要善于观察学生在学习过程中的表现,根据教学过程中随机生成的问题,及时调整预设的教学流程,以敏捷的教学机智推进教学进程,努力使教学贴近学生实际,走进学生心灵,有效地帮助学生掌握思想品德和思想政治学科基础知识,确立正确的人生态度和价值观念。

要积极推进本课程的实践与探究活动的开展。教师对于教材中"操作平台"和"实践与探究"等栏目要予以重视,引导学生积极参与课内外的学科实践活动,千方百计让学生动起来,让学生在活动中获得感悟和体验。教师要加强对课内外的学科实践与探究活动的指导,帮助学生掌握探究社会的基本方法,培养学生的合作精神,增强学生的社会责任感。对于学生的实践和探究活动的成果,教师要选择适当的方式引导学生进行交流和展示。

要加强信息技术与思想品德和思想政治课程教学的有机整合。教师在课堂教学中要有效利用信息技术和网络资源,充分发挥多媒体课件辅助课堂教学的作用,切实提高课堂教学的效益。多媒体课件的使用必须服务于落实课堂教学目标,要有助于发挥教师的主导作用和学生的主体作用。

要重视思想品德和思想政治课程教育资源的开发和利用。教师要善于利用校园资源和社区资源、自然资源和社会资源、文本资源和音像资源,从中提取和整理有用信息,应用于课堂教学。教师要充分重视各种教育资源、教育渠道的有机整合,将思想品德和思想政治课的教学与学生的班团队活动、社区志愿者活动、社会考察活动等社会实践活动结合起来,扩展学生的学习和实践体验空间,提高教育教学的实效。

四、构建知行统一的学习训练体系

思想品德和思想政治课的学习训练,要按照加强认知、培养能力、提高思想觉悟和指导行为实践的要求,构建知行统一的学习训练体系。教师要根据思想品德和思想政治课的教学目标,综合知识与技能,过程与方法,情感、态度与价值观三方面的要求,整体设计各单元学习训练的内容,选择相应的学习训练形式,注重思想品德和思想政治素质的提高和创新精神、实践能力的培养,使学生有多方面的学习训练经历。

要精心设计和选用适当的书面习题,帮助学生加深理解思想品德和思想政治学科的基础知识。书面习题要少而精,且具有现实针对性。教师要紧密联系学生实际和社会现实生活,更多地设计有一定开放性、灵活性的习题,培养学生获取和处理信息的能力,特别是运用所学知识分析和解决问题的能力。

要重视加强实践活动训练,强化学生的情感体验,促进知识的内化和实践能力的培养。要结合本课程相应的教学内容,适时适度地安排学生的实践活动训练。实践活动训练的形式要力求丰富多彩,如收集和整理资料、观察社会现象、开展社会调查、参观访问、参加社区公益活动等,都是行之有效的实践活动形式。学生实践活动训练的结果,要通过课堂汇报、黑板报交流、制作专题网页、教室设置专栏等适当的形式进行交流和展示。

要鼓励学生结合课程学习进行小课题的研究。要鼓励学生通过小课题研究培养获取和处理信息的能力,及发现问题、分析问题和解决问题的能力。对学生的小课题研究,教师要给予学生宽松的研究时间,并在研究方法上进行指导。学生小课题研究的过程和成果,可以课件、学习心得、调研报告、小论文等形式在班级或学校中进行汇报交流。

思想品德和思想政治课学习训练的设计,要依据思想品德和思想政治课程的定位,以提高学生思想品德和思想政治素质为核心目标。学习训练的内容和形式,要根据不同年级学生的认知水平和能力实际逐步递进。各单元的学习训练要兼顾基础性和提高性,便于不同层次的学生进行选择。实践活动训练和小课题研究,应注重培养学生的探究能力和合作精神,鼓励学生以小组协作的形式进行。要强化信息技术在学习训练中的支持作用,有条件的学校可以通过校园网搭建学习训练支持平台。

五、实施综合性的学习评价

思想品德和思想政治课的学习评价,应按照知识与技能,过程与方法,情感、态度与价值观相统一的要求,实施综合性评价。实施综合性学习评价,目的在于通过对学生学习状况的诊断、反馈、矫正和激励,引导学生认真学习思想品德和思想政治学科知识,在实践体验和探究活动的基础上,提高获取和处理信息的能力、分析和解决实际问题的能力,逐步学会以正确的世界观、人生观、价值观指导自己的行为实践。思想品德和思想政治课的学习评价,要注意评价目标和评价内容的多元化,注意评价方法的多样化。

思想品德和思想政治课学习评价的内容主要包括:(1)学习态度的评价。主要评价学生在学习过程中表现出来的自觉性、注意力、意志力、精神状态。(2)学习能力和水平的评价。主要评价学生对本课程学习方法和技能的掌握状况,运用学科知识和方法观察、思考社会实际问题的状况,以及分析和解决自身成长中实际问题的状况。(3)实践与探究活动的评价。主要评价学生结合学习内容开展参观访问、社会调查、志愿者服务、小课题研究等学科实践活动的情况,此类评价重在评价学习过程。

思想品德和思想政治课的评价方法主要有:(1)观察记录。教师应随时观察和记录学生在本学科学习中的学习态度、情感,对本学科领域的理论动态和社会生活实际问题的关注程度,与教学目标相关的日常行为表现等。(2)成果展示。学生参与本学科实践和探究活动的成果,包括调查报告、小论文、课件、学科领域模拟情景的设计、实践和探究活动的记录等。教师应引导和组织学生在班级、学校和社会的有关层面充分展示,让学生、家长、社会参与评价。教师还应该将学生学科实践和探究活动的成果以学习活动档案袋的形式加以记载。(3)书面测试。思想品德和思想政治课书面测试,应加强与社会实际和学生生活经验的联系,更多地采用情景式、开放式试题,着重评价学生运用所学知识分析、解决实际问题的能力。书面测试的形式宜采用开卷或开闭卷相结合的形式。书面测试的成绩宜采用等第制。

中学思想政治课加强社会实践活动的研究①

一、中学思想政治课加强社会实践活动的必要性

（一）中学思想政治课社会实践活动的界定

思想政治课社会实践活动，是学生投身社会，改造客观世界，发展主观认识，在实践中感悟、在实践中学习的一种学科实践活动。思想政治课社会实践活动是思想政治学科教学活动的延伸和深化，能有效地拓展思想政治课教学活动空间，帮助学生从实际锻炼和亲身体验中获得直接经验，深化学生对学科知识的理解，培养学生社会责任意识；它是提升学生道德情感和政治觉悟，发展学生创新精神和实践能力，促使学生健全人格的重要活动之一，是思想政治课教学活动不可缺少的重要环节。

（二）关于加强中学思想政治课社会实践活动的必要性的思考

1. 这是贯彻"以学生发展为本"理念，保证学生自主发展的要求

在实践活动的选择、设计、组织、实施中，学生始终将自身的需要、兴趣置于主导地位，选择贴近自己生活的、自己最关心的问题，运用自身的知识，思考、分析，直至解决问题。通过这样的活动，能充分地拓展学生自主发展的空间，注重学生个性差异和自主发展的选择，在不同程度上培养学生的创新精神和实践能力。

2. 这是落实学科教学目标的要求

学生在参与社会实践活动中，通过亲身体验，能学习、培养适应今后社会生活所必备的社会公德、基本法律规范、良好的心理素质；通过了解国情、关注社会热点问题，提高社会责任感和爱国主义意识，从而加深对党的改革开放政策的认同

---

① 作者：上海市中学思想政治课加强社会实践活动研究课题组。组长：肖克卫，成员：李一新、李俊达、刘芳、张清、陈乙雁、沙丽娟、周寰、高巍。本文收录于《思想政治课研究性学习和社会实践活动探究》，上海教育出版社 2004 年版。

感;通过理论与实践的结合,能加深理解马列主义、毛泽东思想、邓小平理论和"三个代表"重要思想的基础知识,掌握有关社会政治、经济科学常识,并能以之正确分析社会现实问题。

3. 这是培养符合社会需要的合格公民的要求

思想政治课教学要在社会生活实践中让学生通过亲身体验,真切感受到抽象概念的精神所在,感受到社会、他人与自我的密切关系,感受到道德、理想和信念的精神激励。

4. 这是改进思想政治课教学,提高思想政治课教学针对性、实效性的要求

要摆脱长期以来学科教学中存在的理论与实际相脱离的状态,思想政治课就必须加强社会实践活动,从学生的生活中寻找素材,从学生的兴趣和成长需要出发。通过社会实践活动,把教学同生活结合起来,让学生主动地接触社会、探究社会、服务社会,增强社会责任意识,以切实提高思想政治课教学的针对性、实效性。

二、中学思想政治课开展社会实践活动现状的调研及分析

(一) 调研情况及分析

本课题组于 2001 年 9 月在全市范围内开展了一次关于"思想政治课社会实践活动"的普遍调研。调研发现,各校都普遍重视开展各种形式的社会实践活动,学生参与率总体在 70%—90% 之间。

从参与课题调研的九个区汇总情况分析,总结出共性特点如下:

第一,初高中阶段,多采用"参观学习"和"社会调查"形式开展社会实践活动,占比在 40%—60%。

第二,假期开展社会实践活动多集中在暑假,初中主要以"雏鹰小队"形式开展,高中赴外地进行社会考察活动的较多。

第三,初中年级开展社会实践活动较为普遍,比例一般在 90% 左右;高中年级开展社会实践活动的比例相对较低,一般在 60%—80%。

第四,多数社会实践活动与团队、学校德育工作相结合,以思想政治课内容为主的社会实践活动相对较少。相比于一般完中、民办高中,市、区重点高中多由政治教师组织社会实践,形式、内容更为丰富多彩。

第五,中学思想政治课开展社会实践活动的成果,主要以调查报告和小论文

形式呈现。高中政治教师较为重视学生参与社会实践活动的成果,初中政治教师较为重视学生参与社会实践活动的过程。

(二) 开展思想政治课社会实践活动的典型案例

在"二期课改"的教育理念和改革思路的指导下,本市已在一些中学积极探索开拓思想政治课社会实践活动的渠道,并采用多种新颖形式组织丰富多彩的社会实践活动。大体有以下几种值得总结和推广的模式:一是列入教学计划的系统化社会实践活动模式,二是为社区、社会服务的实践模式,三是自主性、体验性的社会实践活动模式,四是密切结合教学内容的社会实践活动模式,五是利用网络开展社会实践活动的模式。

三、中学思想政治课实施社会实践活动的行动策略

以下为本市近百所中学开展思想政治课社会实践活动的经验,组织社会实践活动必须注意的行动策略,包括应遵循的基本原则、活动的设计和组织程序、活动成果的评价等。

(一) 基本原则

1. 目标性原则

思想政治课社会实践活动的设计要紧密结合思想政治课教学的要求,体现理论联系实际的教学原则。社会实践活动的设计既要与教材内容相关,又要与学生的思想认知状况相符合。

2. 学生主体性原则

思想政治课社会实践活动要突出学生的主体地位,鼓励学生自己设计活动、自己组织实施、自己进行评价。要始终让学生处于社会实践活动中的主角位置,把学生的发展要求作为优先考虑因素。

3. 层次性原则

思想政治课社会实践活动,要注意使不同类型学校都能根据不同年龄学生的认知规律和学校的实施条件开展社会实践活动。

4. 完整性原则

思想政治课社会实践活动的设计必须完整,包括具体目标、具体内容、具体方式(方法)、实践对象(地点、人物)、工作安排等。

（二）活动的设计、组织和程序

1. 社会实践活动的设计

思想政治课社会实践活动的设计要注意以下三方面:首先,确定教育目标,结合思想政治课教学的有关内容,指导学生主动地利用所学的理论知识去进行社会实践活动;其次,确定实践活动的设计思路,即整个实践活动的准备、实施过程、成果设想和评价等要事先考虑;最后,实践活动的准备,即确立相关的活动方案,明确课题,收集、整理相关资料,安排经费、人员等。

2. 社会实践活动的组织

从学校层面来讲,要组织好思想政治课的社会实践活动可以采用如下几方面的措施:一是组建学校社会实践活动指导小组,二是制定有关社会实践活动实施运行制度,三是应有一定课时的保证,四是可以组织跨校联合或与社区结合的社会实践活动。

3. 开展社会实践活动的一般程序

思想政治课社会实践活动的实施一般可以分为四个阶段:第一,准备阶段,全面了解活动所需的条件,确定活动的对象、时间、地点,与实践活动的对象取得联系,共同商议活动如何进行等;第二,拟定方案阶段,师生及其他有关人员共同拟定实施方案或计划,内容包括主题、目标、步骤、活动方式、活动所需设备、活动的评价形式等;第三,实施阶段,教师要做好组织和引导工作,学生在实施过程中要围绕活动目标,根据实施步骤进行活动,做好社会实践活动的记录,为今后的总结和评价做准备;第四,交流总结阶段,学生把自己或小组在实践活动中的收获汇集、整理成各种形式的成果,通过多种形式进行交流和开展评价活动。

（三）思想政治课社会实践活动的评价

1. 评价的取向

从本市正在开展的思想政治课社会实践活动的实际情况分析,正逐步由目标取向的评价向过程取向和主体取向的评价方面过渡、转化,有四方面明显的变化:第一,以质性评定取代量化评定,一般不再采用分数形式来评定学生进行社会实践活动的实际效果;第二,评定的功能由侧重甄别转向侧重发展,关注学生在社会实践活动中的自我发展;第三,既重视学生在社会实践活动中的个性化特征,又倡导学生在社会实践活动中开展团队合作,并以此作为评定的重要内容;第四,从重

263

视结果的评定转向重视过程的评定,能反映学生在进行社会实践活动时从收集资料、调查研究、思考推理并作出结论的全过程。

2. 评价的方式

主体过程评价方式。这种评价方式把教师同学生都视为平等的主体,把教师与学生在社会实践活动过程中的全部情况都纳入评价的范围,强调的是质的评价。

档案袋评价方式。把学生自社会实践活动目标确定之后,为该项实践活动所做的各种准备以及在社会实践活动中所做的各种工作的原始材料都搜集在各自的档案袋内。这种评价方式可以真实反映学生在实践活动中所作出的努力和贡献,也可以发现其在实践活动中的不足和欠缺,有利于总结和反思。

成果展示评价方式。大多数参加探索性实践的学校在组织社会实践活动之后,学生会有小结、体会、调查报告、小论文、图文相间的小报等成果,学校采用多种形式予以展示,如课内交流、年级组交流、家长会汇报。成果也可以通过黑板报、宣传栏、展示会等形式展示,或汇编成册。

等第成绩评价方式。对学生参加社会实践活动后所写的调查报告、小论文采用等第成绩评定,一般分为 A、B、C、D 四等。

四、进一步推进中学思想政治课社会实践活动的思考

(一) 培养学生创新精神和实践能力,需要切实推进社会实践活动

中学思想政治课应该加强社会实践活动,倡导自主探究、实践体验和合作交流的学习方式,鼓励学生将德育知识内化为信念。广大中学政治教师必须转变观念,以发展学生个性、强化学生的发展性学力和创造性学力为目标,切实推进中学思想政治课社会实践活动的开展。

(二) 教育行政部门和学校领导要支持社会实践活动

1. 教育行政部门要在制度上保证社会实践活动的开展

第一,要明确任务,督促落实课程标准已做出的明确规定。第二,要做好经验总结,加强督导,加强教科研引领,总结成功经验并组织交流活动,进行分层分类指导。第三,应重视对教师的培训。帮助教师了解并掌握指导学生开展社会实践活动的教育理念和具体方法,支持教师开展对社会实践活动问题的教研探究。

2. 学校应从机制上激励社会实践活动的实施

首先,要制定本校社会实践活动的规划,安排专人负责,要求教研组将社会实践活动列入计划安排,为教师组织学生开展社会实践活动建章立制,同时建立家庭和社区有效参与的机制。其次,要因地制宜、因时制宜,充分利用各种教育资源。再次,必须正确评价,激励师生创造性地进行社会实践活动。一方面,把指导教师的相关评价作为年度考核、职称评定、评选先进的重要指标。另一方面,对学生评价既要考虑其参与活动的一般情况,也要考虑其在某一方面的特别收获,顾及学生的个体性差异。

(三) 营造鼓励开展社会实践活动的良好氛围

1. 提升认识,形成正确的导向

教育行政部门要从推进和深化素质教育的高度让各方面都充分认识开展社会实践活动的意义,形成正确的、强有力的舆论导向,使社会实践活动得以全面实施。

2. 建立学生社会实践活动的评选奖励制度

对开展社会实践活动,在思想上重视、制度上保证、机制上配套,并对教师作用发挥好、学生参与面广、活动成效显著的给予奖励。

3. 争取社会、社区和家长的理解与支持

要争取各种社会力量的支持,建立起支持学校组织社会实践活动的长效机制;要采取各种有效措施,落实依托社区开展社会实践活动的途径;在社会实践活动的实施过程中,还要争取家长的支持和赞同。

利用场馆资源，激活课堂教学①

课程资源是新一轮国家基础教育课程改革中提出的一个重要概念，新课程的实施离不开新课程资源的支持。课程资源也称教学资源，是指一切对课程和教学有用的物质和人力因素的总和。课程资源的关键在于它一定是能够为课程和课程实施服务的，是实现课程目标所必需的。

思想品德与思想政治学科场馆资源是指公共图书馆、博物馆、展览馆、纪念馆、科技馆、文化馆、体育馆、运动场、烈士陵园等对实现思想品德与思想政治学科课程目标有利的各种社会资源。思想品德与思想政治学科场馆资源的开发与利用，就是探寻一切能够与思想品德与思想政治学科教学活动联系起来、对教育教学目标的实现将产生积极作用的场馆资源，并且在实际的教学活动中充分挖掘其教育教学的价值。

一、场馆资源开发和利用的价值意义

（一）创设教学情境，激活学生思维

通过创设情景开展教学以提高思想品德与思想政治学科课堂教学的有效性已经成为广大教师的共识。场馆资源来源于生活，来源于社会，包含许多具体形象、生动活泼的情景资源。如果教师能在课堂教学中恰当地加以应用，一方面更容易使抽象的知识具体化、形象化，有利于学生形成感性认识；另一方面，又能丰富教学的形式和内容，营造出良好的教学氛围，使课堂教学变得生动起来。这样的教学既能激发学生的学习兴趣和探究欲望，又能使学生在轻松愉快的心境下学习知识，必然会事半功倍。

（二）实施体验学习，转变学习方式

《上海市中学思想品德和思想政治课程标准》明确指出：改变学生单一的接受

---

① 作者：沈沛东，静安区教育学院。本文约写于 2002 年。

式学习方式,倡导接受与体验、研究、发现相结合的学习方式;改变单一的个体学习方式,倡导独立自主与合作交流相结合的学习方式。丰富的场馆资源可以拓展学生实践活动的空间,为学生提供参观、实践、观察的基地和学习研究的素材。同时,场馆资源的开发利用需要教师和学生的共同参与。学生不仅仅是场馆资源的接受者、体验者,更是场馆资源的发现者、研究者。学生参与对场馆资源开发利用的过程就是学生开展实践体验、研究性学习的过程。这一过程促使学生在有效接受、自主探究和体验领悟的过程中,学习社会科学知识,掌握科学的学习方法,逐步形成良好的思想品德和思想政治素质,形成科学的人生观、世界观,从而使转变学习方式的可能性真正得以实现。

(三) 突出德育功能,体现学科育人价值

新课程标准强调思想品德与思想政治学科是中学进行德育教育的重要阵地。因此,在开发和利用思想品德与思想政治学科场馆资源时必须突出学科的德育功能,体现思想品德与思想政治学科的育人价值。保存和展示人类文明成果的图书馆、博物馆、展览馆等场馆资源无疑蕴含着无数的德育因素,开发和利用这些德育因素,有利于培养学生尊重科学、追求真理的科学态度和创新精神,以及热爱祖国、热爱家乡、热爱集体的爱国情怀。

二、场馆资源开发和利用的原则

(一) 多元主体原则

场馆资源是一种社会资源,参与场馆资源的开发和利用的主体必然具有多元性。教师、学生、社区、家长都可以参与到场馆资源的开发中来。从思想品德与思想政治学科教学来看,最重要的是确立教师和学生在开发和利用场馆资源中的平等地位和主体作用。

教师是场馆资源最主要的开发者与利用者,在场馆资源的开发中必须发挥主体作用。教师应该具有明确的场馆资源开发与利用的责任意识和行为能力,通过自己创造性的劳动,参与并引导学生共同参与对场馆资源的开发与利用,使场馆资源和思想品德、思想政治学科的其他课程资源有机地联系起来。

学生是场馆资源的使用者,也是场馆资源开发与利用的参与者。主体多元性原则改变了只有教师才能开发场馆资源的观点,凸显了学生在场馆资源开发和利用中的主体地位。学生主动地、创造性地参与场馆资源的开发和利用,可以激发学习的积极性和主动性,最终成为学习的主人,也可以使得学生的兴趣、经验、体验等进入教学过程,让教学"活"起来,还可以实现教学相长、促进师生共同发展。

（二）学科育人原则

应该看到,并不是所有的场馆资源都是思想品德与思想政治学科的课程资源,只有那些真正进入课程、与课程教学目标和活动联系起来的场馆资源,才是学科现实的课程资源。所谓思想品德与思想政治学科场馆资源的开发与利用,实质上就是充分挖掘被开发出来的场馆资源潜在的德育价值。为此,教师首先必须慧眼识珠,善于依据一定的教学目标对场馆资源进行选择、加工和组合。只有高素质的教师才能做到点石成金,使场馆资源潜在的德育价值得以充分发挥和显现。其次,教师还必须围绕学生的成长需要,用开放的教育理念引导学生把学习的范围扩大到课堂以外,有计划地组织学生到各种场馆进行参观访问、调查研究。教师"在活动中教",学生"在活动中学",通过体验性、研究性学习活动,把道德认识与学生的体验、感受结合起来,把培养学生良好的行为习惯、道德修养与实现个人、社会发展的要求统一起来,从而实现场馆资源的德育功能及学科的育人价值。

（三）个体差异性原则

尽管场馆资源多种多样,但是对于不同的地区、学校和教师,可开发与利用的场馆资源具有极大的个体差异性。其实,场馆资源的开发与利用本身就是一项极具创造性的实践活动,没有个性,也就失去了创造性。因此,场馆资源的开发利用不能强求一律,而应从实际出发,发挥地域优势,强化学校特色。

贯彻差异性原则还必须坚持因材施教、尊重学生的自主选择权。学生作为独立的个体,由于生活环境、社会阅历、认知水平、性格特质、学习能力等的不同,相互之间必然存在着差异。毫无疑问,学生只有在个性特长、兴趣爱好得到充分尊重的条件下,在宽松和谐的学习环境与氛围中,才会心情舒畅、积极开发智力,使个性特长得到更好的发展。因此,即使同样的场馆资源,在不同地区、学校、班级中其开发利用也必然存在着差异性。

（四）目标适切原则

教学目标是贯穿整个教学过程的核心,统领着教师组织和引导学生学习的全部活动及发展方向。场馆资源的开发与利用应该根据教学的实际需要,围绕教学目标,服务于教学目标。如果不理解这一价值取向,盲目地去开发利用场馆资源,就会使场馆资源的开发与利用成为教师与学生的负担,不但不能促进教学,反而会阻碍教学的高效进行。思想品德与思想政治学科场馆资源开发与利用的目标适切原则,就是要求教师以思想品德与思想政治学科的教学目标为依据,对场馆资源进行有意识、有目的的筛选和整合,并适时、适度地呈现、使用场馆资源,从而提高场馆资源的开发与利用的实效性。

三、场馆资源开发和利用的基本方式

(一) 情境陶冶式

所谓情境陶冶式就是指教师根据思想品德与思想政治学科具体的教学目标,选择最佳的教学切入点,运用恰当的形、音、色俱佳的现代教学媒体,把鲜活的场馆资源再现于课堂的学习方式。利用这种方式开发和利用场馆资源,要求教师一方面要提高筛选和加工场馆资源的能力,把大量繁杂的、“原生态”的场馆资源加工成生动的、易于呈现的教学资源。另一方面,又要善于设问,启发学生在“想一想”“说一说”“做一做”中领悟场馆资源的“境中之情、境外之音”。只有这样,才能真正发挥场馆资源对丰富教学形式和内容的作用,营造良好的教学氛围,激发学生的学习兴趣和探究欲望。

例如,上海市二十五中学的老师在教授九年级《科教兴国　立志成才》一课内容时,开发了院士风采馆的场馆资源,将院士们成才的足迹带进了课堂,并且通过引导学生思考院士们成才的原因,营造了良好的教学氛围,极大地激发了学生的成才欲望,达到了教学目的。

(二) 活动体验式

活动体验式是指学生在教师的指导下,在场馆资源中选取与教材内容紧密联系的专题,走进场馆进行参观、访谈、做志愿者等社会实践活动,在活动深化的过程中产生积极的情感体验,实现思想品德与思想政治学科教学目标的学习方式。在这里,学生的实践活动是手段,也是目的,是形成知识与能力,过程与方法,情感、态度与价值观的关键。因此,教师必须充分重视场馆资源中实践活动资源的开发和利用。

开发和利用场馆资源中的实践活动资源是一个较为复杂的学习活动。为此,教师必须在若干环节上做精心准备。

第一,教师应对学生即将进入的场馆进行先行考察,了解场馆中的具体资源能够引发学生哪些方面的思考,学生是否能够通过这些思考达到预设的教学目标。第二,教师应依据教学目标、场馆资源设计活动项目及相应的"学习任务单",引导学生的实践活动有序、有效进行。第三,在实践活动实施过程中,教师要加强引导并给予必要的调控。第四,实践活动结束后,还应及时组织学生进行个人体验总结并且给予恰当的评价。只有如此利用场馆资源,才能真正激活课堂教学。

例如,六年级思想品德课中"遨游图书馆"的教学可以将教与学的地点搬进图书馆,开发利用图书馆这一场馆资源。教师课前可以设计"探究图书馆奥秘"的任务单,鼓励学生以小组形式完成图书馆"探秘"的学习任务。学生以小组为单位,进入图书馆,就藏书量、图书的分类及排架、索书号等相关知识对图书馆老师进行采访、观察,并对采访内容进行归类、整理,最后推选代表在课堂上进行全班交流。从课前采访到课堂交流是一个学生主动学习探究的过程,在这一过程中,学生了解了图书馆的有关知识,激发了对图书馆的好奇心和学习兴趣,唤起了学生对图书馆这一重要场馆资源的重视,学会了利用图书馆资源养成良好的阅读习惯、提升人文素养,达到了教学目标,激活了课堂教学。

(三) 课题研究式

课题研究式是指学生在教师指导下,以一定的场馆资源为背景,围绕一定的问题进行观察、调查、操作、实验等活动,在分析、解决问题的探究过程中实现思想品德与思想政治学科教学目标的学习方式。这种学习方式一般包括以下几个步骤:

确立课题。思想品德与思想政治学科以场馆资源为背景的研究课题应该围绕一定的学科教学目标,结合场馆资源的具体背景加以确定。由于场馆资源的丰富和学生思维的活跃,研究的课题具有多样性。教师必须通过师生互动的形式筛选出既符合教学目标又具有一定研究价值的问题作为学生学习研究的课题。

调查研究。调查是指学生直接接触场馆资源,开展搜集事实、数据和资料的活动。调查的形式有实地考察、查阅文献(包括网上查阅)、访谈等。研究是在调查的基础上,对收集到的感性材料、经验进行加工制作,并将其上升到理性认识的过程。由于认知水平、研究方法和占有信息资源的差异性,不同的学生会产生不同的认识。对此,教师必须给予热情的鼓励和恰当的点拨。

成果交流。思想品德与思想政治学科以场馆资源为背景的课题研究的成果包括调查报告、小论文、体会、图表、PPT 课件等多种形式,其展示交流的形式也具有多样性,既可以在课堂上作为教学资源加以应用,也可以通过刊物、网页、板报等进行展示。

例如,上外嘉定外国语实验高中的老师在进行高二"维护我国的国家主权"一框内容的教学时,就运用课题研究的形式开发了顾维钧纪念馆这一场馆资源。具体做法是:将全班学生分为三个小组,设立小组长,分别对"顾维钧与巴黎和会""顾维钧的少年时代""顾维钧的外交成果"这三个研究课题进行研究。然后将研究成果制作成演示文稿,由小组长在课堂上进行汇报。在师生共同分析相关材料的过程中,维护国家主权的政治学知识得到了落实,学生独立思考、合作探究的能力得到了培养,课堂变得生动有趣起来。

思想品德与思想政治学科场馆资源开发利用是新课程实施中的一项全新课题。如何有效地开发和利用各种场馆资源,从而促进学生主动发展,推进思想品德与思想政治学科新课程的改革向纵深发展,还需要广大教师在今后的教学实践中共同进行长期深入的探索和研究。

思想品德和思想政治学科教学评价
改革的实践研究①

一、写在前面的话

思想品德和思想政治学科教学评价是学科教学改革中的一个重要课题,随着课程改革的日趋深入,已成为学科教学改革向纵深发展的一个重要突破口。

教学评价是整个教学活动的重要组成部分,贯穿教学的全过程,对教学活动有全局的影响。教学评价的这种地位和作用,归根到底是由评价的功能决定的。一般而言,学科教学评价具有诊断、反馈、矫正、激励等诸多功能,最终服务于教学过程中师生双方的共同发展,服务于学科教育目标的最终实现。因此,必须十分重视教学评价的研究。

科学的教育价值观是教学评价的灵魂。顾名思义,教学评价是对教学活动的整体或局部进行全面考核和价值判断。这里势必就有一个考核、评判的标准问题。换而言之,对任何教学活动、环节进行评价总得有一定的依据、尺度。教学评价要有科学的教育价值观作为引领和依托,应当符合教育规律和一般过程,体现教学改革的走向和要求。教学评价研究的过程,应当成为学习、理解并最终确立科学教育价值观的过程。

我国基础教育以往的教学评价始终以重视"双基"为特色,并以书面考核为"双基"落实和水平测定的主要方式,由此形成了一套以书面纸笔测验为基本形式的考核评价方式,以及一种以"试卷+分数"为基本模式的考试文化。这种评价方式反过来又极大地影响着学校的管理和教师课堂教学的取向。为适应新世纪教育改革的要求,教学评价必须有一个革命性的变革。这种变革集中到一点,就是要倡导推进学生成长和教师发展的评价理念和方法,改革教学评价过分强调甄别

① 参加本课题研究和执笔的有王曙光、吴永玲、汪素青、黄玉霞,参加本课题讨论的还有杨鹏、季敏、刘茂林、傅桂花和郭卉丹。本文原载《思想政治课研究》,2010年第5、6期。

和选拔的弊端,发挥评价促进学生学业进步、教师专业发展和改进课堂教学实践的功能。为此,教学评价必须实现一系列革命性的转变。关注师生发展,重视激励导向,强化评价过程,凸显多元评价,追求民主和谐,就是这种变革的趋势。

思想品德和思想政治学科是一门德育与智育内在有机统一的显性德育课程,是对中学生比较系统地进行公民品德教育和马克思主义常识教育的基础课程,是中学德育工作的主导渠道。由上述学科定位所决定,该学科的教学评价除了具有教学评价的共性之外,还有本学科的特质和特殊要求。这种特质和特殊要求大体包括以下几个方面的内容:其一,就评价的目标和指向而言,评价应当全面关注师生双方的知识与技能,过程与方法,情感、态度与价值观,重点指向教学过程中师生双方的情感、态度与价值观。因此,要十分关注师生对国家大政方针和民族文化的认同,十分关注师生履职践行、知行统一,十分关注用正确观点分析说明实际问题。这是由德育类课程的定位所决定的。其二,就评价的形式和方法而言,更加要求创设多种教学情景,提供多种学习经历,通过课堂观察、成长记录、成果展示、综合活动报告、书面测试等多种方法开展教学评价。其三,就评价的主体和客体而言,更加注重学生参与评价,师生双方评价意识和水平的共同提高,更加注重师生双方通过评价活动营造民主、和谐的教学氛围,师生沟通情感、共同成长。显而易见,思想品德和思想政治学科与通常的工具类、技艺类学科相比,更多地体现出非显性的非智力因素,不宜简单量化,其评价的多元性、综合性和过程化更加凸显。因此,评价的难度相对更大,要求相对更高,但也由此说明评价改革更为紧迫和重要。

思想品德与思想政治教学评价要回归实践,立足课堂教学,这是近几年教学评价改革实践中形成的共识。这是因为课堂教学是课程实践的核心环节,是学生学业进步、精神成长的家园,也是教师专业发展的平台。思想品德和思想政治教学评价要摒弃形而上学的纯学术研究,走出"经院式"评价一味思辨演绎的怪圈,不搞纷繁复杂的评价技术的"花架子"和升级换代,而是要老老实实地实践,脚踏实地地探索。要在科学教育价值观的引领下,较为系统地回答诸如新世纪的政治学科教学究竟要发生和实现哪些变化,如何科学评价一堂思想品德课和思想政治课,如何全面真实地评价学生的学业进步,评价如何才能兼有科学性、教育性、操作性和可行性,如何通过教学评价推进师生双方共同发展等问题。令人十分欣喜的是,在新世纪课程改革实施的过程中,许多学校、教师已经做了大量有价值的实践探索,积累了弥足珍贵的经验,取得了一定的成效。当然,现有的经验还需要梳理、总结、升华,评价改革创新的实践还有待继续深入发展,要不断创造新模式,开创新局面,以有效推进整个基础教育的改革进程。所有这些,正是我们思考和研究的出发点。

二、教师课堂教学的评价

(一) 新课程背景下教师教学评价应当遵循的原则

教师教学评价是学科教学评价的重要组成部分,应该遵循以下原则:

第一,激励性、发展性原则。过去由于受应试教育的影响,往往把学生的应试成绩作为评价教师教学的终极指标,导致教师工作的重心向提高学生应试能力倾斜。新课程的核心理念是"以人为本,促进学生的全面发展"。要促进学生的全面发展,必须首先重视教师的专业发展。学校应该为每位教师(包括不同年龄段的教师)提供足够的专业发展空间,通过科学的教学评价机制推动教师以饱满的热情投入工作,积极地对自己的教育教学进行反思,不断地积累经验,提高教育教学业务素养。

第二,主体性原则。过去主要是由学校和教育行政部门对教师教学进行评价,教师只是作为评价的对象。这往往会导致教师对于评价有一定的抵触情绪,从而影响教师工作的积极性。新课程所要建立的教师教学评价制度,是由教师自身、校长、同事、学生、家长共同参与的评价制度,教师是评价的主体之一,这种多元主体评价可以使教师从多方面获得反馈信息,从而不断提高教学水平。这种将教师置于评价主体地位的评价制度,有助于教师本人对于评价结果的接纳和反思,有助于教师和学校、同事、学生之间的沟通,从而使教师积极主动改进教学行为,提高教学质量。

第三,过程性原则。过去的评价只注重教师教学的最终效果,即学生的学习成绩,而忽视了教师教育教学的过程。这种评价容易导致教师不断加重学生负担,而忽视自身教学效益的提高,也容易造成师生之间的矛盾冲突。新课程更加注重教师教学方式的革新和学生学习方式的完善,新课程背景下的教师评价更加关注教学过程和师生交流的质量。这种关注教学过程的评价制度,能够促进教师改进教学方式,提高教学效益。

（二）思想品德和思想政治课堂教学评价应该凸显的学科特色

教师教学评价的内容十分广泛,大体包括教师的职业道德、专业和其他相关知识的底蕴、教学设计能力、教学语言表达能力、教学组织管理能力、运用现代教学技术的能力、教育科研能力、人际沟通和协调能力、不断反思和进取能力等。当然,课堂教学评价历来是教师教学评价的核心部分。随着课程教材改革的日益深入,思想品德和思想政治课课堂教学呈现生动活泼、色彩纷呈的新景象。但究竟什么样的课才能算一堂好的思想品德和思想政治课? 这个问题仍然为广大政治教师普遍关注,仍然是思想品德和思想政治课教师教学评价中的关键问题。

我们认为,一堂好的思想品德和思想政治课既要有课改背景下各类课程的共性,如三维教学目标明晰合理、教学方法灵活多样、学生学习积极主动、课堂氛围民主和谐等,又要凸显思想品德和思想政治课教学的学科特色。这种学科特色主要包括以下三个方面。

1. 在三维目标有机整合的基础上,更加注重情感、态度与价值观目标的落实,凸显思想品德和思想政治课在中学德育工作中主导渠道的作用

传统的课堂教学受应试教育的影响,教学目标往往定位于掌握"双基",即基本知识、基本技能。新课程提出了知识与技能,过程与方法,情感、态度与价值观三个维度的教学目标。而思想品德和思想政治学科是一门智育与德育内在统一的显性德育课程,肩负着提高学生的思想品德和政治素质的重任。和其他课程的教学目标相比,思想品德和思想政治课承载着更重的德育教育的任务。因此,思想品德和思想政治课堂教学要实现促进学生全面发展的目标,必须摆脱应试教育的影响,改变过分关注知识和能力目标实现的现象,更加重视情感、态度与价值观目标的制定和落实。要在注重三维目标有机统一的基础上,努力通过教学培养学生爱国情感,使其增强国家观念和社会责任意识,认同改革开放等党的各项方针政策,树立远大的理想和正确的价值观念,初步形成健全的人格和良好的道德情操,这样才能凸显思想品德和思想政治课在中学德育工作中主导渠道的作用。

2. 贯彻理论联系实际的原则,体现国家意志,凸显思想品德和思想政治课与时俱进的学科特色

马克思主义理论是随着社会实践的发展而不断丰富发展的,马克思主义具有与时俱进的理论品格。思想品德和思想政治学科对学生进行公民品德和马克思

主义常识教育,要以开放的、发展的态度对待马克思主义。教学中必须坚持理论联系实际的原则,将马克思主义基本理论与鲜活的现实生活联系起来,这就要求教师不仅要认真钻研教材,把握教材的知识体系和逻辑结构,确定教学的重点和难点,详略得当地安排教学内容,而且要将教学内容和生活实际结合起来,努力在书本知识和社会生活之间架起一座由此及彼的桥梁,使教学内容生动起来、鲜活起来,富有时代色彩和生命意义,体现国家意志,高扬以爱国主义为核心的民族精神的旗帜。

我国的教育方针注重培养社会主义现代化建设的合格人才,培养社会主义事业的建设者和接班人。教师要引导学生坚持正确的政治方向,对学生进行国情教育,尤其是要进行热爱社会主义和热爱共产党的教育。这也要求思想品德和思想政治课教学内容不断更新,鲜活生动地体现时代前进的脉搏,反映党和国家的大政方针,真正体现出思想品德和思想政治课与时俱进的学科特色。

3. 注重体验、感悟和探究,力求教学走进学生的心灵,实现明理与导行的统一

传统的思想品德和思想政治课教学,在教学方法上主要是通过教师讲授教材知识,学生听、记和模仿性应用,来达到理解和掌握知识的目的。单一的讲授式教学方式的使用,往往使思想品德和思想政治课带有比较浓重的说教色彩,缺乏实践体验、探究的过程,教学难以真正打动学生,学生的课堂学习和课外行为往往是脱节的。新课程课堂教学在教学方法上倡导有效的接受与体验、探究、发现相结合的学习方式,通过体验情境的创设、实践环节的开发、研究性学习的开展等,丰富学生的学习经历和经验,不断完善学生的学习方式,从而达到培养学生实践能力和创新精神的目的。与此同时,明理基础上的导行,引领学生养成良好的思想品德和行为习惯。实践证明,一堂好的思想品德和思想政治课,必须要关注学生的生活经验和认知状况,关注学生的情感、态度、价值观和行为表现,并针对学生认知和情感的实际,精心设计各种教学活动。教师心目中要有学生,教学要力求撞击学生的心灵,促使学生在学习过程中感悟道理、升华情感,最终达成知行统一的学科教学目标。

思想品德和思想政治课堂教学要凸显学科特色,课堂教学评价量表也应有相应的改革和创新。为此,本课题组设计了如下量表。

思想品德和思想政治学科课堂教学评价表(供参考)

A级指标	B级指标	权重	C级指标	得分
教学目标 (20)	知识与 技能	5	依据课程标准,确定适切的知识和技能的目标要求。	
	过程与 方法	5	根据教学内容和学生思想实际,选择合适的教学方法,注重学生学习过程中的体验、探究和有效接受的有机统一。	
	情感、态度与 价值观	10	学生对学习兴趣浓厚,能形成正确的道德判断、价值取向,能认同与学习内容相关的国家大政方针。	
教学内容 (30)	时代性	10	教学内容与社会实际紧密联系,具有时代特征。	
	丰富性	10	教学情境丰富,学生活动适当,教师讲解、归纳、分析到位,教学内容饱满翔实。	
	适切性	5	教学内容与学生经历、兴趣、知识水平、理解力相适应。	
	层次性	5	学习内容层次分明,利于学生有条理地思考;学习内容能满足不同层次学生的学习需要。	
教学过程 (25)	师生互动	10	教师给予学生足够的自主学习时间和空间,创造民主氛围,鼓励学生自由地表达自己的思想。师生之间、生生之间有效互动。	
	合作探究	10	学生能在交流、合作和对话中进行有效学习。学生能经历知识形成的过程,不断地对知识进行体验和探究;学生探究的兴趣和意识得到有效激发和培养。	
	现代教学 技术	5	结合课程特点,充分、恰当地利用各种现代教育教学手段,提高教学效果,激发学生的学习兴趣。	
教师素养 (15)	知识功底	5	能够准确把握教学内容,清晰准确地讲授教学内容。	
	语言教态	5	语言简洁规范,教态亲切自然。	
	教学机智	5	善于捕捉生成的教育教学机会,处理好预设与生成的关系。	

（续表）

A级指标	B级指标	权重	C级指标	得分
学习效果 （10）	课堂氛围	5	课堂轻松民主,学生学习积极主动,思维活跃。	
	目标达成	5	三维教学目标有效达成,形成积极情感体验和理性思考。	
评语 （主要优点和建议）				

思想品德和思想政治学科课堂教学评价是一项复杂的系统工程,需要科学的精神、实事求是的态度、坚持不懈的努力。应该倡导学校建立档案袋式的评价方法,对教师教学情况作过程性评价和长期跟踪;应当在研究中确立适合各类教师（从初出茅庐的新教师到成绩卓著的优秀教师）实际情况的评价方式,有效促进各类教师的专业成长;应当努力将课堂教学评价纳入教师评价的系统工程之中,保证评价的有序性和有效性,逐步建立真正促进教师的专业发展,并以教师专业发展引领带动学生学业进步的科学的教师评价机制和体系,促进教师不断改进教学,提高教学质量。

三、学生学业的形成性评价

学生学业评价是学科教学评价中至关重要的组成部分。思想品德和思想政治学科的学生学业评价旨在促进学生的发展,评价的基本目标是为了提高学习的效率,检验学习的成果,改进学习的方式,引领学生真正成为学习的主人。评价过程应当成为学生自我教育、树立信心、走向成功的过程。当然,鉴于思想品德和思想政治课的学科特点,学生学业评价的重心、方法和途径亦应该有自己的特色。

思想品德和思想政治学科学生学业的形成性评价一般是指对教学方案实施过程中学生学习情况的评价。它依靠反馈信息对教学过程（主要是学生的学习活动）作出价值判断和进行适当的调节和矫正,从而完善教与学的双边活动,使教学活动效果更好,最终达成教学目标。

思想品德和思想政治学科学生学业的形成性评价注重学生成长发展的过程,想方设法给予学生多次评价机会,并把评价贯穿日常的教学过程始终,使评价实施过程化、经常化,成为有效地激励学生努力学习的动力和源泉。课堂教学过程中的即时评价、作业评价、学生日常学习的成绩记录等,都属于形成性评价范畴。这些评价方式在一定程度上弥补了传统评价只关注学习结果而忽视学习过程的弊端,将评价的重心逐渐转向关注学生求知和探究的过程,关注学生学业进步、个性发展和良好品格形成的过程,注重学生在学习过程中情感体验、价值观的形成,帮助学生形成积极的学习态度、科学的探究精神、正确的价值取向,从而引领学生在德、智、体、美诸方面得到全面发展。

(一) 思想品德和思想政治学科形成性评价的实施原则

1. 评价内容多元化,三维评价目标相统一

针对传统学业评价在内容上重结果、轻过程,重学业成绩、轻综合素质等不足,思想品德和思想政治学科应把评价的视野从学生的知识和能力扩展到参与状态、情感态度、思想品质等领域,做到知、情、意、行综合评价,即包括知识与技能,过程与方法,情感、态度与价值观等综合因素的评价。只有这种全方位、多角度的评价才能真实反映学生的学业状况与水平。

实施多元化学业评价样表(供参考)

评价维度		具体内容
知识与技能	学习水平和能力评价	对本课程基础知识、方法技能的一般掌握情况。 运用学科知识和方法观察、思考社会实际问题的情况。 分析和解决自身成长中的实际问题的情况。
	学科探究能力评价	学科探究能力,包括搜集、整合与应用社会信息的方法和技能。 提出问题的能力,联系实际解决实际问题的能力。 获取研究资料的能力。 形成学科研究成果(小论文、调查报告、研究报告等)的能力。
过程与方法	自主学习、合作学习、探究学习评价	学习策略与方法。 学习经历,以及学习过程中探究创新能力、合作能力、实践能力的发展。
	实践与探究活动评价	参观访问、社会调查、志愿者服务、小课题研究等学科实践活动的情况。
情感、态度与价值观	学习态度的评价	在学习过程中表现出来的自觉性、注意力、意志力、精神状态等。
	学习过程中的表现及情感体验、理性感悟	使命感、责任感、自信心、进取心以及意志、毅力、气质等方面的自我认识和自我发展。 思想道德素质及价值观。

根据教学目标的三个维度所实施的各项评价内容是相互联系的。教师在对教学过程中实施各种评价时,应充分、综合考虑评价内容的多元化并有选择、有针对性地加以实施,尤其是在组织突出体现本学科特色的学习活动,如政治小论文写作、主题演讲、角色模拟活动、社区志愿者服务时,更加应该注重对学生思想道德素质及价值观的评价。

2. 评价方式多样化,定量与定性相结合

思想品德和思想政治学科要运用多种评价方式对学生进行评价,努力从以往过分强调量的评价逐步转向质与量有机结合、重视质的分析与把握的评价,切实提高评价的实效性。思想品德和思想政治学科的形成性评价方法主要有:

(1) 观察记录。观察和记录学生的学习态度和所学知识的情况,如对与本学科学习相关的社会实际问题的关注程度,与教学目标相关的日常行为表现等。

(2) 谈话交流。通过与学生进行交谈和对话,直接获得学生思想品德发展状况的信息,适时对学生的动机,理想,信念,情感、态度与价值观等内在心理品质进行诊断、评价和引导。

(3) 课堂提问。在课堂中设计问题,对学生的学习进行评价,具有集中注意、启发思维、发展智力等功能,是思想品德和思想政治课堂教学中常见的评价方式。与此同时,还要鼓励学生学会向老师、向同学提问,要对能提出高质量问题的学生给予鼓励和表扬。

(4) 课外作业。思想品德和思想政治学科的作业已经由单一的书面作业发展为实践作业、口头表达作业、表演性作业等多种形式,教师可以借此评价学生对知识的掌握程度和获得知识的过程,评价学生的创造性思维能力,判断学生情感、态度与价值观目标的达成程度。

(5) 成果展示。学生参与本学科实践和探究活动的成果,包括调查报告、小论文、教学课件、实践探究活动记录等,均可根据实际情况在班级、学校乃至社区展示,让学生、家长、社会参与评价。提倡将学生学科实践和探究活动的成果以学习活动档案袋的形式加以记载和保存。

思想品德和思想政治学科的形成性评价应采用定性与定量相结合的评价方式。鉴于目前大部分政治教师所教班级学生数量偏多,为既保证评价能针对学生的特点,发挥和提高评价的激励功能和实效性,又使教师不至于负担过重,应遵照灵活多样、简便易行的原则,既可以采取水平性、等级性的定量评价的方法,也可以采用评语式评价,对学生的优势和不足作适当点评,激励学生通过努力争取更大进步,充分发挥评价的激励功能和导向作用。

3. 评价主体多元化,他评与自评相结合

思想品德和思想政治学科的形成性评价提倡评价的多主体参与,评价中既要有教师的评价,还要有学生的评价、家长的评价乃至社会相关方面的评价。学生不仅仅是被评价的对象,而且也应当是评价的主体。培养评价意识,提高评价的水平和能力,通过自评与他评确立科学的教育价值观,构建和营造和谐的教学氛围和人际关系,应当是新课程评价改革的应有之义。要通过学生的自评和互评,通过多主体合作评价,使评价的诊断、反馈、激励功能落到实处,更好地引导、激励学生发展。

学生的自我评价可通过谈话、成长日记和书面自我评价等方式来进行,让学生公正、公开、客观地评价自己,认识自己的长处和不足,从而达到进一步明确目标、增强信心、提高判断是非能力的目的。同学互评就是学生相互之间进行公正、公开、客观的评价。同学朝夕相处,对同伴的思想感情、兴趣爱好、行为习惯和辨别是非的能力等最为了解。进行互评有助于学生在互动中学会正确地看待别人,逐步树立科学的价值取向,共同向正确的、健康的方向发展。

教师对学生的评价是整个评价体系中的重要的一环,科学的、准确的评价能对学生的发展起到画龙点睛的作用。教师的评价可在课堂和课余两个时段进行。课堂上的评价应该是对学生参与讨论、回答问题、课堂活动等情况的评价;课余评价,主要是评价学生参与课余学科实践活动和完成作业的情况,作业的形式应该包括形成性练习、小论文、时事评述、学习课件或研究性学习报告等。教师的评价既要客观又要具有鼓励性,要以鼓励和肯定为主,从不同侧面全面评价,同时还应体现评价对象的差异性,尽量调动学生学习的积极性和主动性,促进学生的发展。

在多元评价主体的评价实践中,要强调评价过程中主体之间的双向沟通,使自我评价、同学评价、教师评价、家长评价有机结合,这样不仅有助于激发学生的学习主动性、培养与他人合作交流的能力,还会促进学生的反思和改进,使其学会借鉴其他评价主体的意见,逐步提高自我评价的意识,不断提高自我评价的能力。与此同时,要关注学生对评价结果的认同和接纳,以此改进和完善学习行为,使评价最大限度地发挥矫正和激励的功能。

（二）思想品德和思想政治课几种形成性评价方法的运用

1. 成长记录袋

成长记录袋是一种在新课程改革中新兴的评价方式，它注重通过各种方式记录学生学习的轨迹和成果，将学生学习的成果以及其他有关资料收集起来，反映学生的努力、进步和成长。学生参加思想品德和思想政治学科学习活动的成果很多，包括调查报告、小论文、教学课件、模拟情景设计、实践探究活动记录等，均可收入其中。成长记录袋可以是学生某一方面的某次活动的成绩、作品记录，也可以是思想品德和思想政治学科总的学业评价记录。它反映的是学生已经获得的成果、获取成果的过程以及参加学科实践探究活动的体验、感悟。以研究性学习为例，成长记录袋可以包括的内容有：在探讨研究性主题阶段查阅资料的清单及关键资料，课题研究计划，在学习过程中搜集的资料，研究过程大事记，研究报告，研究性学习自我核查表，等等。成长记录袋有利于学生本人更好地认识自我，总结经验，以利再战；也有利于教师深入、充分地了解学生，为学生提供更有针对性的指导。

上海市中小学"二期课改"推进过程中，各学校已普遍使用《成长记录册》。思想品德和思想政治课教师可以将成长记录袋和《成长记录册》配合使用，对学生成长过程进行跟踪记录和综合评价。这种创新的尝试受到了广大教师和学生的欢迎。

2. 日常课堂学习过程评价

日常课堂学习是学生学业成长的具体途径和主要平台。学生学业的形成性评价要关注学生在课堂学习中的表现和进步，以及在学习经历中的体验和感悟。采用合适的评价量表，开展定期或不定期的课堂学习过程评价，有利于学生全面自我评价学习情况，并通过评价改进学习行为，激发学习积极性，同时也有利于教师及时掌握学生的学习动态。

评价可分为 A、B、C、D、E 五个等级。教师可以通过分析学生在课堂教学中的表现与情感体验的变化，了解学生参与课堂学习的情况。其中评价细则的制定应是动态变化的过程，宜视实际情况作相应调整，在使用过程中亦要注重多方评价主体之间的沟通与协商，以增强评价的实效性。

3. 与学科教学相关的学生行为表现的评价

与思想品德和思想政治学科教学相关的学生行为表现的评价，是指在实际教学过程中,学生在真实或模拟的情境中解决某个问题或创作某种作品,师生通过观察学生的表现进行评判。与学科教学相关的学生行为表现的评价,注重学生在完成实际任务过程中的实际表现和进步,不仅要评价学生对知识技能的掌握情况,更重要的是要通过对学生表现的观察分析,评价学生在创新能力、实践能力、合作能力以及健康的情感、积极的态度、正确的价值观等方面的发展情况。

与思想品德和思想政治学科教学相关的学生行为表现有丰富的内容。从学科教学对学生的影响的角度划分,可分为情景体验和行为实践两大类。从学生的行为表现的角度划分,又有很多具体形式,如撰写小论文、调查报告、研究性学习小结等属于写作型,辩论、演讲、时政综述、成果汇报、模拟教学(学生讲课)等属于口头表达型,表演小品短剧、举办模拟听证会、模拟法庭等属于角色扮演型,设计调查问卷、编印手抄报、制作时政板报、开网站、做课件等则属于设计制作型。与学科教学相关的学生行为表现评价均可采用合适的评价量表实施。

4. 多元化弹性作业评价

作业是学生学习过程中的一个重要环节。新课程教材改革中,思想品德和思想政治学科作业的形式有很多创新,采访调查、制作课件、设计版面和各种社会实践活动都已进入学科作业的范畴,充实了学业评价的内容。一般说来,作业的布置应该考查学生对所学观点的理解,以及分析解决实际问题的能力。作业形式的设计应尽可能多元化,注重开放性、参与度,甚至可以设计一些需要学生与家长互动配合完成的作业;作业评价标准的制定,应体现弹性原则,关注学生的基础及个性特点;作业评价的主体,应强调互评及包括家长、社会在内的他评。教师通过学生完成作业的行为表现以及成果呈现,综合判断学科教学目标的达成度。

长作业是在新课程改革中出现的一项创造。它从激励学生兴趣入手,把思想品德和思想政治学科作业从校内向校外延伸,与社会热点、时政新闻相结合,使学生思想品德和思想政治素质的提高融入学生的日常生活之中。长作业依据教材内容和学生特点,采用"听""看""讲""议""写"相结合的方式,引领学生在持之以恒的课外学习中得到锻炼和提高。如要求六年级学生每天回家看新闻,每节课组织学生进行"新闻接龙";要求八年级学生每天回家读新闻,每周完成新闻摘抄,看一次相关的法律专题节目等。长作业的实施,使师生双方均发生了可喜的变化,对达成学科目标有积极作用。

四、学生学业的终结性评价

思想品德和思想政治学科学生学业的终结性评价,一般是在一个阶段的教学活动结束后对教与学的成果进行检查、验证、核定,从而确定教学目标达成度的评价。相对于形成性评价而言,终结性评价一般是在学期或学年结束时进行的,其作用一是考查和测定学生群体或每个学生整体的发展水平,为学习成绩评定、评优提供参考依据;二是总体把握学生掌握基础知识的程度和能力发展水平,为教师和学生确定后续教学起点提供依据。

在新课程改革的背景下,思想品德和思想政治学科学生学业的终结性评价已经发生了根本性变革。从学校的期终考核来看,已从单纯的一张试卷评价转变为与平时学习表现相结合的评价;从全闭卷考试转变为开、闭卷相结合,乃至全开卷考试;从单纯的笔试转变为写小论文、笔试与演讲相结合等。评价方式的上述种种变革,不仅推动了思想品德和思想政治学科的课堂教学改革,同时起到了提高学生学习能力、激励学生不断进步的作用。

中考、高考是与学生学业终结性评价相关的重要的考试形式。这是因为中考、高考既有为高一级学校选拔合格新生的功能,又有对学生学业水平进行终结性评价的作用,因而社会各方颇为关注。近年来,思想品德和思想政治学科的中考、高考的形式和内容都发生了可喜的变化。

近年来,思想品德和思想政治考试政策,在体现时代性和教育性方面,突出重视分析问题和解决问题能力的考查,重视对价值取向和道德判断的引导,更加有利于促进学生联系社会生活和个人成长实际主动学习,有利于促进学生思想品德和思想政治素质提高。

教学评价是一种综合性的系统过程,是一个不断探索的过程。我们要努力提高教学评价的境界与质量,要处理好评"教"与评"学"的统一,要坚持多种评价主体和评价方式的互补,要关注评价对象的普遍性规律和个性特点,还要兼顾评价的学理性和可操作性。

面对书本和现实的反差——提高思想政治课信度的探讨①

思想政治课书本知识和现实生活的反差是经常困扰政治教师的一个问题,这种反差会造成思想政治课的信度减弱。如何正确看待和处理这种反差,是提高思想政治课德育功能的重要问题,笔者想对此作一些初步的探讨。

书本知识和现实生活存在反差,就其哲学根源来说,便是理论和实践的矛盾。思想政治课书本知识总体可归属于理论知识,现实则是纷繁复杂的实践生活,二者存在的反差形成二者的张力,推动着人们认识的发展和社会的进步。

当前我国无论在理论方面还是在实践方面,都处于转型期。理论上,马克思主义中国化取得了一系列最新成果,形成了中国特色社会主义理论体系,但这个理论体系还在继续完善发展;实践上,我国的改革开放进入新阶段,不仅处于发展的关键期,还处于矛盾凸显期,社会现实生活呈现出比过去任何时候都更加复杂多变的局面。在这种大背景下,书本知识和社会现实出现的某种反差必然更为突出,但另外一方面,我们也应当看到书本知识和社会现实总体上存在着高度一致的一面,并没有出现过类似"文革"结束后两年转折期的那种旧理论("继续革命"理论)和新形势(拨乱反正)完全对立的情形。改革开放30多年来,思想政治课教材虽然几经修改,但是在大的政治方向和主要内容上具有稳定性和连续性,这是因为它所依据的理论——中国特色社会主义理论体系是和建设中国特色社会主义伟大实践一致的。与此同时,我们的教材经过多次课改,在贴近社会、贴近学生方面也有了很大的改进。这一点也是我们对反差问题进行思考时必须注意到的大前提。

有了上述基本认识,我们再来具体看看目前思想政治课书本知识在和社会现实总体一致的前提下究竟存在哪些与社会现实的不一致,以及我们应当怎样正确

---

① 作者:秦璞,上海市延安高级中学。本文原载《思想理论教育》,2011年第3期(下)。

认识和处理这些反差,以提高思想政治课的信度。

反差之一:书本正确,现实滞后。有关的书本理论知识是正确的,但是现实生活尚未完全体现理论的要求。以党的观念教育来说,坚持中国共产党领导的依据和前提是党的先进性,但现实生活中,党内一些顽疾(如"三公"消费)以及一些党员干部令人触目惊心的堕落使一些学生对党的先进性产生了怀疑。又比如,我们讲社会主义要消灭剥削、消除两极分化、实现共同富裕,但目前社会的贫富差距还存在;我们讲国有经济是全民所有,但国有企业的一些行为也与之存在一定的差距,这些都使学生不解。

反差之二:实践发展,书本滞后。实践生活在飞速发展,书本知识的一些内容或表述跟不上形势的发展,存在滞后的情形。比如,科学发展观是马克思主义世界观和方法论的集中体现,以人为本是科学发展观的核心,但是我们的哲学教材在"以人为本"方面存在着大量空白(见拙文《以人为本,改进中学哲学教学》,载本刊 2011 年第 1 期、第 2 期)。又比如,在论述按劳分配时,依然沿袭计划经济下的政治经济学的论述,强调按劳分配只能与公有制相联系,难以解释现实分配制度。再比如,"工人阶级"是一个十分基础性的概念,但是究竟在现阶段谁是工人阶级、为什么工人阶级是领导阶级等问题都未能得到明晰的说明。

反差之三:书本一元,现实多元。书本知识坚持一元化的价值导向和社会价值观多元化存在复杂关系。比如,社会上流行的来自西方的自由主义话语体系,甚至佛学的话语体系,借助一些纸质、网络媒体的传播,在一定程度上扩大了话语权,而我们的书本知识坚持马克思主义话语体系,各种话语体系在字面上有时会相通,如公平、正义、和谐、以人为本等,但是它们的深层理论基础又大相径庭,因此在现实中存在相互冲突的情形。

反差之四:书本抽象,疏离现实。目前,教材中的某些结论过于武断(即道理未讲透),有时仅仅是通过形式逻辑论证,缺少源于问题、贴近生活、切合学生的辩证逻辑论证过程。比如,论述人民代表大会制度的优越性时,没有比较的对象,没有评判的标准,没有辩证的过程,只是根据文件列出几条。所以许多学生说政治课中有些内容太抽象,反映出他们难以把抽象的书本知识和现实生活联系起来,从而在心理上形成了二者的反差。

反差之五:书本简单,现实复杂。作为中学的教科书,往往带有入门的性质,因此必然存在把复杂问题简单化成一些粗线条结论的情形,又经过反复考试测验,在学生头脑中积淀为一些现成的条条(结论),而一旦走入社会,对一些不"纯粹"的社会矛盾,学生感到难以解释,于是开始怀疑甚至否定书本知识。一些大学教师常常会告诫刚进大学的学生:你们要把中学里学到的东西全部忘记。究其原因,除了有的情况是属于观点上的差异外,可能主要是为了排除学生头脑中"本本主义"的简单化的理论观点和思维方式。

从以上的初步分析可以看出,书本知识和现实生活出现反差的具体原因是多方面的,我们在面对书本和现实的反差时,要作冷静的具体分析,采取正确的应对态度和方法。笔者认为,至少以下几点是应当努力去做的。

一、坚持理想信念

在当前复杂的国际国内环境中,我们政治教师要坚定理想信念。理想信念理应是我们政治教师的精神支柱。只有树立了理想信念,才能对形形色色的社会现象作出正确的判断:哪些是改革的方向,哪些是改革的对象;哪些是发展的趋势,哪些是暂时的现象;哪些是新生事物,哪些是沉渣泛起;哪些是倡导的,哪些是允许的,哪些是禁止的;哪些是短期可以解决的问题,哪些是整个社会主义初级阶段始终存在的。

要坚定自己的理想信念,就要加强学习。有的青年教师平时备课把精力主要集中于在网络上浏览搜集信息,却忽视了对马克思主义经典理论、中国共产党历史和党中央文件的学习钻研,结果在海量的信息中迷失,甚至动摇了原有的理想信念。政治教师只有自己把道理搞清楚了,才能提高教学的说服力、可信度。

二、运用辩证思维

我们要用辩证的方法指导教学、教育学生。辩证的方法内容很丰富,其中重要内容有肯定和否定的统一、两点和重点的统一。

在教学中,要正确理解"正面教育"的含义。青少年涉世未深,要坚持正面教育,要在课堂上坚持社会主义核心价值体系,这是不错的。但正面教育不是一味讲"好"的片面教育、理想化教育、绝对化教育。思想政治工作的实践证明,片面的理想化教育会给学生今后的成长带来隐患。马克思主义本身是具有辩护(肯定)和批判(否定)双重功能的,在当今仍然如此。一方面我们要理直气壮地维护党的领导,维护人民政权,维护社会主义基本经济制度,维护改革开放大政方针;

另一方面,我们也要对比真善美和假恶丑,揭露鞭挞落后腐朽的东西,反对物质消费主义、金钱至上等错误观念,承认前进道路上的曲折和失误,使学生对社会发展有全面的认识。同时,我们也不必回避自身体制存在的问题,既要反对把体制中的弊端说成是基本政治经济制度带来的,也要深刻理解党中央的进一步改革思路,而不是把现行体制说得尽善尽美,讲过头话。辩护(肯定)和批判(否定)都必须运用马克思主义基本原理,立足于正确的立场观点方法。

在坚持肯定和否定统一的同时,教师还要特别注意坚持两点和重点的统一,分清社会的主流和支流,在教学中热情地向学生宣传改革开放以来的巨大成就,宣传贯彻科学发展观以来的社会进步,帮助学生树立起社会进步的信心,不能喧宾夺主,颠倒主次,给学生留下社会阴暗的印象。笔者曾多次上"坚持党的领导"的内容,一方面让学生亲口说出他们耳闻目睹的社会巨大进步,以此来认识坚持党的领导的重要性;另一方面也不回避党所遇到的困难和挑战,分清主流和支流,收到了良好的效果。

三、具有历史视野

我们要用历史的方法指导教学。所谓历史的方法内容也极其丰富,但最重要的是用过程的观点、发展的观点看问题。

对概念、原理乃至政策,都要看成是生成变化的而不是凝固的东西(如前面提及的按劳分配、工人阶级)。特别是对当下的一些重要概念、原理、政策,更要放在变化的社会大背景下去理解。比如依法治国,就不是简单地下一个形式逻辑定义,而应当展现它产生的背景、所回答的当代问题、与以往执政理念的区别联系以及其本身的发展趋势等,把来龙去脉讲清楚,把历史和逻辑统一起来。这样做就能使学生从历史的比较中体会到社会的进步和未来的前景。一些学生对现实产生这样那样的不满以致怀疑书本知识的正确性,和他们只看当下、不看历史,缺乏对现实和理论的历史感有关。如果仅从形式上构建逻辑体系而不是从实践问题中引出基本观点,会在认识上扩大书本和现实的反差。

四、加强方法论教育

不少学生(也包括相当数量的成人)由于不了解本质和现象、应然和实然、目标和过程的关系,因而误解了理论的作用。他们总想从理论中找到解决现实问题的现成答案,如果不能如愿,就以为书本脱离现实,"两层皮",没有用处。其实,理论对现实的意义不是提供现成的答案而是提供正确的方法、方向。我曾经以"两点之间最短距离是直线"为例,对学生说这个原理并没有告诉你上学具体该走哪条路,事实上也没有哪个同学能够真的走直线到校的,但是这个原理给我们指明了正确的行动方向,使我们少走冤枉路。同样道理,我们也应当从方法论视角来认识政治书本上的理论知识,它不仅反映社会的主流现实,更给我们提供了思考的方法、是非的标准和行动的方向。另外,有时学生会拿着源自社会或网络的道听途说要政治老师予以评判。除了特殊情况,我们一般无须全部加以评判,因为我们教师的责任是帮助学生用正确的立场、观点、方法,让他们在充分了解事实的基础上自己去评判。

五、唤起社会责任感

面对书本知识和现实生活的反差,有的学生只是把自己当作一名"批判者",热衷于扔"板砖"。他们不了解社会主义、改革开放只是开辟了通向理想境界的道路,而理想境界的实现是要靠几代人的不懈努力奋斗,因此每一代人都应当有比上一代人做得更好的社会责任感。为了提高学生的社会责任感,增强公民意识,亲身体验书本知识与现实生活的联系,应当更多地创造条件让学生以各种形式参与社会生活,通过网络参与、志愿者服务等多种形式介入社会文明建设。在这个过程中,大量直接来自社会的新鲜的信息能使学生加深对书本知识的理解,也感知到真实可信的社会生活,架起书本与现实的桥梁。

六、处理好一元与多元的关系

面对当前的社会矛盾,各种思想体系都活跃起来,特别是来自西方的自由主义话语体系影响很大,不少符合马克思主义、符合中国国情的观点政策,以自由主义观点来看却可能是错误的、落后的。比如关于民主问题,自由主义和马克思主义虽有某些类似、相通之处,但它们的理论前提和基础完全不同。我们必须坚持用马克思主义原理而不能用自由主义话语体系来分析书本和现实反差的原因和解决方向。当然,由于我国有着长期的封建社会的历史,如今又处于社会主义初级阶段,因此自由主义主张的一些观点会有一定积极意义(如强调公民权利)。凡是属于人类的文明成果,我们要大胆吸收和借鉴,资本主义文明史上一些对当下现实有启发的案例,也可以用来丰富我们的教学内容,但对其非科学性的一面要有所警惕并加以必要的评判,特别不能让它们歪曲、动摇甚至否定马克思主义话语系统的传播。

如何正确认识和处理思想政治课书本和现实的反差是一个富有挑战性的课题,它涉及方方面面,有赖于理论界的新成果,有赖于社会大环境的变化,不是中学政治教师独自能研究解决的。但中学政治教师站在教学第一线,直接从事着青少年的思想政治教育工作,也应当充分发挥能动性,改善教学内容,改进教学方法,积累有益的经验,为提高思想政治课的可信度作出努力。

再谈中学政治课的价值基础①

中学政治学科有其他学科不可替代的课程功能,其中,有两方面的课程功能尤为重要,需要在教学中深入研究。一是帮助学生建立学科知识与价值认同之间的关联,二是帮助学生创建实现这种关联的认知能力的路径。这是有效学习与有效教学的两个不同研究维度。长期以来,受传统教学观念的影响,很多现实的政治学科的教学与课程目标产生了一定的偏差,不少教师既没有从学生学习的要素关联上作有效研究,也对符合学生认知能力的学科教学规律缺少深入探索。这种既不研究教又不研究学的状态导致了不少教学无法实现课程的真正功能。"深入浅出"一直被认为是政治课教学的原则,但需要探讨的是,当前我们的课程应"浅出"的是什么,以及由此需要探究的"深入"有哪些。

中学政治课的课程功能本质是通过有效的课程实施过程达到育人目标。这就涉及三个关于学科的基本问题:第一,如何界定政治课所需学习的知识? 第二,这些学科知识与课程价值存在怎样的联系? 第三,教学中应该如何实现这样的联系? 这三个问题构成了中学政治课领域的教学逻辑,它以下列的次序呈现其教学关联。首先,政治课需要设计有效的学习过程和方法,让学习者知道哪些内容与要素是需要学习与掌握的。特别需要指出的是,这里的学习者,不仅指学生,也包括教师。其次,学习者是否能各自建立与这些内容和要素之间的关联,以及这样的关联是否有依据。然后,教学是否可以帮助学习者验证这些关联的真伪。这里的"真伪",是指是否符合主体的认知规律和实践能力,如有不一致,如何解释并调整主体的实践。这是基于学习者主体认知表现的深入学习过程,这个过程最终的呈现应该是学习者主体对知识的结构化描述和整体性建构,能对知识作综合、整体的运用,并在价值上形成一致性的认同。由此,"深入浅出"不仅包括知识的结构,还要从教学角度找到学习者的学习过程和价值认同的依据。

---

① 作者:周增为,上海市教委师资培训中心。本文原载《思想理论教育》,2013年第2期(下)。

一、课程所需学习的知识

课程所呈现的知识体系并未涵盖该领域的全部内容,而是只包括基础的、部分的知识结构和与之相关的个体认知体系。学科知识体系不仅包括部分本体性内容,更包括该体系的逻辑与结构。而认知体系,则是学习和建构这些学科知识体系的重要支持系统,是学习者建立如何有效学习和理解学科体系的应用体系。而教材则是学科知识体系的表达载体和工具,它是对学科本体知识的再度结构化设计与内容呈现,在一定程度上体现了编写者对学科的理解和思维模式。学习者在学习中,借助教材的内容结构,建构起对课程的理解。在政治课程中,教材首先要有高度的政治性和正确的方向性,其次要有内容的逻辑合理性,还要有对象的针对性、适应性等多重特征。由此,教材是一种基于课程标准的,基于学习者特征的,对该领域的知识体系所作的重新整合与结构化,是学习者的重要学习资源。在课程标准框架中,不同的教材因编写者的不同认知结构而呈现不同的内容体系和结构体系。因此,不能把教材等同于全部的课程内容,更不能人为地使教材中的知识失去体系性,变成间断的、零碎的"点",并以之作为教学的目标和评价依据。要站在学习者的角度重新界定课程知识,要把学习者的认知过程作为知识学习的重要构成。所谓课程学习的"深入"是指个体对相关知识体系的内在结构最大限度的学习,"浅出"是指学习者能建立属于个人的、基于重新建构的局部知识体系。要实现这样的"深入"与"浅出",则需要研究各自要素的区别和联系。这里的"要素"不仅指本体知识内在的独立结构,还包括学习者个体的认知结构。

二、个体认知结构与政治课课程价值的关系

很多教学,往往在设定目标时就陷入了误区。教师把课程标准的三维目标视为教学目标,把知识结构化演变为简单的、教条的、机械的"教材要点",认为用一些方法和手段呈现这些"点",便是教学的重要任务,是所谓的"知识点"的落实。这样的教学设计,虽然也会有内容上的关联,但这不是真正结构化的联系,是基于某种对应需要的"文字点"与"记忆点"的连线,是一种被固化的模式标准,而非基于学习者认知基础的、关注过程性认知变化的结构重建。这样的勾连技巧,用一般的通用训练工具便能获得,与学习者是否能对课程作深度的参与和理解关系不大。因此,教学很难涉及对学习者在课程中的态度情感维度的引导。在政治课中,学生有一定的认知起点。政治课教学不能无视这些教学起点,需要寻找与分

析不同认知起点的来源,从中剥离出与目标结构相吻合的有效教学要素,并在此基础上提供给学生有效的、能够帮助他们重新建构新的、合理的知识结构的学习环境,让他们逐步修复、矫正原有的认识,建立有结构的认知能力。在政治课教学中,有效教学要素并不只是教材中的知识概念、原理这类本体知识类的要素,更重要的是那些能对学生的认知过程起支持作用的资源要素,比如相关的文献资料、适切的案例以及学生实践活动的场所等。当然,要达到这个目标,必须思考这些基本要素由谁提供,或者由谁提炼、作怎样的提供与提炼,这才是当前教学需要研究的问题。教师在课堂上不能作为要素提供者的身份出现,更不能用自己的认知过程代替学生的学习过程。政治课的价值不是为了追求某个具体问题的标准答案,而是要让学生在有意义的环境下,学会用有效的课程要素建立属于自己的认知结构,而这个过程,正是课程的主要目标。在政治课学习过程中,学习者所反映出的主动、投入、合作、积极,不仅是一种课程态度,更是价值观形成的重要基础。当然,如何建立并评价这样的联系,是需要再深入研究的。

三、课程价值的实施问题

政治课的课程价值问题归根结底是课程的有效实施问题,需要从学生起点、能力梯度、增量评价三个维度作深入探讨。

首先,学生起点是学习者进入课程的初始状态,教学的重要责任是要帮助学生在学习过程中逐步了解这些初始状态的来源,并对这些不同起点作有效的鉴别和分析,从中提炼合乎逻辑的问题链,提出基本假设,寻求有效的证据,提升认知能力,调整、修正原有的认知,以此体现课程价值的过程实现。学生起点是政治课教学中重要的教育资源,教师在教学设计中需要通过有效渠道了解学生的实际认知状况,知道他们的思维逻辑和依据,这是课程实施的基础要素。

其次,能力梯度是对学习者设定的不同层级的目标,这里的能力主要指学习者的认知能力。如何设计由低到高的能力层级,是教师在教学设计中需要做的基础教学研究,学生不能在课堂中反复进行低层级的能力训练。教师还要对中高层级的能力作有意义的界定,这里的有意义,是指能力预设与学习者的实际起点的吻合度。政治课中,要多设计在理解能力之上的更高层级的能力目标,如对分析、综合、评价等认知水平作具体的、合乎学习者特征的描述,对学习过程的差异性有不同方式的呈现,形成相对科学、具有逻辑的结构化能力。这个过程,不仅仅是教学实施范畴的能力要求,更是课程价值所要依赖的基础,是一种重要的课程目标。

当前确实有不少教学忽视了基础的学科能力要求,这是课程价值弱化的主要原因。

再次,增量评价是一个涉及课程发展性评价的重要维度,既包括对学生的学习能力增长的评价,也包括对学生行为价值增长的评价。这里的学习能力,主要是指个体认知结构提高的外化表现,是一种比较宽泛的综合与迁移能力。要让学生在能力梯度设计与实施中得到认知能力的增长,这会直接促进学生学习兴趣的提升,这样的能力增长和兴趣提升最终又会影响个体价值取向的形成。因此,政治课中,学习者的认知过程就是一个价值逐步形成与修正的过程,而价值又会进一步指导行为,这就是政治课的教学逻辑。

政治课的"深入浅出",归根结底是一个课程的逻辑问题。不能从简单意义上定义教学内容的深浅问题,既不能根据教师的能力决定教学内容,也不能以是否"落实教材知识点"的标准衡量教学实效,这是一个综合知识结构与认知能力的问题,是反映逻辑的进深性与结构的投射性的关系问题。在教学内容维度上,"深入"是需要建立教材、教师、学生三者之间的关系,形成个体认知与学科逻辑之间的紧密结构,但在更高的课程维度上,"深入"是基于主体结构的知识再造,是对知识重新结构化的过程,"深入"是为了更有效地"浅出"。这里的"浅出",实则是指一种有意义的"输出",是不同学习者在各种过程中所建立的、基于各自生活实践的体验与先验结构的关联,重要的是,他们能把这些关联作具体的、符合规律的描述。因此,"深入"与"浅出"是指思维的过程与方法,其中教师与学生的体验是过程中不可替代的课程资源。只有在教学中关注真实的实践过程,政治课才有"深入"的基础。今天的政治课的课程价值,关乎学习者需要形成怎样的世界观。在某种意义上,让学习者知道如何形成正确的世界观和该建立怎样的世界观同样重要。反观今天的课堂教学,我们亟须改善和突破的是那些脱离人的发展规律的,只抓"点"而不见人的教学状态。政治课教学需要呈现基于符合学习者实际的教学过程,在实践活动中能够让学习者共同深入学习并找到各类要素的联系,用各类科学的分析工具和方法形成对不同主体的内在逻辑重构,在逻辑和结构中坚定我们的理想和信念。这是政治课教学的任务,也是课程所必须承载的重任。

提高思想政治课的信度①

在提高政治课信度的实践中,为提高学生的认同、相信,不是要求我们的教师变成政治文件的传声筒或复读机,也不是要求我们的教师进行意识形态的简单灌输,而是要求我们的教师能够对国家政治生活的基本要义做出理性的把握,并引导学生以正确的方法和理性的态度触摸社会的政治脉搏,进而培养其独立的辨析能力、理性爱国的精神以及对社会责任的担当。事实上,政治教师在进行"润物细无声"的德育渗透时,不应该是盲目的,或者是偶一为之的。许多政治教师之所以被认定为"优秀",很大程度上是因为他们的课堂早已超越课程规定的内容本身,涉及师生之间共同对生活乃至生命的深刻体验的分享。学生在这样的课堂中得到的知识也许是有限的,但在其中受到的道德感染与思维影响或许会在他们的生命中长时间持续。

信度缺失的因素是复杂的,提高信度的途径也是多样的。我认为,提高政治课信度,就政治教师本身来说可以从以下三个途径进行努力。

一、动之以情,晓之以理,导之以行,发挥教师人格魅力

教师人格是一种健康、美好、完整、和谐的整体性人格。亲其师,信其道;尊其师,奉其教;敬其师,效其行。政治教师唯有不断地提高自己的人格品位,才能对学生产生强大的吸引力、感染力、说服力,使思想政治教学教育取得以情感人、以理服人、以行导人的高效益。

(一)政治教师应以自身的良好言行影响学生,使"动之以情"的教育有形化

政治课作为一门德育课程,在教学中,我们应当注意从心理层面上做到"动之

---

① 作者:方培君,上海复旦大学附属中学。本文收录于《析疑集:中学政治课信度研究》,上海教育出版社2014年版。

以情"，使学生在心理上产生信任感。"动之以情"的"情"，就是由政治教师的高尚人格所展示的真情实感。人格有高尚、卑劣之分，只有高尚的人格才能形成一种教育力量。政治教师的高尚人格，既表现在他的"说"中，更表现在他的"做"中。在教育过程中，这种高尚的情感会潜移默化地对学生产生积极影响。

政治教师必须注意超越"双重人格"。只有当政治教师真正具有发自内心、表里一致、言行统一的美好品德，才能在学生身上产生"润物细无声"的潜移默化的作用，使他们受到教育、感染和熏陶，引起他们的共鸣和仿效。中学政治教师除了要有较高的政治理论水平和教学能力外，更重要的是要有坚定的社会主义信念和良好的思想道德品质，这样才能率先垂范。你要学生信的东西，你自己先得信。教师的每一项表率行为，都是对一个正确观点的最好注解，能使学生加深印象，形成信念。我们的不少教师，他们向学生传授的知识并不缺乏真理性，缺少的是他们自身对真理的追求与热情。有的教师在讲台上大讲特讲社会主义理论，而在台下却对社会主义满腹牢骚，怪话连篇，甚至自己对社会主义都悲观失望，那如何能教育学生坚定社会主义的信念呢？这样的教师只是在扮演角色。讲台上的他只是在"扮演"一名讲解教材的说教先生，而生活中，他的"真正自我"则又是另一回事。又有多少人真正反省过，为了给青少年当榜样，自己作出过多少努力？因而教育学生不是演戏，绝不能搞"双重人格"。

教师应十分注意以自己积极的情感、良好的行为、特有的气质和端庄的风度，形成强有力的磁场，让学生在教师人格情感的教化之下受到感染、感动、感化，对教师的思想觉悟、精神境界、道德品质发生认同，产生教育的正效应。教师应潜心了解学生在政治、人生、理想和道德等领域里的困惑和疑虑，在促膝谈心中动之以情、晓之以理，使学生产生一种亲近感，从情感上乐意接受教师人格的影响和引导，进而信服、信赖，从教师健康人格中获得信心与力量。

（二）政治教师应坚定学生追求真理的信念，使"晓之以理"的教育得到整体优化

政治教师要真正成为真的种子、善的使者、美的旗帜，诱发、引导学生形成丰富的心灵世界，使每个学生都能认识自身发展中的能力、智慧，使他们全身心地投入学习，发挥最大潜能。同时，使学生产生一种"世界何等美好"的感悟，培养一种为这个世界行善的冲动、一种回报的渴望，甚至一种责任感，进而使每个学生的精神发展达到理想的境界。而要做到这些，一靠真理的力量，二靠人格的力量。真

理的威力与人格的威信,两者是统一的整体。真理的威力来自思想政治教育教学的科学性,人格的威信是一个人在他人心目中的形象,以及这种形象对人们的行为所起的影响力和作用力的程度,这是一种使人真正从内心信服的威望和信誉,属于一种潜在的说服力。政治教师的人格魅力就在于他的表里如一和对真理的不懈追求。

政治教师是学生道德的启蒙者和设计师。我们向学生传授真理,自己就不能缺少追求真理的热情和勇气。我们要求学生爱社会主义祖国,自己就不能牢骚满腹。政治教师的信念对培养学生相应的信念有极大的影响,学生唯有感受到教师人格的真,才会信仰教师所讲的真理,才会在教师人格魅力的感召下成为真理的追随者。

政治课不但要求教师有较完整的知识结构、扎实的理论基础、较强的判断分析能力、敏捷的思维、快速的反应,更要求教师始终保持对新事物的敏感和浓厚的学习兴趣,能以自己的好学多思、勤奋认真去影响学生。教师不仅自己握着开启知识宝库的钥匙,更要成为学生迈进智慧圣殿的引路人,善于用自己的智慧之光照亮学生学习的方向。如,教师讲辩证唯物主义思想,首先自己要坚持和善于运用辩证法,辩证地看社会主义,辩证地对自己,特别是对学生也要一分为二。在表扬学生时要鼓励他不断超越自己,在批评学生时要相信他会有进步。这样,学生不仅愿意接受教师对他的教育,也学会了用辩证的观点去分析事物。教师只有把书本的理论成功地用于实践,学生才会感到真才实学的魅力,才会自觉接受教师所传授的思想观点并用以指导自己的行动,不断地朝真理靠近。

(三) 政治教师应增强学生化知为行的力量,使"导之以行"的教育现实化

"导之以行"的根本点,是学生能够自然而然、自觉地去实践所懂得的道理。实现这一要求,取决于多种因素,其中政治教师高尚的人格的垂范作用尤其重要。政治教师要切实做到,不仅用自己的学识教人,而且要用自己的人格育人——从品行、道德、情操、格调和修养多角度、全方位地感染学生,在感觉上和心理上给学生以可敬、可亲、可信的印象,引起他们仿效的真挚愿望。这样,教师的言传身教会产生不可估量的榜样示范效应。

教师在教学中表现出的热爱本职、关心学生、一丝不苟、兢兢业业、谦虚好学、勇于进取、严于律己、言行一致、不计报酬、无私奉献等高尚道德情操和良好的心

理品质,都是高尚人格的体现。

政治课要求学生知、信、行统一,而政治教师的高尚人格也正是学生由知转化为信与行的导向仪。如,教师不求回报的奉献会引导学生去助人,教师的责任心会引发学生的使命感,教师对工作的敬业会影响学生对自己的学业一丝不苟,教师对自己的严格要求会激起学生不断进取的劲头。

二、研读课标,用活教材,让学生充分感受理论魅力

中学生正确观点和方法的确立需要科学理论的支撑,发挥理论的魅力是理论转化为行动的基本准则。我们的教师应善于运用课堂教学的优势,系统、集中传授马列主义、毛泽东思想以及建设中国特色社会主义理论,并结合实际指导实践,引导学生更多地关注社会、融入社会,深入认识理论学习的价值,发展学以致用、注重解决实际问题的意识,使学生获得规律性的认识,并进而感受到理论的魅力,自觉地用理论来构筑自己的精神支柱,形成积极进取的人生态度。

课程标准是国家制定的指导教学的纲领性文件,具有法规效力。只有基于课程标准,才不至于在使用教材时迷失正确的方向,影响信度的提高。用"活"教材体现在:一是坚持发展的观点,增加、删减、更新教材文本;二是坚持具体问题具体分析,提炼、精简或补充教材文本;三是坚持从实际出发,灵活运用教材文本。

(一) 深入研读,挖掘教材的深度

教材的深度体现在对学科知识纵向发展的深浅程度;教师应凭借自己的专业素养理清知识点之间的联系,构建清晰的知识脉络。在备课过程中,教师要能够真正读懂教材,研究透彻教材,并在教学过程中娴熟、灵活地使用教材。挖掘思想政治课教材的深度,还体现在对学生认识发展的影响程度。应挖掘教材中对学生人生发展真正有用的知识,挖掘能够让学生感悟和体验人生价值的知识。这些有价值的知识挖掘得越多,就更有利于学生的全面成长。

教师应该运用整体的、联系的观点研读教材,而不是孤立地进行解读。学生通过思想政治学科的学习,能够获得马克思主义经济学、政治学、哲学和相关社会科学的基础知识,了解发展社会主义市场经济、社会主义民主政治、社会主义先进文化和构建社会主义和谐社会的基本观点,初步掌握辩证唯物主义世界观的基本观点和基本方法以及科学的人生观、价值观的基本观点。只有从理论逻辑的角度对教材内容进行系统优化,才有助于培养学生的学科理论逻辑思维能力。

（二）有效利用，把握教材的难易度

教师要有效地使用教材，促进学生的全面成长。教材配套的教参中预设的教学重点和难点并不是固定不变的，会因时间、地点、对象等因素的不同而变化，教学重点会随地域的变化而变化，随着国家大政方针的调整而变化，教学难易也会随着教学对象的不同而变化。

有效利用思想政治课教材，应该以基本概念、基本原理为主要教学内容，以知识生成和能力培养为基本目标，不能就教材上的一句话、一个词无限挖掘延伸，更不能把思想政治课上成背诵思想政治课教材的课。在教学实践中，教师要想把握好教材的难易度，就要充分了解和研究学生对思想政治课教材的接受程度，了解学生在学习过程中的障碍点，了解不同的学生、不同的班级需要突破的难点。

（三）驾驭超越，拓展教材的广度

这是指知识纵向和横向联系的范围。教材是传授知识、培养能力的载体，是教学的重要工具，但不是教学的唯一依据。教师在"用教材教"中就不能只是在教材范围内对知识进行增删重组，还要注意把握社会的变化，要力求使教材内容符合时代要求。

教学过程不仅仅是对现成知识的教学，而且还应该是一个不断形成新的知识的过程。所以，教材知识不应该是我们教学的全部，完全拘泥于教材的教学与新课程教学观是背道而驰的。现在，越来越多教师的理念发生了变化，他们认识到授课顺序是可变的，教学实例是可选的，进度是可以调整的，内容是可以适当增减的。教师应合理有效地利用一切可利用、可共享的课程资源，在充分认识和明确教学目标的基础上，努力促进教学手段与教学目标的和谐统一。

三、转变学习方式，注重主体参与，让教学走近学生

强调主体性，是现代教育的基本特征，是新发展观的核心内容，是素质教育的题中应有之义。赞可夫的发展观认为，学生的一般发展指的是学生个性的所有方面的进步，它不仅包括智力因素的发展，还包括情感、信念、意志、集体主义思想等各种非智力因素的发展。建构主义理论认为，学习过程不是学生被动地接受认知，而是积极建构知识的过程，它的核心在于强调学生对知识的主动探索、主动发现和对所学知识的主动建构。

在以往的课堂教学中,培养学生探究学习、合作精神的机会不多,且较多地停留在口头引导鼓励的层面。现代教育理念认为,一个人今天在校的学习方式,必然会与他明天的社会生存方式保持某种内在的一致性,而探究学习、合作学习正是这种一致性的切入点之一。如何通过学生的自主选择和主动探究,将学生的需要、动机和兴趣置于核心地位,为其个性充分发展创造空间? 如何通过参与式的交流,让学生成为学习的主人,成为能够对自己学习负责的人,真正在学习的实践中学会学习? 这些已经成为摆在我们面前的全新课题。

（一） 注重教学艺术,浅者深入、深者浅出

有的教师讲课时缺乏丰富生动的事实论证,使理论显得苍白无力;有的教师讲课时理论脱离实际,缺乏针对性和时代感。这使政治课给学生留下了"抽象""枯燥""教条""说教""空洞"等不佳印象,甚至使学生反感,因此也削弱了政治课教学的效果。重视教学方法的研究与改进,不仅是发挥政治课理论魅力与德育功能的需要,也是政治教师个人提高教学水平、树立教学威望、获得学生信赖所必经的途径。教材的编排要体现由浅入深的要求,教学内容的选择要体现深入浅出的原则。"深入"是结果,"浅出"是过程。浅者深入、深者浅出,不仅在于教师对教材的深刻理解,还在于教师能够以"浅出"的方式将艰深的知识传递给学生。捷克著名教育家夸美纽斯说,求知与求学的欲望应该采用一切可能的方式去在孩子身上激发出来。这里所说的"一切可能的方式"的含义应是非常广泛的。新课程虽然倡导学生"自主""探究"式的学习,但是并不排斥"讲授",强调的是有意义的接受学习。教学语言是课堂教学中师生交流思想情感的工具,如何讲授得优美,则是我们需要长期探索的课题。美的教学语言对于提高学生分析问题、解决问题的能力具有重要作用。如果"讲授"不是面面俱到、照本宣科,而是讲透教材重点,理清思路,传授技巧,增强知识的魅力,那这样的讲授必定会受到学生的欢迎。

（二） 贴近学生生活,抽象问题具体化

思想政治课程的基本理念:构建以生活为基础,以学科知识为支撑的课程模块。这就要求我们贴近学生,贴近生活,把正确的思想政治方向的引导与适合学生特点结合起来。

政治课综合了经济学、哲学、政治学等多门独立的学科,具有较高的理论价值;同时它又与国内外社会生活有着密切联系,具有解决实际问题的理论品质。

因此,在政治课上实现理论与实际的结合具备天然的优势。

两者的有机结合,是实现政治课目标的基本原则;追求两者的统一,是政治教师永恒的追求。这是因为:一方面,政治课的教学内容是人类在长期发展的实践中概括出来的科学理论;另一方面,政治课的对象又是在思想和心理上有着不同特点的中学生,他们生活的背景是一个充满变化的时代。如果教学不联系现实生活,特别是学生实际,学生既不可能深刻地理解,也不容易接受这些科学理论。为此,政治教师自己就要习惯于随时把对理论的思考和对生活的感悟结合起来。

生活是政治课教学的源头与活水。生活化教学在教材知识与实际生活之间架设了桥梁,实现了教材与生活的相互融合,体现出由近及远的知识学习策略,有利于帮助学生理解和内化学科知识,为学生的可持续发展奠定良好的基础。

由于教材本身的滞后性,教材内容离学生眼中的社会和生活还是有着相当大的距离。为了缩短这个距离,激发学生的认知欲望和探究热情,教师就要根据本地区、本学校的实际和学生的家庭背景来理解和阐释教材内容,使之与具体的生活实际联系起来。教师在传递信息时,也要选择那些能联通教材普遍性知识与社会实际、生活实际和学生实际的材料和信息,从而为学生理解教材内容及其创造性思维的发展提供条件。

应选择贴近生活的素材,把抽象的理论具体化,注重让学生从感性认识上升到理性认识。只有将抽象理论具体化,让学生感觉材料非常丰富并合乎实际,才能得出正确的概念和理论来。

新课程标准下的教材与实际联系相当密切。教师作为教材的加工者,应站在发展学生思维的高度,根据学生的思维特点,循序渐进地让学生像科学家一样去经历、发现、探索,从而获得更广泛的经验。

(三) 参与社会实践,强化学生主体参与意识

我们进行教学的目的当然是学以致用,是用来解决实际问题,包括生活中的难题或者思想上的困惑等。但往往就在这个看似简单清楚的问题上,我们的教学出了问题。因为仅靠做几道题目肯定是无法完全体现"学以致用"的,这样的课堂教学的实质还停留在对教材知识进行诠释的层面。

中学生人生价值取向的轨迹,始终是和社会经济、政治、文化的发展变化以及中学生对社会现实的关注紧密联系在一起的。因此要解决学生的思想认识问题,一方面要让学生重视基本理论知识的学习,用科学的理论武装学生;另一方面要

引导学生走向社会,获得对事物的全面认识。学生认识上的问题主要来自社会,要真正加以解决,还必须回到社会实践中去,结合课堂上所学的知识,用正确的思维方式去认识社会,并逐渐树立起正确的观点,掌握正确的方法。组织学生进行社会调查和社会实践,使其在接触社会、了解社会中认识社会,其实是对课堂上所学的知识和对学生教育的巩固和深化。同样,要辨析课堂上所讲的理论正确与否,就必须让学生在社会中以身践行,才能使其对所学的马克思主义理论真正接受和信服。课堂教学中传授的知识能否内化为学生觉悟,外化为学生行为,关键是让学生深入实际,在社会实践中去比较、去检验,并强烈地感受到"内化"与"外化"的必要性。社会实践是促使学生"知行合一"的中介和催化剂。

当今中学生的一大特点是:自主意识较强,不轻信、不盲从。他们总感到课堂上所学的理论以及教师的讲解与社会现实生活有一些差距,理论与现实的碰撞会引发他们的质疑和困惑。对此,仅仅凭借政治课的有限课时是不可能得到完全解决的,而应更多地借助社会实践活动这一渠道。在社会实践中,政治教师应善于从现实生活中有针对性地选择与教育要求相关的内容,特别是一些社会热点,与教材有机结合,更好地发挥政治课的功能。

社会实践活动的形式是丰富多样的,包括参观访问、社会调查、社会服务、社会公益劳动等。通过上述活动,我们不仅可以看到社会实践的"显效果"——学生参加社会实践后在行为表现上所发生的种种有形变化,更可以看到社会实践的"隐效果"——学生参加社会实践活动后在思想认识、道德情感、意志信念等方面发生的无形变化。

提高政治课的信度是一个富有挑战性的课题,研究的领域既涉及学科定位、教材、教师、教法及其评价等诸多方面,又有赖于社会环境的变化,有些问题也非政治教师自身能完全解决的。但政治教师的努力是不可或缺的,政治教师"任重而道远"。

以史铸魂,推动党史教育融入思政课堂①

在今年的党史学习教育动员大会上,习近平总书记将党史学习教育的工作要求概括为 16 个字,即"学史明理、学史增信、学史崇德、学史力行"。思政课是落实立德树人根本任务的关键课程,党史是贯穿思政课教学体系的重要脉络,广大思政课教师找准党史教育关键点,厘清党史教育的着力点,找到党史教育与专业发展的结合点,定能抓好青少年群体的党史学习教育,让红色基因、革命薪火代代传承。

一、聚焦党史教育的关键点,明确思政课党史教育任务

习近平总书记说,"只要我们深入了解中国近代史、中国现代史、中国革命史,就不难发现,如果没有中国共产党领导,我们的国家、我们的民族不可能取得今天这样的成就"②。对思政课而言,党史教育的核心就在于引导学生在党史学习中"发现",具体包括:帮助学生在探索党史中"发现"中国共产党为什么"能"、马克思主义为什么"行"、中国特色社会主义为什么"好"的基本道理;让学生在明理的基础上,进一步"发现"自觉增强对共产主义信仰和对中国特色社会主义信念的自信与力量;让学生在坚信的基础上,进一步"发现"将信转化为行,发扬红色传统、传承红色基因,赓续共产党人精神血脉的实践和方法。由此,思政课上的党史教育有三个关键点:

其一,要讲出历史的厚重和理论的纵深。百年党史是一部中国共产党不断推进马克思主义理论与中国革命和建设的实践相结合,持续推进马克思主义中国化接力发展的历史。思政课要结合教材内容,将马克思主义中国化的历史进程作为推进党史教育的脉络和主线。比如,高中政治必修 1《中国特色社会主义》是党史教育的载体。依托教材,我们的党史教育从新民主主义革命的胜利,讲到社会主

① 作者:陈明青、张惺艺,华东师范大学第一附属中学。本文原载《上海教育》,2021 年 Z2 期。
② 习近平:《在全国党校工作会议上的讲话》,人民出版社 2016 年版,第 2 页。

义制度在中国的确立,讲到伟大的改革开放,中国特色社会主义的创立、发展和完善,再讲到中国特色社会主义进入新时代和习近平新时代中国特色社会主义思想……挖掘其中具体的党史事件、鲜活的党史人物和系统的革命理论,就能从理论和实践结合的维度把"历史已经证明并将继续证明中国共产党是中国特色社会主义事业的领导核心""只有社会主义才能救中国、只有中国特色社会主义才能发展中国、只有坚持和发展中国特色社会主义才能实现中华民族伟大复兴"的道理讲明白,将中国特色社会主义理论的形成过程和历史依据说清楚。

其二,要讲出精神的价值和前行的方向。在党一百年的非凡奋斗历程中,一代又一代中国共产党人顽强拼搏、不懈奋斗,形成了井冈山精神、长征精神、遵义会议精神、延安精神、西柏坡精神、红岩精神、抗美援朝精神、"两弹一星"精神、特区精神、抗洪精神、抗震救灾精神、抗疫精神等伟大精神,构筑起了中国共产党人的精神谱系。这些精神是思政课党史教育的宝贵资源。思政课党史教育的重要任务就是揭示共产党人精神密码,诠释精神的时代内涵与价值,以精神的重现和感情的重温实现学生与革命精神的跨时空重逢,帮助学生找到接力前行的方向和接续奋斗的力量源泉。

其三,要讲出党的思想方法和时代的奋进。百年来,中国共产党人用矛盾分析论、历史分析论、联系和发展的方法论等马克思主义方法论指导实践,从而找到了中国革命与建设的正确道路,推动了中国特色社会主义的不断发展。思政课不仅要把这些方法论讲给学生听,让学生感悟中国共产党在不断探索中获得发展、在不懈奋斗中由弱变强的方法论法宝,更要让学生体悟党的思想方法的实践价值,鼓励学生将对方法论的认知转化为实际行动力,在正确分析历史演进规律和时代发展脉搏中接过历史的接力棒,在服务人民的实践中建功立业和实现人生价值。

二、厘清党史教育的着力点,创新思政课党史教育方法

习近平总书记在党史学习教育动员大会上指出,在全党开展党史学习教育要求实效,要注重方式方法创新。创新思政课党史教育方法,我们要在"纵向贯通""横向融通""内外联动"三个方面下功夫。

（一）发挥主渠道作用,推进大中小学纵向贯通衔接

在大中小学循序渐进、螺旋上升地开设思政课非常必要,是培养一代又一

社会主义建设者和接班人的重要保障。党史教育融入思政课教学,要发挥好思政课堂主渠道作用,不断推进大中小学纵向贯通衔接。

比如,我们团队前不久围绕"传承革命精神　赓续红色基因"的主题进行了中小学思政课一体化教学设计交流活动。小学在感性中隐含着理性,教师运用绘画的形式,带领学生认识红色元素,激发红色记忆,初涉革命精神价值,将革命精神的种子埋入学生的心田;初中将感性和理性相结合,在一个个红色故事中具象化阐述革命精神的内涵、价值与意义,并通过"行走虹口觅初心"社会实践活动让学生感悟初心与使命在一代代共产党人身上赓续绵延;高中突出了理性思辨和责任担当,教师把学习重点放在革命精神时代价值的解读上,通过课堂思辨与社会研学实践,引导学生认同"坚持党的领导、以人民为中心始终是中国革命精神中一脉相承又与时俱进的内核",并以"绘就中小学生红色研学路线"的实际行动为革命精神加入时代注解,努力成为革命精神的践行者,从而打牢政治认同和文化自信的底色。小学、初中、高中不同学段的党史教育,从感性到理性,从现象到本质,从认知到行动,循序渐进、螺旋上升,遵循"小学重启蒙,初中重体验,高中重思辨"的一体化设计理念,党史教育有机融入各学段思政课教学中,将"共产党人的精神血脉"贯穿于学生的成长、厚植于学生的心田。

（二）凝聚育人合力,探索多学科横向融通

中国共产党为什么能? 马克思主义为什么行? 中国特色社会主义为什么好? 这些时代之问是思政课要解答的核心问题,但对这些问题的回答,又不是一门思政课可以解决的,需要协同多门学科。因此,党史教育既要用好思政课堂这一主渠道,同时,其他各门课都要守好一段渠、种好责任田,各类课程与思想政治理论课同向同行,形成协同效应,一同用好党史这本"最生动、最有说服力的教科书"。

比如,高中历史课上,教师会向学生介绍中国共产党第一次代表大会召开的史实,其中就会讲到中共一大13位代表不同的人生经历。思政课的党史教育就可以此为情境材料,引导学生思考:"13位代表由于终极目的的不同,在行进时,有人退伍,有人落荒,有人颓废,有人叛变,为什么同样身处巨变时代的代表们,后来经历了不同的人生轨迹?"以此来向学生讲述中国共产党人坚定理想、百折不挠的奋斗精神,引发学生对追求真理、坚持信仰作更深入的思考。又比如,语文课上,教师会带领学生品读毛泽东的诗词《忆秦娥·娄山关》。思政课的党史教育就可以此为引入,激发学生的长征的画面记忆,思考"舍生忘死的红军将士靠什么完成了这一历史壮举",以此来向学生阐述长征精神,鼓励他们矢志走好新时代的长征路,谱写新时代的华章。

（三）打造实践大课堂,内外联动构建"大思政"格局

思政课的党史教育不仅要在课堂上讲,还应该结合现实社会生活讲,教师要善用各类社会资源为思政课赋能,延伸学习空间、拓展学习内容、变革学习方式,推动思政课课堂与社会课堂同频共振,努力探索形成讲授百年党史的"大思政课"格局。

上海是中国共产党的诞生地和初心始发地,红色革命纪念地有 1000 多处。党史教育应该充分利用好这些红色场馆、红色资源,将红色资源融入党史教育的课程设计,让学生在场馆中行走、在行走中思考、在思考中认同、在认同中坚守。比如,讲到"共产党员的先锋模范作用",教师可以带领学生去李白烈士故居,在李白"电台重于生命"的铮铮誓言中追忆共产党人的忠贞壮烈;可以带领学生去龙华烈士陵园,在二十四烈士就义地边吟诵"龙华千古仰高风,壮士身亡志未穷"的诗句,感受共产党人大无畏气概和革命乐观主义精神;也可以带领学生到上海的浦东走走,在今昔变化中找寻广大党员、干部勇于担当、敢为先锋,奋力创造新时代新奇迹的点点滴滴……细节和现实总是比课堂空谈理论来得生动,边走边学,边走边悟,在行走中共产党人精神血脉得以赓续绵延。

三、找到党史教育与专业发展的结合点,担当培根铸魂的历史重任

思政教师肩负着落实党中央思政教育要"培根铸魂"的历史使命,承担着落实党史学习在年轻一代学生中切实践行的政治重任。教育者要先受教育,讲信仰者首先要自己有信仰。思政课教师要修炼内功,坚持传承精神与提升本领相促进的教育,为党的事业立心铸魂。

思政教师要练就运用党史讲好思政课的"金刚钻"。一是教师要研究党史理论。从党史和思政课发展的历史脉络看,党史教育始终是思政课的重要组成部分,它犹如一条红线,贯穿思政课的始终。因此,教师要不断加强中国共产党党史学习,自己真学、真懂、真信、真用,增强对中国共产党、对中国特色社会主义的信任和热爱,这样才能理直气壮上好思政课。二是教师要研究党史教学方法。从本质上说,党史教育是学生树立坚定的理想信念和正确的世界观、人生观、价值观,

形成良好政治思想道德品质的过程,由此党史教育讲求充分发挥学生的主体作用。在党史教育中,我们就根据高中生党史学习注重历史文献阅读和理性思辨的特点,探索"导读→共读→研讨→点评→展示"五步党史教学法,以提高学生的参与度和积极性,这一方法也成为思政课上进行经典文献阅读和经典理论讲解的有效方法。

思政教师要掌握依托党史解决学生实际问题的"金钥匙"。比如,党史教育突破了只在课堂讲、只照书本讲、只靠老师讲的教学模式,主张教师用好红色资源,用活开放场景,善用"大思政课"提升党史教育实效。但在此过程中,学生会产生很多真问题,比如,如何看待中国改革开放前后的历史? 如何看待党员先进性? 如何评价和批驳来自外界的一些错误思潮和言论? 等等。这就要求思政课教师讲党史要坚持问题导向,即把学生的真问题作为党史教育的起点,把工作的着力点放在解决学生最突出问题上,用党史和党史中蕴含的方法论来帮助学生解决思想认识问题,这是党史教育培根铸魂的指向,也是思政课立德树人的指向。

简论青少年校外教育制度①

1985 年《中共中央关于教育体制改革的决定》指出:经过改革,要开创教育工作的新局面,实现学校教育和学校外、学校后的教育并举。《决定》将校外教育提高到与学校教育和学校后教育同等重要的地位。在"全国青少年校外教育工作联席会议"的统筹和社会各方面支持下,我国校外教育获得很大发展,为青少年的全面、健康成长作出重要贡献。但是,从校外教育与学校教育和学校后教育"并举"的目标来看,还有很长的路需要走。特别在理论认识、体制改革、制度建设和政策措施等方面,还需要对校外教育进行深入研究。

一、发展校外教育是建设学习型社会的要求

《中共中央关于构建社会主义和谐社会若干重大问题的决定》明确提出:要建设现代国民教育体系和终身教育体系,保障人民享有接受良好教育的机会,努力建设学习型社会。将教育的发展与构建社会主义和谐社会、建设学习型社会紧密联系,这是对现代教育事业的战略定位,必将对我国教育改革和发展产生深刻而长远的影响。

建设现代国民教育体系、终身教育体系和学习型社会,这都是从整个社会发展的要求规划教育事业的发展,而不是将教育仅仅限于学校的天地。这也是我们研究学校教育与校外教育的一个全新的视角。

教育与社会的关系,在人类历史上经历了长久的发展过程。

原始形态的教育并不是社会的一个独立的领域,而是浑然一体地存在于原始的社会生产和社会生活之中,没有专门人员和场所来进行教育工作。那时,教育的主要内容是传授生产经验,承袭各种礼仪、风俗以及原始宗教和道德规范,演练军事技能、艺术,学习一些计算和自然知识等。教育的方法主要是实际的观察、模

---

① 作者:吴铎,华东师范大学。本文原载《教育参考》,2007 年第 107 期。

仿和口耳相传。教育与生产和生活融为一体,全体儿童都自然享受。这既是原始的生活方式,也是原始的教育制度。

学校教育的产生是人类社会发展到一定历史阶段的产物,也是人类教育发展的重大飞跃。学校教育的产生需要具备以下几个条件:一是生产力发展,社会生产水平提高,能为社会提供相当数量的剩余产品,才使社会上有一部分人可以脱离生产劳动而专门从事教、学的活动。这是学校产生的物质基础。二是脑力劳动与体力劳动分离,为学校的产生提供专门从事教育活动的知识分子。随着脑力劳动与体力劳动的分离,自然知识和社会知识迅速发展。这是学校产生的知识基础。三是文字的产生与发展,是建立学校的先决条件。文字是记载人类的知识、经验的唯一工具,也是传授知识的基本工具。这是学校产生的文化基础。四是社会的分化、阶级的对立和国家的产生,促进了学校教育的发展。学校成为统治阶级为自己培养人才和接班人的领地,因而具有强烈的阶级性。这是学校产生和发展的社会基础。工业革命后,在科学技术迅猛发展的推动下,学校教育开始走向普及。

学校教育的产生,是人类文明的重大成果,使教育成为人类社会实践活动中的一个相对独立的专门领域,从而极大地促进了教育事业的发展,提高了教育实施的自觉程度。

与此同时,学校教育逐步演化成为封闭的系统,与社会产生隔离,并形成对教育的垄断。学校教育这种脱离社会、垄断教育的状况,是与人的成长和社会发展的要求相背离的。尤其在现代社会,经济和科技高速发展,人的社会化过程加快,社会化的内涵日新月异,社会对人的全面发展不断提出新的要求。传统的学校教育与这样的要求难以适应,因而产生了教育回归社会,实现与社会融合的新的教育理念。一方面,学校教育要进行改革,破除与社会的隔离,密切与社会的联系;另一方面,要破除学校对教育的垄断,大力发展校外教育、终身教育。

联合国教科文组织在20世纪70年代提出"终身教育"和"学习化社会"的主张,反映了经济高速发展的客观需要,也反映了当代教育发展的基本特点和趋势。当代社会日益发展成为高度发达的信息社会,学生不仅在学校学习,也从家庭、社会生活中接受大量的信息。学生的品德、知识发展在很大程度上受到家庭和社会生活的影响。教育不再要求学生仅仅是"接受",而是要尽可能地发挥自己的潜能,学会交流、学会探索、学会学习。现代教育技术的发展,更改变了传统的教育观念和形式。这些变化既推动学校教育改革,更促进人们从全社会的视野思考和规划教育的发展。"学习化的社会"教育新理念的提出,将促进教育与社会、经济、政治和文化的密切交融,其趋势将是教育与社会在高层次上融为一体。①

联合国教科文组织提出的"学习化社会",是把教育作为社会主要特征的社会形态。这其实是对人类社会未来发展方向的一种预期和理想目标。教科文组织在阐述"学习化社会"时说:"如果我们承认,教育现在是,而且将来也越来越是每一个人的需要,那么,我们不仅必须发展、丰富、增加中学、小学和大学,而且我们还必须超越学校教育大范围,把教育的功能扩充到整个社会的各个方面。"这就是说,按照学习化社会这一目标,必须打破专门教育机构垄断教育的局面,实现社会处处是教育、社会无处无教育的学习化情景。

从世界各国的教育发展现状来看,尽管各国政府、学者都十分关注学习化社会的建设,但还缺少成功的典型。我们建设学习型社会,与"学习化社会"这一目标是一致的。我国制定的"学校教育和学校外、学校后的教育并举"的方针,正是超越了学校教育对教育的垄断,而将青少年校外教育、成人教育和终身教育等社会大教育,置于和学校教育同样重要的地位。实行这样的"并举"方针,必将促进学校教育与校外教育彼此互动、相辅相成、共同发展,使学校教育和校外教育更有效地为青少年的全面发展和社会的全面进步服务。

二、发展校外教育是实施素质教育的战略举措

校外教育是社会主义教育事业的重要组成部分。发展校外教育是实施素质教育的重大战略举措,对于确保青少年德、智、体、美全面发展,成为社会主义建设者和接班人,发挥着十分重要的作用。

在加强和改进青少年思想道德建设,引导青少年树立正确的世界观、人生观、价值观和社会主义荣辱观方面,在引导青少年坚定理想信念、加强道德修养、养成良好个性、培养健全人格、锤炼意志品质、发展兴趣爱好、提高科学素养和人文素养、增强创新精神和实践能力等方面,校外教育都显示出突出的功能。

(一) 校外教育特别有助于培养青少年的创新意识

增强全社会创造活力,建设创新型国家,是我国构建社会主义和谐社会的一

---

① 张人杰主编:《大教育学》,广东高等教育出版社 2003 年版,第 51 页。

项重大任务。建设创新型国家,关键在于人们具有创新意识。创新意识是人们进行创造活动的出发点和内在动力,是创造性思维和创造力的前提。具有创新精神是现代人才的重要特征。培养创新意识和创新能力是现代教育的重要目标之一。校外教育担负着培养青少年创新精神和创造能力的重要职责。校外教育的环境和条件,特别有助于青少年综合地、灵活地运用所学知识,发现、分析、解决问题,积极进取、勇于探索,在占有大量知识的基础上,发挥出创造的潜能。

（二）校外教育特别有助于锻炼青少年的社会实践能力

校外教育是在更广阔的社会空间进行的,青少年有更多的机会参与一些与自身的知识和体力水平相当的社会实践活动及公益性劳动,在实践活动中动脑、动手、动口,获取和运用知识、信息,提高参与社会实践的自觉性和能力。社区教育是校外教育的一个重要组成部分,发展社区教育已成为发展校外教育、推进"学习化社会"的一种趋势。美国的"21世纪社区学习中心"所实施的就是一个庞大的校外教育计划。这项计划为城乡社区的青少年提供广泛的教育服务。我国的社区教育正在兴起,成为校外教育的一个新的领域。在社区,青少年可以通过学习、服务将自己融入社区活动,学会关心、理解、思考、分析和解决有关问题,更有效地提高社会实践能力。

（三）校外教育特别有助于发展青少年的良好个性

青少年如具有良好的个性,将对他一生的身心健康以及生活、学习、工作、社会交往等所有方面都产生积极影响。个性是具有一定倾向性的心理特征的总和,包括性格、气质、动机、爱好等诸多方面,表现为自尊心、自信心、同情心等心理状态,以及自立、乐观、实干、毅力、开拓、竞争、合作等精神状态。按照个性发展的要求,校外教育教师和辅导员应特别注重对青少年心理特征的全面、准确了解,充分照顾学生的个性差异,选择适宜青少年的活动内容和形式,积极创造条件,因材施教,使教育更具有针对性,让每个人的个性得到健康的发展,以适应未来社会对人才的需要。

（四）校外教育特别有助于塑造青少年的健全人格[1]

蔡元培说:"所谓健全人格,分为德育、体育、知育、美育四项。"[2]这里的"健全

---

[1] 人格与个性在心理学中英语使用同一个词——personality。而在中文用语中,个性和人格这两个概念所规范的内容是有一定区别的。

[2] 《蔡元培全集》第三卷,中华书局1984年版,第395页。

人格"包含"四育",也就是我们说的"全面发展"。"人格"有时又专指人的道德品质,或指按照法律、道德以及其他社会准则应享有的权利。校外教育是在广泛的社会空间进行的,特别注重青少年健全人格的培养,引导他们对世界抱以开放的态度,乐于学习,不断吸收新经验;引导他们正确地看待他人,正确处理人际关系,有团队精神;引导他们正确地看待过去、现在和将来,有现实而崇高的生活目标等。有针对性地开展健全人格教育,促进青少年人格健康发展,有助于他们适应急剧变化的社会,主动、积极地调节自我,有效地为社会服务。

（五）校外教育特别有助于锤炼青少年的独立自主性

主体性是人所具有的本质特性,它一方面表现为人对客观规律自觉能动的掌握,另一方面表现为人的自觉能动的创造,集中体现在人的独立性、主动性、创造性。青少年是一个个活生生的独立主体,独立自主性是其基本的行为特征。培养青少年的独立自主性,使其既具有主体意识,又具有主体能力,才能真正实现生动活泼地、主动地发展。未来社会需要培养有主体精神和创造才能的人,培养青少年的独立自主精神是现代社会新形势下的一项十分迫切的任务。校外教育依据社会发展对未来人才的需要和青少年的主体性特点,特别注重在各项教育活动中培养青少年的独立自主性,锤炼他们的独立自主能力,克服倚赖性,发挥创造性。

（六）校外教育特别有助于激发青少年的兴趣爱好

兴趣爱好对青少年的行为具有重要的影响力。积极的兴趣爱好能陶冶人的情操,提高修养,强健体魄,增强生活信念;消极的兴趣爱好则只能使人精神萎靡、意志消沉,让人虚度年华。校外教育最鲜明的特色就是坚持通过丰富多彩、形式多样的教育活动,激发青少年的积极兴趣爱好,达到育人目的。青少年的兴趣和爱好是广泛的,也是多变的。校外教育充分尊重青少年的积极兴趣爱好,支持他们根据自己的兴趣爱好自愿选择参加教育活动的权利。为满足青少年不同年龄层次、不同兴趣、不同爱好的需要,校外教育特别注重教育内容和教育形式的多样化。通过教育内容与组织形式多样化,激发青少年积极的兴趣爱好,使其成为青少年健康发展的一种内在牵引力。

（七）校外教育特别有助于形成青少年的合作精神

团队合作是一种为达到既定目标所显现出来的自愿合作和协同努力的精神。这种精神是集体主义的具体体现。随着社会主义市场经济体制的建立,团队合作已渗入社会生活的方方面面,合作精神成为新时期集体主义的新的表现形式,成为当今道德建设的一个主题。校外教育多以团队的组织形式进行,特别注重青少年团队合作意识的培养,引导团队成员相互依存、同舟共济,互敬互重、礼貌谦逊;彼此宽容、尊重个性的差异;建立互信的关系,待人真诚、遵守承诺;相互帮助、互相关怀、共同提高;利益和成就共享,责任共担。合作精神可以调动团队成员的所有资源和才智,克服不和谐和不公正现象。

校外教育在素质教育中起着特别显著、特别重要的作用,因而越来越受到教育界和全社会的重视。但是,在这方面也还存在一些误区。家长为子女选择校外教育,形式以特长班、家教、课外辅导班为主,学习的内容多为艺术、外语、学校课程和计算机等。校外教育受到"应试教育"的影响,以开办数学、英语等学科专业辅导班为重点,而使校外教育受到升学指挥棒的引导。有些校外教育机构把素质教育简单地理解为琴棋书画,把目光瞄准在弹琴、唱歌、跳舞、画画等单纯的技能培训上,忽视了全面培养青少年的素质。因此,需要为校外教育"正名",坚持校外教育在实施素质教育工程中的重要战略地位,引导青少年在实践中成长,在体验中受教育。校外教育不仅传播知识、培养技能,更要培养青少年健康的心理和人格,促进青少年德智体美全面发展。

三、发展校外教育要进一步完善体制和健全制度

进一步发展校外教育,关键在于提高对校外教育的认识,完善校外教育体制,健全校外教育制度。

(一)校外教育要坚持以邓小平理论和"三个代表"重要思想为指导,全面落实科学发展观,按照构建社会主义和谐社会、建设学习型社会、培养社会主义建设者和接班人的要求,进行统筹规划

要以实施素质教育为核心,以加强思想道德教育、培养创新精神和实践能力为重点,理顺校外教育工作体制、健全校外教育工作制度,加强和加快校外教育工作发展。要逐步形成校外教育布局合理、资源整合、功能完备、充满活力、可持续发展的新格局,逐步建立校外教育与学校教育有机结合、有效衔接的工作机制,充分发挥各级各类校外教育资源的作用,使广大青少年在丰富多彩、生动活泼的校外教育中增长知识、开阔眼界、陶冶情操、提高能力、健康成长。

（二）要制定发展校外教育事业的法律

关于学校教育的立法,已经远远走在校外教育的前面。这些立法有效地保证了学校教育事业的发展。相形之下,校外教育的立法就显得格外滞后。经过多年的发展,应该说现在着手考虑校外教育的立法,不仅是校外教育事业发展的迫切需要,而且也基本具备了相应的条件。20世纪90年代以来,国家已先后颁布了三个具有法规性的文件,这就是《中共中央办公厅、国务院办公厅关于加强青少年学生活动场所建设和管理工作的通知》(中办发[2000]13号)、《中共中央国务院关于进一步加强和改进未成年人思想道德建设的若干意见》(中发[2004]8号)、《关于进一步加强和改进未成年人校外活动场所建设和管理工作的意见》(中办[2006]4号)。这三个文件都是立法的很好的根据。中共北京市委办公厅和北京市人民政府办公厅在《关于进一步加强和改进未成年人校外教育工作的意见》中,已将制定《北京市校外教育工作条例》的准备工作纳入日程。这个条例的制定,将是我国校外教育的第一个地方性法规。这一法规必将推进我国校外教育的立法进程。

（三）要制定校外教育事业发展规划

规划是事业发展的纲领性文献。“十五”期间,全国校外教育工作联席会议曾制订《2000年—2005年全国青少年学生校外活动场所建设与发展规划》,对推动校外教育事业发展发挥了重要作用。现在已进入“十一五”时期,需要根据国家经济社会“十一五”规划的精神,制订校外教育的“十一五”规划。要将面向青少年的德育、科学、文史、艺术、体育等机构、设施和场所的建设,纳入国民经济和社会发展规划。在城市总体发展规划、城区建设以及城镇建设发展规划中,要把青少年校外教育和活动场所建设统一规划,特别要与社区建设结合起来,形成各具特色、功能多样和比较完善的校外教育网络。

（四）要健全校外教育行政管理制度

健全校外教育行政管理工作机构,完善校外教育行政管理制度,是发展校外教育事业的重要条件。要充分发挥校外教育工作联席会议的作用,统筹协调各有关部门和社会各界,齐心协力,齐抓共管,大力加强青少年学生校外教育工作,努力营造青少年健康成长的良好社会环境。各级教育行政主管部门,要比照主管学校教育的机构,设置或健全主管校外教育的专门机构,制定或完善校外教育工作的管理制度,使校外教育的管理工作规范化、制度化。要建立和加强各级科学教育普及委员会,统筹校外科技教育和学校科技教育课,以适应创建"创新型国家"的需要。要精心选拔热爱校外教育事业、思想素质好、懂业务、会管理的优秀人才,担任校外教育管理干部,切实提高校外教育的管理水平。要建立、健全校外教育管理人员的岗位培训制度,努力提高校外教育管理人员的素质。

（五）要健全校外教育事业财政制度

发展校外教育事业,需要有必需和稳定的财政支持。各级政府要把校外教育工作的经费纳入同级财政预算,切实予以保障。北京市已明确规定,要按照《北京市普通教育事业公用经费定额标准》安排校外教育经费,保障校外教育活动的公益性;用于校外教育的彩票公益金要按规定拨付,专款专用;校外创新项目专项经费要逐年有所增加;要落实社会公益性文化设施免费开放所需的补偿资金,并为此设立专项资金;要制定校外教育机构办学条件标准,逐步加大青少年校外活动场所建设的力度。校外教育在获得政府财政投入的同时,还要善于运用其他的社会筹资渠道,积累事业发展资金。对校外教育经费的使用要加强监督管理,提高资金使用效益。

（六）要建立校外教育师资培养制度

发展校外教育事业,实施素质教育,要建立校外教育师资培养制度,建设全面推进素质教育的高质量的教师队伍。青少年校外教育队伍的素质及工作质量,是决定青少年校外教育工作成效的关键。要采取有效措施,引导青少年校外教育工作者树立正确的教育观、质量观、人才观,增强实施素质教育的自觉性。要制定政策,引导中小学教师和其他人才从事青少年校外教育工作。加强校外教育人才的培养,应成为高校的一项任务。高校可根据自身条件,开设校外教育课程。在学士、硕士、博士的相关学科中,设置校外教育专业或研究方向。要加强各级各类校外教育教师的培训工作,定期进行岗位培训。在发挥专职校外教育教师作用的同时,还要建设一支校外教育兼职教师队伍,充分发挥社会各有关方面兼职教师的作用,共同提高校外教育工作的质量。

（七）要健全校外教育研究评价制度

为了保证和不断提高校外教育的质量,需要健全和加强校外教育的研究和评价机构。各级各类校外教育机构要加强调查和研究工作,形成调查研究之风。要依靠高等院校、科研机构的有关专家,加强校外教育理论研究,为青少年校外教育工作和改革提供理论支持。要比照各级教育学会,建立和健全校外教育学会,广泛吸收参与校外教育的社会各界人士,加强校外教育的研究工作,积极开展和推进校外教育的国际交流,借鉴各国校外教育的理论和经验。要在系统的调查研究和总结经验的基础上,逐步制定校外教育工作的指标体系和评价标准,完善校外教育的检查和评价制度。校外教育的各种成果,需要得到社会的承认和保护。尤其对于在校外教育中脱颖而出的青少年,他们的成绩应在相关的评比、褒奖以及升学时得到体现。

（八）要健全校外教育与学校教育的互动机制

发展校外教育是一项宏大的系统工程,需要从大教育与整个社会的关系的角度出发进行规划。校外教育只有在全社会的关心和支持下,才有可能健康稳定地发展;而校外教育的发展又将积极推动社会经济建设、政治建设和文化建设,推动社会主义和谐社会建设。在校外教育与社会的互动关系中,与学校教育的互动关系又是最为密切的。需要形成校外教育与学校教育的互动机制,使两方面相辅相成,相得益彰。校外教育的发展要依仗学校教育各方面的支持,而校外教育的发展又为学校教育的深化改革和发展提供有利的条件。学校教育要进一步转变教育观念、推进素质教育、精简教学内容、减少课时总量,这将为校外教育拓展有利的发展空间。校外教育要在开创实践路径、培养创新能力、实施因材施教、发展良好个性以及"以人为本,全面发展"等方面,为学校教育提供优化的环境和条件。校外教育与学校教育不应彼此隔离,更不应彼此对立。双方如能形成一种新型互动机制,必将促进校外教育和学校教育事业共同健康发展。

第五篇

师资培训

一　本篇综述

推进中学思想政治课建设,关键在教师,在于发挥教师的积极性、主动性、创造性。早在 1985 年,《中共中央关于改革学校思想品德和政治理论课程教学的通知》指出:实现马克思主义思想理论课教学改革任务的主要依靠和根本保证,在于建设一支坚持党的路线、有马克思主义觉悟和理论修养、有比较丰富的社会科学文史知识和必要的自然科学知识、热心于青少年思想理论教育工作的师资队伍,要充分依靠和调动广大教师的积极性。

2018 年,中共中央国务院《关于全面深化新时代教师队伍建设改革的意见》强调指出:百年大计,教育为本;教育大计,教师为本。坚持兴国必先强师,深刻认识教师队伍建设的重要意义和总体要求;着力提升思想政治素质,全面加强师德师风建设;大力振兴教师教育,不断提升教师专业素质能力;深化教师管理综合改革,切实理顺体制机制;不断提高地位待遇,真正让教师成为令人羡慕的职业;切实加强党的领导,全力确保政策举措落地见效。

习近平在 2019 主持召开的学校思想政治理论课教师座谈会上强调:办好思想政治理论课关键在教师,关键在发挥教师的积极性、主动性、创造性。思政课教师,要给学生心灵埋下真善美的种子,引导学生扣好人生第一粒扣子。第一,政治要强,让有信仰的人讲信仰,善于从政治上看问题,在大是大非面前保持政治清醒。第二,情怀要深,保持家国情怀,心里装着国家和民族,在党和人民的伟大实践中关注时代、关注社会,汲取养分、丰富思想。第三,思维要新,学会辩证唯物主义和历史唯物主义,创新课堂教学,给学生深刻的学习体验,引导学生树立正确的理想信念、学会正确的思维方法。第四,视野要广,有知识视野、国际视野、历史视野,通过生动、深入、具体的纵横比较,把一些道理讲明白、讲清楚。第五,自律要严,做到课上课下一致、网上网下一致,自觉弘扬主旋律,积极传递正能量。第六,人格要正,有人格,才有吸引力。亲其师,才能信其道。要有堂堂正正的人格,用高尚的人格感染学生、赢得学生,用真理的力量感召学生,以深厚的理论功底赢得学生,自觉做为学为人的表率,做让学生喜爱的人。

2019年中共中央办公厅、国务院办公厅印发的《关于深化新时代学校思想政治理论课改革创新的若干意见》强调:要建设一支政治强、情怀深、思维新、视野广、自律严、人格正的思政课教师队伍,加快壮大学校思政课教师队伍,切实提高思政课教师综合素质,切实改革思政课教师评价机制,加大思政课教师激励力度,大力加强思政课教师队伍后备人才培养工作。

中央通知和习近平总书记的讲话强调思想政治课师资队伍是推进思政课课程改革和建设的主要依靠、根本保证和关键,提出了对师资队伍的明确要求,为师资培训指明了方向。上海市在基础教育改革中,特别是在课程和教材改革的过程中,坚持将师资队伍的建设作为关键的环节,根据教师的特点采取多种有针对性的措施,从政治、思想、专业和能力等方面提高师资水平和质量。

中学思想政治课改革和建设的各个阶段,都将通过培训提高师资水平作为工作的一个重点,制定和实施了相应的教师培训计划。先对实验学校的教师进行培训。新教材在全市推开使用前,又按市、区两个层面开展教师培训工作。市的层面对各区思想政治课教研员进行培训,区的层面由各区思想政治课教研员对教师进行培训。培训内容主要是课程标准、新编写的教材和思想理论学术报告。培训方法包括讲解、研讨、交流和学术报告等。

二　课程改革与师资培训

上海市基础教育师资培训具有统一规划、多元并举的特点。统一规划主要体现在上海市中长期教育改革和发展规划与教师培训规划中。规划要求:为深化上海教育综合改革,需要培养具有社会责任感、创新精神和实践能力的高素质专业化教师队伍。

《上海市"十三五"中小学、幼儿园、中等职业学校教师培训工作实施意见》确定师资培训的指导思想是:围绕深化基础教育和职业教育课程改革,落实立德树人根本任务的总体要求,坚持"面向全体学校面向全体教师"的工作原则,加强教师在职教育的整体规划与资源统整,健全培训体系,完善培训制度,优化平台建设,创新培养模式,全面持续提升教师育人为本的教育境界和专业素养,建设一支具有坚定的理想信念、高尚的道德情操、深厚的仁爱情怀、扎实的学识功底,为学生一生成长和发展奠基的教师队伍。

(一)　培训的工作目标

基于深化基础教育和职业教育课程改革、全面创新育人模式的现实需求,遵循教师成长规律,以满足教师专业发展个性化需求为培训工作的出发点和落脚点,建立资源中心、管理中心与学习中心三位一体的教师教育平台,实现专业评估、需求诊断、资源推送、在线学习、教学教研、培训管理、教师空间等多功能应用,逐渐构筑具有时代特征的"人人时时处处"的学习环境;推进教师教育规范化建设,形成课程建设、培训学分、机构准入等规范管理的制度和机制,逐步完善分级分层分类及分科(专业)提供培训项目与培训课程的工作机制,加强精准针对需求的教师培训资源建设,优化以教师需求为导向的培训方式;健全教师培训管理制度,加强培训机构建设,创新教师专业发展机制。

(二)　培训的主要任务

1. 构筑立体式的培训体系:(1)构建分级分类分科的教师培训体系;(2)完善各级教师专业发展机制;(3)完善农村教师培训机制;(4)建立"双师型"教师专业化发展培养制度;(5)加强教师培训者队伍建设;(6)探索教师自主选学研修机制。

2. 推进教师教育规范化建设:(1)研制教师教育系列标准;(2)启动教师培训精品课程建设;(3)加强教师培训机构功能建设;(4)加强教师专业发展学校内涵建设。

3. 建立功能综合的教师教育平台:(1)健全优质资源准入机制;(2)完善教师教育管理功能;(3)建设在线学习平台。

4. 优化以教师需求为导向的培训方式:(1)形成研修一体教师培训机制;(2)加强网络研修社区建设;(3)健全和完善校本研修机制;(4)构建信息技术学用结合培训体系。

(三)　根据统一规划所实施的师资培训是多渠道进行的

1. 上海市基础教育师资培训中心。是一个专门的市级教师专业培训机构,秉持

"专业引领,协同发展"的理念,致力于在内部专业素质能力提升的基础上,整合各级各类优质资源,协同促进上海市教师职后培养和教师专业发展事业。中心的职能聚焦"四个中心":紧密围绕全市教师教育的研究中心、指导中心、培训中心及服务中心。中心坚持以上海市基础教育、高等教育、职业教育领域教师为主要研究和服务对象,深入开展针对各级各类教师的职业特征、专业发展基本规律的理论和实践研究,统一并规范教师专业发展标准,建立和健全"全口径"教师培训课程体系,在切实保障提高教师培训的针对性和实效性的基础上,对上海市教师专业发展事业进行顶层设计、提供决策咨询,并对相关政策的执行和落实进行管理与指导。

2. 上海教育学院、上海第二教育学院①和各区教师进修学院。上海教育学院主要承担上海中等教育系统教育行政干部、教师的进修和培训任务,同时履行教师教育教学及教育科学的研究、指导。上海第二教育学院的主要任务是培养成人教育系列的教师和管理干部,同时培养既能从事教育工作,又能从事学校管理或技术工作的两用人才。各区教师进修学院履行对本区中小学、幼儿园教师教育教学及教育科学的研究、指导、服务和管理等职责,承担培训本区中小学幼儿园教师的任务,研究指导学校教育教学,推进课程教材改革,服务校本研修,管理本区名师工作室,促进各层次教师的专业发展。开展各类教育国际化的专项培训,加强信息技术与教育信息资源建设,积极做好各种咨询服务等。教育学院由单一的教研向研训一体的转变,形成教研与教学相结合、教研与培训相结合、教学与培训相结合的"研训一体"机制,不断提高教师素质和专业水平。

3. 中小学骨干教师德育实训基地。为加强上海市普教系统教师的师德建设,提升教师的育德能力和人文素养,中共上海市科技教育工作委员会、上海市教育委员会决定建立上海市中小学骨干教师德育实训基地。基地建设的目标是:根据中央文件精神和《上海市学生民族精神教育指导纲要(试行)》《上海市中小学生生命教育指导纲要(试行)》的实施要求,树魂立根,有效而持久地开展民族精神教育和生命教育,力争在3—5年内建立一支德育名师队伍,建设一批由德育名师领衔主持的、发挥孵化示范作用的德育名师实训基地,形成德育骨干队伍孵化培养机制,培养市级德育名师后备力量。

4. 名师工作室。有好的教师,才有好的教育。《国家中长期教育改革和发展

---

① 1998年9月,上海市人民政府[1998]36号文决定,上海教育学院、上海第二教育学院并入华东师范大学。

规划纲要(2010—2020 年)》提出:"通过研修培训、学术交流、项目资助等方式,培养教育教学骨干、'双师型'教师、学术带头人和校长,造就一批教学名师和学科领军人才。"名师工作室成为促进和造就名师的重要方式,逐渐成为我国教师专业发展的一种新范式。名师在教师在职教育中具有引领作用。他们具有从初入职到逐渐积累经验、再到成为专家教师的全程经历,能以身说法;他们在学科教学或学生工作,甚至在学校管理方面,有过硬的功力;他们一般都善于以例说事,不仅能隐喻深远,而且与教师的话语体系天然融合。这样的优势,让他们在教师培训中能发挥独特的作用。

5. 师范大学教师教育学院。教师教育学院是新时代教师队伍培养的重要力量,推动着师范本科教育向研究生层次的转型;通过一流的专业教育对接一流的教师教育,能有力提升未来教师的学历层次和人才规格。教师教育学院还承担着落实教育部"国培计划"的任务。这项师资培训计划是提高中小学教师特别是农村教师队伍整体素质的重要举措,对于推进义务教育均衡发展、促进基础教育改革、提高教育质量具有重要意义。通过实施"国培计划",培训一批"种子"教师,使他们在推进素质教育和教师培训方面发挥骨干示范作用;开发教师培训优质资源,创新教师培训模式和方法,推动全国大规模中小学教师培训的开展;重点支持中西部农村教师培训,引导和鼓励地方完善教师培训体系,加大农村教师培训力度,显著提高农村教师队伍素质;促进教师教育改革,推动高等师范院校面向基础教育,服务基础教育。

上海教育出版社主办的《政治教育》杂志和上海教育学院主办的《思想政治课教学参考》杂志,也发挥了推进思政课改革和提高教师素质的重要的作用。

三　新编教材与师资培训

加强师资培训是实施中小学教育教学计划、教学大纲或课程标准和用好新教材的根本保证。课程教材改革、教学方法改革、教学手段的现代化都要靠教师实施,对教师的政治思想素质、科学文化素质、教育教学能力提出了新的要求。可以说,课程教材改革成败的关键在于教师。特别是新编教材的试用和推广,必须加强师资培训(简称"教材培训")。青年教师固然要培训,骨干教师、老教师也有培训的需要。

培训要端正教育思想。长期以来,中小学教育存在片面追求升学率的问题,评价教育质量时片面强调分数,重智育轻德育、体育、美育,重理论轻实践,重理科轻文科。这些都不利于学生的全面发展,不利于提高全民族素质。因此,教师培训要端正教育思想,把"立德树人"的教育观放在首位。

培训要明确课程教材改革的方向。中小学教育的课程设置、教学内容、教学要求,是根据中小学教育的性质、任务,着眼21世纪,面对现实的国情确定的。在改革实践中,要坚持正确的方向和内容,不断改革现行课程教材的弊端,使之趋于完善。培训的重点是帮助教师把握课程教材改革的正确方向。

培训要把握教材的构思和结构体系。思想品德思想政治课课程和教材改革,以"立德树人"为根本任务,以《九年义务教育初级中学思想政治课课程标准》《高级中学思想政治课课程标准》为依据,从教育教学的实践经验出发,对课程结构、教材内容进行合理统筹。培训要引导教师了解课程改革和教材编写的意图,以便能更好地使用教材。

培训要运用范例,帮助教师正确备课。培训中不仅需要安排教研人员解析课程标准、安排主编分析新教材的特点和安排教材编写人员进行教材内容的分析,还需要聘请教学第一线的教师讲述对课程标准的理解和对新教材的教学设计,并将相关材料作为范例提供给参与培训的教师,便于教师在学习和备课时进行参考。

教材培训通常是分层次进行的。在市的层面,主要是对各区负责学科教研的教研员和承担新教材实验任务的少数教师进行培训。负责培训任务的主要是参与课标制定和教材编写的研究、编撰人员。在区的层面,则是对全体学科教师进行培训。负责培训任务的主要是各区本学科教研员和部分实验学校的教师。分层次的教材培训的具体目标要清晰,分工组织要合理,以便实施管理,取得较好的培训实效。

本 篇 文 选

新编教材与教师培训[1]

1992 年秋季,中学思想政治课将贯彻执行新订教学大纲,使用根据新订大纲编写的新教材(均为试用)。这是一项十分艰巨的任务,需要进行大规模的教师培训。新编教材与教师培训具有相辅相成的作用。

新编教材既注意继承和发扬多年来思想政治课改革实验所取得的经验,又重视适应新形势,在指导思想和教学内容方面进行了必要的调整。概括地说,新编教材在四个方面具有一定的特点。

第一,指导思想上,注意贯彻"一个中心,两个基本点"的精神和要求。思想政治课要向青少年学生进行党的基本路线教育,这是思想政治课的一项基本任务。过去在这方面已做了许多工作,积累了不少经验。新编教学大纲和教材在这方面更进一步提出了明确的要求,就是将进行基本路线教育作为指导思想,贯彻在整个大纲和教材之中。大纲和教材突出了经济建设、发展生产力这个中心,又比较充分地阐述了坚持四项基本原则和坚持改革开放的意义和内容,在初中三年级和高中一年级安排了较多的篇幅进行具体分析。初中三年级将"我国处在社会主义初级阶段"和"党在社会主义初级阶段的基本路线"定为重要教学内容,并围绕这一内容进行了比较全面的阐述。高中一年级从社会主义经济建设的角度,对发展生产力和改革开放进行了比较全面的分析,同时也注重阐明我国经济建设所应遵循的社会主义原则,包括发展社会主义商品经济,坚持以公有制为主体的多种经

---

[1]　作者:吴铎,华东师范大学。本文原载《思想政治课教学参考》,1992 年第 4 期。

济成分并存,以按劳分配为主体的多种分配形式并存,消灭贫穷最终实现共同富裕等。

第二,教材功能上,体现思想政治课的性质,强化思想政治教育。经过多年的改革实验,对于思想政治课的性质和功能问题,已获得较为明确的认识。就性质而言,它是一门对学生进行马列主义、毛泽东思想基本常识和社会主义政治、思想、品德教育的课程。这样的一种特殊性质,表明它既有科学的基础,又不同于一般的思想政治教育。这就是说,在肯定它是"中学的一门主要学科"时,既不能简单地把它归入"文化知识课"的范畴,也不能简单地把它归入"一般思想教育"的范畴。马克思列宁主义、毛泽东思想既有作为科学知识的一面,又有作为立场、观点、方法的一面。因而这门课既有很强的科学性,有一定的知识、理论体系,又有很强的德育功能,它对帮助学生确立正确的政治方向,培养学生社会主义思想品德起着奠基作用,是中学德育主要途径之一。课程的这一性质,在教学大纲和教材中得到了比较充分的体现。无论就课程的全局来看,还是就各年级的局部来看,都有相应的马克思列宁主义、毛泽东思想的理论知识内容,同时又都明确地提出了思想政治教育的要求,使教材的科学性和教育性得到统一,较好地实现了德育功能。

第三,内容安排上,通盘考虑和分年级设计相统一。通盘考虑,指的是初中和高中两个学段要相互联系、彼此呼应,使得课程形成一个整体。这一点在课程名称上已经体现出来了。根据课程设置和教学大纲的规定,新编教材将课程名称统称为"思想政治课",这就改变了以往按年级确定课程名称的传统做法。课程名称统一有助于内容的统一安排。关于建设有中国特色社会主义的原理,道德教育包括人生观教育、法制教育,均在初中、高中两个学段统一安排,既可适当分工,避免简单重复,又可循序渐进,逐步提高。在整个课程通盘考虑的同时,初中学段和高中学段各自也要通盘考虑。初中学段①的法制教育,一年级和三年级统一考虑,一年级着重讲与学生密切相关的法律、法规的有关内容,三年级着重讲我国宪法、公民的基本权利和义务。人类社会发展的一般规律和我国社会主义建设统一安排在初中二、三年级,二年级着重讲一般规律,三年级着重讲社会主义社会,而重点讲我国的社会主义建设。这样,既加强了对我国社会主义建设的分析,又避免了

---

① 1992年时,上海还没有形成小学五年初中四年学制。

二、三年级内容的简单重复。高中阶段关于基本理论观点的分析,也作了必要的通盘考虑。

按年级设计,指的是各年级的教育内容均有重点。初一主要进行道德教育和法制教育,初二主要进行社会发展一般规律教育,初三主要进行建设有中国特色的社会主义和我国宪法教育,高中三个年级则分别进行马克思主义经济常识、世界观和人生观、政治常识教育。通盘考虑和按年级设计具有互补作用。

第四,在编写方法上,注重从基本事实出发,遵循从具体到抽象的原则。中学生缺乏实践经验,对于抽象的原理和概括程度高的路线、方针、政策难以理解和接受。从感性的事实出发,经过论述和分析逐步上升到理性的高度,比较符合他们的认识规律。教材对于选择和运用基本事实十分重视。所谓基本事实,就是用于说明原理(包括路线、方针、政策)的具有代表性的重要材料,如现实材料、历史事件、科学知识、寓言故事等,一般应是学生已知的或是比较容易了解的。选择和运用基本事实,不仅受学生年龄特征的制约,而且还受到各年级教育要求和内容的制约。各年级教材根据自身特点,在选择和运用基本事实方面做了大量探索。

比如高中二年级的科学世界观和人生观教育,由九个基本理论观点构成,而对每个基本理论观点的分析,都确定一个相关的基本事实作为分析的起点。第一个理论观点是“想问题办事情要从实际出发”,选择的基本事实是“我们生活在其中的周围世界”。第二个理论观点是“既要尊重客观规律,又要发挥主观能动性”,选择的基本事实是“我国大面积开发油田”。第三个理论观点是“掌握矛盾分析的方法”,选择的基本事实是“光的本性”。第四个理论观点是“联系地、发展地看问题”,选择的基本事实是“桑园、蚕、鱼塘形成的生态农业”。第五个理论观点是“透过现象看本质”,选择的基本事实是“资本主义社会工人的工资”,等等。

除了基本事实,教材中还选择和运用了一些其他必要的材料。有了基本事实和其他相应的材料作说明,理论观点就比较容易理解和接受了。

教材的这些特点是就总体而言的,从局部来看,情况就有差别了。从总体上把握教材的这些特点,对于教师钻研教材、驾驭教材是有意义的。一般地说,教师掌握、使用新教材,需要经过必要的业务培训。人们常把这类培训简称为教材培训。这类培训包括从宏观上研究教材和从微观上研究教材这两个方面。从宏观上研究教材,就是从整体上把握教材的特点,这对于提高教师把握教材的总体水平有着重要意义。如果忽视宏观上的研究,一开始进入微观的即具体内容和教学方法的研究,就难以提高把握教材的总体水平,具体内容和教学方法的研究也未必能取得好的成效。因此,在开始进行教材培训时,要集中精力从宏观上分析和了解教材的特点以及这些特点对于教学的意义。

首先,要领会教材的指导思想。只有深入领会指导思想,才能真正了解新教材的主要意图,从而在处理教学内容和考虑教育要求时不至于发生偏颇。思想政治课要把对学生进行基本路线教育作为自己的任务,把这一思想贯彻在全部教材之中。而从内容安排来看,直接分析基本路线的毕竟只是一部分,大多数是其他内容。如果对教材的指导思想不明确,就会发生错觉,仅以教学内容的分量确定其重要程度,忽视基本路线的教育。同时,在阐述"一个中心,两个基本点"时,特别要注意全面、准确。中学生在认识上、思想上不成熟,容易产生摇摆。在这方面出现任何偏颇,都会对他们造成不良影响。当然,教材是相对稳定的,如何结合形势的要求,有针对性地进行基本路线的教育,就需要教师根据教材的指导思想自行把握了。

其次,要了解教材的德育功能。教材所具有的德育功能,只有通过教学才能实现。这就需要对教材的德育功能有深入的了解,同时还要根据教材的德育要求,具体分析学生的思想认识状况,特别要分析他们存在的种种实际问题。对学生存在的问题应有较为系统的分析研究,而不是零敲碎打,临时应付。从这方面的要求来说,教材培训应该是联系学生实际,也就是有的放矢地研究教材。这样,教材就活起来了,教师对教材德育功能的理解也就比较深刻了。现在较为普遍的倾向,是把教材培训视为单纯的知识培训,注意中心集中在讨论框架和系统、认知点、知识范围、概念定义等。这方面的研究当然是必要的和重要的,但是如果把教材培训的中心总是往这个方面倾斜,那就会自觉或不自觉地淡化教材的德育功能,甚至只是将"强化德育功能"作为一句口号,发挥不了教材应有的育人作用。因此,应将深入了解教材的德育功能作为教材培训的一项基本要求。

再次,要通观教材的总体结构。只有在这样的条件下,才能在研究内容时通观全局、瞻前顾后。全局,既指思想政治课这一整体,包括初、高中各年级的内容,又可把初、高中这两个学段分别作为整体,有时也指一个年级的教学内容。从教材培训来说,这三层含义的"全局"都要重视。对于全局的研究,重点在于分析教学大纲。教材和大纲是一致的。分析、把握大纲,可以高屋建瓴,便于从教学目标、体系结构、教学内容等方面达到通观全局的目的。胸中有了全局,在处理局部即教材的具体内容时就主动了。不仅可以把局部和全局联系起来,加深对局部的理解,而且还可以克服由于对全局缺乏了解而产生的顾此失彼、断章取义等通病。要把教材培训和具体章节的备课区别开来。如果认为教材培训也是备课的话,那指的主要是宏观上的备课,而不是具体章节的备课,具体章节的备课应在教材培训之后进行。

最后,要把握教材的基本事实。这既是为了了解这些基本事实,更是为了研究在教学中运用这些基本事实的方法,促进教学方法的改革。长期以来,教师习惯于推敲理论、观点和概念、定义。这样的推敲自然是必要的,但对基本事实却容易忽视,至少是不善于推敲、把握。教材选择和运用的基本事实不能说尽善尽美、没有缺陷,但相当一部分可以说是用了心思、经过周密思考的。无论在认识论意义上,还是在教学法意义上都颇有价值。教师在把握基本事实的过程中,还可以举一反三,使教学思想得到更新。

总之,在教师培训时,如果能重视新教材的特点,并把这些特点和教学联系起来加以思考,促进教学改革,那么,不仅有助于新教材的使用,而且也标志着教师培训上了一个新台阶。

坚持目标，加强教研，提高质量①

——在上海中学思想政治课教师培训会上的报告

我们全市的中小学课程教材改革，从 1988 年开始，至今已五年多。经过三年准备、两年试验而编写出的一套九年制义务教育和高中课程标准、起始年级教材，将从今秋在全市试用。教材全面试用，标志着教学过程的三个基本要素——教材、教师、教学的全面结合。把这三方面的要素组织、协调好，是争取试用成功的一个关键。因此，我先就一些关系全局的问题谈谈看法，然后再分课向各位老师汇报。

我讲三个问题。

一、坚持教育改革和思想政治课改革的目标

在即将全面试用课程标准和新编《公民》《马克思主义常识》教材时，再一次提出"坚持目标"是很有必要的。目标是我们思想政治课的大局，研究思想政治课的任何一个方面，都要从这个大局出发，尤其在当前的形势下，更不能淡忘、忽视这个大局。

"坚持目标"包含相互联系的两个层次的内容。第一层次内容是教育改革目标，它对全部教育工作都起着制约作用；第二层次内容是思想政治课改革目标，它体现了教育改革目标，对思想政治课全部教学工作起着制约作用。

关于教育改革的目标，《中国教育改革和发展纲要》（以下简称《纲要》）作了明确的规定。《纲要》指出：教育改革和发展的根本目的是提高民族素质，多出人才，出好人才。为此，要认真贯彻"教育必须为社会主义现代化建设服务，必须与生产劳动相结合，培养德、智、体全面发展的建设者和接班人"的方针。《纲要》还规定：用马列主义、毛泽东思想和建设中国特色的社会主义理论教育学生，把坚定

---

① 作者：吴铎，华东师范大学。本文原载《思想政治课教学参考》，1993 年第 5 期。

正确的政治方向放在首位,培养有理想、有道德、有文化、有纪律的社会主义新人,是学校德育即思想政治和品德教育的根本任务。要进一步改进和加强德育工作,在实践中不断创造改革开放条件下学校德育工作的新经验,把德育工作提高到一个新水平。要从实际出发,分层次地确定德育工作的任务和要求,改进德育教材和德育方法,注重实效,使德育落到实处。《纲要》虽然是在今年 2 月才经中共中央和国务院批准而正式发布实施的,但上海五年多来的课程教材改革,正是为了实现教育改革的这些目标和要求,所以任何时候都不能动摇实现教育改革目标的决心和信心。

思想政治课改革的目标是根据整个教育改革目标确定的。《纲要》规定,要对广大青少年加强党的基本路线教育,爱国主义、集体主义和社会主义思想教育,近代史、现代史教育和国情教育,引导学生运用马克思主义的立场、观点、方法认识现实问题,走与工农结合、与实践结合的成长道路,促进学生逐步树立科学的世界观和为人民服务的人生观,增强学生抵制资产阶级自由化和一切剥削阶级腐朽思想的能力,坚定建设中国特色的社会主义的信念。《纲要》的这些规定,总结了中共十一届三中全会以来,特别是 1985 年以来,改革和加强思想政治课所取得的经验和成果;这也正是我们这几年来改革所探寻的,它体现在思想政治课课程标准中。当然,思想政治课课程标准关于课程改革目标的阐述有一个逐步完善的过程,要按照《纲要》的规定并汲取实践的经验,然后进行进一步修改,使之更加明确、完整、合理。

这里要强调的是,在国家教委的领导和支持下,上海基础教育整体改革的目标和方案已取得初步成果,全面提高学生素质的指导思想被教育工作者普遍接受,为适应素质教育所进行的课程、教材以及各项配套改革已开始取得实效。上海的基础教育整体改革正沿着《纲要》所确定的目标前进。

之前提出"坚持目标"的问题,有着特别重要的意义。应当看到,在邓小平同志南方重要讲话和中共十四大精神指引下,我国经济发展迅速,形势十分喜人。这一形势也有力地推动着教育的改革和发展。同时,也应当看到,教育领域也出现了许多新问题。经商的大潮冲击着教育,市场经济的各种关系,直接渗透到教育领域中来,出现了把经济发展的规律和教育发展的规律简单地等同的情况。于是,教育改革的目标、党和国家的教育方针被淡化了,特别对于德育的目标,有的人甚至模糊了。由此而提出了一连串的疑问:当前还要不要坚持党的基本路线和

"两史一情"教育,要不要进行马克思主义立场、观点、方法教育,要不要强调把坚定正确的政治方向放在首位,要不要进行科学世界观和为人民服务的人生观的教育,等等。在这样的情况下,重申"坚持目标",对于在纷繁复杂的现象包围中,保持清醒的认识,严格遵循教育发展的规律办教育,有着格外重要的意义。教育要培养适应和驾驭社会主义市场经济的人才,而这样的人才对于素质的要求特别高——既要有现代科学、现代经济、现代管理方面的知识,又要有高水平的思想素质,特别要有坚定的建设有中国特色社会主义的信念。如果淡化了我们的目标,就不能培养出真正适应社会主义市场经济要求的人才。教育的发展要以经济的发展为基础并服务于经济的发展,而人才的成长还要遵循自身特有的规律。我们不能把教育发展的规律、人才成长的规律与经济发展规律混同起来,这样不可能培养出"四有"新人,会导致教育工作的失误和挫折。

按照教育改革和思想政治课改革的目标,在总结以往课程设置和教材建设经验的基础上,设计和安排了初中和高中的思想政治课。按照九年制义务教育五四分段学制,初中四年主要进行公民素质教育,四个年级的主要教育内容从低到高分别为:六年级公民道德品质教育,七年级公民心理素质教育,八年级公民法制观念教育,九年级公民社会责任教育。通过四年的公民素质教育,为学生成为合格公民奠定基础。经过初步实验,初中学校的这一整体构思受到肯定。至于各年级的具体内容,尚待试用后逐步调整。尤其是社会责任教育,内容的组织还有待仔细推敲。高中三年主要进行马克思主义常识教育,引导学生学习和初步掌握马克思主义的立场、观点和方法。三个年级的主要教育内容分别为:一年级哲学常识,二年级经济常识,三年级政治常识。通过三年的教育,学生不仅可以掌握马克思主义的一些常识,还可以为以后进一步学习、研究马克思主义奠定基础。高中学段的这一整体构思基本上也受到肯定,但各年级的内容安排还需要通过实践逐步调整。

二、试用新编教材要全面加强教研

在全市范围内普遍试用新编《公民》《马克思主义常识》教材,标志着课程教材改革进入一个新阶段。新阶段的主要标志是:第一,由前五年的准备、试验发展到试用,即进入实践,包括指导思想、改革目标、课程改革、教材改革都要接受教育教学实践的检验。第二,由前五年的局部启动发展到全面启动。前五年仅小部分师生投入这项工作,试用新编教材则带动全体师生投入,教师、教材、教学以及学生等教学过程的各种要素,均启动起来了。如果说前五年主要是改革的准备阶段,那么,新阶段便是改革的实施阶段。准备是为了实施,而实施面临的问题则更多、更复杂。强调"全面加强教研",原因就在这里。这里说的"教研"是广义的,不仅指常态下的教研员工作,还指广大教师所从事的教学工作。也就是说,就试用新教材而言,一切教学工作都要视为教研工作,都要当作教研工作来做。这样,试用才能获得预期的效果。如果不是抱着研究的态度,而是仅仅作为一般的教书,那就不会有新的局面产生。

试用中需要研究的矛盾很多,用罗列的方法难以穷尽。研究要围绕一些影响全局的矛盾,也就是普遍的矛盾。需要下功夫进行探讨的是四个方面。一是理论与实际的关系。思想政治课总要讲基本道理,只不过低年级的内容少一点、浅显一点,高年级的内容则多一点、深入一点。这些内容概称为理论。思想政治课的理论内容不是孤立的,必须与实际相联系,包括国内国际的形势和学生的身心特点。理论应当是基本的、相对稳定的,实际应当是主要的、有代表性的。理论与实际要结合好,不能割裂,不能偏废。只有这两方面处理好了,思想政治课才有生命力。二是需要和可能的关系。需要,是指各方面包括领导、社会、学校、家庭等对思想政治课的要求;可能,是指思想政治课对于这些要求的承受力。对思想政治课的要求要适当,它是学校德育的主要渠道之一,而它所能承受的德育任务又只能是一部分,不可能包揽全部任务。重视、强调思想政治课,同时又要客观地估计它的承受力。这会有助于思想政治课更好地实现自己的使命。三是基本稳定和必要调整的关系。作为课程,应具有稳定的特征,而思想政治课与一般的课程既有共性又有特殊性。它的稳定只能是相对的,因为时代性是思想政治课的固有特征,客观形势的发展变化对它具有强烈的制约作用,必要的调整符合它的发展趋势。关键在于求得基本稳定和必要调整的最佳结合,强调基本稳定,不排斥必要调整。特别要防止因人因事波及教材,人为地造成教材大起大落。四是学与教的关系。课本要坚持以学为主,主要面向学生,这一点长期受到忽视。但"以学为主"并不否定"有利于教",课本也要兼顾教的要求,符合教的特点。这两方面结合得好才是合格的教材。

新编教材如何使用,也是一个相当复杂的问题。教材只能面向一般,即面向大多数学校和师生,从他们的需要和水平出发。而实际情况远非如此简单,学校、班级、教师、学生的情况都存在着差别,条件、水平不可能划一,与现行教材内容的衔接、过渡比较复杂。在这样的情况下,怎样合理使用教材、恰当而又充分地发挥教材的功能,就值得深入研究了。教材在编写过程中已经注意贯彻了精简内容、降低难度的原则。在教学实验中,教师普遍反映这两种教材基本适用,但各校、各年级的实际情况存在着差别,教学要求既有共同的一面,还应允许有所不同。因此,需要将教材的内容作必要的层次划分。根据教学实验所提供的经验,各课内容可以划分为两个层次。第一层次:基本内容,即要求学生知道、理解和掌握的内容。第二层次:机动内容,即可以从略或删减的内容。机动内容大体上有两类:一类是较深,一般学校学生理解有困难的;一类是偏多,教学时间安排有困难的。机动内容由教师根据教学时间、学校和班级的具体情况灵活处理,教学时可以从略或删减;若教学时间和师生条件具备,均可作为基本内容进行安排。具体使用时,可参照有关教学参考书。将教材内容分为上述两个层次,目的是在坚持切实完成教学基本内容与要求的前提下,给教师一定的教学自主权,以便更好地从实际出发,加强教学的针对性,提高教学实效。如何恰当划分教材内容的层次,还有待于在教学中进一步探索。今后将在各校和广大教师总结经验的基础上修改补充,使它逐步合理和完善。新编教材和现行教材内容的衔接和过渡问题,"使用意见"中也作了必要说明。

试用新编教材,要求加强、改革教学方法的研究。如果教学方法的改革不配套,教学也难以收到实效。思想政治课的教学,要努力贯彻理论联系实际的方针,要从学生的思想认识和接受能力的实际出发,切实解决学生所关心和面临的现实问题。讲课应当用丰富而生动的事实来引出和论证有关的观点,提倡多用从具体到抽象的归纳法。要在充分发挥教师的主导作用的同时,充分调动学生学习的主动性和积极性,使其在晓之以理、动之以情、导之以行中,加强基础,培养能力,提高觉悟。课堂教学中要充分利用各种有效的教学形式,包括自学、讨论、辅导、训练等;要运用各种形象、直观、生动的教学手段,包括小品、图表、幻灯、音像等;并注意课内外结合,开展课外兴趣活动。参加社会调查和写作小论文,是思想政治课的重要组织形式和教学方法。多年的教学实践说明,这两种新的教学形式和方法受到了广大师生的欢迎,对于提高思想政治课的教学质量,培养学生的良好素质,锻炼学生的能力,都具有重要的作用。只有认真改革教学方法,才能获得更好的教学和教育的效益。要建立和完善教研网络,加强教学研究与指导。

在试用新编教材的同时,还需要有各种教学软件的配套,包括具体教学目标的制订,教学幻灯、录音、录像的制作等。尤其是考试评价方法,需要积极、稳妥地进行改革。这是从应试教育转向素质教育的一个关键环节。考试的主要目的是检查学生对所学内容的理解程度、接受程度和运用能力。平时考试的办法要多样化。初、高中的毕业会考,实行开卷或开闭卷相结合。学生成绩的评定,可以采用结构分综合评定的办法。既要看终结性考试的卷面成绩,又要看平时成绩和学习态度,采用等第制评分。全市的初中毕业会考不再具有选拔的功能。各区、县可以参加全市统一的初中毕业会考,也可单独组织毕业会考。学校经申请并经上级机关批准后,可单独组织自行命题。全市的高中毕业会考不强求每一所学校均须参加,有条件的学校,经申请并经上级机关批准后,也可单独组织自行命题。改革考试制度和方法,目的是促进思想政治课深化改革、提高实效。

三、同心协力,提高思想政治课质量

同心协力,既是我们五年多来课程教材改革工作最重要的一点经验,也是对今后试用新教材工作的期望。正是由于参与课程教材改革的各方面的同心协力,我们的改革、实验才取得了可喜的进展;也只有在更大范围内的同心协力,新教材的试用才可能取得成功。参与课程教材改革的主要是四支队伍,即教学队伍、教研队伍、编写队伍、出版队伍。这四支队伍在领导的支持下开展工作,而一切改革都服务于教育对象——学生。四支队伍要同心协力,四支队伍与领导、学生彼此也要同心协力,才能使改革具有强劲的动力,不断深入发展。同心,指目标一致,也就是要共同"坚持目标"。目标一致才能产生凝聚力,克服改革中的各种困难。协力,指相互配合、支持。课程教材改革是一项庞大的系统工程,涉及方方面面,只有协调、配合得好,才能正常运转,朝着改革目标稳步前进。任何一个环节的关系失调,都会制约改革的进程。同心协力是上海思想政治课各支队伍共同的优良传统。我们不仅要珍视这一优良传统,更要发挥这一优良传统所具有的强大力量,使思想政治课的改革和新教材的试用得到最强有力的支持。

提高质量,不仅仅指教材,而是指整个思想政治课的质量。广义的思想政治课质量由四方面的质量要素构成:第一是教材质量,第二是教师质量,第三是教研质量,第四是教学质量。这几方面的质量要素各有特定的内涵,不能相互取代。四者缺少任何一个方面,都会对思想政治课的质量产生影响,使"提高质量"的要求落空。当然,这四个方面又是相互影响、相互渗透、相互弥补的,不能将四个方面割裂开来。看到质量的多因素构成,有助于全面、正确对待"提高质量"的问题,将与质量有关的所有环节都抓起来,而不要顾此失彼。从教材编写来说,应强调教材质量的作用;从师资工作来说,应强调教师质量、教师水平所起的重要作用;从教研工作来说,应强调研究工作的意义;最终都落实到教学质量上。教学质量是质量要素的综合表现,是教材、教师、教研有机结合的结果。由于质量是多要素构成的,提高思想政治课质量的重任理所当然地就落到几支队伍的肩上。几支队伍都确立了全面的质量观,就会既尽自己的力量,发挥所长,又能积极、主动弥补其他方面的所短,使质量上一个新台阶。

确立全面的质量观,并非排斥重点。教材与教学过程各种因素有直接的关系,处于中心环节的地位,提高质量自然就尤为重要了。普遍试用是提高教材质量的必经阶段,也是最好的机会。所谓普遍试用,就是把教材展示给千千万万学生,展示给广大教师,甚至也展示给家长、社会。这就使教材得到最为广泛的检验、审查。而在这支广泛的审查队伍中,使用教材的教师则是中坚力量。审查,可以是自发的,即没有有意识的准备,碰到什么问题谈什么问题;也可以是自觉的,就是将试用教材的过程当作教研的过程,自始至终贯彻研究的精神,采用研究的方法。将备课变为研究,对教材有分析、有比较,对来自课本、学生、社会的相关问题有记录,经过试用期间的积累,就成为丰富的、极有价值的研究材料。这对于修改、完善教材将会产生重要的作用。课程设置、教材内容的全面安排是重要的,教材内容的微观方面的完善同样是重要的。而微观方面的完善,需要以大量的实证性研究为基础,以往这方面的研究工作比较薄弱。教材编写组多数人并没有在教学中使用教材;而使用教材的教师又十分忙碌,对实证性研究或不够重视,或无暇顾及。这次普遍试用新教材,若能在这一点上有所突破,完善教材、提高教材质量就更有保证了。

提高教师水平既是提高思想政治课质量的内容,又是思想政治课提高质量的关键之一。教材质量和教师质量相互支撑、相互依托,又相互补短。教材质量高一些,可以在一定程度上弥补教师之不足;教师质量高一些,同样也可以弥补教材之不足。为了适应新教材的需要,教师都有一个业务上再学习、再研究的问题。教师业务状况有差别,对某方面业务不甚谙熟、教学方面不甚得当者则更需要强化学习。教师学习、研究的方式可以多样化、多渠道,短期、长期、专题、系统、听课、研讨,只要有助于提高水平,都是可取的。可以因校、因课、因人而异,不强求统一,不追求形式,关键在于实效。提高教师水平,也需要创造一些必要的条件,包括看文件、听报告、社会考察、任务安排、工作量计算、业绩考核和评估等,都要从思想政治课的实际出发,并吸取以往的经验教训,实事求是地确定必要的措施。

在建设有中国特色社会主义理论指引之下,只要我们齐心协力,思想政治课就一定能深化改革,提高质量。

试谈中学思想政治课教学科研及写科研论文[①]

中学思想政治课在"中共中央 18 号通知"的指引下,在部分中学改革实验已经有一年半的时间了。回顾这短短的一年半的实践,我们深深感到改革的道路充满着荆棘坎坷。但是,路是人走出来的,只要具有勇敢地艰苦奋进的开拓精神,一定能闯过这条艰难的路,而进入一个比较理想的新境界。在过去的日子里,如果说我们的教改搞得还比较有生气,初步已摸到一点新的路子的话,其中很重要的一个原因,就是一开始就抓住了教学科研这个环节(虽然我们的科研水平还是处于较低层次)。它帮助我们解决了很多的疑难和困惑,排除了很多思想观念和实际工作中的障碍。我们的体会是,目前的教改要开辟出一条新的路子,不搞科研是难以奏效的。在某种意义上,改革的事业就是科研的事业。改革迫切需要科研,科研又必然推进改革。同时,我们现在正在进行的思想政治课的总体改革,也确实为我们创设了广阔的科研天地,需要和可能做的科研课题比比皆是,所以是大有可为的。总之,科研是十分有益的工作,无论如何不容忽视。

一、什么是教学科研

按照我个人的理解,教学科研主要是对思想政治课教学规律的摸索和探讨,它反映教学中的必然和自由的关系。科研的任务就是要去揭示和认识这些规律,从而指导教学合乎规律地进行,以强化效果。所以,它是我们取得对教学领域中各种活动的本质认识的一条重要途径,有助于克服盲目性,增大自由度,使我们能更好地把握前进的方向。

从另一个角度来看,教学科研也可以看成是对教学实践(或经验)的理性分析和概括。我们在教学中,积累了丰富的实践经验,如何把这些经验上升到理性认识的高度,进行科学的理性分析和概括,也就是科研的任务了。在这里,写科研文

---

① 作者:丁彬荣,上海市向明中学。本文写于 1997 年。

章与写经验总结,是既有联系又有区别的。一般的经验总结,往往是讲自己是怎么做的,做了以后又取得了一些什么效果、达到了什么目的、还存在什么问题,最后写上几点比较精彩的体会,就算是一篇蛮不错的经验总结了,但这还不能说就是科研论文了。因为顾名思义,科研就必须有某些科学研究的特征,需要带有理论的色彩。

一篇好的科研论文,必须具有以下特征:

（一）要有科学性

也就是文章中所要进行的理论分析、理性思考必须是合理的,不论从哪个角度看,都应该具有普遍的规律性意义。譬如我校浦以安老师的文章《谈讨论课作用》,不是一般地叙述"讨论课"如何进行,而是对"讨论课"的作用进行了总结:一是摆脱了有教无学的格局,开辟了师生间、同学间平等发表意见、交流思想的好场所;二是摆脱了闭塞式的格局,为学生打开了知识的窗户,开阔了知识的视野。科学性还表现在观点、方法都要力求站得住脚,具有较强的逻辑性、说服力;结构也要力求严密,几个方面的论述不是互相孤立的,而是能反映它们之间的有机联系。有了科学性,才会有价值意义。

（二）要有实践性（或应用性）

即一方面它是从实践中来的,另一方面又能应用于实践,对实践能起一定的指导作用。如我校陈铭泉老师的《设疑解惑新探》一文,对如何积极引导学生有针对性地提出问题、如何创设设疑解惑情景、如何有选择地组织学生解惑等作了些研究。这是新教材教学实践中普遍会遇到的问题,因此该文很有实践意义。那种纯粹理论性的文章,尽管形式上很漂亮,花架子十足,但没有实际的内容,就没有什么意义了。当然,那种更高层次的专门性的理论研究,则是另一回事。

（三）要有创新性（或开拓性）

也就是说不能都是老调重弹,一定要有新意。新意从哪里来? 从改革、开放的意识中来,要与当前时代的发展要求紧密联系。这也是科研本身所要求的,因为我们现在需要研究的,正是当前改革开放形势下出现的一些新问题。比如我校陈菊珏老师写的《新时代、新教材、新教法的探索》一文,提出了思想政治课教学的三个转变:变封闭型为开放型、变灌输型为指导型、变说教型为情感型。这三个转变相对于传统教学来说,就有相当的创新意义。

（四） 要有指导性

我们搞科研,目的就是为了推动改革,减少改革中的种种困难、障碍和困惑,所以如果我们的科研与改革没有多大关系,不能起什么作用,也就是没有什么指导性,那就没有价值可言。比如改革一开始,大家的疑虑很多。这时,就可以研究、分析一下"为什么"。后来发现,首要的是观念问题,即老观念不能适应改革的新要求,我就在拙作《中学思想政治课改革中的观念变革》一文中,提出了对这门课本身的观念、课程及教材观念、教学方法观念、考核观念、学生观及师生关系观等六个方面的变革要求。事实证明,我校的改革之所以进展还比较顺利,与以上一系列观念的转变确有直接的关系。

当然,除了以上四个特征以外,还可以有其他的一些特征,但这四个特征我认为是必备的。

二、怎样进行科研和写科研论文

（一） 需要具备两个条件

掌握一些必要的基础理论知识。因为科研要有理论依据,要进行理论分析和概括。它大致包括四个方面:基本的马克思主义的理论(尤其是哲学)、教育学理论、心理学理论以及党的路线方针政策。特别要强调熟悉三中全会以来的路线方针政策,因为它包含了与中国现实结合的马克思主义的丰富的理论成分,如十三大阐述的社会主义初级阶段的理论,与思想政治课教育的关系十分重大。

善于总结自己的实践经验。因为科研必须是联系实际的,是为实践服务的。如果没有实践经验的材料,你要进行理论分析、论证,提出你自己的观点,就会缺少相应的论据。马克思、恩格斯在《神圣家族》一书中指出:"科学就在于用理性方法去整理感性材料。"[①]问题是实践的经验是多方面的,搞科研不是什么经验材料都可以拿来就用的,而是要精心总结,选择一些带本质性的、较深刻的、经过提炼而有价值的材料,而且还要选择合适的切入点,即将大家想解决而未解决的问题作为自己所要研究的课题。所以实践的经验也是必不可少的。

（二） 要注意几个重要的环节

1. 确定好课题。搞科研或写科研论文,第一步就要看确定的是什么课题。是

---

① 马克思、恩格斯:《神圣家族,或对批判的批判所做的批判》,人民出版社 1958 年版,第 163 页。

否属于科研型的,题目新颖与否,范围大小是否确当,有没有普遍意义和应用价值,等等。有的课题不属于科研型,如"我是怎样上好一堂课的""我怎样教《公民》课""怎样调动学生积极性""如何组织社会调查""学生思想情况的反映"等。课题的选择需要掌握以下几个要素:(1)要显示出具有研究性、探索性,不是一般的工作汇报或经验体会。(2)要新颖而不落俗套,使人一看题目就被吸引。如果要写调查报告式的论文,选择"社会主义初级阶段初中或高中学生思想现状调查与分析"的题目,就比较有吸引力了。(3)范围不宜太大,宁可口子小点,写得深点。专题性的、微观角度的,甚至是某一个教学环节上的问题,如果钻研得深、有新意,同样是有价值的。比如说写"如何做到知识、能力、觉悟三结合"这样的大题目,不如写"如何培养学生的思维能力"或"改变以记忆力为中心的注入式教学,培养学生独立思考能力的研究"为好。当然,有的题目大一点,也还是可以尝试的,如"论新教材的可读性与可教性的统一""世界观与人生观教育的最佳结合点探索""关于新教材教学目标研讨""思想政治课在中学思想政治教育中的地位和作用"等。题目大了难度当然也要大得多,写好了价值也更大。总之,课题的选择是十分重要的。从某种意义上看,课题的优劣在很大程度上确定了文章的成败。

2. 确立自己的观点。一篇论文不能没有自己的观点,而且要鲜明,不能模模糊糊或含混不清。你要说什么,必须毫不犹豫地提出来,使人读后就清楚地知道你要说明什么问题、有哪些观点。观点还必须比较新颖,陈旧俗套就没有什么意义了。现在需要活跃教育思想,即使你的观点与传统的观点会发生撞击,在改革的形势下也是需要的。改革需要活跃,活跃了才会有发展。

3. 要积累大量或尽可能多的资料。我觉得,要写好一篇科研论文,往往需要一个比较长的酝酿过程,不大可能心血来潮下就诞生一篇论文。等到确定了某一个课题,想做些研究时,就必然要搜集大量的资料,包括国内外的有关信息、报纸杂志的文章,特别是自己的实验性的材料,以及必要的调查材料,从中获得可做定量分析的数据,以及可做对比研究的资料(这是要花工夫的,而且往往在使用时,只能用到其中很少的一部分)。因为要论证自己的观点,必须有充实的论据,做到观点和材料的统一。一篇只是空洞说理而缺乏事实材料,尤其是缺乏自身实践得来的材料的文章,是"只有骨头没有肉"的、干瘪瘪的东西,论述不会有力,也不会有生动性。

4. 运用科学的方法。写论文的方法是多种多样的,因题因人而异。一般来说,实验、定量分析、比较分析(或对比分析)、归纳综合等方法,都是需要采用的。就如马克思、恩格斯在《神圣家族》一书中指出的:"归纳、分析、比较、观察和实验是理性方法的主要条件。"①特别是对比的方法,是经常被采用的。如要写教法改革方面的,就要与传统教法相比较;写观念变革,就要有新旧观念对比;写情感教育,就要与生硬的说教作对比。在比较中,运用新鲜、生动而有力的实际材料作为观点的论证,一篇文章就比较容易写成。此外,还要注意文章的逻辑结构不能过于松散,需要围绕论点进行集中性的论述;要尽可能紧凑,而不过于累赘。文风和文笔如何力求生动、活泼、流畅、新鲜,避免公式化、八股味,也是需要注意的。

三、科研论文的几种形式

科研论文的形式是很多的,通常有以下三种。

专题调查研究型。这是为研究某一个专题而作的比较系统的调查。调查所得的材料要进行科学的分析,最后应得出某些有价值的结论。这种形式也包括专题实验报告(这次得到上海市第二届教育科研成果奖的论文中有不少属于这一类调查或实验报告)。

经验总结型。这是比较普通的形式。它不是用写总结的方法来写的(这在课题上就应区别开来),一般是以经验作为基础,经过深入一步的调查研究或科学实验,再运用理性的方法归纳整理出一些思想理论观点,是由"经验—调研(或实验)—理性思考"这样三步组成的。当然,这三步的次序不是固定的,可以视情况进行调整。

理论或观点探讨型。这是就一些不同的理论观点,或有争论的观点,进行说理、探讨的文章,层次比较高。比如,现在的教材理论程度降低了,到底是否合适;人生观与世界观教育究竟怎样结合;共产主义教育的方向如何坚持;等等。

中学思想政治课改革方兴未艾。教学科研是深入改革、兴旺事业的催化剂,期望得到同行们的更多关注和重视。

---

① 马克思、恩格斯:《神圣家族,或对批判的批判所做的批判》,人民出版社 1958 年版,第 163 页。

中学思想品德课和思想政治课教学目标研究①

思想品德和思想政治学科的教学目标首先与思想品德和思想政治学科的地位和性质相关。如对思想品德和思想政治学科的性质和地位有比较正确的认识,就会比较重视按照课程改革的理念来思考和设定教学目标。在实际的教学工作中,教学目标又直接与备课过程中的教学设计直接相关。有什么样的教学目标,直接影响着教学设计,并进而影响到教学过程中的所有教学行为。因此,有必要对思想品德和思想政治学科的教学目标进行一番研究。

一、关于教育目标的理论学说

我们常常遇到教育目标、教学目的、教学目标这些名词,为了对相关概念有比较清醒的认识,我们有必要先理清这些名词的意思。

（一）教育目标、教学目的、教学目标

要弄清楚教育目标、教学目的、教学目标的含义,先得从教育说起。教育有广义和狭义之分。广义而言,教育是指对人的素养形成的影响过程。狭义的教育专指学校教育,即按照一定的要求,有目的、有计划、有组织地向年轻一代(儿童、少年、青年)传授知识和技能、培养思想品德、发展智力和体力的活动。

在学校教育中,教学是指教师传授和学生学习的共同活动,主要是以课程形态进行的教育过程,是学校教育的最主要的教育过程。

在学校的教学中,有许多的课程进行分门别类的教学。当我们说到学科的教学目标,从整个学科总体来说,就应当是学科的教育目标;就一个个教学单元而言,学科教学目标有时不能完全和学科教育目标相吻合。

教学目的,通常是指社会赋予学校教育的功能而言的,指的是整个学校的功能,一般可以理解为是指整个学校的教育目标,是学生通过学校教育要达到的全

---

①　作者:叶伟良,上海市教委教研室。本文写于 2009 年,为教师培训讲义。

面素质要求。教学目的上升为国家的要求,便成为国家的教育方针,对所有的学校教育起总的导向作用。

（二）教学目标的层次

教学目标,指教学中师生预期达到的学习结果和标准;按照教学活动的需要,可以从学校教育的目的(学校教育的总目标)依次分化为课程目标、单元目标、课时目标等不同的系列。

课程目标,是指某门课程在教学上总体所要求达到的结果。

单元目标,是指一门课程结构中各个组成部分的具体要求。

课时目标,是指每课时所要达到的具体要求。

（三）制定具体教学目标的一般原则

课程总的教学目标,一般已经由课程标准所确定。教学者有必要制定更为具体的教学目标,即根据教学内容和学生的状况等因素,制定单元、课时等更为具体的教学目标。

制定具体的教学目标要遵循这样一些原则:

每一课时的教学目标,要与单元、年段、课程的教学目标相匹配。

所制定的教学目标,应当对学生的发展是有价值的。

教学目标的措辞应简明有序,易于为人们所理解和接受。

课时教学目标的措辞要相当具体地表述所要达到的结果。

所制定的教学目标,必须适合学生的学习需要。不是所有的目标都应要求所有的学生必须达到。一些目标之所以是不适当的,是因为它们要求学生达到其所不能达到的行为结果。一些目标之所以不合适,是因为不符合学生的兴趣。有些目标可能较适合于对特定学科感兴趣的学生。还有些目标列出的可能是学生已经达到的结果。

所制定的具体教学目标要定期修订,没有任何具体目标是可以一成不变的。由于学生的改变、社会的变迁、知识领域的变化以及教学策略的改变,有必要对具体教学目标进行定期修订。教学者应当经常分析所任教学科原先制定的具体教学目标,以判断这些教学目标是否仍对教学有价值。

（四）教学目标的分类

关于教学目标的分类,仁者见仁,智者见智,有各种分类。

在认知领域,布卢姆的教育目标分类学有较大的影响。他把认知学习分为六个主要部分,即知识、理解、运用、分析、综合、评价等从低到高的六个部分,每一个较高水平的部分总是包含了前面较低水平的部分。

知识。这一部分包含与知识有关的具体目标。如具体的知识(具体事实和术语),处理具体问题的方式方法的知识(惯例、趋势、顺序、分类、类别、准则、方法等),普遍原理和抽象概念的知识(原理、概括、理论、结构等)。

理解。这一部分包含了转换、解释、信息推断三个方面的目标。

运用。这一部分指能够在具体环境中运用概念的目标。如能够得出实施了一项措施后所具有的相关影响的看法。

分析。这一部分指能够把整体分解成局部,做到对局部进行鉴别、对局部关系进行分析,并认识其中的组织原则。如对相关材料,能够区分出其中的观点和相关事实。

综合。指能够把部分组合成一个新的整体的目标,如独特的交流、制订操作计划、推导一套抽象关系等。

评价。这个目标主要是指能够依据内在证据或逻辑的一致性来作出判断,以及依据外在证据或与别的事实的一致性来作出判断。如对争论的双方,学生能够判断出对与错,就是在进行评价。

在情感领域也有人进行了研究,把情感领域的教育目标分为接受、反应、价值化、系统化、个性化等五个方面。

接受。指对存在刺激的敏感性,包括觉察、愿意接受、选择性注意。如通过对中国国情的研究,觉察到影响国情的因素。

反应。指对刺激的主动注意,包括默认、愿意、满意。如通过一个小课题研究,表现出对研究课题的兴趣。

价值化。指对待价值的信仰、态度,包括接受、偏好、为某种价值标准作出贡献。如能够对研究的课题发表自己的观点。

系统化。指价值和信仰的内化,包括价值的概念化、价值体系的系统化。如在研究个人和班级集体关系的过程中,对个人应该承担的责任形成自己的价值判断。

个性化。价值内化后的行为准则,包括一系列概括化的价值、一种个性化特征或生活哲学。如形成了道德准则基础上的个人生活准则。

在动作技能领域也有人进行了研究,把这个领域的目标分为反射动作、基本动作、知觉能力、体能、技巧性动作、意向性交流等六个方面。

对于教学目标的分类,我们既要认识到它的作用,又一定要看到它的相对性,要辩证地认识教学目标的分类。有作者清醒地指出:

我们人类喜欢分类,然而学生不是机器,不是可以分开处理的各种零部件。分类学确实是有用的指导,然而真正的人不是由认知、情感和动作(哪怕还包括后面要讲到的过程与方法)等独立的部分组合而成的。人是这些现象和其他甚至我们还知之甚少的现象的综合体。

在课程活动中,我们所设定的目标要反映知识的获得和建构、技能的产生和发展、态度的形成和领会;要涉及陈述性知识和程序性知识(过程),能给学生以指导,丰富、启迪和提高学生的见识;要指出既有益于学生个人又有益于整个社会的发展趋势。

(五) 行为性具体教学目标与非行为性具体教学目标

在制定教学目标的过程中,我们对行为性具体教学目标与非行为性具体教学目标的理论也要有所了解。

1. 行为性具体教学目标

大多数人都认为,一个具体的目标如果要有意义并且能够指导教育者,这个目标就应该是可以测量的。如果教育者不能测量自己制定的教学目标,这个目标的意义也就被削弱了。

行为性具体教学目标是对教学后学生所应出现的可观测行为的精确陈述。

行为性具体教学目标必须描述:(1)学习者达成目标的行为,(2)学习者达到具体教学目标时所面对的条件,(3)可接受的最低的熟练程度。

例:

- 在思想品德课"遵守交通规则"课外学习中,观测学校附近十字路口的

  (条件)　　　　　　　　　　　　　　　　　(行为)

交通状况,整理出一份符合本课学习训练要求的观测记录。

　　　　　　　　　(成就水平)

也有人觉得行为性教学目标在许多情况下可以不描述熟练程度,即不描述成就水平。

例:

- <u>在经济学课上</u>,<u>学生要比较一幅图表上表示两个年份国民生产总值的两组</u>
　　（条件）　　　　　（行为）

<u>数据</u>。

　　行为性具体教学目标的最大优势在于陈述清晰,人们能清楚地知道其含义,并能确定自己达到目标的程度。

　　2. 非行为性具体教学目标

　　在教育史上和现实的教育实践中,也有不少人并不赞成行为性教学目标,认为行为性具体目标仅仅强调了事实的讲授(这是易测量的),而忽视了更复杂的智力行为(这是难以测量的)。他们还认为,这样的目标在课程上的共同点是假定所有人必须以差不多的方式来掌握同样的材料,精确的目标导致了学习的僵化,否定了学习者各自的学习成果,因而导致了一种流水线式的或工厂式的教学过程;机械地服从这些目标,会导致个体的非人性化,忽视个体化的结果,而且会扼杀创造性和主动性;目标过于明确,会损伤达不到这些目标的学习者的学习积极性,使他们失去应该有的适合他们个性特点成长的学习机会;许多学习的出现并不表现为外显的可测量的行为,如情感领域的学习就是非常微妙的;教育者必须认识到达到某种教育成果的形式是多样的。

　　赞同非行为性具体教学目标的教育者也关心要把目标陈述清楚,认为所有的教学具体目标应该清楚地说明学生应该学到什么。认为"知道""理解""能够""喜欢"这些动词表意都很清楚,但又不是表示行为的动词。

　　他们还认为,从学习结果的角度来看,行为性具体目标反映的是学生要学习的具体行为;非行为性具体目标运用较为概括的词语去给出所要进行的学习,例如去"确认"、去"理解"等。行为性具体目标倾向于使课程更有序、更精确和更易划分;非行为性具体目标则允许有开放性结果的课程和科目的整合。

　　在实际的教学工作中,许多教师依据自己的教学经验和学科内容,将行为性具体目标和非行为性目标结合起来进行运用。但知道了行为性具体目标和非行为性目标的有关观点,对于教师更恰当地针对学生的学习状况描述教学目标是有帮助的。

二、上海市中小学"二期课改"关于教学目标的认识

　　上海市中小学二期课程教材改革,在汲取教育教学理论的成果以及总结教学

实践经验的基础上,从知识与技能,过程与方法,情感、态度与价值观三个维度建立教学目标。

（一） 从知识与技能角度建立教学目标

这是指学科教学过程中,学生要达成的基础知识、基本技能的目标。

（二） 从过程与方法角度建立教学目标

这是指学科教学中,所设定的学生要有的多种学习经历、要学习应用的多种学习方法、要了解的一些知识的生成过程的目标。

（三） 从情感、态度与价值观角度建立教学目标

这是指教学过程中所设定的情感、态度要求及对所学知识的价值认同。如,认真学习是一种学习过程中的态度。然而,是发自内心的认真,还是被动的认真,就是情感指向问题了。是否认同所学的知识,是价值判断;是否认识到所学知识的意义,也是价值判断;所学知识是否成为内心信念和行为准则,则是价值判断的高级形式。

（四） 从三个维度设计教学目标的意义

从三个维度设计教学目标,体现了素质教育的理念。知识与技能,过程与方法,情感、态度与价值观三位一体的教学目标,促使课堂教学重心转移,突破以知识为中心的窠臼,使素质教育的理念切实体现在日常的教学过程中。

从三个维度设计教学目标,突破了学科中心。三个维度教学目标的基点,是以学生发展为本。教学要有学科知识,但不能唯学科知识。应从学生的发展出发,选择学生所必备的基础知识和基本技能,让学生获得多种学习经历,促使学生认识到学习过程和结果的意义,认识到学习过程和结果对于自身、对于社会、对于国家的意义。

从三个维度设计教学目标,有利于改善学生的学习方式。学习不应只重结果,也要重视过程,重视体验经历,重视个体学习与合作学习的结合,重视接受性学习与研究性学习方式的结合,重视学习能力的锻炼。

三、三个维度教学目标的描述技术

对于如何描述三个维度的教学目标,有些教师还存在一些技术上的困难。

（一）按结果性目标和体验性目标来陈述

在二期课程教材改革中,教学目标的描述主张按结果性目标和体验性目标来陈述。

采用结果性目标的形式,即明确告诉人们学生的学习结果是什么,所采用的行为动词要求明确、可测量、可评价。这种方式指向可以结果化的课程目标,主要应用于"知识与技能"领域。

采用体验性或表现性目标的方式,即描述学生自己的心理感受、体验或学习表现,所采用的行为动词往往是体验性的、过程性的。这种方式指向无须结果化的或难以结果化的课程目标,主要应用于"过程与方法"领域、"情感、态度与价值观"领域。

（二）行为主体是学生而不是老师

在二期课程教材改革中,教学目标描述的行为主体是学生,而不是老师。不是描述老师要做什么,而是描述学生要达到什么、要经历什么。

如:"培养学生观察交通流量的能力",这是描述老师要做什么;"在交通观察活动中,学生形成观察和统计交通流量的能力",这是描述学生要达成的目标。

（三）描述教学目标的常用行为动词

有文章专门对三个维度教学目标描述的行为动词进行了归类,可以供我们参考。

知识目标

• 了解——说出、背诵、辨认、回忆、选出、举例、列举、复述、描述、识别、再认等。

• 理解——解释、说明、阐明、比较、分类、归纳、概述、概括、判断、区别、提供、猜测、预测、估计、推断、检索、收集、整理等。

• 应用——使用、质疑、辩护、设计、解决、撰写、拟定、检验、计划、总结、推广、证明、评价等。

技能目标

• 模仿——模拟、重复、再现、例证、临摹、扩展、缩写等。

• 独立操作——完成、表现、制定、解决、拟订、安装、绘制、测量、尝试、试验等。

• 迁移——联系、转移、灵活运用、举一反三、触类旁通等。

过程与方法目标

• 经历、感受、参加、尝试、寻找、讨论、交流、合作、分享、参观、访问、考察、接触、体验等。

情感、态度与价值观目标

• 反应——遵守、拒绝、认可、认同、承认、接受、同意、反对、愿意、欣赏、称赞、喜欢、讨厌、感兴趣、关心、关注、重视、采用、采纳、支持、尊重、爱护、珍惜、蔑视、怀疑、摒弃、抵制、克服、拥护、帮助等。

• 领悟——形成、养成、具有、热爱、树立、建立、坚持、保持、确立、追求等。

了解和研究目标描述,可以对我们理解课程改革的本质和学科课程标准有很大的帮助。

四、准确把握思想品德课与思想政治课的教育目标

(一) 课程标准提出的思想品德和思想政治学科总目标

• 知识与技能

使学生获得参与社会生活所必需的道德和法律、健康心理与国情国策的基础知识,领悟马克思主义的基本观点和方法;学会通过网络、图书、报刊等收集资料,从社会调查、参观访问等社会实践活动中获取新知识的基本技能。

• 过程、能力与方法

使学生通过课堂学习和社会实践活动过程,了解社会科学知识的生成过程,逐步掌握自主学习、合作学习、探究学习的基本方法;培养收集、加工和处理信息的能力,分析、说明和解决现实问题的能力,交流合作的能力,参与社会实践的能力。

• 情感、态度与价值观

使学生接受中华民族的民族精神和优良传统的熏陶,热爱祖国、热爱人民、热爱中国共产党、热爱社会主义,关心国际国内时事形势,树立建设中国特色社会主义的共同理想,逐步形成正确的世界观、人生观和价值观,培养良好的思想品德,具有振兴中华、服务人类的使命感和社会责任感。

(二) 课程标准提出的思想品德课程目标

• 知识与技能

了解学校生活、家庭生活和社会生活中的基本道德规范、基本法律规范和健

康心理品质的基本要求;初步理解我国的基本国情、基本国策和当代青年肩负的历史责任;初步学会通过网络、图书、报刊等收集资料和对周围环境进行观察或调查的基本技能。

- 过程、能力与方法

通过课堂学习和社会实践过程,初步知道社会科学知识的生成过程,尝试运用自主学习、合作学习、探究学习的方法;初步形成观察、分析、说明社会现象的能力,参与学校生活、家庭生活和社会公共生活的实践能力。

- 情感、态度与价值观

通过课堂学习和社会实践活动中的感悟、体验,自觉遵守公民的道德规范和法律规范,培养良好的心理品质和文明行为习惯,弘扬民族精神,具有振兴中华、报效祖国的社会责任感。

(三) 课程标准提出的思想政治课程目标

- 知识与技能

领悟马克思主义基本观点和基本方法,特别是领悟建设中国特色社会主义经济、政治、文化的基本观点和有关的社会科学的基础知识;学会通过网络、图书、报刊等收集资料,从社会调查、参观访问等社会实践活动中获取新知识的基本技能。

- 过程、能力与方法

通过课堂学习和社会实践过程,了解社会科学知识的生成过程,学会运用自主学习、合作学习、探究学习的方法进行学习;培养运用马克思主义的基本观点和方法观察、分析和解决现实问题的能力,获取和加工、处理信息的能力,辩证思维能力和参与现代经济、政治、文化生活的能力。

- 情感、态度与价值观

通过课堂学习和在社会实践活动中的感悟、体验,弘扬民族精神,拓展国际视野,树立建设中国特色社会主义的共同理想,逐步形成正确的世界观、人生观和价值观,具有良好的思想品德,为学生的终身发展和积极投身于社会主义现代化建设事业奠定基础。

(四) 准确把握思想品德和思想政治课教学目标

上海市中学思想品德和思想政治课程标准,成稿于 2004 年。当时,对课程标准的理解,是从知识与技能,过程、能力与方法,情感、态度与价值观三个维度进行描述的。随后,按照市教研室的新的研究进展,提出了从知识与技能,过程与方法,情感、态度与价值观三个维度描述思想品德和思想政治学科具体教学目标。经过几年来的实践,似乎对教学目标的描述有必要进行更深入的研究。

在思想品德和思想政治课程标准的确立和描述中,至少有这样一些问题需要进一步研究:思想品德与思想政治学科技能目标的描述,对于教师在制定具体教学目标时,是有一定困难的,因为具体描述容易与过程、方法重合,各个单元的描述语言也很容易雷同;思想品德和思想政治学科,要不要还提能力目标,是可以考虑的选择;思想品德和思想政治课程标准的有些提法,如何更切合发展了的社会现实,描述的语言如何更符合课程改革的要求,也是需要进一步考虑的问题。好在2009年下半年要启动课程标准的修改工作,这些问题有望在修改中得到一定程度的解决。

即使思想品德和思想政治课程标准还存在以上一些(也许更多)问题,但这一部课程标准的基本精神和基本内容还是很好的。这些年,这个文件规范和指引了上海市中学思想品德和思想政治学科的教育改革,使得上海市中学思想品德和思想政治学科教育教学改革能够比较顺利地走到今天。

课程标准中的课程目标部分,总体内容也是比较合适的。其中,提出了思想品德和思想政治课程总的目标,在总目标下提出了初中思想品德课程的目标,提出了高中思想政治课程的目标。在总目标和分阶段的目标中,提出了本学科基础知识的目标和基本技能的目标,过程与方法的目标,情感、态度与价值观的目标,着力点在于培养学生的思想品德和思想政治素养,在于学生在现阶段的健康成长和终身发展,而不是单纯为应对考试。思想品德和思想政治学科教学如确实能做到按照思想品德和思想政治课程目标所指引的方向去实施,该学科的素质教育也就尽在其中了。作为在第一线面对学生的思想品德和思想政治学科教师,其任务就是要在课程标准课程总目标和初中思想品德课程的阶段目标、高中思想政治课程的阶段目标指引下,制定出每一个学期、每一个教学单元三个维度的教学目标,以符合二期课程改革理念的教学目标规范自己的教学行为。

(五) 以思想品德课与思想政治课教学目标规范教学行为

要不要从知识与技能,过程与方法,情感、态度与价值观三个维度设定教学目标? 是不是将三个维度的教学目标体现在整个学科教学中? 这是一个是否在学科教学中坚持素质教育的原则问题。

从三个维度设定教学目标是一种坚持素质教育的教学理念。每一节课的教学,都要有这种理念的支撑。每一节课的教学、教学目标的设定以及教学过程的展开,都要突出重点。从实际的教学现状中可以清晰地看到,在思想政治课的课堂上,是随心所欲地上课,还是带着清晰的符合学生发展需要的教学目标上课,教学质量差异极大。

提高思想品德与思想政治课的教学质量,必须以思想品德和思想政治课三个维度的教学目标规范教学行为。

从知识与技能目标来看,思想品德和思想政治学科各个年级的知识、技能目标的表达是否清晰,我们的老师是否清楚(如不清楚,通过什么途径可以弄清楚),这是必须在教学准备阶段解决的问题。

从过程与方法目标来看,让学生了解和体验知识的生成过程,有适合学生发展需要的多种学习经历,让学生学习掌握多种学习方法等,在一个年段、一个单元,乃至一个课时的教学中,都要精心进行设计。

从情感、态度与价值观目标来看,在一个年段的教学中,主要应引导学生确立哪些价值观? 教师要采取什么样的手段,才能对学生的情感、态度与价值观产生积极的影响? 在这方面,我们特别需要换位思考:在学生的眼中,理想的老师是怎样的?

总之,一定要根据学生的情况,使自己每一堂课的教学目标非常清晰、合适。

五、合理制定思想品德课与思想政治课教学目标

教师应依据思想品德和思想政治课程标准关于课程目标的规定,结合教材内容和学生实际,从知识与技能,过程与方法,情感、态度与价值观三个维度对学期教学计划和教学目标作出总体设计。

(一) 合理制定思想品德课与思想政治课知识与技能教学目标

制定知识与技能目标,要明确通过每个单元的教学,学生应该获得哪些基本知识,且对知识的掌握程度有清晰的要求;要明确通过课堂学习和社会实践活动,学生应掌握哪些基本技能,且技能目标要与学生认知水平、能力基础相适应。

(二) 合理制定思想品德课与思想政治课过程与方法教学目标

制定过程与方法目标,要选择本课程的重点知识,结合学生的学习基础和发

展需要,引导学生了解或体验知识的生成过程,让学生有接受和处理信息、探究和讨论问题、观察和服务社会等多种学习经历;要根据单元教学内容,确定具体的教学方法,并对学生进行相应的学法指导,明确本单元教学中学生应重点掌握的学习方法。

(三) 合理制定思想品德课与思想政治课情感、态度与价值观教学目标

制定情感、态度与价值观目标,要结合相关教学内容,在课前了解学生在思想认识和行为习惯中存在的问题,并针对学生的实际状况确定课堂教学中提高学生思想品德和思想政治素质的具体教育要求,对学生的情感、态度与价值观进行有效的引导和熏陶。

(四) 辩证把握思想品德课与思想政治课三个维度教学目标的关系

在制定教学目标时,要重视学生有基础知识学习、学科实践活动体验、思想道德修养等多方面的学习经历。要从提高学生的思想品德和思想政治素质出发,让学生经受多种学习能力锻炼。要注意不同年级之间和同年级不同单元之间教学内容的层次差异与相互衔接,注意同一班级集体中不同学生群体的特点,合理制定多层次的、符合学生实际的教学目标。

在制定教学目标时,要重视研究知识与技能,过程与方法,情感、态度与价值观三个维度教学目标的内在联系,按照各个单元的教学要求突出重点教学目标,并注意将三个维度的目标整合成有机统一体。在思想品德和思想政治课堂教学中,要特别重视情感、态度与价值观目标的落实,以凸显思想品德和思想政治课程在中学德育工作中主导渠道的作用。

思想品德和思想政治学科教学目标还有一些问题需要深入研究。如要不要提技能目标? 如继续提技能目标,在各个教学单元中如何设定技能目标? 要不要提能力目标? 如何深入理解三个维度教学目标的关系? 如何设定各个教学单元的教学目标? 这些问题都是思想品德和思想政治学科的教师在教学实践中遇到的,需要依托学科专家及广大的思想品德和思想政治学科教师的共同努力,在实践中进行总结,并从理论上进行探讨。

从整体与部分关系的视角研究初中
思想品德课的教材①

　　教材是课程标准的具体化,是新课程理念的主要体现,又是教学的主要内容、资源和载体。新课程改革以来大多数教师都已认识到,要树立新的教材观,即教学的目标不仅仅是知识的传授,还包括学生对学习过程的理解、学习方法的掌握,以及态度、情感和价值观的培养熏陶。近年来,笔者在与一些教师交流和听课的过程中发现,在新教材观的理念影响之下,有些教师对于教材的钻研并没有花费过多的力气,却把主要精力花在转变教学方式上。上课时,一会儿播放录像,一会儿展示 PPT,一会儿又组织学生小组讨论和相互评价。整堂课热热闹闹,学生们的情绪也很亢奋。由于教师把主要精力花在了教学方式上,对教材的理解和把握就显得比较肤浅,因而达不到应有的教学效果。

　　其实,教学方式的转变,并不意味着不要钻研教材,而是要求教师应依据课程标准的理念,主动地去领会和选择教学内容,并能创造性地运用教材。教师的作用不仅在于钻研教学方法,还包括对教材的深入理解与创造。也就是说,不管课程改革怎样改,钻研教材和准确地把握教材,并能创造性地运用教材,这才是教师应具有的基本能力。教师只有把"教什么"吃透了,才能改变教学方法,解决"怎么教"的问题。

　　那么,教师应该怎样来把握教材呢? 笔者从如何处理教材中整体与部分关系的角度谈几点看法,仅供大家参考。按照《哲学大辞典》上的解释,整体指若干对象(或单个客体的若干成分)按照一定的结构形式构成的统一体;部分指相对于这种整体来说的个别对象;整体与部分是对立的统一,整体由相互联系着的各个部分组成,部分是整体的一环,它依赖于整体,不能脱离整体而独立存在。我们在研究初中思想政治品德课的教材时,也应该从整体与部分的关系来把握教材。

---

　　① 作者:吴永玲,普陀区教育学院。本文原载《思想政治课研究》,2012 年第 6 期。

一、从整体的角度把握初中四个年级教材的总体结构和内容

作为初中思想品德课的教师，不管任教哪个年级，都要认真研读四个年级的教材，以便了解整个初中学段的教材逻辑结构和教学内容。以上教版的《思想品德》教材为例，六年级是以学生的学校生活为背景，对学生进行学校生活中的道德规范、法律规范的教育和健康心理品质的引导；七年级是以学生的家庭生活和社区生活为背景，对学生进行家庭生活和社区生活中的道德规范、法律规范的教育和健康心理品质的引导；八年级是以学生更宽广的社会生活为背景，对学生进行社会公共生活中的道德规范、法律规范的教育和健康心理品质的引导；九年级是以社会发展的一般规律为依据，认识我国的基本国情，对学生进行概括而又生动的基本国情教育，并在此基础上进行社会责任的教育和成才道路选择的引导。由于有的教师没有从整体的角度认真研究这套教材的总体框架结构，因此往往会提出"部分看起来不合理"的意见。如该套教材的六年级上册第三课《尊敬老师　友爱同学》，以及八年级下册第五课《心有他人　学会交往》，都是涉及与人交往的内容。因此，有老师认为两课都讲交往，显得重复。其实，从教材的总体结构来看，两课看似内容相同，但实际却有所不同。六年级的《尊敬老师　友爱同学》是从学校生活的角度阐述同学之间的交往，而八年级的《心有他人　学会交往》是从面向社会生活的角度阐述人际交往关系的问题。又如，八年级上册第二课《生存环境呼唤保护》和九年级下册第五课《着眼未来　永续发展》的内容都涉及保护环境的问题。八年级主要是从我们自身生存环境的角度告诉学生一些基本的道理，如什么是自然环境、什么是人文环境以及自然环境和人文环境与我们生活的关系等。九年级则是从国家贯彻可持续发展战略的角度，阐述什么是可持续发展、我国为什么要贯彻可持续发展战略以及我国贯彻可持续发展战略的具体措施等。

由此可见，我们只有从整体上来把握四个年级教材内容的内在逻辑结构，才能比较准确地理解每个年级、每一课教材的内容。

二、从整体到部分研究每一册教材

除了要从整体上来把握四个年级教材内容的内在逻辑结构之外，我们还应对每个年级教材从整体上来进行研究。笔者在工作中经常发现，有些教师往往是今天教哪课就备哪课，缺乏对一册教材的整体理解和思考。从整体与部分关系的角

度来看,每册教材相对整套教材来说是属于部分,但每套教材相对每一课来说,又是属于整体。换言之,整套教材内容都是由每一册教材的内容所组成,而每一册教材内容又是由每一课的内容所组成的,因此,每册之间、每课之间都有其内在的逻辑关系。

以上教版《思想品德》教材为例,六年级上册共有四课,即《新的学校新的向往》《融入集体学会合作》《尊敬老师团结同学》《热爱科学学会学习》。这本教材主要阐述了"我与同学""我与老师""我与班集体"的关系,以及怎样科学地对待学习等内容,对学生进行热爱集体、热爱劳动、崇尚科学、尊敬老师、善于合作、乐于助人的教育。六年级下册共有四课,即《激发兴趣追求成功》《生活俭朴行为文明》《自尊自信磨砺意志》《学校生活法律保护》。这本教材主要阐述了兴趣与成功的关系、生活俭朴与健康成长的关系以及与学校生活相关的法律法规等内容,对学生进行勤俭节约、自主自立、乐观向上、磨砺意志和树立法制观念的教育。七年级上册共有四课,即《温馨家庭成长园地》《珍惜生命健康成长》《关爱父母学会孝敬》《现代家庭健康文明》。这本教材主要阐述了家庭的产生、生命的诞生与如何热爱生命、家庭与社会的关系、家庭成员中子女与长辈的关系、现代家庭物质生活和精神生活的关系等内容,对学生进行热爱家庭、珍惜生命、孝敬长辈、追求健康文明的家庭生活的教育。七年级下册共有四课,即《家事烦恼心理调节》《家庭生活法律保护》《守望相助邻里相亲》《文明社区家家奉献》。这本教材主要阐述了怎样对待家境和处理与家人的矛盾、邻里之间的关系、家庭与社区的关系,以及与家庭生活相关的法律法规等内容,对学生进行宽容、积极、乐观、进取的人生态度,以及关心邻里和建设社区教育。八年级上册共有四课,即《公共生活注重规范》《生存环境呼唤保护》《公共设施情系大众》《交通安全牵系万家》。这本教材主要阐述了社会公共生活中应遵守的道德和法律规范、环境与我们生存的关系、公共设施与我们生活的关系等内容,对学生进行树立规则意识、公共精神、爱护环境和勇于负责的教育。八年级下册共有四课,即《心有他人学会交往》《群体行为分辨泾渭》《融入社会发展自我》《公共生活法律护卫》。这本教材主要阐述了社会公共生活中的人际交往、社会生活与社会群体的关系、融入社会与发展自我的关系,以及与社会公共生活相关的法律法规等内容,对学生进行关心他人、学会分辨泾渭、学会用全面的观点看待社会的方法、树立法制观念等方面的教育。九年级上册共有四课,即《我的祖国为你自豪》《立足国情强国富民》《协调发展社会和谐》《科教兴国立志成才》。这本教材主要阐述了我国的基本国情、国策、基本历史任务和奋斗目标,以及立志成才等内容,对学生进行发扬爱国主义精神和民族精神教育,提高全面发展、立志成才的自觉性等方面的教育。九年级下册共两课,即《着眼未来永续发展》《振兴中华共担责任》。这本教材主要阐述了我国走可持续发展之路的重要意义,为振兴中华公民应承担的社会责任,以及遵守国家宪法等内容,对学生进行承担公民责任、遵守宪法的教育,树立理想信念、立志报效祖国等方面的教育。

由此可见,每册教材在整套教材中,虽然属于部分,但它与整套教材是相互联系的,并不是独立存在的。而每册教材中的每一课也不是独立存在的,它与每册教材,乃至整套教材也是相互联系的。因此,教师如果只是用教哪课就备哪课的备课方式,就无法整体把握每册教材的内在逻辑关系,更无法把握整套教材的内在逻辑关系。这样的备课方式往往会使教师处于被动的地位,是无法提高教学能力和教学水平的。为此,笔者认为只有从整体上来认真钻研每一册教材,明确每一册教材内容的内在逻辑关系以及教学的重点、难点,才能从整体上准确把握教材。

三、从部分到整体研究教材的一课和一框内容

上教版《思想品德》教材一般每册分为四课,每课内有三到四个框的教学要点。从整体的角度来看,这些框中的教学要点都是属于每课乃至每册教材中的"部分"。正是由于有了这些"部分",才组合成了每一课的教学内容乃至每册教材的内容框架。因此,教师在备课时,不仅要把握整套教材和每册教材的内在逻辑关系,同时也要扎扎实实地深入研究每一框的教学要点。

以八年级上册第四课《交通安全牵系万家》为例,共有三个框:第一框"交通是现代社会的血脉",第二框"交通安全需要道德规范",第三框"严格遵守交通法规"。笔者在工作中曾遇到一些教师由于对该课中的每一框教学要点,没有作深入、细致的研究,因此认为遵守交通法规方面的内容在幼儿园、小学阶段就已经教过了,现在初中八年级教材再来讲这个,似乎太浅了。若教师能从整体的角度来分析这三框的教学要点,就会发现本课第一框一方面是为了引导学生领悟改革开放以来,上海交通建设取得的辉煌成就和上海追求卓越、服务全国、走向世界的城市精神,激发学生爱家乡、爱祖国的情感;另一方面是为了引导学生从上海城市交

通和对外交通突飞猛进的发展,领悟增强道路交通安全意识,自觉遵守交通法规和相关的道德规范的必要性和重要性;第二框着重引导学生认识,为了保障道路交通安全畅通,必须自觉遵守道德规范;第三框着重引导学生在维护交通秩序道德规范的基础上,自觉遵守法律规范。这一课中的三框内容主要是引导学生领悟自觉遵守交通法规的重要意义,认识到交通法规是人们生命安全的可靠保证,以及领悟严格遵守交通法规必须达到的基本要求。显然这三框的教学要点是符合初中学生的认知水平,且远高于幼儿园和小学阶段学生的认知水平。

教师在钻研每一框的教学要点时,要时时关注这些教学要点与每课之间的关系,以及与每册教材之间的关系,乃至整套教材之间的关系。唯有始终从整体的角度来分析、钻研教材,才会提高课堂教学的有效性。

四、重视教材每一课中各个栏目的研究

从每一课的角度来看,每课设置中的许多活动栏目都是属于"部分"。如上教版《思想品德》教材中设置了许多教学栏目,有操作平台、知识窗、阅读与思考、相关链接、学习训练园地等,这些栏目都是为了增强课本活力、激励学生学习积极性、提高教学实效的重要内容。有些教师在备课中,不重视教材中的这些"部分",有的干脆跳过不指导学生进行活动。笔者认为各课的栏目都是课本"说理"部分的重要支撑,是构成课文的重要组成部分。忽视栏目研究也会影响教师整体把握教材的内容。因此,我们不能把各种栏目视作课本的"附件",只是为课本"润色",即不能忽略这些"部分",而要把各种栏目的设置视为教学过程必要环节,是组成课文整体的一个有机统一体。因此,教师在教学中若能很好地利用这些栏目,就能使课堂获得"教学生命",同时也可使课本更具有活力和吸引力。

五、结束语

新课程改革已开展了十多年的时间,新的教育理念也引进了不少。作为哲学范畴的整体与部分的观察、分析事物的方式,思想品德课教师应该灵活地运用到教学中去,以此不断地来提高教学水平和教学的有效性。

不忘初心，砥砺前行，培育德育魅力教师①

——上海市初中思想品德学科德育实训基地第二期小结

　　和煦的阳光抚育鲜花开放，温润的春雨滋养万物生长。上海市初中思想品德学科德育实训基地沐浴着和煦的阳光，滋润着每一位导师和学员的心田。时间飞逝，一眨眼，基地又一届学员毕业了。上海市初中思想品德学科德育实训基地第二期由来自各区的17名学科骨干教师组成，从2015年3月26日至2017年12月，经历三年实训，他们在基地导师团的引领下，和乐共生，形成了一个相互关怀、团结向上的学习共同体。看到学员们一年比一年优秀，一年比一年成熟，一年比一年有魅力，我真的非常开心，非常骄傲！

　　上海市初中思想品德学科德育实训基地是上海市中小学德育实训基地之一，它旨在通过名师引领和三年的实训，培养一批师德修养高、专业基础实、教学理念新、育德能力强、实践特色明、孵化效果好，善于发挥思想品德学科的育人价值，在上海具有一定知名度的初中思想品德学科中青年骨干教师。

　　初中思想品德课作为初中德育的主导渠道、德育的显性课程，在学生核心素养培养方面的基础功能和重要地位是毋庸置疑的。要想取得实效，课程必须充满魅力，像阳光春雨那样滋润学生的心灵。而要使思想品德课充满魅力，关键在于任课教师要真心实意地信德育、爱德育、专德育。

　　德育实训基地还是新生事物，没有现成的模式可以照搬，必须要有先行者，要有探路者。回顾走过的历程，我们注重实训的系统设计，精心架设课程的顶层架构，设计系列课程，采用"理论学习、教学实践、自我研修、外出学习"四大课程学习模块，重点提升"五大核心专业素养"，即基于价值引领的课堂教学设计与实施能力、基于有效教学的反思与改进能力、基于课标研究的教学论文撰写能力、基于道德思辨的人文素养提升能力、基于问题解决的网络研修课程设计能力，着力于培

---

① 作者：秦红，徐汇区教育学院。本文写于2018年。

养具有专业视角的研究型思想品德教师。另外,为充分利用各种资源,助推教师专业成长,我们重视资源的有效统整,促使人力资源(专家、校长、教师、学生),物质资源(影视、图书)、信息资源(网络、技术)等为我们所用。如,市级的一些学科教学方面的教研活动成为我们课程资源不可或缺的一部分,大学的毕业生成为我们实战互动的资源。正如凯文·凯利所说:把最不可能共享的资源实践共享,这就是未来最大的机会。我们要说,不是未来,而是现在最大的机会。

反思二期实训和一期实训的不同,感觉二期实训在如下方面促进了教师们的专业提升。

一、更坚定教书育人的价值理念

(一) 专家引领树榜样

"欲穷千里目,更上一层楼。"德育的魅力离不开广阔的眼界。德育教师只有站位高、眼界宽,才能高屋建瓴,把握德育的规律,更新教学的理念。基地为适应学员们开阔视野的需求,邀请多位专家为学员做报告。吴铎老师的《新中国德育课程回顾与展望》,吴永玲老师的《课标修订》,鲍贤清老师的《技术时代下教学形象创新》,胡惠闵教授的《教学研究的思路与框架》等,都让学员有如沐春风、耳目一新之感;黄向阳博士的《儿童欺负概念与判断》诙谐精彩、深入浅出,引发学员的深思;资深主持人晨光的《教师语言艺术》和上海大剧院的《听音聆乐话古典》的音乐讲座则给学员带来美的享受。学员们说,专家的报告给了他们当下最新、最前沿的理论知识,自己从专家身上领略了"为人、为师、为学"的大家风采。

(二) 学科教学立信念

教书育人是老师的天职,三尺讲台是老师的圣地。如何让思想品德课堂绽放生命的光彩? 作为德育骨干课程的老师,更加要具有立德树人的意识,具有较高的专业境界,要有厚实的马克思主义的基本常识、德育原理等理论功底。要了解每一课的德目,在教学过程中要有自觉引领学生树立社会主义核心价值观的责任感与使命感。要成为既脚踏实地又仰望天空,会感恩、会坚守、会教学,品德高尚、具有坚定理想信念的骨干教师。

二、更聚焦课堂教学的课改阵地

基地提出了"教学即研究,教材即案例,学生即资源"的教学理念,组织开展基于课标、教学及评价一致性的研究,促使学员基于课标,研究教材、了解学生,关注教育事件,科学把握教学规律,组织交流与研讨,在教学研讨与分享中迈向"魅力教师"。正如基地学员史霞老师所说:我们学会了基于学情和学科育人价值对课标、教材进行深入研究,通过精心设计教学促使教学更加有血有肉、贴近学生实际,提高了课堂实效,推进了学科育人价值的提升。

(一) 观摩交流增智慧

"问渠哪得清如许,为有源头活水来。"德育的魅力离不开智慧,而智慧产生于学习、交流和研讨之中。基地把观摩优质课作为一项重要内容,让学员走进各区一线优秀教师的课堂,从中感受到他们专业知识的精湛和严谨、课堂教学的温度和深度。由情入理,让体验与思辨自学习过程中构建;由理促情,让教育润心于无声之中。合作学习、体验感悟、榜样运用和微视频预学习等教学手段,都为学员们提供了可借鉴的经验。通过观摩、评议和专家点拨,学员在交流与融合中激活和丰富了原有的教学经历,产生了新的教育智慧。基地还组织学员先后赴崇明裕安中学、闵行莘松中学、平南小学等单位参观、考察和交流,汲取各家之长。特别是赴武汉参加全国中学德育课观摩展示活动,更是取得了"有益的真经",获得了智慧的共享。

(二) 切磋琢磨铸匠心

"纸上得来终觉浅,绝知此事须躬行。"学员们听了课,"取了经",也尝试借鉴别人的经验,改进自己的教学。为了能上好一堂观察课,担任执教的学员认真钻研、精心备课、熟悉教材、分析学情、设计活动,再加上同伴之间的相互切磋琢磨、磨课修改,使教学精彩纷呈。学员们从中体会到,德育的魅力离不开匠心。教师被称为"人类灵魂工程师",更要以工匠精神对待自己的每一堂课、每一项教育活动。基地以"一师一优课"互联网平台为载体,为基地学员们搭建了一个"教学即研究"的教学研究与展示平台,不断提升教学理念,传承与创新行之有效的教学模式。同时,我们积极发挥基地的示范辐射功能,组织优课巡游展示研讨,以"打磨优课—打造名师—建设课程"三部曲,推动了学科课程改革和教师的专业化提升。在上海市组织的2015—2016年度"一师一优课,一课一名师"评选活动中,我们17位学员全部参与,参与率达100%。最终有7节课入选部级、市级优课,有6节课在全国录像课评比中获奖。

三、更关注终身修炼的习惯养成

（一）书海漫游厚积淀

德育的魅力需要长期的积累，而读书是不可或缺的积累途径。"腹有诗书气自华"，基地为学员推荐了一批既富有哲理又饶有趣味的图书，让学员们选读。真可谓开卷有益、收获良多。读《你只是看起来很努力》让学员警醒，"没有计划的学习只是浪费时间，没有目标的努力只是自己骗自己"；读《好教育好人生》让学员释怀，想要拥有幸福圆满的人生，心态占百分之百，因为境由心生；读《如何控制自己的情绪》让学员顿悟，挫折推动你前进，使命感会让你的快乐超越痛苦与压力。读一本好书，就像是接受了一次心灵的洗礼。

（二）教学总结铸风格

外因是变化的条件，内因是变化的根据，要让自己的思想品德课充满魅力，关键在于不断完善自己的知识结构，把自己感性的经验提升到理性的思考和规律的总结，提升自己的综合素养。为此，基地十分重视学员的反思，不断总结提炼自己的教学经验，形成独特的教学风格。如史霞的"幽默风趣，以情动人"，林征的"高效深刻，扎实自然"，平晨的"道而弗牵，开而弗达"，张强的"理性大气，智情并重"，黄慧的"质朴无华，寓情于理"，沈慧芳的"亲切随和，寓教于乐"，张毅君的"情真意切，动人心弦"，赵培的"借事说理，生动形象"，吴波的"教学严谨，教态亲和"，漆文笈的"平等和谐，简朴真实"，韩海平的"温情质朴，心灵融合"，康望晶的"思维缜密，循循善诱"，高松的"机智诙谐，妙语连珠"，陆晓晖的"以理服人，以情感人"，汪金凤的"关注生本，逻辑清晰"，张杨的"声情并茂，深入浅出"，范志英的"源于生活，条理清晰"。

四、更注重问题研究的能力提升

（一）论文撰写练内功

论文撰写能力是一位魅力教师的基本功。学员在教学中要具有研究意识，研究中要敢于直面问题，勇于探索实践、寻求出路，善于总结反思、提炼经验。三年中，基地请专家"一对一"地对学员开展科研、撰写论文指导，促使学员从选题到内容，从结构到逻辑都有了较大提升。于是《回归生活本真，打造灵动课堂》《让学生抬起头来上思想品德课》《践行赏识教育的实践与反思》《基于课程标准的教学评一致性研究》……一篇篇科研论文诞生,它们都是学员们深思熟虑的研究成果,也是参加培训后交出的答卷。

（二）课程建设强素养

为积极探索和总结学科育人价值实现的经验和规律,充分发挥基地的示范辐射功能,基地组织学员与导师共同开发与建设高质量的课程资源,以增强基地实训的专业性和实效性。

我们开展了上海市初中思想品德学科资源库建设,以优课为模板,构建资源树。我们为每一课配备了共建共享的优质资源包,主要包含四方面的内容:(1)教学设计,(2)视频录像课,(3)积件(背景材料),(4)教学PPT。我们还组织了全市骨干教师资源包的征集活动,完成了全市初中思想品德学科的资源更新与完善。基于教师专业发展诉求,三年中,我们依托大学资源组织大学教授与基地学员联合开发了具有基础性的六门原理性教师网络研训课程及完成了具有前瞻性的四门教材教法教师网络研训课程建设。

三年的培训,让学员收获丰硕。但学员们深知,魅力德育不可能一蹴而就。学员们在小结里说得好:基地的结业也是新的起点,希望自己在探索教育本质的路上,继续努力做个温暖的教育者、自觉的反思者、包容的合作者,志存高远,砥砺前行。也正如华东师大教授、教材主编、基地导师吴铎教授所说:基地是教师培训的有效平台,我们的基地有坚守岗位、恪尽职守、研训结合、探索创新的优秀的主持人和专家团队,有珍惜机会、自主参与、善于交流、取长补短的优秀的学员集体。

时间流逝,我们在感谢、欣喜的同时,还在感叹教改步伐的匆匆,感叹教改带给我们的机遇与挑战。2018年,我们基地又承担了市教委德育处委托的"道德与法治研究中心"的项目。新的三期基地即将起航,我们将以此为载体,承前启后,不忘初心,砥砺前行! 基地也将带领大家登上新的平台。

魅力德育在路上……

关于思想政治教育专业师范生能力培养的思考①

百年大计，教育为本；教育大计，教师为本。2019 年中共中央办公厅、国务院办公厅印发的《关于深化新时代学校思想政治理论课改革创新的若干意见》强调，要加快壮大学校思政课教师队伍，切实提高思政课教师综合素质，大力加强思政课教师队伍后备人才培养工作。中小学课程教材改革、教学方法改革、教学手段的现代化都要靠教师实施，对教师的政治思想素质、科学文化素质、教育教学能力提出了新的要求。

师范大学思想政治教育专业承担着培养中学思想政治教师后备力量的重要任务，是提升思想政治教师队伍素质的重要渠道。推动师范本科教育的改革，在着力提升师范生思想政治素质的同时，不断提升教师专业能力，对于促进基础教育改革、提高教育质量具有重要意义。

传统的思想政治教育专业，其教学形式和教学方法存在重知识轻能力、重理论轻实践、重教师轻学生的"三重三轻"格局，培养出来的师范生难以适应基础教育改革的需要。因此，师范大学思政教育专业必须重新确定的改革目标是：适应基础教育教学改革发展的需要，在优化课程设置和强化基础理论教育的同时，注重师范生教育教学能力、科学研究能力和社会实践能力的开发，引导他们用学到的知识来分析和解决教学改革中的现实问题，从而培养出素质高、能力强的中学政治教师。

作为新时期中学政治教师的后备力量，思想政治教育专业的师范生，其能力结构必须是三重能力的统一，即教育教学能力、科学研究能力和社会实践能力的统一。作为一名思想政治课教师，必须具备良好的课堂教育教学能力，同时中学政治教师需要引导学生进入社会、了解社会，其本身的社会实践能力是极为重要的。如果教师不善于了解社会，就难以对各种社会现象作出理论的分析，而且教

① 作者：晁玉玲，上海师范大学。本文写于 2020 年。

师不善于进入社会、了解社会,怎样承担起让学生"学会生存"的使命呢？在教育教学实践中,教师需要及时积累教育教学经验,如果缺乏科研能力,就只能对教学经验作出表象的评价,难以自觉提升教育教学水平。以上三种能力的目标和要求虽各有侧重,但是每一种能力都要以另外两种能力为基础,缺少哪一个都不行,三者是一个完整的统一体。

促进思政教育专业师范生三重能力的培养是一个系统工程,需要注重其操作过程中的系统化和实效性,上海师大思想政治教育专业对此作了有益的探索。

首先,就思政专业师范生科研能力的培养而言,文科学生的基本功是社会科学研究能力,即用已经掌握的专业基础知识来剖析社会现实矛盾,并对之作出科学阐述以揭示其运作的基本规律的能力。一般情况下,文科学生的科研能力由下述一些基本要素组成:(1)专业基础知识的掌握和应用能力,它是对现实问题作出理论分析的依据。中学思想政治课的内容虽然属于"常识"性的,却具有跨学科的特征,涉及政治、经济、哲学、法律、伦理道德、心理以及文化教育乃至自然科学等诸多方面,这就需要教师具备相应的知识储备和科研能力。(2)相关资料的收集和组合、取舍能力。(3)对现实问题的分析能力,即对社会现象作出科学解释的能力。

师范生的科研能力是由一系列相关能力构成的,因此对他们的培养也必须通过一个系列工程有目的、有步骤、循序渐进地进行。上师大思政专业师范生科研能力培养的系统课程是:一年级,以大学生学习方法为主线,着重培养学生的获得性能力。开设"大学生学习方法"课程,主要帮助刚进大学门的一年级学生完成学习方法、学习心境和学习能力的转轨,以使他们较快地适应大学的学习要求。二年级,以专业课带读书笔记,读懂原著,尝试用基本理论来分析和说明一个或两个实际问题。这一阶段的教学特别注重引导学生正确地把握原著的内容和要领,同时增强对社会现实问题的敏感度。此阶段重点不在于学会写作,而在于强化理论和实践的结合,以培养学生的逻辑分析力、矛盾思辨力和现实观察力。三年级,以专题学术讨论课带学年论文。开设学术讨论课,即学生在已学习的各门专业理论课程中任选一门,将本学科当前的热点问题作为讨论专题,展开讨论。在讨论课的基础上,学生再选择自己的研究方向,撰写学年论文。学年论文写作除了培养写作基本能力以外,还要培养学生在收集相关学术研究成果基础上的创新能力,以及动用知识系统解决现实问题的能力。四年级,毕业论文的撰写,这实际上是对大学阶段所培养能力的综合应用与发展。

其次,就学生社会实践能力的培养而言,社会科学是研究社会运行及其内在规律的科学,因此,思政专业的师范生必须具备进入社会、了解社会、研究社会的能力。思想政治课教育由于涉及社会政治、经济、文化各个方面,因而教师更应注重对社会各种现实问题、热点问题及各种社会矛盾进行考察和研究,这样才能使教学活动贴近社会,贴近生活。由此,"社会调查理论和方法"就成为思政专业的必修课程,这不仅仅是理论上"必修",更是培养社会实践能力的必修课。社会调查实践活动分为四种类型:专业调查、社会考察、专题调查和市场调研。其中,专业调查注重引导学生学会如何从实例的分析中说明理论问题,如哲学教育结合历史唯物主义内容考察上海金山石化总厂的历史变迁,政治学教学组织学生对区、街道政府机构进行调查等。这类调查增加了学生的感性认识,从而加深了理论学习深度。社会考察主要由学生自己选题、组织、联系、调查和总结,如关于金山综合改革成果调查、崇明经济思想考察等,这类调查实际上使学生学会如何分析社会,并从理论角度分析社会矛盾。专题调查则要求学生学会设计调查表格和提纲,从多种信息数据中找出可供分析的素材。如"一期课改"期间,组织学生对上海各区整体改革试点中学进行了"上海市教育改革的现状及其对师资培养的要求"的调查,着重调查了中学三个板块课程形式(必修课、选修课、活动课)对师资培养的要求:对必修课调查,了解了新教材对教师知识储备的要求;对选修课调查,了解知识结构宽度方面对师资的要求;对活动课的调查,了解到在技能、特长方面对师资的要求。市场调研则帮助学生学会如何理性地走进市场,研究市场运作的基本规律。社会调查课程的实行,对于培养学生走进社会、了解社会以及提高对各种现实问题进行理论研究的能力起到了较好的作用。

再次,关于中学德育实践能力的培养。2004 年《中共中央国务院关于进一步加强和改进未成年人思想道德建设的若干意见》要求,积极改进中小学思想品德、思想政治课教学方法和形式,采用未成年人喜闻乐见、生动活泼的方式进行教学,把传授知识同陶冶情操、养成良好的行为习惯结合起来,并要求积极探索实践教学和学生参加社会实践、社区服务的有效机制,建立科学的学生思想道德行为综合考评制度。随着中学课程教材改革的发展,中学思想品德和思想政治课程在教学内容、教学方法、教学形式诸方面都发生了巨大的变化。仅从课程设置而言,"一期课改"期间,由原先单一的课堂灌输向"三课教育"(基础课、选修课、活动课)转轨。"二期课改"期间,课程设置发展为:基础型课程、拓展型课程、探究(研究)型课程、时事政治教育课。由此,师范生的教育教学能力如果仅仅局限于课堂教学是绝对不够的,这就要求高师教育必须作相应的调整和变动。再从师范生本身特点来分析,其中有的学生虽然选择了教师职业,进了师范专业,但专业思想并不牢固;有的学生渴望当好一名老师,但为人师表的涵养和相关素质却较差,想完善自己,而又无从着手。虽然在大学四年级有教育实习,但是为时已晚,且为时较短。即使发现了不足,也难以弥补。为此,上师大思政教育专业尝试设置了"中学德育实践"这样一门课程,它主要是帮助师范生尽早地进入中学,了解中学思想品德和思想政治教育实际情况,培养师范生组织各类德育活动和对中学生做思想工作的能力。

中学德育实践课开设在本科三年级,每个师范生深入一个中学教学班,根据中学德育教学大纲和所在中学德育计划,在中学班主任的指导下组织各类活动和系列讲座,并学习做中学生的思想工作。该课程经过不断的探索和总结,目前已发展为每周两课时、为期一学年的必修课程,并将《中学德育理论和实践》一书作为教材。

为了促使德育实践课更规范有序,在具体管理中形成了两个保障系统:一是系领导定期与中学校长、教导主任和班主任沟通,使中学德育实践课受到相应的中学和大学两方面的关心和帮助;二是对下到中学的师范生实施规范管理,由教学法教研室组织、指导,以小组为活动单位,做到定点、定人、定岗。中学德育实践课使师范生体会到"初为人师"的光荣、辛苦和责任,激发了他们的使命感、奋发感和自我完善感,这种感觉、感情在大学课堂里是培养不出来的。实践证明,中学德育实践是培养合格中学政治教师的有效途径。

由于能力培养工程的顺利实施,近几年毕业的大学生普遍受到中学的欢迎。中学领导和带教老师反映,他们与过去大学生相比有三个明显进步:一是职业适应期短,不像新老师,而是好像已有一两年教龄的教师;二是工作能力强,组织能力强,比较受学生欢迎;三是专业思想稳定,具有敬业精神,工作中能吃苦耐劳,有上进心。部分没有进入教育单位而到其他部门任职的毕业生,由于适应能力强、工作主动,也受到用人单位的欢迎。由此可见,思政专业师范生三重能力培养工程的实施取得了积极的效果。

第六篇

编者园地

一　本篇综述

中学思想政治课建设的一项基础工作,是课程标准的制定、教材和相关参考资料的编撰和出版。承担这项基础工作的主要有三支队伍,分别是教学研究队伍、教材编撰队伍、课程标准和教材编辑出版队伍,可以统称为"编者"。改革开放40多年来,这三支队伍新老交接、承前启后,几代人付出了辛劳。从最初制定思想政治课教学大纲,过渡到制定、修改完善课程标准,再到编撰、出版教材,都彰显了这支"编者"队伍遵循党的教育方针,为培养一代又一代青少年而勇挑重担、兢兢业业的工作精神。

"一期课改""二期课改"期间编撰和出版的课程标准和教材,是他们工作的主要成果。同时,在数十年的工作过程中,他们还开展了一些关于课程建设、相关学术问题的研究,撰写了一批研究文稿;还有大量切磋编撰工作的通信,以及回顾、总结编撰工作经验、感悟的文章。这些可以说是课程标准和教材建设的"副产品",而这些"副产品"却从一个比较具体的层面留下了课程建设的轨迹。尤其从回顾、总结课程建设工作经验教训的视角来看,这些"副产品"还有着特定的价值,让我们看到了课程建设更开阔的画面。

二　编者心声

教育者先受教育。编者队伍其实也是一支教育者的队伍,他们为教育工作生产所需要的教育产品和教育资料,而在这一长期过程中,他们特别注重自身修养的提高,不断地努力学习,围绕工作开展各项研究,在思想上、专业上不断进步,取得了丰硕的成果。

习近平总书记殷切要求政治教师"政治要强","要让有信仰的人讲政治"。编者们深切体会到,编撰出版思想政治教材,首先自身思想上、政治上要强,要深入学习、领悟和把握党和国家的路线、方针、政策;要自觉加强自身的修养,忠诚于党、国家和人民的伟大事业,确立坚定的信仰。努力学习马克思主义、毛泽东思想,学习邓小平理论、"三个代表"重要思想、科学发展观,学习习近平新时代中国特色社会主义思想,学习历次党代表大会的重要文件和党的重大方针政策,是编者队伍的必修科目,也是日常工作的基本内容。

思想政治课的内容虽然属于"常识"性的,却具有跨学科的特征,涉及政治、经济、哲学、法律、伦理道德、心理素质以及文化教育乃至自然科学等诸多方面。这一特征对于编者队伍提出了加强业务学习的要求。他们在编撰和出版工作中,坚持专业学习,不断向能者求教,向书本求教,甚至为了一个专业方面的具体问题投入巨大精力,广泛收集资料,进行深入研究,写出专题论文。编撰工作成为一种特殊的学习和研究平台,促进了编撰队伍专业成长和提高,创造了提高教材质量的基础和必要条件。

编撰队伍虽然几经代际传承,却有一个共同的特点,就是"兼职"。从课程建设和教材编撰的视角看,他们是"专职"的,有的前后几十年来都从事这项事业;而从职业岗位的视角看,他们又各有自己的本职工作,多数人在大学担任教学任务,有的在中学担任教学任务,有的担任教研任务,其中还有一部分兼任党政领导工作。因此,他们在工作中长期处于"双肩挑"的状态。怎么处理好由于"双肩挑"而产生的时间、精力、工作质量的矛盾,成为他们生活的必答题。由于几乎天天、月月、年年如此,也就成了生活的常态。这种常态,练就了这样一支特殊的专业队伍:他们将本职工作和教材编撰工作紧密结合,使其相辅相成,从而实现教材和自身成长的双丰收。

编者虽然共同从事着编撰工作,许多时候需要集中讨论切磋、分析研究,但多数时间他们是分散在各自所属单位。即使开展编撰工作,也是按照分工分别进行的。由于业务和工作上需要商量、讨论的情况比较多,于是"通信"便成为互相沟通的最有效途径。多年来,编者之间、编者与出版社责任编辑之间,保留了大量编者通信。通过这些通信,可以窥见教材编撰和出版过程的一些生动、具体的细节。

三　编者与读者互动

课程和教材建设包括教材的编撰出版和使用两个方面。编撰出版是编者的任务,而使用者则主要是教学第一线的教师和学生,他们是教材的读者。

无论在"一期课改"还是"二期课改"期间,编者都听到、收到了读者对教材和教学参考资料编撰、出版工作方面的许多反馈。这些反馈中有肯定,更多的是建议、质疑或批评。无论是肯定还是批评、建议,对于编者来说都是推进课程和教材建设的一种动力,能促进编者深入思考、开阔思路、专研业务、精益求精,将工作做得更好。许多编者为了准确回应读者的反馈,认真学习,深入思考,并做了大量的调查、研究工作,以短信甚至长篇论述的方式回答读者。在长期的互动过程中,编者和读者之间留下了大量通信。这些通信既保存了编者与读者的共同心声,也从一个侧面反映了课程和教材建设的轨迹,成为回眸和研究课程和教材建设的一份难得的资料。

✳ 本篇文选

编 而 有 思①

在一个人的职业生涯中,如果能有幸参与一项颇有里程碑意义的育人工程,并在其间有机会审视和反思以往定式于头脑中的一些思想和理念,"破茧化蝶",那么无疑会赋予自己的职业生涯以新的价值。经历上海市中小学课程教材改革一、二期工程就是这样一个极好机会。

在陆陆续续长达几十年的教材"编写—使用—修改—再使用—再修改"过程中,每逢大的撰修节点,"如何调准教材编写维度""怎样把价值观的教育融进教材""教材编写的终极价值指向究竟是什么"等几个元认知层面上的问题都会跳出来要你思考,促你作出调整。以下内容借助参加"二期课改"高一思想政治教材编撰工作来予以阐述。

思考一:三维度合一构建教材内容,其核心应该如何体现?

以"社会需要、学生成长需要、学科知识体系"三维度合一来构建教材内容,这一理念发轫于"一期课改",成熟于"二期课改"。也许是本人孤陋寡闻,以往的中学政治教材编写很少讨论这类理念问题。它能作为课改的先导理念之一,其重要意义自不必说。在这里,"社会需要"要求的是一种政治逻辑,体现国家意志;"学科知识体系"要求的是知识逻辑,体现知识网络中的内在秩序;"学生成长需要"则要求的是生活逻辑,体现学生成长中的各类规律性。

---

① 作者:尹城乡,华东师范大学。本文写于 2020 年。

　　三维度合一,核心是什么? 前期的研究给出了结论,亦即"以学生为本"。以学生为本,将其作为构建教材内容的起点和归宿点,使三个维度在"以学生为本"的基础上达到合一。这一概括体现了对三维度合一理念的要义及核心的准确把握,它的真正实现至少需要解决这样几个问题:

　　其一,三种逻辑之间关系如何处理。"三维度合一"不是简单地寻求三者的"交集区域",而是要在"交集区域"内将政治逻辑有机地转化为学生的生活逻辑,使之与学生学习的内在需要真实地联系起来;学科知识的系统性也需重新建构,使之适切于学生认知与操练的可行性。依据"三维度合一,学生为本"设计的教材内容,其理想状态为:政治逻辑与知识逻辑蕴含其中,全部内容清晰展现出来的是对学生生活逻辑的遵从。在坚持国家意志和体现学科知识逻辑的同时,有更多对学生需要的关照,教育内容与学习主体之间的适切度才能真正提高。多年来,对高一思想政治课经济常识内容几次较大的调整及修改,很多时候是在斟酌这件事。例如,要帮助学生理解和认同按劳分配在现阶段我国基本分配制度中居主体地位这一知识点,如何阐释其具有客观必然性至为重要。传统经济学论证这一论点时有几个分论点,其中之一即它是由社会主义公有制决定的。应该说,在公有制形式单一且大一统的年代,这种说法基本可以成立,但拿到市场经济体制已经健全、各种经济成分共同发展、公有制普遍以混合所有制形式存在的今天,教材仍沿用此论点显然已不合适。最后教材选择的角度是:在社会主义条件下,绝大多数人主要通过自己的劳动为社会创造财富并根据劳动的质量和数量获得报酬。由此展开的论述,逻辑自洽,政治正确,同时又是基于学生的生活经验和认知水平的,体现了三维度的有机统一。

　　其二,教材内容的取舍如何兼顾必要性与可能性。在确定某一教材内容是否为学生成长所需要时,不应只强调它对学生成长的必要性,而应从教育的必要性与教育的可能性相统一的角度来把握和确定它。对学生而言,当一种教育内容不仅是他们成长所必须学习的,而且是他们心智发展水平和生活经验所能够接受的时候,这一教育内容才能转化为学生的现实的需要。因此,教材内容的设计应充分、细致、深入地研究学生的思维特点、学习心理、认知基础、生活经验等因素,把每一特定的经济教育内容及其呈现方式与由这些因素所构成的"接受的可能性"作对应性衔接,使前者服从后者。如果体现社会需要的政治逻辑和体现学科体系的知识逻辑与学生的生活逻辑之间关系不协调,前两者偏离学生学习和接受的可能性,从某种意义上讲,这样的内容再好,也可能成为一种"伪存在"。在编写货币政策工具内容时就碰到了这样的选择。按理说,宏观货币政策工具是一个完整的体系,现实中存款准备金制、公开市场业务和央行贴现率三者经常被配合使用,因此把它们作为知识点一一介绍给学生是必要的,但相对于高一学生的生活经验和认知能力,这又显然偏难。斟酌再三,最终把学生比较容易理解的存款准备金制及其运作机理的内容置于教材正文部分,公开市场业务和央行贴现率的内容则安放在小栏目"知识窗"里,学与不学,抑或如何学,让教师和学生根据学情自行选择。这也算体现了必要性和可能性两者的兼顾吧。

其三,如何在教材中为学生创设自主学习空间。一般认为,为学生创设自主学习空间应该是执教者教学设计的责任,教材很难做到这一点。实则不然,好的教材同样可以在这方面有所作为。要使教材真正成为学生乐于进入的思维园地,首先需要把与学生经济生活相关联的情境和问题置为教材内容背景,以其背景内容的真实性与亲近性唤起学生自主学习欲望。例如,编写市场与市场机制内容,如果按何为市场、现代市场特征、市场交易原则、市场运作机制等一路写下来,逻辑固然严密,但是留给学生起惑、求解的思维空间可能就较为狭窄了。教材最终的处理方法是:图文结合展示大型超市的交易场景,然后引出问题"琳琅满目的商品是如何借助一只无形之手从全国甚至世界各地汇聚于此把供求连接起来的?",试图以此激发学生思维。遗憾的是,之后正文内容的逻辑排序基本如前所述。如果能接着所提问题直接进入市场运作机制内容,而后再来解决市场内涵、特征、交易原则等内容,学生自主学习空间也许会更大。其次需要借助多元呈现手段来提升教材版面的活泼性与教材内容的弹性,使学生乐于与文本之间产生对话、互动。教材内容的呈现一般主要借助文字手段,此外图表、图片等手段也是教育内容得以生动呈现所必不可少的。而文字手段的使用又有多种具体样式。除必要的文字陈述,还可用设置问题、提出建议、设计经济运算等形式来使用。从"一期课改"到"二期课改",教材在如何多样化地使用文字手段引导学生积极思维方面进行了尝试,版面也由此变得生动起来。不过,与国外一些相类教材相比,我们的教材编写对图片、图表这一类能直观达意的手段运用还是稍显不足。

思考二:如何把价值观教育有效融入教材?

从课程设置目的看,经济常识内容划归为大德育范畴,承载价值观教育任务,因而教材必须具有价值观融入特征。这一特征并非中国独有，但我们的教材表达的是国家意志，表现为对国家意志的坚守，理当更加凸显。如何真正有效地把价值观教育融入教材，是课改过程中教材编写者一直以来的苦心追求。

对此反思有三：

其一，如何视内容的不同采用不同融入路径。价值观教育基本可以分为两类：第一类是从教材内容中有机生发出来、又建立于学生生活经验之上的，比如从家庭收入来源与家庭开支内容引发出来的理性消费、勤俭节约的教育，从国家财政收支内容引发出来的公民依法纳税的教育，从市场经济的特征引发出来的诚实守信、锐意进取的教育等。它们具有显性特征，会作为教学要点直接诉诸文字编排于教材中，成为整个内容不可或缺的组成部分。第二类是与教材内容有一定关联性，但与学生的生活经验或与他们的实际感受有较大距离的内容，比如关于现阶段我国基本经济制度和分配制度优越性的价值观教育等可以归入这一类。此类内容一般不宜直接以价值评判的语言进入教材，其价值教育应该体现在对客体对象的客观必然性以及合理性的阐释上，而不是简单进行价值肯定或者价值否定。事实上，经由此路径进行的价值观教育，对我们所希望的学生信念的形成及理性观点的达成，可能更加有效。

其二，如何使价值融入更具自然性。此问题具体分两种情况。一种情况是，教材内容纯粹是对客观经济现象的描述，内容本身无价值倾向，价值观的渗透要由教师和学生共同自然地附加上去。编写者的任务，就是要在教材中提出能引发思考的问题。另一种情况是，根据已有的生活经验和价值判断能力，学生对教材内容已有一定的价值倾向，但是教材内容的设计还是从客观的描述开始，价值判断是最后有理有据地自然得出的。这样来处理客观性的内容与主观性的价值判断之间的关系，确实是实现价值观融入的一种更为高明的做法。

其三，如何把握好价值融入的度。笔者曾经有意识地询问过几位高中学生对高中政治教材的看法，"大道理讲得太多了"几乎是他们共有的评价。作为教材参编者，本人的一个愿望就是，师生们乐于接受教材中价值教育的呈现方式，信服价值评判所作的结论，同时感受到这种教育是恰如其分的。确实，经济学的价值观不完全等同于伦理学的价值观，经济常识的价值观教育不能像一般的道德教育那样无处不在。它的价值融入应该是适度、有分寸的。对曾经视价值教育"多多益善"的本人而言，保持这份警觉尤为重要。

把握好价值融入的度需要坚持两点。一是教材中应尽量避免出现跨层级的价值评判。例如,在介绍市场调节与宏观调控的内容之后,教材一般会出现类似"坚持市场调节与必要的宏观调控是我国经济健康发展的重要保证"的价值评判,这个层级的价值评判是教材自身的重要内容,不可或缺。但如果在此之后又有类似"只有坚持中国特色社会主义制度,有形之手与无形之手才能更好地合力推动经济社会发展"这样的价值评判,则是跨层级了。这样的评判本身正确,但并非此处要讨论的问题,所以应该避免出现。二是教材中应尽量避免出现看似与知识点相关实则关系牵强的价值观教育。比如,在社会主义生产目的怎样实现的内容中安插社会积累重要性的教育,在合理消费的内容中安插艰苦奋斗的教育等,就较为牵强,都是可以商榷拿走的。这样的"减法"换角度看,就是为价值观教育的"应有之义"部分做"加法",使之得到更为充分的存在空间。

思考三:教材编写的终极价值指向如何体现?

经济教育内容的设计和编排,是否需要有一个清晰的终极价值指向?如果需要的话,那它应该是什么?本人对第一个问题持肯定态度,终极价值指向是教材参编者前行中最亮的那盏灯。本人所理解的终极价值指向,是指贯穿于教材内容中的根本精神,是指这些内容旨在让学生成为怎样的人。上海市"二期课改"认定的高中政治学科核心素养"政治认同、科学精神、法治意识、公共参与",可视为对此所作出的概括,是教学内容设计与编排的主旨。教材的责任,是将这一高度抽象的概括转化为能够进行教学操作的具体内容。

以学科核心素养的培育作为经济教育内容终极价值指向,至少应该体现在这样几个方面:

第一,经济教育内容注重引导学生辩证认识宏观经济层面的一些基本问题。经以历史与逻辑相统一的编排方式,使学生对我国社会主义现阶段基本制度经济制度的合理性、政府宏观经济调控的必要性、经济增长方式转变的迫切性、产业结构及就业结构变动的一般趋势等问题形成比较理性的认识,进而达成情感上的认同。这种比较阔大视野中产生的理性认识和正向情感,有利于学生责任担当、价值奉献的意识的培养,有利于学生在今后的社会经济活动中有更积极的行为取向。

第二,经济教育内容融有较为充分的现代市场经济所要求的道德与法治教育要素。现代市场经济条件下的经济活动本质上是人们之间的利益交换,要使市场交换带来的互惠互利赓续不断,人们的行为须得接受道德和法治的合力制约。要使学生懂得,拥有平等、诚信、进取等美德,恪守知法、尊法、守法之信念,才能成为经济活动中真正的赢家。把道德教育和法治教育因素有机融入经济教育内容中并使之具有吸引力,一直是教材编写者的追求。

第三,经济教育内容的设计着眼于学生经济生活中自主抉择、自我负责意识的培养。作为独立的个体,自主抉择自己的经济行为并为其结果负责,是现代公民意识在社会经济生活中最典型也是最基本的特征。设计教材内容时要考虑这一意识的有机渗透,使之成为贯穿经济教育内容的一种主导的价值取向。回望我们所编教材的一次次修改,这方面的进步可谓清晰可见。

第四,强化学生经济生活中理性判断、合理选择的技能训练。个体的选择是否合理可行,在相当大程度上取决于经济个体的经济活动能力。经济教育内容中应辟出足够大的空间,精心设计符合学生年龄特征的、学生乐于接受的各种经济分析方法的运用及操作技能的训练,使学生得到更多模拟学习的机会。

第五,着力引导学生对现代社会经济生活中具有普遍意义的行为方式、行为规则的认知和认同,并树立规避风险和防范危机的意识。经济教育内容中必须考虑融入两个相关理念,一是现代经济活动的效率建立在人们对市场规则和市场秩序的共识共遵基础之上,树立规则意识、自觉按规则行事,是参与社会经济活动并获成功的基本前提;二是市场经济这片大海时有风险,有时还可能发生危机,培养自己规避风险、防范危机的意识和能力非常重要。同时,教材中还应配有形式多样的相关的行为训练活动,使学生在自主体验中对规则的意义、风险的规避等有更深的感受和领悟。

让有信仰的人讲信仰

——参加思想政治课课改的一点回顾①

2019 年 3 月,习近平总书记在京主持召开学校思想政治理论课教师座谈会,会上发表了重要讲话,特别强调:政治教师政治要强,要让有信仰的人讲政治,善于从政治上看问题,在大是大非面前保持政治清醒。我觉得这是当好政治教师、也是当好一名思想政治课教材编写人员的关键之所在。回顾当年的政治教材,时时处处紧抓的无非是这"信仰"二字。

时间已经过去 30 多年,有些人与事已经记不上来了,有的也只留下了一点记忆的碎片。

我参加思想政治课教材的编写之初始,当在 1985 年。当时我的工作单位定下来了,开始之时是在《上海教育》当记者,一年后当了副主编。我常在上海和全国的报刊上写一点思想修养之类的文章,也写这类的书。记得在 1978 年由中国青年出版社出版了修养类读物《生命·事业·未来》,1981 年出版了修养类读物《立志·修身·读书》,1985 年出版了修养类读物《交友·处世·做人》。这三部书,在当时都还是有一定影响的。记得当时中央六部委办了个"张海迪展览会",在展览会的第一部分"在毛泽东思想阳光下成长"中,还专门说到了《生命·事业·未来》一书对张海迪成长的影响,还展出了该书的大幅书影。这使我很激动,看到了"信仰"的力量。也许是因为我那时写的不少书都是讲"信仰"的,而上级领导又有编写思想政治课教材的人应"有信仰"的观念,于是,我在毫无征兆的情况下被选中去研究当时的全国政治教材。我清楚地记得,我是跟着老资格的"教材人"吴铎先生去北京的。吴铎先生是当时全国名牌大学华东师大的党委副书记、著名教授,而我在这方面毫无经验可言。

到了北京,工作人员就郑重其事地给我们每人发了一本硬封面的"中华人民

---

① 作者:陈雪良,上海教育报刊总社。本文写于 2020 年。

共和国教育委员会聘书",我的聘书编号是"教中聘字第 0005 号",上面写着:"兹聘请陈雪良同志参加中学思想政治课改革实验教材编写工作,聘期三年。"聘书的签名人是"中华人民共和国国家教委副主任何东昌"。这份聘书我至今还保存着,成为一种特殊的岁月记忆。记得当时还发了点工作费,我用它买了件皮大衣,现在还在穿。受聘的除了上海的人员外,记得还有北京的人员。而当时一切都在初创,因此我们这些人实际上是去拟思想政治课实验教材的大纲的。大约是半个来月吧,大纲草就以后,我们也就回上海了。

大约是到了第二年,也就是 1986 年吧,中央有了"一纲多本"之决策。在文化教育领域,上海是领先的,于是就立马成立了"政治学科教材组",当时允许成立的地方政治学科组似乎只有五六个。我是第一批被吸收进学科组的。

就我们初中组来说,有华东师大政教系的杜东亮、尹城乡,有上海教育学院的史俊,他们都是政治专业出身的,且学有专长。还有政治教研员李炳忠以及课改办的联络员陈秋涛等人。他们对基层的情况很熟,这是个大优势。记得李炳忠能把长宁区的每一个政治教师的年龄、特长、政治教学情况如数家珍般说得一清二楚,这是了不起的。我是学历史的,学政治是"半路出家",实在有点难,但在老同志的鼓励下也不肯后人,进组后比较系统地学了马列主义的哲学、政治经济学和科学社会主义理论,一步步追了上去。好在后来我们初中组还来了熟读马列著作、理论素养很高的李春生。我是从上海教育报刊总社抽上来的,向这些学有所成的同志学得了不少东西。可见,当时的政治教材初中组的确是人才济济,最重要的是风气正,政治上强。我敢说,他们都是"有信仰的人"。

大约是因为比较努力,进入政治教材组后的第二年我被提拔为政治学科组副主编,聘书的颁发时间是"1990 年 2 月",签发人是当时的上海教委领导王生洪同志。聘书是这样写的:"兹聘请陈雪良同志为政治学科教材副主编,特授予此证。"我的工作实际上是帮助吴铎主编管理初中部分教材的编写。老实说,当时初中教材组中人才济济,我只是一个牵头人而已,在编写过程中我向各位学得的东西比我付出的要多得多。

根据《中学思想政治课改革实验大纲》,大约历时两年的努力,我们编出了一套实验性的教科书。初中一年级主要进行道德教育、人格教育、法制教育、纪律教育,定名为"公民",分上、下两册;初中二年级进行社会发展规律的教育,教材名为"社会发展简史",分上、下两册;考虑到相当部分学生初中毕业后会投入社会主义建设行列,因此初中三年级的教材名为"社会主义建设常识",也分上、下两册。当时提前一年在五个区县的十所学校进行试点,由相关区县的教育局教研室切实抓好这项工作,市教材组初中组的所有人员都到了实验教学的现场,进行现场观察和指导。这是很辛苦的事。我记得,如去郊县的话,当时半个月、一个月不回家是常有的事。到了1989年秋季开学的时候,征得中央有关部门同意,上海政治课实验新教材在上海市的所有中小学推广使用,同时还在武汉、南京等四省市使用,教材组的人员则继续下去听取各方的反响和意见。在以后的年月里,这套教材几乎年年都有小修小补。

教材编成之后,我们紧接着至少做了三方面的工作。第一,编了一套相应的教学辅导书,主要是给老师使用。一章一节对应着讲,讲思想观念,也讲知识点,讲得很细,当然也很实用。第二,由吴铎教授主编了一部《中学思想政治课手册》,宗旨很明确:"为广大教师掌握和使用中学思想政治课新大纲和新教材服务。"该《手册》中的伦理篇和法律篇,大致上可与初中教材中的《公民》相对应。该《手册》中的政治篇、经济篇又大致上可与初中教材中的《社会发展简史》和《社会主义建设常识》相对应。这本词典型的书籍对基层老师的教学起了很大的辅助作用。第三,开展适度的跨学科教学研讨活动。我记得在上海建平西校华城校区举行过一次"中学政、史、地跨学科教学研讨会",参加的人员有:建平西校一个班级的师生60余人,来自太仓、鄞州"名师班"政史地三学科的导师、顾问10人和骨干学员12人,华东师大政治教育系硕士生3人,上海市"双名工程"政史地学科基地学员13人,市教研室全体人员。主持人是市教研室副主任陈钟梁。主讲三人:华东师大地理系终身教授、中国地理协会名誉主席张超,报告题为"试论地理学科的前沿发展";华东师大历史系终身教授王家范,报告题为"如果没有对时政的洞察,历史教学就失去了活力";当时我第三个发言,题目是"国学即人学:传统文化与现代教育"。三人都是讲学科不能割裂,知识要融会贯通,才有利于学生的健康发展。这样的跨学科研讨会,我在"一期课改"期间至少参加了两三次。

"一期课改"结束后,我没有再参加"二期课改",但这并不等于说是割断了与政治学科组的联系。相反,与政治编写组的吴铎、李春生、吴永玲等许多朋友的联系还是极为密切的。我可以十分真心地说,政治组这个团体讲的是真心,在这里有信仰,也有人与人之间的温暖与爱。我有幸在这个团体中生活和工作了十年有

382

余。有一种说法是"人一走,茶就凉",在这里是"人走茶不凉",所以,我愿意还是到这个组来走走、看看,还愿意来做点力所能及的事。

新世纪到来的时候,我国的精神文明建设上了一个新台阶。2001年,党中央颁布《公民道德建设实施纲要》,要求实施"爱国守法,明礼诚信,团结友善,勤俭自强,敬业奉献"的20字公民道德规范。这样看来,单是在初一年级讲一点公民知识是不够的了。我与政治教材组一些同志一起开始编写《现代公民读本》,当时普陀区教育局也想干这件事,于是双方一拍即合,就达成了协议,把这事办了起来,编出了小学、初中、高中三种版本,都比较通俗、生动,学生爱读。

小学版《现代公民读本》共六课:第一课"出生证的寓意",第二课"读懂一个'爱'字",第三课"在学习中成长",第四课"改变世界一点点,我能",第五课"当你通过红绿灯的时候",第六课"我们同住地球村"。

初中版《现代公民读本》共八课:第一课"我们的共同名字叫公民",第二课"做一棵独立不倚的大树",第三课"追求社会生活的最大和谐",第四课"不要忘记你的承诺",第五课"献给陌生人的微笑",第六课"当你登上互联网的时候",第七课"学习,学习,再学习",第八课"做一个大写的人"。

高中版《现代公民读本》共六课:第一课"十八岁意味着什么",第二课"从国家'宪法日'说起",第三课"人人肩头都有一副法治的担子",第四课"守法诚信品自高",第五课"现代公民的风采",第六课"追求人生的崇高境界"。

三册公民读本,有共同之处。一是浅显易懂,都从生活讲起,从实际事例讲起,而整个的理论框架也还是站得住脚的。二是层层递进,给小学生讲"出生证",给初中生讲"陌生人",给高中生讲"十八岁",都是有针对性和有价值的。三是强调了公民的宪法意识,在每个时间段都讲宪法。这套书2012年5月在普陀教育学院举行首发式,教育学院院长杨杰主持,上海教育出版社党委书记朱明钰,上海市文明办未成年人教育处处长蔡伟民,吴铎、李春生教授出席,解放日报、文汇报、新闻日报、青年报、上海电视台参与采访,重视程度可见一斑。

2005年4月,国家教育部要求全面推动青少年廉洁教育和廉洁文化进校园。全国都在积极编写相关图书,华东师范大学出版社受命主持其事,李春生和我主编了《做人与廉洁》一书。这本书出版时注明"经上海市中小学教材审查委员会审查予以试验用","列入学校图书配备范畴"。正文有四课:第一课"清正廉洁,立身之本",第二课"以廉为荣,以贪为耻",第三课"自律自省,拒腐防变",第四课"人生正气,道德长城"。为广大青少年筑起思想上的精神长城,这是我们的心愿和光荣。

话又要回到原点上来,我们要让有信仰的人来讲信仰,也要让有信仰的人来写信仰——这就是我十年政治教材组工作获得的最真切的感悟。

编辑出版:思政课课程与教材建设的专业支持[①]

上海教育出版社政治编辑室成立于 1972 年,是一个兢兢业业、朝气蓬勃、能打硬仗、富有活力的集体,从成立伊始,就承担着打造上海中小学思想政治、思想品德教材产品生产线的重任。1988 年,上海作为教学改革实验区,开始进行中小学课程改革,要编写一套适合经济发达地区的中小学思政、思品教材,这套教材的编辑、出版任务就落实在上教社政治编辑室身上。由此,才有了"上教版思想政治教材"这个专有名词。1998 年起,上海启动"二期课改",编写了各学科的课程标准和各学科教材。"二期课改"中,各学科教材出版分担在各出版社之间有所变动,而思政、思品教材的编辑、出版任务仍由上教社政治编辑室承担。并且在改革深入发展的过程中,由上海教育出版社和普陀区教育学院共同主持政治学科教材的编写工作。从 2019 年 9 月起,根据中央安排,上海不再使用本地区编写的思政教材,而是作为率先使用统编教材的地区之一,全面使用统编版思想政治教材。从此,"上教版思想政治教材"完成了它的历史使命,成为中国政治教材史上浓墨重彩的章节。上教社政治编辑室则华丽转身,转型以适应新形势的需要。

上教社政治编辑室成立后的 40 余年间,特别承担上海地区两期课改思政教材编辑、出版工作的 30 余年间,先后参与的人员有 21 人,其中共产党员 14 人,副高职称及以上 12 人,硕士研究生学历 7 人。有些同志因年龄到线离退休或因工作调动、职务提升离开,年轻同志接棒上了跑道,形成一茬接一茬长流水、不断线做思政教材的接力跑态势。也有同志完整地经历了全过程。政治编辑室首任主任高暐,任职 17 年,继任主任龚东生、李刚、刘芳、邹楠,先后参与教材工作的还有袁正守、张幼坤、邓建礼、薛培华、童国芳、黄启贤、耿坚、李刚、任黎星、程征、童亮、李玮、安江、董李、李秋彦、戴燕玲等多位编辑。其中刘芳全程参与了"二期课改"思政教材的编写、编辑和新教材的师资培训,邹楠、童亮参与了教材修订工作。

---

① 作者:耿坚,上海教育出版社。本文写于 2020 年。

上教社政治编辑室秉持"以专业学术打造教材,以立德树人引领学生"的理念,力争将"上教版思想政治教材"打造成一个在全国有声音、有影响的响亮品牌。30 年间,编辑出版义务教育阶段、高中阶段、大学本科及研究生阶段思想政治、思想品德、政治理论教材、教师教学参考书、教辅用书达上百个品种。教材除在上海地区使用而外,还在华东六省一市广泛使用,产生了极大的社会影响。

一、为打造"上教版思想政治教材"特色品牌提供专业支持

习近平总书记强调,要坚持统一性和多样性相统一,落实教学目标、课程设置、教材使用、教学管理方面的统一要求,又因地制宜、因时制宜、因材施教。遵循思政课教学规律,不断提升思政课吸引力、影响力,努力打造思政课品牌,是高校形成思政课核心竞争力的关键所在。这个精神同样适用于中小学思政课。

作为教材编辑、出版单位,我们多次组织、主持教材编写会、修订会、定稿会,以及华东片协作会议、实验区工作交流会议等。有些会是与教材编写组合办,也有些会是上级部门主办,我们协办。我们重视在这些会议上发出出版社的声音。我们以中共中央有关德育文件精神尤其是以《中共中央国务院关于进一步加强和改进未成年人思想道德建设的若干意见》为指导,以教育部颁发的有关课程改革的法规性文件尤其是《九年制义务教育思想品德课课程标准(试行)》《普通高中思想政治课课程标准(试行)》为依据,对教材的编写理念、教材内容的构建和组织,乃至教材编写的风格,提出我们的看法。我们一以贯之地认为,传授知识、提升能力是一切学科包括政治学科教学活动目标的重要组成部分,而思想政治课程独特的地方在于,对学生进行有效的价值引领要成为贯穿于教材编写的一条主线。因此,要把理想、信念、国家观念、民族精神、公民意识、法律意识、诚信意识等,作为家庭生活、学校生活、社会生活、经济生活、政治生活、文化生活、哲学等教材编写的落脚点。党的十八大以后,还应把增强"四个意识"、坚定"四个自信"、做到"两个维护",考虑进教材编写的落脚点。

"上教版思想政治教材"品牌特色是什么?一开始,大家是单纯把它作为一套适用于沿海经济发达地区的思想政治教材来看待,"二期课改"启动后,我们认识到,必须把上海的红色文化、江南文化、海派文化融入"上教版思想政治教材",打造"红色薪传"育人品牌,才谈得上真正形成了因地制宜的品牌特色。在这方面,编辑室的年轻同志做了大量工作。他们利用市委宣传部启动"党的诞生地"宣传

挖掘工程的大好时机,以及做主题图书的有利条件,精心发掘、选配,为教材配发了大量红色之源照片、上海改革开放成就照片、江南风物照片、校园生活照片,还更新了许多文字资料。这些做法,让学生增强对红色文化、江南文化、海派文化的认知认同,让思想政治课接地气、活起来,让红色基因薪火相传。

教材编辑对教材编写所做的专业支持,大量工作是在幕后的,鲜少人知。教材稿子进出版社后,编辑按照出版的要求对教材原稿进行检查、审读、修改、润色、标注、整理、提高。编辑通常需要做的事包括:消灭差错、核对引文、图表处理、查对资料、分类整理、统一体例、确定标题、名词规范化,等等。教材原稿经过编辑细细打磨,弥补疏漏,精益求精,教材的立德树人价值和编校质量都会得到很大提升,再加上校对部门严格的三校一读和美术编辑精心的装帧设计,一本回应学生成长需求,教材编写人员和教材编辑用心用情做的教材就面世了。

二、为教师使用好教材创设便利条件

习近平总书记强调,办好思想政治课关键在教师,关键在发挥教师的积极性、主动性、创造性。只有打造一支可信、可敬、可靠和乐为、敢为、有为的思政课教师队伍,才能引导学生扣好人生第一粒扣子。帮助教师吃透、用好教材,是打造高素质教师队伍的重要环节。根据出版社自身功能作用的特点,我们着重建设、完善《政治教育》杂志和教学参考书出版两大平台。作为贴心为政治教师服务的平台,《政治教育》在策划每个学年的选题计划时,都把配合各年级教材的教学进度(同时预留足够的提前量)安排教学参考文章作为"重头戏"来做。这些文章约请教材编写组成员和理论、实践水平一流的一线教师撰写。文章注重思想性、科学性、实用性,向教师提供教学提纲,剖析本章节重难点,解答疑难问题,还配发紧扣课文的实用资料。这些文章对教师来说很"解渴",尤其许多新手教师在阅读和使用这些文章中成长为熟练教师,顺利度过了职业生涯的最初阶段。《政治教育》出版了二百多期,这样的文章也就发了二百多期。至于教学参考书的出版,更是我们数十年如一日,持之以恒、源源不断为教师输送"养料"的重大工程。我们针对每本教材"一对一"编写配发教学指导书、练习册、教辅用书,为了满足高阶教师和有提升自己理论水平需求的教师,还配发了帮助教师理论提升的参考书,以及思想政治课教学全书等。粗粗统计,这些书籍有上百个品种,数量达几千万册之巨。

此外,作为教材出版单位,我们还不定期组织华东六省一市教研员、骨干教师进行教材研修、教学经验交流,不断拓展教研员、教师的学术视野,尤其是提高师德修养,推动让有信仰的人讲信念信仰,让有情怀的人讲家国情怀。教材经教师使用之后,会有一些教材自身的不足暴露出来,教师也会有一些修改意见要讲,为了让这些问题和意见"透气"出来,我们开通了两条"管道"。一是从教师写给《政治教育》的稿件和来信中收集、整理;二是到实验区学校召开教师座谈会,直接听取意见,进行整理归纳。教师对教材的看法主要侧重在教材内容完善、观点正确与否、难度调整,以及材料、数据的更新等方面。经我们向教材组转达,对提升教材品质往往起到很大的作用,同时也为教师深入掌握教材、进一步用好教材做了铺垫。

三、为推进政治课程改革创新进行不懈努力

习近平总书记强调,推动思想政治理论课改革创新,要不断增强思政课的思想性、理论性和亲和力。我们以教材使用为抓手,注重引导教师在理论教学和实践教学两方面下功夫,守正创新,努力办好思政课。多年来,做了三件事。

一是从出版专业的角度,推进思想政治理论课领域的"大中小学一体化"。铸魂育人、立德树人,每个学段都有自己的"责任田",都有"一段渠",同时又要从小到大,一以贯之。曾经在较长的时期里,小学、初中、高中、大学,作为一个一个学段,都自成一个体系,翻来覆去的几门课。改革创新,就要把教学内容和教学方式进行大中小学一体化设计,循序渐进逐步上升,扣好人生一颗颗重要的扣子。正是在这样的思路下,我们出的大中小学思政教材"衔接"起来。例如,关于"中国特色社会主义",小学开始启蒙,初中讲常识,高中讲理论要点,大学则讲历史形成和系统化理论。再如法治,小学讲规则意识,初中讲法律规范,高中讲依法治国,大学则讲法治原理与法治精神。近年我们出版的高校"中国系列"品牌教材,有望逐步向中小学延伸,成为大中小学思政课一体化建设的亮点之一。

二是把思政小课堂和社会大课堂结合起来。在国家教育部基础教育司支持下,由《政治教育》主办,全国 31 个城市协作参与的全国中学生思想政治小论文评选活动成功举办了四届,几十万中学生参与其中。在上海市教委教研室牵头下,上教社参与组织的上海市中学生"模拟政协"活动连续多年开展得如火如荼,成为上海学生活动的一个亮丽品牌。上教社还把中学生写的优秀模拟政协提案结集出版。这两项活动积极探索搭建新型教学平台,引导中学生运用教材知识解剖、

分析社会问题,提升自我教育能力,增强了学生的历史认同感、时代使命感、社会责任感。

三是推动不断创新教学方式方法。《政治教育》编发的教学参考文章,政治编辑室出版的教学指导书,都不是停留在"讲死书""死讲书",单纯解读理论知识层面上,而是引导教研员、教师、学生都参与到思政课教学改革中来,注重分析学生的认知规律、接受特点,推广情景教学法、案例教学法、专题教学法、目标教学法等方法,从而增强学生对教材内容的认知认同,让思政课接地气、活起来,让红色基因薪火相传。

使用上教版思想政治教材,同使用部编统一思想政治教材,在坚持把立德树人作为思想政治课根本任务上是一致的。坚持这个根本任务,把思政课办得越来越好,是我们的初心和使命,也是永恒的责任和动力。

中学思想政治"课改"引领专业成长①

1998 年,面向新世纪的上海教育,启动了中小学(幼儿园)课程改革第二期工程(简称"二期课改")。

当时,刚过而立之年的我在位于浦东的上海市建平中学担任中学思想政治课教学工作,先后任教过一届初三毕业班和两届高三毕业班。

记得在 1994—1997 年,上海市先后在十所中学进行了高中思想政治课教材的改革实验,建平中学也是试点学校之一。作为教研组长,我和学校政治组的老师们一起参加了市里组织的课程教材培训和教学研讨活动,定期与本市其他试点学校的学科同行一起,在课程专家组的指导下,开设教学公开课,研讨教材、教法、评价等,通过学习交流,提升了对思政课的专业认识。我所撰写的《深化教材改革,优化教学原则》编入了 1997 年出版的《上海市高中思想政治课改革实验文集》。1998 年,参与市教委教研室主持的中学思想政治课堂教学模式的实践与研究课题组,撰写了《中学思想政治课思辨教学模式》一文并发表。

或许是机缘巧合吧,当上海启动"二期课改"时,我非常荣幸地被召集成为上海中学思想政治课改工作小组成员。作为一名刚评上高级职称的中学一线政治教师,能与非常敬仰的吴铎教授、李春生教授和王曙光院长等一批知名学科专家一起工作,我的内心既激动兴奋又诚惶诚恐。

在中学思想政治"二期课改"工作组的专家们引领下,从 1999 年起,我参与了《上海市面向 21 世纪中学思想政治学科教育改革行动纲领》的研究。从 2000 年到 2003 年,参与了《上海市中学思想品德和思想政治课程标准》的研究。

从 2003 年起,在吴铎主编和李春生副主编的带领指导下,作为特约撰稿人主要撰写了高中《思想政治》实验教材中政治常识和哲学常识的部分内容;同时也参与编写了相应教学参考用书的部分内容。至 2007 年,前后经历五年多时间,高中

---

① 作者:卜文雄,上海市浦东教育发展研究院党委书记。本文写于 2020 年。

一、二、三年级的实验教材,在试点学校实验的基础上多次修改,最后定稿出版推广使用。

从 2010 年起,在全市高中学校使用《思想政治》新教材的过程中,我还先后参与了教材(包括教参)的整套修改和 2016 年以后开始的日常修改,直至 2019 年 9 月上海市高一年级正式使用全国统编教材。

在将近 20 年的时间里,除了承担本校的教育教学任务和管理工作之外,我平时外出最多的活动就是参加上海市中学思想政治"二期课改"的有关工作,出席最多次的会议地点就是市教委教研室和普陀区教育学院。多年来我坚守在三尺讲台前努力上好每一堂课,同时积极为思想政治"二期课改"奉献力量,逐渐在思政课专业领域取得了一定的成绩。2014 年被评为上海市政治特级教师,2019 年获得上海市优秀思想政治工作者称号。

回眸中学思想政治"二期课改",给我留下印象最深的就是课改工作组的老前辈吴铎教授、李春生教授、王曙光院长,还有先后参加课标研究和教材编写的叶伟良老师、秦璞老师、吴永玲老师,华东师范大学的周旭东老师、尹城乡老师、史俊老师、张传心老师,上海师范大学的晁玉玲老师,上海教育出版社的刘芳老师等。在他们身上共有的特质是思想素质好、理论水平高、研究能力强、文字功底深、知识渊博、为人正直、诚恳善良。他们抱着对党和人民的教育事业高度负责的态度,以极强的责任感和使命感,呕心沥血,严谨治学,对于中学思想政治学科课程教材改革与建设一丝不苟、持之以恒、无私奉献。特别是在教材编写的过程中,对于教材从谋篇布局到段落层次,从字、词、句到标点符号、数据、插图等,都要做到慎之又慎、严格把关,在政治性、思想性、科学性、知识性、时代性等方面既要确保正确无误又要体现以学生发展为本的理念,力求把编写工作做得精益求精,尽善尽美。

上海市中学思想政治"二期课改"中所取得的成就、积累的经验和形成的负责任、守良知、讲真理的优良传统,以及热爱事业、忘我工作、恪尽职守、情系课改、甘为人梯的奉献精神,是专家团队和许多优秀教师经过艰辛探索和躬身践行而积累起来的一笔宝贵的文化财富,对于我们一线政治教师做好各项教育教学工作,有着巨大的鼓舞和推动作用。

2019 年 3 月 18 日,习近平总书记主持召开学校思想政治理论课教师座谈会并发表重要讲话。总书记在讲话中勉励思政课教师,要理直气壮上好思政课,要给学生的心灵埋下真善美的种子,要引导学生扣好人生第一粒扣子,思政课教师要做到政治强、情怀深、思维新、视野广、自律严、人格正。这是总书记对我们提出的殷切期望。

作为一线思政课教师要坚持用习近平新时代中国特色社会主义思想铸魂育人，以爱党、爱国、爱社会主义、爱人民、爱集体为主线，推动思想政治课改革创新，不断增强思政课的思想性、理论性和亲和力、针对性。在思政课教学中要坚持"八个相统一"的要求，要用活用好全国统编教材，启发学生自主思考、合作探究，更好地培育学生的政治认同、家国情怀、道德修养、法治意识和文化素养，为学生成长打好厚实的思想政治基础。

思想政治课是落实立德树人的关键课程，我们要继续参与和深化推进"大中小德育课程一体化建设"的实践，不同学段的思政课教师要能结合各年龄段学生的特点，进行一体化思考、分层次递进、螺旋式上升和整体性衔接。同时在开展未成年人思想道德建设的过程中，既要重视思政课教学，也要落实德育渗透，形成课内课外、校内校外、网上网下，同向、同行、同频共振，形成学校家庭社会全程全员全方位育人的大熔炉。

"问渠那得清如许，为有源头活水来"。作为一线思政课教师一定要坚定理想信念，坚守价值追求，努力培养德智体美劳全面发展的社会主义建设者和接班人，培养一代又一代拥护中国共产党领导和我国社会主义制度、立志为中国特色社会主义奋斗终身的有用人才。

《思想政治课教学参考》杂志的一些往事①

　　说起来那都是几十年前的事了。那时我刚大学毕业,被分配到上海教育学院政教系,具体参与《思想政治课教学参考》杂志的工作。这本杂志的负责人是资历很深的李春生先生,陈正北、刘仲宇、徐静锣、陈爱萍等几位先生也先后在编辑部任职。整个编辑部就几个人。我在李春生先生的领导下做一些具体工作,主要是组稿、约稿和改稿,有时也根据需要自己动手写一点稿子。

　　大约是 20 世纪 80 年代后期开始,根据教育部的安排,上海启动了中小学的"一期课改"。当时成立了上海中小学教材编审委员会,下设相应的各学科组。政治学科组的主编是吴铎先生,在他的具体领导下开展种种工作。记得当时的主要工作有这样几项:一是编写教材,这是最基础的工作;二是发动各区县的政治教研员组织广大政治教师学习和理解教材,并具体指导对教材的使用;三是通过政治教师的教育教学实践,反过来丰富政治课课改和教改,因此教材就有一个不断丰富和修改的过程;四是与使用上海版政治教材的各省市(当时全国有五省市使用上海教材)进行种种沟通和交流。这四个方面的工作,都需要有一本为这次政治课课改和教学改革服务的、具体操作性的杂志,《思想政治课教学参考》自然而然地成了教材组的机关刊物,我本人也是在这一过程中加入教材编写工作的。

　　这本杂志开本不大,但容量可不小,而且紧贴当时政治课课程改革和教学改革的实践,很实用,深得广大政治教师的欢迎,连使用上海政治教材的外省市也都争相订阅。有的不只订阅,还要上海的相关同志去当地讲解呢!

　　这本杂志完全是为政治课课程改革和教学改革服务的,也是为广大教师的教育教学工作服务的。为此,杂志开设了一系列相关的栏目,如"教学研究""教法研究""教学一得""教案实例""教学资料""考试评价""各校政治教改简况",等等。

　　这本杂志有时还根据实际情况的需要开设新的栏目,比如江泽民同志在党的

---

①　作者:史俊,华东师范大学。本文写于 2020 年 3 月。

十五大上明确指出,这次大会的主题就是高举邓小平理论的伟大旗帜,"旗帜问题至关重要。旗帜就是方向,旗帜就是形象","邓小平理论是当代中国的马克思主义,是马克思主义在中国发展的新阶段,是指导中国人民在改革开放中实现社会主义现代化的正确理论"。① 于是,根据十五大召开后的政治形势需要,杂志设立了"邓小平理论基本观点教育"专栏,着重进行这方面的教育。记得当时吴铎先生在1998年第五期上,发表了题为"思想政治课是学习邓小平理论的主渠道"的长文。该文共分四个部分。第一部分的标题是"高度重视学习邓小平理论的重大现实意义和深远历史意义"。关于现实意义,作者是这样论述的:"只有高举邓小平理论的旗帜,深入分析研究改革开放中提出的新问题,不断总结经验教训,才能统一全党全国人民的认识,保证我们沿着正确的道路,将社会主义现代化事业推向前进。"深远的历史意义是从培养接班人角度讲的。作者认为,学习邓小平理论是"培养学生真正成为社会主义建设者和接班人的关键所在"。第二部分的标题是"中学生学习邓小平理论要注意领会精神和把握重点"。作者从初中预备班讲起,一直讲到高三年级,具体讲述了在中学七个年级的思想政治课教学中怎样领会精神、怎样把握重点,并且强调"上述各年级学习邓小平理论的有关内容,已写进新版思想政治教材,作为教学的要求和依据"。第三部分的标题是"邓小平理论的教学要力求生动活泼、深入浅出"。为了达到这一要求,作者建议"教师的教学要力求运用生动的材料和事例来说明问题,并在教学过程中适当安排学生的社会调查,增长实际知识,广泛运用社会各方面的力量,让学生既在课堂上、又在社会实践中接受教育"。第四部分的标题是"学习邓小平理论要坚持各种渠道的有机配合"。"主渠道"当然是课堂,其他渠道还有:班主任工作、主题班会、团队工作、党章学习小组、青少年党校,还有种种的社会实践活动。这样具有辅导性的、应时应景的理论长文,成为当时广大政治教师的必读的"教材"。

这样应时的又必需的文稿,在这本刊物中还真不少。政治思想类刊物姓"政治"。姓"政治",就得讲政治。讲政治,必然要讲时事。既然杂志为思想政治理论课而创办,那么它必然要与时事政治紧密相关。也就是说,它必然要具有浓郁的时事色彩,即有相当的篇幅去反映现实的时事政治,以补充相对比较稳定的教科书之不足。教科书不可能随着时事政治形势的发展而及时得到变更,而我们这本

---

① 中共中央文献研究室:《改革开放三十年重要文献选编(下)》,中央文献出版社2008年版,第889页。

"教学参考"则灵活得多。它的"与时俱进",恰好为政治课带来了灵气和活力,使思想政治课更贴近现实,更贴近经济社会生活。

当时这样的"应时应景"之作,在这本"教学参考"中数量不少,而且颇受广大读者的欢迎。比如:吴铎先生的《加强德育课程　推进素质教育》(2000年第三期),夏国乘先生的《用"三个代表"重要思想统领"三观"教育》(2003年第四期),李春生先生的《认真贯彻党的十六大精神,切实提高学生的思想政治素质》(2003年第四期),林政先生的《关于高中生学习邓小平理论的途径和方法的思考》,张传心先生的《加入WTO对普通老百姓意味着什么》,卢方昕老师的《学习贯彻十六大精神,增强学生思想政治信念》(2003年第六期),以及我本人撰写的《没有中国共产党就没有新中国,就没有中国的社会主义现代化——纪念中国共产党诞生80周年》(2001年第三期),《永远热爱我们的人民——学习胡锦涛同志在庆祝中国共产党成立90周年大会上的讲话》(2011年第四期)等。

应该指出的是,这些应时而作的、涉及党的路线方针政策的、似乎相当高端的作品,不是全部出自专家、学者之手,而有相当部分来自基层,来自区县的教研员,甚至来自中小学教师之手。正因为如此,这些作品既有一定的学术水准,又接地气,广大教师爱看,容易读懂。

这本杂志还发表了不少有关政治课教改的探讨性文稿。

1997年杂志第五期发表了王曙光先生的《中学思想政治课向素质教育转化的若干思考》一文。文章认为,我国从20世纪80年代开始,明确提出了素质教育的总体目标,要求把基础教育作为提高整个民族素质的奠基工程来切实抓好。而实施素质教育就必须全面提高教育的质量和效益,让全体学生都得到全面的主动的发展,使他们成为德才兼备的、具有获取知识能力和可持续发展能力的一代新人。因此,必须加快实现由"应试教育"向素质教育的转轨。在作者看来,思想政治课在素质教育中是大有可为的。文章引用了1996年"国际21世纪教育委员会"提出的教育的"四大支柱":学知、学做、学会共同生活、学会发展。同时又引用了当时中国教育部提出的教育的"六项功能":引导学生懂得怎样做人、怎样求知、怎样生活、怎样劳动、怎样健体、怎样审美。这些实际上都是从不同视角揭示着素质教育的内涵和要义,从中也可看出思想政治课在素质教育全局中占有的至关重要的位置。接着,作者从几个方面剖析了政治课对造就人的巨大作用:一是结合中学各年级分析了政治课程对学生人格精神的正面塑造;二是政治课为学生提供的综合性、复合型的生存能力;三是改革后的思想政治课花大力气组织学生参加课堂讨论、专题辩论、社会调查、社区服务等多项活动,为学生生存和发展能力的提升提供了广阔的舞台和众多的机会;四是改革后的思想政治课对学生身心素质的提高意义重大,上海率先在初中政治课中纳入了健康心理教育的要求和内容课程。王曙光先生的文章虽说只是提出了若干参考性的意见,但在政治教师中的影响是很大的。

政治课教改的探讨性论文在我们这本刊物上发表了不少,读者的反映还是很正面的。如蒋和庚先生的《试谈思想政治课的功能》(1997 年第二期),秦璞先生的《经济常识教学也要开展理想信念教育》(2014 年第三期),方培君先生的《试论提升思想政治学科教学有效性》(2010 年第三期),夏国乘先生的《谈谈什么是哲学和哲学思维》(2000 年第五期),卢方昕老师的《强化问题意识 培养创新能力》(2004 年第五期)。这些篇章都从不同的视角对政治课教改过程中的种种问题进行了实质性的探讨和研究,对推动思想政治课的教育教学改革是起了作用的。

大家都知道,教改的关键在于教师。我们这本"教学参考"对政治教师的学识、修养及其在教书育人中起的不可取代的作用也进行了有益的探讨。李春生先生著文指出,从立德树人这一根本任务来看,从培养什么人、怎样培养人这个教育工作的核心问题来看,实现学科教育价值,教师处于关键地位,起着关键的作用。李春生先生认为:"新课程背景下教师角色转换突出表现在两个方面:一是教师由课程计划的执行者变为课程的构建者。教师可以依据课程标准和学生实际,建构适合实际教学情景的课程。教师可以根据学生实际开发和整合教育资源。二是教师由教学的管理者变为学生发展的指导者、合作者、促进者。"(《教师是学科价值实现的关键》,2010 年第三期)政治教师在教学中要学会解决三对矛盾:"知"与"不知"的矛盾,"信"与"不信"的矛盾,"知"与"行"的矛盾。李春生先生在文中还指出,政治教师要实现自身的价值,必须在专业发展中解决和处理好三个关系:一是要处理好坚持立德树人正确导向与坚持科学的教学思想的关系,二是要处理好提高专业素养和加强师德修养的关系,三是处理好提高教学能力和提高育德能力的关系。李春生先生的文章,给了广大教师深刻的启示。

李春生先生的上述文稿是从总体上讲教改条件下的政治教师修养的,与之相应的还有大量较为具体论述教师修养的文稿。周增为老师的《谈谈政治教师的基本素养:价值、知识和方法》(2012 年第五期)分析得也很精彩。文章中写道,"价值——政治教师的教育精神,当然也是一种课程信念;知识——是政治教师的专业表达形式,政治教师必须懂得经济、政治、文化、道德、伦理、民主、法制、信仰诸领域的相关知识;方法——有逻辑才会有思辨,要懂得三种基本的思维方式:归纳思维、演绎思维、逻辑思维"。周增为老师还著有《从进入到深入的教学设计》(2006年第二期),讲述了教学设计的"四大原则":寻求最近原则、重视个体原则、共同建构原则、发展教材原则,给人以深深的启示。另外,方培君先生的《学会用教材教》(2012年第六期),李炳钟先生的《指导学生学会学习》(2002年第一期)等文稿都在读者中引发了积极的反响,有的学校还组织了学习讨论会。

教材分析也是《思想政治课教学参考》这本杂志的一项重头戏。教材分析类文稿意在帮助广大教师读懂教材,进而运用教材以教书育人。陈雪良先生的《认识自我,也认识属于自我的世界》(1997年第四期)一文,实际上是对高一年级哲学课程前言《哲理与人生思考》这篇课文的辅导解析。文章从"人生充满哲理"这个话题说起,引用了流行于民间的一种对人生的哲理说法:"青少年时代是一首诗,中年时代是一部小说,老年时代是一篇散文。"这样一说,一下把哲学与人生、与个人的生活拉近了,也给"人生充满哲理"作了最好的注解。接着讲人生哲理的四大侧面:一是生与死,二是苦与乐,三是顺与逆,四是伟大与平凡。这四大侧面都是相辅相成的,互相排斥又是互相联系的,然后推出"获取哲理就是获取人的解放"的观念。最后作者说了这样一段话:"人生的课题,摆到了我们面前,要我们去回答、去思考、去解析;一宗宗生活现象,展示在我们面前,要我们去寻找隐伏在这些现象背后的本质的东西。以怎样的态度去对待人生?以怎样的观念去理解人生?这套教材将与我们同行!可以说,新编高中思想政治课教材,是一部人生启示录。"相信这样解析教材,广大教师是可以接受的。此外,陈雪良先生还对初三思想政治教材做了介绍,题目是"用自己的双手,去创造我们的幸福生活和美好明天"(2003年第四期)。秦璞先生的《社会生活常识教育和社会理想教育的结合》(1997年第二期)对高中思想教育做了通盘的简介。"二期课改"时,吴永玲先生写了《贯彻"二期课改"精神,提高课堂教学效益》(2003年第五期)的专文,孟祥萍老师写了《基于本校学生实践的高中哲学常识课教学策略》(2012年第六期)、《基于经济常识教材变化的高中思想政治课教学策略》(2013年第四期)等系列论文,秦红老师写了《运用心理分析法提高思想品德课教学效果的实践探索》(2001年第三期)的专文。这些解疑答难式的文稿,对广大教师的教学帮助是很大的。

　　新世纪以来,随着教育教学改革的深入,教育评价体制的改革也提到议事日程上来了。2001 年教育部在《基础教育课程改革纲要(试用)》中明确规定,要适时地"建立促进学生全面发展的评价体系"。主要表现在两个方面:一是关注评价过程,发挥评价的发展功能。过去是单纯知识和技能,现在同时要注重学生学习过程与方法,情感、态度与价值观。二是要打破单一的量化评价形式,注重质性评价。根据这一要求,本刊发表了一系列与考试评价相关的文稿。

　　杂志历年来发表的考试评价性文稿,大致上有这么两大类:一类是对现有教育评价状况及其发展前景的介绍。比如,上海教育考试院胡荣根先生曾著有《试论高考在我国中学教育评价中的作用和发展前景》(2003 年第五期),文中简介了近现代以来流行于世界的若干教育评价观念,如将教育评价等同于教育测量的美国心理学家桑代克,把教育评价仅仅是看成对教育目标评价的泰勒,把教育评价过程看成是决策定向过程的斯塔弗尔比姆,还有一些其他流派。接着又介绍了我国"时下的教育评价的主流认识",包括"课程评价的实质和内涵方面的观念""教育评价的基本类型",尤其介绍了新课改中课程评价的新理念,开始关注评价过程,发挥评价的发展功能,打破评价的单一量化形式,注重质性评价,全面评价学生的综合素质和创新能力,等等。除了此类比较宏观的"大而化之"的介绍情况外,另一类的考试评价论文更受教师的欢迎,那就是具体分析某些试卷出法的论文。比如周群老师的《2007 年高考政治(上海卷)命题意图试析》(2007 年第五期),《关于高端能力考生的高考政治试题分析》(2008 年第六期),这样的文稿能给人一些具体的、实实在在的命题思路与方法分析,且能既发人深思,又便于操作。

　　《思想政治课教学参考》走过了数十年的行程,它是与上海地区的政治学科发展相始终的。上海基础教育"一期课改""二期课改"及政治教材的编撰已经走过了 30 多年的行程,这本杂志一直与之相伴,我很看重它,不只是因为它融入了我生命的很长历程,还因为它实际上是上海地区"一期""二期"中学思政课程和教学改革的一个缩影,一个历史性的见证人。翻翻这些已经泛黄了的杂志,当年的一切就如在眼前了。

　　注:文中已退休的老师均以"先生"相称,在职的仍以"老师"称呼。

《第三产业面面观》写作记①

"一期课改"《经济常识》部分的大纲中有关于三大产业发展的内容,其中对一、二产业没什么争议,但是"第三产业"在当时是一个新名词,我们并不熟悉。这部分内容归我撰写,为此我收集了大量国内外相关资料,走访了上海社科院。结果发现辞书中没有相关条目,教科书中没有相关章节,并且"第三产业"在全球学术界并没有一个统一的定义,各种流派各种观点纷繁复杂,差异很大且时有冲突。为此,我对究竟写什么、怎样写颇费思量。最后决定在保证不能与正式文件相关提法有冲突的前提下,求同存异,删繁就简,一切以对学生成长有用为依据。

教材在写成之后,一方面找社科院专家审查以保证教材的科学性,一方面听取实验学校教师们的意见。教师反映教材条理清楚,文字通顺,学生阅读起来清楚明白,但是教师自己也仅仅知道这一些知识。那么,教些什么呢? 要给学生"一杯水",教师应该要有"一桶水",最好能有一些相关的辅导报告和参考资料。

上海教育出版社了解到这个情况,希望我能写一本可以供教师学习的辅导书,而我也觉得自己收集的大量资料不整理出来有点可惜。《第三产业面面观》正是在这样的背景下开始写作的。这本书写作时力求语言浅显、资料丰富,既有一定的学术性,又通俗易懂有趣味,教师可以把它作为教学参考书,学生可以用作课外阅读。最后,经过上海社科院吴绍中和陶永宽两位研究员的审查,在上海教育出版社高暐和责任编辑袁正守的帮助下,《第三产业面面观》在 1990 年终于作为《中学生文库》的一种面世了。该书出版后在 1991 年 2 月获得上海教育学院科研成果优秀奖。

---

① 作者:张传心,华东师范大学。本文收录于《第三产业面面观》,上海教育出版社 1990 年出版。

人民币究竟是不是货币?①

看到这个题目,常人肯定以为,这有什么可以研究的? 每天都在花的人民币不是货币是什么? 有必要故弄玄虚地议论一番吗? 连笔者自己写这个题目也觉得无趣。可是这事事出有因。

若干年以前,我看到过一本高考复习资料中赫然有这样一道题:"人民币是不是货币?"好奇之下找到资料提供的答案,是一个标准的三段论:纸币是金属货币的代表和符号(大前提),人民币是纸币(小前提),因此人民币不是货币,只是金属货币的代表和符号(结论)。由于大前提来自当时政治课的课本,于是一个明显荒谬的结论显得是那样的无懈可击。上了年纪的人也许会因此而感叹:"小孩读书就是长见识,你看我还误以为一辈子用来买东西的是货币呐! 真是白活了。"这岂不是在误人子弟吗? 这样的读书,可真是越读越蠢。

为了防止再闹出这样的乌龙,于是我们在上海教材修订时将现今使用的纸币定义为"由国家发行、强制使用的货币"。不谋而合的是,在全国普遍使用的北师大版教材同时也作了类似的修订。问题似乎解决了。可是我们在到中学听课时仍然发现,有教师也许是为了显示自己知识的渊博,自行进行补充和"拓展",从价值的四种形态说起直到"金银天然不是货币,货币天然是金银"。看来,"黄金拜物教"仍有市场,因此还是有必要加以正名。

一、世界货币制度的演变

搞清这个问题的关键是要知道,同样是纸币,却有两种:一种金本位制下的纸币,一种是纸币本位制下的纸币。为了说明问题,先得简要介绍一下金本位。金本位是一种以黄金为中心的货币制度,在历史上先后以三种形式存在:纯粹的金

---

① 作者:张传心,华东师范大学。本文原载《思想政治课教学》,2015 年 3 期。编者注:张传心老师撰写这篇文稿,原本是为了回应外界对教材提出的一个质疑。由此窥见,教材编撰也是一项具有研究性的工作。

本位制、金块本位制和金汇兑本位制。

在纯粹的金本位制下,黄金就是货币,货币就是黄金。如果货币以金币的形式出现,金币有法定的含金量,任何人都可自由地将金块交给国家造币厂铸造成一定比例的金币,或以金币向造币厂换回相当的金块。在这种货币制度下出现的纸币,完全是黄金和金币的代表,使用也不广泛。世界各国的金本位制虽然时有间断,但大致延续到 20 世纪的 20 年代。(中国从来没有实行过金本位,历史上长期实行的是银本位)。

第一次世界大战前后,原来的金本位制度难以为继,各国纷纷实行金块本位制和金汇兑本位制。在金块本位制下,广泛使用纸币,国家规定纸币的含金量,不再铸造和流通金币。纸币的持有者可以按照纸币的含金量向国家兑换黄金。金块本位制仍然是金本位制度的一种形式。

金汇兑本位制是金本位制度的另一种形式。可是在这种货币制度下,黄金和金币不再在国内流通。流通的纸币虽然有法定含金量,但不再能兑换黄金。黄金只是在国际上作为支付的手段,以及决定各国纸币间汇率的依据。因此金汇兑本位制又叫虚金本位制,这种制度下的纸币与黄金只是在名义上保持着关系。实行虚金本位制实际上意味着金本位制已经名存实亡。

《辞海》"金本位"条目指出:"1929—1933 年世界经济危机后,大多数资本主义国家都相继放弃各种金本位制,实行纸币制度。"[1]《中国大百科全书》"货币制度"条目的相关表述是:"信用本位制的广泛实行是 20 世纪 30 年代经济危机的结果之一。……在信用本位货币制度下,一国的货币供应量不取决于此国的金属储存量,而是取决于一国政府对经济发展或其他因素的判断而制定的货币政策。信用本位制又被称为不可兑换货币制度。"[2]

中国人民银行网站"金融知识"栏目中关于"纸币本位制"是这样表述的:"纸币本位制是 20 世纪 30 年代以来世界各国相继采用的现代货币本位制度,其特点是:①以政府或中央银行发行的纸币为本位货币;②本位货币不与任何金属保持

---

[1]　辞海编辑委员会:《辞海》,上海辞书出版社 2009 年版,第 1119 页。
[2]　中国大百科全书编委会:《中国大百科全书》(第 10 分册),中国大百科全书出版社 2009 年版,第 437 页。

等值关系。由于这种纸币不能兑换金银,故又把纸币本位制称为不兑换制度。"①

由此可见,现今世界上广泛使用的纸币,与金本位下的纸币根本不是一回事。诚然马克思说过,"纸币是金的符号或货币符号"②,但这说的是金本位下的纸币。诚然马克思也说过,"金银天然不是货币,货币天然是金银"③,但这只是说从货币产生的历史来看,黄金是最适合的货币材料。将之理解为"黄金永远是货币",这只是有些人自己的演绎,并不是马克思的本意。马克思生活的年代世界上根本没有出现过纸币本位制,我们不能机械地搬用导师的论断。

当然黄金退出货币世界是一个逐步的过程。1944 年 5 月参加筹建联合国的 44 国政府在美国签订了"布雷顿森林协议",建立了金本位制崩溃后新的国际货币体系。美国承诺保证每 35 美元可以兑换 1 盎司黄金,美元成了黄金的"等价物"。各国货币只同美元发生关系,不再与黄金相联系(只有瑞士法郎直到 2000 年才在"修宪"之后割裂了其与黄金的联系)。

20 世纪 60 年代,美国政府财政赤字剧增,通货膨胀严重,美元信誉受到极大的冲击,美国政府日益难以维持用美元兑换黄金。1971 年,美国尼克松政府被迫放弃美元可以按固定官价兑换黄金的承诺,从此美元也成了纯粹的信用货币。美元一改过去"以美联储拥有的黄金作为储备"的牛气,它的背面被幽默地印上了"我们信仰上帝"(IN GOD WE TRUST)。

1976 年,国际货币基金组织通过的《牙买加协议》,确认了布雷顿森林体系破产的现实,割断了黄金与货币的最后联系。但是,此后的黄金作为一种"贵金属"仍然保留了一定的金融属性,黄金仍被认为有保值作用,并且是一种投资的工具。去年"中国大妈"抢购黄金虽然在国际上沦为笑谈,可是也反映了黄金的影响并没有消退干净,黄金仍然是人们心目中一种重要的金融资产。

二、人民币是我国无可争议的法定货币

明白了世界货币制度的演变,我们再来看看我国的人民币。

---

① 参见中国人民银行网站"金融知识"栏目"纸币本位制"条目:http://changsha.pbc.gov.cn/publish/changsha/3997/2012/20121211151612699194550/20121211151612699194550_.html#.原文出自中国人民银行编著:《金融知识国民读本》,中国金融出版社 2007 年版,第 10—12 页。
② 马克思:《资本论(第一卷)》,人民出版社 1975 年版,第 148 页。
③ 马克思:《资本论(第一卷)》,人民出版社 1975 年版,第 107 页。

我国的人民币自 1948 年 12 月 1 日诞生起,实行的就是纸币本位制。1948 年 12 月 8 日党中央机关报《人民日报》发表社论《中国人民银行发行新币》。社论声明人民币"与金银完全脱离关系"。我国金融学奠基人、现任中国金融学会名誉会长黄达指出:"人民币采取的是不兑现的银行券形式。人民币从未规定过含金量。而且在 1948 年底关于发行人民币的一篇社论中明确申明,'解放区的货币,从它产生的第一天开始,即与金银完全脱离关系。'"①关于当时党中央决策的过程,可以参见石雷同志记录时任中国人民银行总经理南汉宸回忆的文章《人民币为什么没有实行金、银本位制——回忆筹建中国人民银行片断》(刊载于《金融与经济》1987 年第 7 期,可以在网上检索到)。

现任中国人民银行副行长易纲所著的《货币银行学》是这样表述的:"现代社会中的纸币一般是法币。法币是由政府用行政命令发行,在商品交换中必须接受,并且不能换成贵金属的纸币。我国现在大陆用的人民币是法币。"②《辞海》"人民币"条目的表述是:人民币是"中华人民共和国的法定货币,……禁止金银、外币在市场上的流通,……使人民币成为中国唯一的统一的货币"③。中国大百科全书"纸币"条目指出:"人民币也是一种不可兑换的信用货币。不可兑换的信用货币是以国家的信用作担保。"④

我国的法律更是对人民币作了明确的规定。《中华人民共和国中国人民银行法》第十六条规定,中华人民共和国的法定货币是人民币。根据《中华人民共和国中国人民银行法》制定的《中华人民共和国人民币管理条例》第二条,"人民币,是指中国人民银行依法发行的货币,包括纸币和硬币"。

历史事实和现行法规都充分表明了人民币就是货币,根本不是什么"代表"和"符号"等二流角色,人民币的法定货币地位不容置疑。

三、人民币在国内执行货币的全部职能

认为"人民币不是货币"的人还有一条重要的理由:货币有五个职能,按照传统理论,纸币只能代表金银货币充当其中的流通手段和支付手段,不能执行价值

---

① 黄达:《金融学》,中国人民大学出版社 2003 年版,第 53 页。
② 易纲:《货币银行学》,上海人民出版社 2006 年版,第 27 页。
③ 辞海编辑委员会:《辞海》,上海辞书出版社 2009 年版,第 1883 页。
④ 中国大百科全书编委会:《中国大百科全书》(第 28 分册),中国大百科全书出版社 2009 年版,第 400 页。

尺度、储藏手段和世界货币的职能。金银货币作为价值尺度、贮藏手段和世界货币的功能,纸币无法取代。事实上,传统理论说的也是金本位制下的纸币,与纸币本位制下的纸币无关。

1987 年 4 月 25 日《中华人民共和国国务院关于发行新版人民币的命令》规定:"新版人民币(笔者注:指第四套人民币)发行后,与现行人民币(笔者注:指第三套人民币,使用至 2000 年 7 月 1 日停止流通)混合流通,具有同等的价值尺度和流通、支付、贮藏手段的职能。"1999 年 6 月 30 日《中华人民共和国国务院令第268 号》规定:"责成中国人民银行自 1999 年 10 月 1 日起陆续发行第五套人民币。……第五套人民币发行后,与现行人民币混合流通,具有同等的货币职能。"由此可见,传统的观点不符合人民币的现状,与我国现行的法律法规相冲突。

至于说到世界货币,应该承认黄金仍然是多数国家的重要储备,而人民币确实至今还遗憾地不能算是世界货币。但这并不能作为纸币不能执行世界货币职能的理由。2003 年时任中国人民银行行长助理的肖钢曾指出:"牙买加协定是黄金非货币化的真正开始,自此以后在各国汇价的决定中,黄金已不再发挥作用,黄金储备也不能直接作为支付手段平衡国际收支差额。……黄金的国际货币地位趋于消失,美元在诸多储备货币中仍居主导地位,此外,特别提款权和欧元、日元等货币的储备货币地位也在提高。"[①]肖钢提到的特别提款权(SDR)是国际货币基金组织(IMF)创设的一种储备资产和记账单位,采用一篮子货币的定值方法。货币篮子每五年复审一次,以确保其中的货币是国际上通用的代表性货币。目前纳入 SDR 的是四种货币,其中美元权重占 41.9%,欧元占 37.4%,英镑占 11.3%,日元占 9.4%。国际上公认被纳入 SDR 的货币就是世界货币。因此"纸币无法取代金银执行世界货币的功能"也不再符合当今世界现实。

一国的纸币要成为世界货币,需要经过支付结算货币、交易投资货币和储备货币三个台阶。去过东南亚地区旅游的人都知道,在那里用人民币作支付结算已经没有问题。我国与其他"金砖国家"以及签订"货币互换"协定的一些国家,相互间也已经开始部分直接使用本国货币进行贸易结算。这与当年我国与苏联虽然是同属社会主义阵营的兄弟国家,相互间的贸易也要使用瑞士法郎作为记账货币结算,已经完全不可同日而语。

---

① 肖钢:《中央银行服务与百姓生活》,中国金融出版社 2003 年版,第 121 页。

　　一国货币成为交易投资货币则要求该国货币可以自由兑换,人民币正在逐步做到这一点。最近总部设在上海的金砖银行成立,我国带头发起成立亚洲投资银行,香港、伦敦、法兰克福等地纷纷建立人民币离岸交易中心,QFII(合格境外投资者)、RQFII(人民币合格境外投资者)以及"沪港通"等都是人民币成为国际交易投资货币的重要进展。

　　至于储备货币,那就要其他国家心甘情愿地将你的纸币作为本国的国家储备。目前明确将人民币纳入国家储备的虽然还只有尼日利亚一家,但是正如央行行长周小川在 2014 年 10 月 IMF 和世界银行秋季年会期间所说的,一些国家将人民币作为储备货币已经有几年了,只是"还不愿意说出来"。人民币成为国际货币的标志性事件将是人民币被纳入 SDR。[①] "欧元之父"蒙代尔已经提议人民币应当进入 SDR,占权重 10%。一旦实现,人民币将成为无可争议的"硬通货"。随着我国国力增强、人民币表现坚挺,人民币国际化进展顺利,成为世界货币是迟早的事情。断言人民币将来也不能成为世界货币,岂非妄自菲薄、自废武功、长他人威风灭自己志气!

四、黄金有价恰恰说明它不再是货币

　　认为人民币仍然是黄金的代表和符号的人还有一个理由,即世界上各大银行每天都要公布纸币与黄金的比价,说明纸币的币值还是与黄金挂钩的,还是黄金的代表和符号。这恰恰是一个误解,货币执行价值尺度就是以自身作为"砝码"去表现别人的价值。现在黄金被货币标价,货币才是"砝码",黄金已经不再是货币了。

　　一种货币取信于民靠的是币值稳定。纸币要做黄金的代表就得"表里如一",就得"锚定"黄金,两者实行固定的兑换比率,或者至少只能允许在极小的范围内波动。1 盎司黄金和美元的比价自从布雷顿森林体系破产之后,一直大幅波动。金价经历了大约十年的上涨期,于 1980 年抵达巅峰的每盎司 860 美元。此后 20 年的时间里金价一路下行,直到世纪之交的 250 美元左右。新一轮黄金牛市始自"9·11"事件,2008 年美国金融危机爆发后金价更是牛气冲天,2011 年 8 月抵达 1920 美元高峰,可是 2014 年 11 月却又跌回 1167 美元。金价大幅波动更加说明

---

　　① 　人民币于 2016 年 10 月 1 日被纳入 SDR 货币篮子。

黄金已经不再是货币了。

再说,银行每天公布的不仅仅是货币与黄金的比价,还有与外汇的比价、代理交易的国库券价格、基金的价格等;即使是贵金属,也还有与白银的比价、铂的比价、钯的比价,有些国家还有与钻石的比价。这样纸币岂不是得当"四个代表""N个代表"了吗? 银行交易黄金,只是说明黄金还有金融属性,仍是一种金融资产和投资工具而已。

行文至此,笔者以为,人民币是不是黄金的代表和符号的问题已经没有继续讨论的必要了。顺便想提醒的是,我国正在大力建设法治社会,思想政治课的教学内容不能与我国现行的法律法规相抵触,这是广大教师必须谨守的最基本的底线。

编者工作通信摘编

编者按：在教材编撰过程中，在编撰者、编撰者与联络员、编撰者与教材责任编辑、编撰者与读者之间有很多通信。这些通信显示了教材编撰工作的研究性。同时，还从一个侧面反映出工作的繁重与紧张、和谐与愉快的节奏。以下是部分（按时间顺序）具有代表性的通信。

吴铎给刘芳的信

小刘：

我在撰写高二前言的"教学参考"时，感到"在实践中提高思想政治素质"（第三框题的第二目）下的第一、第三两个标题文字都有些问题。但是，我这里用的是送审稿，不知后来是否已经修改。

我将两段原稿和我的修改意见一并发给你，请你和小任研究一下。如果需要，再问老李的意见。要是已经改好，那就作罢。

两段文稿如下：

第一，激发对待政治生活的态度，……激发……态度，搭配不当。"态度"应改为"热情"。"态度"后的"，"应改为句号，与后面两点也一致起来。改句号以后，下面的文字也要再适当修改。

第二，努力提高思想政治素质。这个题目与第三个框题几乎雷同，同义反复。最好改为"努力学习政治科学知识"。

清样出来了吗？麻烦你们校稿时仔细斟酌一下。

谢谢了。

吴铎　2005-07-19

吴铎给叶伟良等的信

小叶、老李、小吴、小刘、小任：

初三第六课，我修改了一遍。第三节重新写。

老李修改很精心，谢谢。对老李修改的少数地方，我有一些意见，为了看起来方便，我都注明在原稿上了。灰色表示删除，黄色表示需要斟酌，土黄色字是说明性文字，红色字是我加上或修改的。

关于课题，现在这样修改后，课题很难全面照顾。"走向世界　兴我中华"，感觉是一开始就是讲"走向世界"，与第一框讲"振兴中华……"不吻合，接不了上气；倒过来，"兴我中华　走向世界"，也不行，与第三框不吻合，接不了下气，而且落脚在"走向世界"，感觉没有结束。因此，我想只得忍痛割爱，将"走向世界"从标题取下，改为"兴我中华　奉献青春"。这样，从全局上看比较好一些。

因为送审的时间比较紧，请你们拿定主意就行了，最后由老李定稿，不必再征求我的意见了。

稿件由网络传送，排版上可能出现误差，还烦请小任排版时多多费心。

吴铎　2006-10-04

吴铎给李春生的信

老李：

你辛苦了。你们最忙的时候，我不能参与，实在感到内疚。只能在今后的工作中弥补了。

我因为只看到"说明"中课和节的标题，所以提出了"保留第一目"的问题。

"人生价值观"问题，本来有两种处理方法。有的作为价值观的内容讲，有的作为人生观的内容讲。到底放在哪里讲方便教学，以后最好听一听教学一线老师的意见。你将这一内容调整到价值观部分，如果审查组没有意见，这样处理也是可以的。

望保重健康！

吴铎　2006-10-27

刘芳给吴铎的信

吴老师:

您好! 今天上午在网上眼巴巴地等了好半天,也没有看到您上来,大家都很遗憾,我们几个人把高中和初中的教材都讨论了一下,现在大家委托我给您汇报:

关于高中第六课,大家觉得第三框还是和第五课有交叉重复的地方,虽然在语言上避免了重复,但老师教学中难免还是会出现内容交叉。因此,我们几个臭皮匠(还包括李老师这样的大师,呵呵)讨论了好长时间,觉得第六课第三框是不是可以结合高三学生所面临的人生选择来写,用世界观、价值观、人生观的知识来关照学生的人生道路选择,如何选择职业、如何看待人生道路上的挫折等。作为整个哲学教学的尾声,这一节的改动大家一致认为应该由您亲自动手才行,嘻嘻。

如果您上网,请与我们联系,我们可以向您汇报详细的情况。

祝好!

刘芳　2006-10-15

吴铎给刘芳等的信

小刘并各位:

信收到。

你们的意见是对的。我一开始写就与周老师联系分工,但写成以后还是有交叉重复。人生价值观是价值观的一部分,讲价值观总会讲到人生价值,而讲人生观也难以避免讲人生价值。

我现在考虑修改第六课第三节的标题,直接讲人生观,而不以人生价值为主题。修改后的结构:

第三节　树立正确的人生观

一、人生与人生观(基本上是原来的内容)

二、努力培养正确的人生观

三、正确选择人生道路(新写,注意针对性)

人生价值问题虽然很重要,但在课题上不出现,内容点到为止。

如果对这个提纲有意见,请及时告诉我。

另外,我觉得针对性应是内涵的,话不要说得太白。如初三,"立志报效祖国"，奉献青春，就有针对初三学生的意思。如果针对得不够，可以加强；但是，话不要说得太白。一来是教材，不要与毕业教育重复；二来不要留下"说教"的话柄，给教师留点空间，有些话在教学中讲比直接写在教材上好。

请各位斟酌。

吴铎　2006-10-16

吴铎给李春生的信

老李：

我在网上搜索了一本关于"政治参与"的书的目录，可惜未见到内容。这个问题确实有一定难度，我们现在有点骑虎难下。关于依法监督和法律保障问题，我调整了一下，供你参考。关于选举，我没有好办法，没有动，但是总感到是个问题，你还有什么好办法处理吗？

如果要动"大手术"，可以考虑：

第一节　政治参与的原则和意义

一、什么是"有序的政治参与"（这一部分需要新写）

什么是"政治参与"，什么是"有序"，为什么要"有序"。

二、政治参与的原则

三、政治参与的意义

政治参与的形式与第二节合并，选举集中讲。政治结社可以精简后放到"什么是政治参与"中讲；关于政治表达可以分散到第二节特别是政治监督部分讲。

这样，第二节的题目简化为"政治参与的渠道"，第三节的题目简化为"政治参与的条件"。

这只是说说，大动干戈时间恐怕也来不及。

吴铎　2007-11-23

李春生给吴铎等的信

吴铎教授，叶伟良老师，教材编写组各位老师：

根据修改后的高二《思想政治》第二册教材（复核稿）的内容，我对第七课和第八课的"教参"进行了梳理和修改，着重注意贯彻落实党的十七大的有关精神。现发去,请审阅。在这两课"教参"的编写体例上,我把第六部分"教学参考资料"分成两个部分,一是参考资料摘录(原来的教学参考资料的内容),二是学习文献与有关参考资料索引。这样编写,不知可行否? 请酌定。我 12 月 4 日至 5 日,去市教委教研室参加青年教师教育基金科研项目评审,12 月 6 日去外地参加市教委有关部门召开的一个会议,16 日返回上海。因此,教材编写组的高二《思想政治》第二册教参统稿会议我难以到会。特在此请假。

李春生　2007-12-03

李春生给吴铎的信

吴铎教授:

关于 3 月份教材送审时间,经与课改办黄晓燕老师联系,课改办同意我们教材编写组的意见。经与课改办商定的教材送审的具体时间安排如下:

六年级、七年级、八年级《思想品德》第一册(改错)书稿,3 月 7 日送审。

高一、高二《思想政治》第一册(按十七大精神作局部修改)书稿,3 月 31 日送审。

九年级《思想品德》、高三《思想政治》第一册(大修改)书稿,3 月 31 日送审。

九年级《思想品德》、高三《思想政治》教学参考书第一册书稿,待教材初审后,按审查意见进行修改后同教材修改稿一起送审。

关于思想品德课、思想政治课教学贯彻十七大精神的指导意见,根据教育部颁发的指导意见的内容和编写体例,按照您提出的贯彻十七大精神的两份建议,我撰写了一份《关于思想品德课、思想政治课教学贯彻十七大精神的指导意见》(讨论稿),内容包括编写说明,总体意见,高二、高三思想政治课教学贯彻十七大精神的意见。现发去,请审阅。不当之处,望指正。

关于高一思想政治课贯彻十七大精神的意见,叶伟良老师正在撰写中。这一部分内容写出后,即发给您审阅。

春节即将来到,向您拜个早年。祝您和您的全家新春愉快、身体健康、万事如意!

李春生　2008-01-30

李春生给叶伟良的信

叶伟良老师：

您撰写的关于高一思想政治课教学贯彻十七大精神的指导意见已阅,遵嘱作了一些文字修改,供参考。

现将《关于思想品德课、思想政治课教学贯彻十七大精神的指导意见》(修改稿)全文发去,请阅。其中,总体意见部分,根据吴永玲老师的建议,对"构建社会主义和谐社会"的教学提示,增写了一些关于初中思想品德课教学的建议。请阅后对修改稿进一步加以修改。

考虑到总体意见中已包含了对初中思想品德课教学贯彻十七大精神的意见,根据吴永玲老师建议,在第二部分中,不再另外单独编写"初中思想品德课教学贯彻十七大精神的意见"。

此电子邮件,同时抄送吴铎教授。请吴铎教授阅后对修改稿进一步提出修改意见。吴铎教授的拜年邮件已收到,谢谢。

新春佳节即将来到,祝新春愉快、身体健康、全家幸福、万事如意!

李春生　2008-02-06

吴铎给刘芳、任黎星的信

小刘、小任：

高三(一)教参稿件昨天已发给小刘,请小童尽快做编辑加工后打印 3 份。

初三(一)教参稿件今天寄给你和小任,请小任尽快做编辑加工后也打印 3 份。

这两个年级的练习部分,经小吴和小刘日夜加班,也已成稿。

因此,我初步考虑 5 月 30 日(周六)加班一天,分工审阅这 4 本书稿,当场修改定稿。争取 6 月 2 日最迟 3 日送审。

我们不能再拖延了!

吴铎　2008-05-28

李春生给吴铎等的信

吴铎教授,叶伟良、吴永玲、刘芳老师：

你们好! 我已出院一个星期,衷心感谢你们对我的热情关心和多次问候。经过一段时间的休养和调理,我的空腹血糖已在正常范围。根据教材编写组的《自评报告》,正在考虑《思想政治》《思想品德》成套教材修改有关内容的调整问题。现将我初步考虑的高二、高三和九年级教材内容的调整意见发去,供你们研究参考。

李春生　2009-08-01

吴铎给李春生等的信

春生并各位好朋友:

我们已正式进入整套教材修改工作。现将我整理的"修改意见"按高、初中大致分类,寄给各位参阅。这些意见我没有系统梳理,可能会有交叉、重复,就请各位按自己分工修改的需要,各取所需了。

有请每位同志都按自己负责修改的各课,按课先将意见整理一份完整稿,我们汇集起来就是一份整体的"意见汇总稿"。这件事虽然麻烦一点,但价值很大。

第一,先全面整理意见,我们的修改工作就有了具体依据,心中有数。

第二,我们接受哪些意见、做了修改,哪些意见没有接受、没有修改,一目了然。以后写送审报告就有根有据,有说服力。

第三,具有文献价值。我们工作结束时,也可作为一笔财富留下,可能继续发挥示范作用。

可否?

吴铎　2011-04-08

刘芳给吴铎的信

吴老师:

我做的教材插图汇总表,还未完成,见附件。您看这样可以吗?

谢谢。

刘芳　2011-10-28

吴铎给刘芳的信

小刘:

很好,希望做完后发我一份。谢谢!

吴铎　2011-10-31

413

吴铎给任黎星的信

小任：

请阅附件。

吴铎　2011-11-17

附件：

高二第二学期第 38 页："中国各民族一览表"下的文字修改为：

中国的少数民族人口持续增加，占全国人口比重呈上升之势。各少数民族人口数量相差较大，如壮族有 1700 万人，而赫哲族只有 4000 多人。（见国务院新闻办公室 2009 年发布的《中国的民族政策与各民族共同繁荣发展》白皮书。）

吴永玲与吴铎等通信

两位领导、专家：

刚刚刘芳把拓展课提纲发给我了，现在五个专题都收齐了，请你们审阅。看完后有什么意见写在上面。谢谢你们。

小吴

小吴：

这次拓展课的送审提纲，要求按哪种模式？周旭东模式，还是三级提纲模式？需要统一成为一体。

吴铎　2012-12-02

吴铎给吴永玲的信

小吴：

谢谢你的关心。我们回家打车很方便，就不劳驾了。我们在深圳过得不错，天气暖和，对庄老师康复十分有利。深圳虽好，终非居家之所。尤其就诊还得依赖上海。我们已决定 2 月底打道回府。

利用假期，我将审查组对九二的再复审意见仔细琢磨了一遍，感到多数意见还是有道理的。当然，也有一些值得商榷的问题。我正在全面修改，元宵节将修改意见稿寄给你们，请你们再认真斟酌。插图有劳小刘尽力。我印象中，宪法宣传、公民权利和义务都有宣传画（或照片），可选一些有代表性的，以生动形象地说明课文。

我们需要安排一次讨论会。3月2日以后的一周,我都没有安排其他活动。请你协调一下会议时间。最好一整天,实在有困难就加一次班。我们这一稿一定要细细推敲。具体时间尽量赶前,时间已经很紧迫了。

修改意见稿也会发给春生。春生能否参加会议,视健康状况而定,绝不能勉强。若不能与会,将主要意见用书面或口头(电话)的方式给我也行。

祝你以及各位元宵节快乐!

吴铎　2013-02-20

吴铎给李春生等的信

春生并各位:

现将关于成套教材(九二)再复审意见的回复稿寄给各位。除个别意见还需研究外,能回复的都回复了。大致分为三类:需要修改的、能够修改的,修改的文字都写出来了;不宜修改的、难办的,都做了说明;还有几处存疑,需要研究的。我尽力写得详尽一些,便于我们讨论时研究,可以节约一点时间,提高效率。

请各位对照教材和我的修改,仔细琢磨一下。

插图问题,还需要小刘多多费心,尽可能完美一点。

春生能否参会,以健康状况为第一原则。小叶这次最好能与会。如果不能与会,也要将我草拟的回复仔细琢磨一下,看看是否妥当。

辛苦各位了! 3月5日见。祝各位元宵快乐!

吴铎　2013-02-22

吴铎与刘芳通信

小刘:

谢谢你的关心! 接车真的不用劳驾。即使告诉你车次,晚点常有的事。来深圳就晚了一个半小时。届时,接人者急,被接者同样急,都苦。

中共中央党校出版社出版的《〈公民道德建设实施纲要〉学习问答》这本书,麻烦你找到纸质版。回答审查意见需要查实一句话的所在页码。

3月5日见,我们又团聚了,真高兴!

元宵快乐!

吴铎　2013-02-22

吴老师：

邮件收到，昨天我和小吴老师在一起，我们对了一下时间表，决定3月5日碰个头。除了初三修订教材以外，还有2013秋季用书的重印审读。我们出版社正在组织编辑审读，但还得请您审定。

有了上次虹桥站等出租车的经历，知道在火车站等出租车是一件不太容易的事情，庄老师身体不太好，您不要客气，把车次和到站时间告诉我，我来安排接站。万一我自己不能接，我看看能不能叫社里的车去。

祝元宵节快乐！

刘芳　2013-02-22

吴铎给李春生的信

老李：

昨天的会议开了一天。研究三个议题：

1. 贯彻十八大精神。每人做了汇报，文字稿会后发给我，我整理后再给你。

2. 课标一、二级主题及内容要求调整问题。少数有所调整，周寰负责整理。

3. 拓展课问题。五个专题没有变化。你新草拟的"发扬人民民主"专题，大家觉得深了一些，认为还是回到"扩大基层民主"比较好。这一内容在基础教材部分只要提到即可，放到拓展课分析。如果按照周寰的意见，拓展课的相关专题，分别置于三个年级基础课教材之后合为一本出版（即每个年级基础课教材后均附有拓展课相关专题），小叶提出的问题也就不存在了。这个问题可能还需要课改办定案。

望保重。问夫人好！

吴铎　2013-06-30

编者读者通信摘编

吴铎、秦璞通信

吴铎教授：

我是秦璞。每次遇到您,总得到您的鼓励,十分感激,特别是上次您鼓励我讲真话、对高中教材修改作贡献,并说这才是对你们的尊重,更感到您的宽广胸怀。作为大学教授,您为中学政治课耗费了毕生的精力,这是中学政治教师都应当铭记在心的。中学政治教材比任何教材都难编写,但您至今还战斗在第一线,还在探索新的改革,令人钦佩。

我在中学政治教学第一线已有 34 年,也经历过许多次教材改革,深感一本理想的教材对教学、对教师的重要性。我早就想对此发表一些看法,但由于水平不够,时间不够,始终没能够作较系统的研究。听说,教材目前正在进行修订,以后还会重新编写,我想借此机会将我平时在教学中的感悟写出来。昨天看到同济一附中老师写的对教材的建议和意见,知道你们已经在向一线教师征求意见,不少意见和我有相同或相似之处,说明一线教师遇到的问题也差不多。

我想从现在开始,把我在使用现行教材过程中所思考的东西分篇整理出来,有的属于理念问题,有的属于具体表述问题,有的是理论探讨。

今天将思考的第一篇发给您,主要是涉及一些理念问题,匆匆写成,不当之处恳请吴教授指正。以后将陆续把我对一些章节的具体想法写出来。

秦璞　2010-03-23

秦璞老师：

信和意见收到,十分感谢!

你的意见我们会认真、深入研究,也愿与你一起探讨。让我们共同为中学思想政治课教材建设贡献一份力量。

吴铎　2010-03-23

吴教授:

前一时期我去忙别的事情了,思考笔记暂时停下了。这两天,我想再开始这件事。吴教授上次希望我为高三的政治常识写个授课计划,我初步思考了一下,草拟了前言、5个单元和30个主题,按照这30个主题,我又写下我在政治常识教学中的困惑或建议,供教材编写者参考。这次写了第一单元的一部分,以后再逐步写下去。同时,对一些难点问题,极希望得到专家的点拨。

我并不认为自己一定是对的,但是希望开展一些学术争鸣。

秦璞   2010-07-01

秦璞老师:

《思考笔记》(6)收到,十分感谢!我正在研读。我们修改高三思想政治课教材时,一定会认真研究你的意见,需要时我们会请你共同讨论。

天热,注意身体健康!

吴铎   2010-07

吴教授:

谢谢你们的鼓励。今天写了思考笔记(七),请指教。

在《思考笔记(6)》刚发出后,便意外看到了教材编写组6月30日的《整套教材:修订方案(送审稿)》,虽然我不是审稿者,但由于目前也正在对此作思考,因此也认真阅读了。我将另外对这个文件提出一些不成熟的意见。这里只想指出,在该文件86页上提到"根据高三年级一个半学期的教学时间安排……",这正是我担心的一个问题。高三年级没有一个半学期的教学时间,只有一个学期的教学时间,因为高三下学期3月底就要举行学业水平考试,内容是三个年级全部内容,需要一定的复习时间。我目前设想的30个主题,正是企图要适应这种情形,否则又会给教学带来麻烦,教师可能会赶进度来留出复习时间,使德育目标落空。

我不知道现在修改教材的进程究竟如何,也不清楚我做的事是否和整个修改工作合拍。无论怎样,我把我的思路理一遍,自己也感到很愉快。关于按劳分配为主体的问题,关于工人阶级领导问题,我还在进一步思考,发现自己也有不合理之处。我不相信矛盾不能解决,不过需要观点碰撞,而不是掩盖矛盾。

秦璞   2010-07-09

秦璞老师：

笔记(七)收到。谢谢！

关于"高三年级没有一个半学期的教学时间，只有一个学期的教学时间"问题，我们教材组也多次讨论。这次全套教材修改意见的安排，实际上也是为了进一步听取意见，并不是定论。这个问题有各种不同视角，有一定复杂性。你的意见我们也会反映。

你以及许多老师关于精简内容的意见，我们也认真考虑了。特别高三的内容，有较大幅度精简。修改方案上做了说明。

再次谢谢你！

吴铎　2010-07

尹城乡与一位读者通信

上海教育出版社政治编辑室：

在高一《思想政治》的教学中，有三个问题，请转编者给予解释。问题一：第六课国民收入初次分配与再分配的划分依据是什么？问题二：第七课关于《国民财富的性质和原因的研究》的英文书写中的"Couse"一词是否有误？问题三：利率是否属于货币政策工具以及教材正文为何不出现基准利率概念？

高一《思想政治》一教师

政治编辑室并请转读者：

十分感谢您对教材的关心和对我们工作的帮助。下面就来信中提出的三个问题回复如下：

1. 关于国民收入初次分配与再分配的划分依据(第六课)

我国社会主义市场经济体制建立和完善的最重要标志，就是市场对生产要素的配置发挥基础性和决定性作用。与此相关联，凡是通过向市场提供某种生产要素而获得的收入，都被划为初次分配范畴，工资收入、管理收入、技术收入、资产收入、土地收入等都属于初次分配。除此之外的非市场性分配则被划为再分配范畴，税收、社会保障等都属于再分配。初次分配是市场行为，再分配则主要是政府行为，这是两者的区别所在。这一点在《中共中央关于全面深化改革若干重大问题的决定》第(44)条中有明确反映："完善以税收、社会保障、转移支付为主要手段

419

的再分配调节机制,加大税收调节力度。"请注意,这里的"税收"是个全称概念,包括所有的税目税种。

在以往的专业词典和教科书中,把国有企业的生产性税收列为初次分配,而将流通税列为再分配,这种观点是计划经济时期的产物,现已不足为训。

2. 关于"国民财富的性质和原因的研究"英文书写(第七课)

由于疏忽,《国民财富的性质和原因的研究》的英文书写 An Inquiry into the Nature and Causes of the Wealth of Nition 中的 Causes 被打成了 Couse,造成了一处书写错误。在此致以歉意。

3. 关于利率是否属于货币政策工具以及教材正文为何不出现基准利率概念(第七课)

在我国,利率被作为货币政策工具是法定的。《中国人民银行法》"第四章业务"第二十三条中关于"可运用的货币政策工具"下面,明确列有"确定中央银行基准利率"这一条。至于教材正文只出现"利率"概念而没出现"基准利率"概念,是从学生的可接受性角度考虑而定的。为了照顾不同学习层次的需要,教材在同一页开了一个"知识窗",介绍了我国利率市场化进程,也介绍了央行的基准利率与商业银行实际利率之间的联系。

编者 尹城乡

黄老师、刘芳通信

尊敬的刘老师:

您好! 首先感谢您百忙之中还主动打电话给我!

我是本市的一名初中思品教师。在几年的教学实践过程中,我对教材产生了一些想法和建议,当然我的一己之见并不成熟也不一定妥当,希望你们能多多包涵和谅解! 希望你们能多给我一些宝贵的意见! 很希望能在你们的帮助下,可以让我消除不知是该有还是不该有的一些教学上的困惑。

先谈谈我对"思想品德"这四个字的理解:我认为我们这门学科,学生应先有自己的思想,再有自己的品德。教材也好,教师也好,目的是帮助学生先培养独立思考分析的能力,在自己的思考和感悟中形成相对固定的思想认识或观点,思想认识通过言行举止、待人接物表现出来即为品德表现。思想是我们个人内在的觉悟程度,品德是思想的外在表现,通过言谈举止和待人接物表现出来,可以被他人感受到,可以被别人来评价。

下面,就让我来说说我的一些具体的想法和建议:

能否把教材内容改为一篇一篇具体、生动的故事或实例,只需要纯粹的故事,不需要总结性的文字和对故事观点已进行了提炼和评价的词句。

具体思路和解释:课文可以是一则则传统美德故事,也可以是当今社会上的真实感人的人物实例,还可以有少量的反面的,但能给人以警示的故事或真人事例。每篇文章最终要得出的观点在教材中不宜直接给出,可以在教师的教参中列出观点结论。而教科书应留给学生自己思考和感悟的空间余地,由学生自己思考分析后提炼得出观点为佳。这样有利于培养学生独立思考的能力,也符合学生求知和思维的逻辑结构。每篇课文后面建议增加一些空白的画线,让学生在课堂学习和思考的过程中当场写下对本课内容的理解和感悟,想到几条就写几条,同时还可以记录下其他同学以及老师的可取观点。

现行的初中教材,从六年级到九年级,教材黑字都是一味先直接印上观点或结论(九年级的见建议二),然后再进行一些理论上的补充解释等。我觉得这样不太符合学生的认知规律,因为学生的主动思考的思路已经被教材框住了,就算要独立思考,也早就被束缚住了思想的自由,因为思考所要得出的结论早已在教材上都写出来了,所以感觉这种教材的编排没有给学生主动思考的空间、余地和乐趣。

例如,七年级上册 P41 页,黑体字已写出父母培育子女付出的辛劳,我的思路就是建议不要写出这个结论,先由学生阅读课文,课文可以为一篇感人的文章,里面以学生的口吻描述着父母如何辛苦、如何具体付出,然后再由学生自行感悟,得出文章用意是让大家体会出父母培育子女很辛苦的结论。在学生产生共鸣后,再具体介绍一下自己的父母为了自己又是如何辛苦、如何付出的,在此基础上,再进一步上升到学生应意识到要懂得知恩和报恩。

我认为初中生对外界的认识和了解大多是从感性认识开始,再上升到理性认识,然后再由理性认识来指导感性认识。而教材早早便自行把理性认识都全盘托出了,我感觉这已经"剥夺"了学生主动思考的权利和乐趣了。教学双方都在按部就班之间,师生整堂课都没有经由主动思考从而得出结论的收获和喜悦感。上课似乎只是为了早已存在的、无须经过思考而得出的结论而刻意举例、证明和讨论罢了，根本就谈不上主观能动性了。

教材内容如果一时不可能大动，那就只能小动一些了。

例如：七年级上册P2，建议黑体字"家是我们温馨的港湾"改为"家是我们必要的依靠"，因为现在的家庭不一定都温馨，有的离婚家庭的学生心中对家会有隐隐的痛。

P7　书上只写道"良好的家庭教育是一个人茁壮成长的重要条件"，那么，如果一个家庭的教育是负面的，对孩子的成长十分不利的，如家长只顾自己搓麻将甚至赌博欠高利贷之类的，孩子又该用什么心态来面对呢？建议教材要从多角度来分析说明问题。

P23　生命的诞生是艰辛的，从孩子的好奇心出发，孩子会问自己是怎么被生出来的，如顺产具体是怎么生的。不知这样的问题是留给家长回答，还是思品老师回答？还是生命科学的老师来回答？

P40　操作平台上问"爸爸妈妈每年花在你身上的开支有多少？"，建议改为"爸爸妈妈每年花在你身上的开支占家庭年总开支的多少比例？"因为说金额容易导致学生的攀比炫耀心或自卑心，隐隐中伤害了家境并不好的学生的自尊心。

……

和您通了电话后，再加一个建议吧：就算是黑体字罗列，是否可以直接用中华传统经典词句：如七年级可以用——百善孝为先、家和万事兴、家家有本难念的经、一寸光阴一寸金、寸金难买寸光阴、远亲不如近邻等。八年级可以用——己所不欲，勿施于人；勿以善小而不为，勿以恶小而为之；等等。

不好意思，我就暂时先提这些吧，给你们添麻烦了，谢谢！

一位思品教师

2013-10-11

尊敬的黄老师：

您好！谢谢您对我们教材的关注。您对教材和教学的深入研究以及对学生发展的充分关注，让我们感动。

您提出的大部分问题，我昨天在电话中已经回答，这里就不再赘述。

您在建议中提到的中华传统经典词句，现在的教材中选用了部分，以名人名言的形式呈现,相信您已经注意到。我会将您的邮件转给教材主编,现在正在进行教材大修订,教材编写团队会充分考虑您的建议,广泛征求意见。

祝

秋安!

上海教育出版社

刘芳

2013-10-12

子长学校给刘芳的信

我将新教材《第六课　自尊自信　磨炼意志》的内容试着投放到学校六(1)班同学当中,听取他们的意见,看看他们的反应。下面,我将学生们的一些看法作如下归纳:

一、学生认为新教材成功之处

1. 四个主题贴近学生生活实际,而且有针对性,能引起同学的注意,能激发学生的学习兴趣。

2. 彩色的版本,再加上彩色的插图、小故事、小诗和小游戏,较大地增强了政治教材的可看性,提高了同学们的学习兴趣。

3. 每页都有名人名言,同学们觉得可以积累更多的知识,扩大课外文学知识。

4. 在教材中,有同学和名人的亲身经历,学生们觉得这些能让同学认识自己的错误或缺点,能起到教育作用。

5. 教材中的"说说做做园地",形式十分新颖,内容也是同学们喜欢的。

二、学生对新教材提出的建议

1. 再多些漫画或插图,插在文章重要观点的适当位置,与主题中的观点相衬,应该会有更多的同学被吸引,而且印象更深。

2. 每页的名人名言,最好再注明国家、朝代。

3. 教材中的故事有些过于陈旧,希望能有一些贴近现实生活的故事,写一些符合孩子心理的事例,或找一些类似 APEC 会议或其他大事件中的学生的事例。同时,有些同学提出是否可以再增加一些例子。

4. 可以有些实践操作的题目,设计一个"操作平台"栏目。例:讨论一个问题,可以让同学们到社会上作调查,这会让同学有趣而深刻地了解社会现实。

5. 建议标题和名人名言外边框用花边勾勒。

三、附上两段同学的原话

郭巍巍同学写道:"每张纸上都是彩色的,里面加了可爱的卡通插图,使同学学习时觉得更加有趣。有些地方有小诗、阅读与感悟、小游戏等。这些小花絮给书本增添了不少乐趣。教学主题贴近学生生活,能激起学生的学习兴趣。"

吕颖杰等五位学生提出:"插图能否多一些? 精美的插图和小故事相融合,便于理解,能引起学生对文章的兴趣。"

刘老师:我觉得六年级学生的心理还是比较稚气的,所以,提出的建议可能未脱离小学生的气息。甚至,有的学生还把小学生的思品课与初中政治教材比较,觉得小学的教材比较形象、生动。

以上信息仅供参考,不一定有价值。

上海市子长学校　2003-01-02

吴立宏给教材组的信

思想政治课教材编写组的各位老师:

7月18日会议后,我在当天讨论的基础上作了一些思考,提出了一些与现实经济生活相关的话题,并且初步思考了这些话题与我们现有的《十年级教材知识点初稿》的关系,草拟了可以拓展的知识,设计了一些学生活动。

因家中有一些私事,未能尽快成稿,直到28日方才落笔写作。成文仓促,疏漏之处在所难免,尚待方家斧正。

顺颂

编安!

卢湾区教师进修学院　吴立宏

2003-07-31

附:经济话题及相关知识点(3400字,略)

对"肯定"和"批评"的思考①

　　《当代学生》杂志以"新理念　新教材　新体验"为题,报道了一线师生对本市"二期课改"新编《思想品德》和《思想政治》课本的反应。《当代学生》为支持《思想品德》和《思想政治》课程的改革,做了大量的工作,发挥了重要的作用。这次深入报道在学生、教师与编者之间架设了一座互动的桥梁,形式新颖、寓意深刻,定将对学校德育课程的建设和改革起到重要的促进作用。

　　一线师生对改革的进展表示肯定,将坚定我们继续深化改革的决心和信心。肯定的方面主要是以下几点:

　　"二期课改"的先进理念得到了很好的体现,教材的内容更加贴近现实,贴近生活,贴近学生的实际,可读性增强,学生更容易接受和参与。内容编排图文并茂,栏目形式多样,印刷和装帧更精美,让思想政治课变得丰富而有趣。教材生动了,课堂自然也就变得活泼起来,这也就能够有力地引导教师转变教育教学理念,改变教学方法,形成新的学生观、教学观和教育观。

　　师生给予肯定的这几个方面,并不意味着我们都已经做得很好,只是表示这些方面已经有所进展。这有助于我们明确改革的目标、坚定改革的信心。

　　一线师生对改革中存在的缺陷所提出的批评,是我们更为关注的,它必将鞭策我们进一步转变教育观和教材观,继续深化思想品德和思想政治课程的改革,提高课本的质量,让课本更好地为教学服务。师生提出的批评和建议,主要集中在以下几个方面:

　　预备班教材的内容有些简单,最好能增加一些与学生的实际生活密切相关的知识,如法律常识等。新教材太厚,内容偏多,知识量太大,这样会影响到教学的质量。关于经济制度、分配制度的内容还是有些抽象,多用一些案例和故事的形式来解说会好一些。使用新教材以后,考试的形式一直是大家关心的话题,如果

---

　　①　作者:吴铎,华东师范大学。本文原载于《当代学生》2005 年第 9 期。

能把评价机制明确下来,课堂改革就会有更大的空间。

这些意见的确切中了新课本存在问题的要害,正是我们需要继续努力解决的难题。我在感谢实验学校一线师生的同时,还殷切期望通过《当代学生》架起的编者与师生之间的桥梁,将我们共同的愿望和智慧,凝聚成推进《思想品德》和《思想政治》课程改革的力量,切实提高学校德育课程课本和教学的质量。

后　记

　　上海进入改革开放新时期后,随着基础教育综合改革的推进,中小学思想品德和思想政治课程的改革和建设迈进新阶段。特别历经"一期课改""二期课改",思想品德课和思想政治课作为立德树人的关键课程,是课改的重要组成部分,积累了丰富成果和经验,也存在值得深入探讨的问题。为了收获这一笔可贵的课程建设成果,我们组织编撰了《上海市中学德育课程建设回眸》,以作为历史借鉴。

　　本书的编撰获准在上海市教委教研室立项,得到教研室给予的编撰工作指导和出版经费支持。教研室原主任徐淀芳给本书编撰工作的计划、组织、内容等提供了指导性意见,并多方给予关心、支持。教研室继任主任王洋继续关心和大力支持本书的编撰出版工作。

　　本书是集体的劳动和工作成果。一部分文稿为编撰者所作,更多为本课程的教师和研究人员所作。选文时,主要从各个时期、各个方面的代表性考虑,基本上是在书刊公开发表的著作,也有部分调查报告、工作探究、编者读者通信等,属首次与读者见面。由于时间跨度大,极少数文稿的成稿时间未能精确标出。因篇幅所限,有的选文采取节选或略有删改的方式收入,还望作者见谅。

　　上海市普陀区教育局、上海教育出版社在"二期课改"期间是思想品德和思想政治课教材编写的主持单位。普陀区教育局长期给予教材编写工作经费支持,历任局领导给予编写组多方指导,普陀区教师学院以及院领导为编写组提供了各项工作保障条件。上海教育出版社是教材的出版单位,为教材编写、出版和本书的构思、编撰、出版提供了智力支持。

　　参与思想品德思想政治课教材审查的大学、中学和教研单位的各位专家,按照教材的审查原则,认真严肃、一丝不苟、热情支持、细心帮助,对做好审查工作,对保证和提高教材质量,发挥了把关的作用,在思政课建设的历程中,留下了浓墨重彩的一笔。

　　还有更多的老师曾参加思政课程建设,有的为此奉献了青春甚至毕生精力。许多老师又在为本书提供材料、核对史实、建言献策等方面尽心尽力,给予了大力帮助。

　　对于以上所有关心、支持本课程和教材建设以及本书编撰、出版的同志,致以诚挚谢意!

　　本书由上海市"二期课改"时期"上海中学思想政治课教材编写组"编撰。参加编撰工作的有卜文雄、尹城乡、叶伟良、刘芳、史俊、吴永玲、吴铎、张传心、周旭东、晁玉玲等。上海教育出版社邹楠、童亮也参与了相关工作。编撰工作包括策划、撰稿、组稿、选文、审读、统稿等诸多方面。叶伟良负责本课题立项和实施,在传达教研室意见,协调教研室、编写组、出版社关系和校对、修改全书文稿方面,做了大量工作。李春生教授作为上海"二期课改"本课程教材编写组副主编,为整个教材编写工作谋划、组织和编撰付出了全部精力,从选文可窥见他的许多真知灼见。吴铎负责本书正文撰稿和全书统稿。

　　思想品德和思想政治课建设是培养社会主义建设者和接班人的一件大事,将是一项永续的课题。

吴铎

2020 年 12 月 8 日

图书在版编目（CIP）数据

上海市中学德育课程建设回眸 / 吴铎主编. — 上海：
上海教育出版社，2021.12
ISBN 978-7-5720-1143-6

Ⅰ.①上… Ⅱ.①吴… Ⅲ.①德育 – 课程建设 – 研究
– 中学 Ⅳ.①G631

中国版本图书馆CIP数据核字(2021)第225690号

责任编辑　邹　楠
封面设计　陆　弦

上海市中学德育课程建设回眸
吴　铎　主编

出版发行　上海教育出版社有限公司
官　　网　www.seph.com.cn
地　　址　上海市闵行区号景路159弄C座
邮　　编　201101
印　　刷　上海盛通时代印刷有限公司
开　　本　700×1000　1/16　印张 27.5　插页 1
字　　数　450 千字
版　　次　2022年3月第1版
印　　次　2022年3月第1次印刷
书　　号　ISBN 978-7-5720-1143-6/G·0898
定　　价　98.00 元

如发现质量问题，读者可向本社调换　电话：021-64373213